《孟子》注解

褚大庆　编著

延邊大學出版社

图书在版编目（CIP）数据

《孟子》注解 / 褚大庆编著. -- 延吉：延边大学出版社，2022.5
ISBN 978-7-230-03299-5

Ⅰ. ①孟… Ⅱ. ①褚… Ⅲ. ①儒家②《孟子》－注释 Ⅳ. ①B222.52

中国版本图书馆 CIP 数据核字(2022)第 084064 号

《孟子》注解

编　　著：	褚大庆		
责任编辑：	温兆海		
封面设计：	吴伟强		
出版发行：	延边大学出版社		
社　　址：	吉林省延吉市公园路 977 号	邮　编：	133002
网　　址：	http: //www.ydcbs.com	E-mail:	ydcbs@ydcbs.com
电　　话：	0433-2732435	传　真：	0433-2732434
印　　刷：	英格拉姆印刷(固安)有限公司		
开　　本：	787 毫米×1092 毫米　1/16		
印　　张：	22		
字　　数：	420 千字		
版　　次：	2022 年 5 月第 1 版		
印　　次：	2022 年 6 月第 1 次印刷		
书　　号：	ISBN 978-7-230-03299-5		

定　　价：93.00 元

序

崔雄权
延边大学朝汉文学院 教授

　　大庆是我的学生，一直以来都勤奋好学、思维敏锐，最近几年则专心为《孟子》作注。当今社会，大庆能够耐得住寂寞，甘坐冷板凳，这一点是难能可贵的。

　　借为本书作序之际，笔者想对孟子和《孟子》这部著作做一点介绍。

　　在介绍《孟子》这部著作之前，我们先说一下孟子其人。概要说来，有两个层面的孟子：一个是民间传说中的孟子，一个是史书中记载的孟子。

　　民间传说中的"孟母三迁"（《列女传》）[1]"断织"（《韩诗外传》卷九）[2]"子不学，断机杼"（《三字经》）"买东家豚肉"（《韩诗外传》卷九）[3]等故事里的孟子，显然是个淘气贪玩，甚至有点小心机的人。但后人的解读往往突出的是其中的教育意义，即所谓的环境教育、机会教育和示范教育。

　　史书中的孟子，主要是司马迁《史记·孟子荀卿列传》中的记载：

　　　　孟轲，驺人也。受业子思之门人，道既通，游事齐宣王，宣王不

---

[1] 其舍近墓。孟子之少时，嬉游为墓间之事，踊跃筑埋。孟母曰："此非吾所以居处子也。"乃去。舍市傍，其嬉戏为贾人炫卖之事。孟母又曰："此非吾所以居处子也。"复徙舍学宫之傍。其嬉游乃设俎豆，揖让进退。孟母曰："真可以居吾子矣。"遂居之。

[2] 孟子少时诵，其母方织，孟子辍然中止，乃复进，其母知其喧也，呼而问之曰："何为中止？"对曰："有所失，复得。"其母引刀裂其织，以此诫之，自是以后，孟子不复喧也。

[3] 孟子少时，东家杀豚，孟子问其母曰："东家杀豚，何为？"母曰："欲啖汝。"其母自悔而言曰："吾怀妊是子，席不正，不坐；割不正，不食；胎教之也。今适有知而欺之，是教之不信也。"乃买东家豚肉以食之，明不欺也。

能用。适梁，梁惠王不果所言，则见以为迂远而阔于事情。当是之时，秦用商君，富国强兵；楚、魏用吴起，战胜弱敌；齐威王、宣王用孙子、田忌之徒，而诸侯东面朝齐。天下方务于合纵连横，以攻伐为贤，而孟轲乃述唐、虞、三代之德，是以所如者不合。退而与万章之徒序《诗》《书》，述仲尼之意，作《孟子》七篇。

司马迁这段文字，首先明确指出孟子为"驺（邹）人。"至于其父母，《春秋演孔图》和《阙里志》等书说他父亲名激，字公宜，母亲娘家姓仉（音zhǎng），杨伯峻先生在《孟子译注·导言》中认为这种说法是"无稽之谈"①。其次，这段史料阐明了孟子是受业于孔子之孙孔伋（子思）的门人（《列女传》和司马光《资治通鉴》卷二则记载"孟子师子思"），并且还强调了孟子"道既通"，即通晓了孔子儒家之道，也就是说孟子继承和发展了孔子儒家学说。再次，这段史料交代了孟子生活的时代背景即"天下方务于合纵连横，以功伐为贤"，以及《孟子》一书的创作目的，即"序《诗》《书》，述仲尼之意"。

今天有关孟子生平的著作都说孟子名轲，字子舆。需要指出的是，孟子名见于《孟子·万章下》，他回答北宫锜时说"然而轲也尝闻其略也"。孟子的字则始见于汉末王肃《圣证论》和晋人傅玄《傅子》。但是，东汉赵岐《孟子注·题辞》早就指出："字则未闻也。"三国魏徐干《中论·序》也说"厥字不传"。南宋王应麟《困学纪闻》卷八《孟子》认为：

> 孟子字未闻。《孔丛子》云："子车。"注：一作子居。居贫坎轲，故名轲，字子居。亦称字子舆。疑皆附会。《圣证论》云："子思书《孔丛子》，有孟子居，即是轲也。"《傅子》云："孟子舆。"

杨伯峻先生也认为："赵岐、徐干所不知道的，王肃、傅玄怎么知道？可见是他们编出来的。"②

---

①杨伯峻：《孟子译注·导言》，载杨伯峻《孟子译注》，中华书局，2016，《导言》第1页。
②杨伯峻：《孟子译注·导言》，载杨伯峻《孟子译注》，中华书局，2016，《导言》第14页。

关于孟子"亚圣"的称呼，汉代赵岐（约110—201年）在《〈孟子章句〉题辞》中说："命世亚圣之大才者也。"三国魏徐干《中论·序》将其与荀卿并称为"怀亚圣之才"，元文宗至顺元年（1330年）则由官方封孟子为"亚圣公"。

总之，关于孟子的生平事迹，主要见于《史记》和《孟子》两部著作。对孟子生卒年研究兴起且兴盛于清代，主要著作有周广业《孟子四考》、阎若璩《孟子生卒月考》、任兆麟《孟子时事略》、狄子奇《孔孟编年》、林春溥《孔孟年表》、魏源《孟子年表》、程复心《孟子年谱》、郎擎霄《孟子年表》、钱穆《先秦诸子系年》、蒋伯潜《诸子人物考》等。这些著作在研究孟子的生平等方面取得一定成果，但因为有关孟子的史料有限，所以这些著作大体以推测居多。

下面，说一下《孟子》这部著作。一提到《孟子》这部著作，人们会很自然地与《论语》比较。毫无疑问，它是延续《论语》中的相关主张，并且力图将每个话题阐述得更充分、更深入，故比《论语》这种语录体著作更加有逻辑性，或者说《论语》在述说着孔子一种远古的理想，而《孟子》则意在孔子"仁"学的基础上继续发展，即构建"仁政"的伦理政治范型。孟子的哲学理论基础是"性善说"[1]，其伦理道德原则是仁而爱人[2]，其生存保障思想是制民之产[3]主张认为统治基石是民心所向[4]。

孟子所主张的"仁政"不仅停留在理论层面，还具有可操作性，如《梁惠

---

[1]《孟子·告子上》（11·2）："人之性善也，犹水之就下也，人无有不善，水无有不下。"《孟子·公孙丑上》（3·6）："恻隐之心，仁之端也；羞恶之心，义之端也；辞让之心，礼之端也；是非之心，智之端也。人之有四端，犹其有四体也。"

[2]《孟子·梁惠王上》（1·7）："老吾老以及人之老，幼吾幼以及人之幼。"

[3]《孟子·梁惠王上》（1·7）："无恒产而有恒心者，惟士为能。若民，则无恒产，因无恒心。苟无恒心，放辟邪侈，无不为已。及陷于罪，然后从而刑之，是罔民也。焉有仁人在位罔民而可为也？是故明君制民之产，必使仰足以事父母，俯足以畜妻子，乐岁终身饱，凶年免于死亡；然后驱而之善，故民之从之也轻。"此外，还主张"省刑罚，薄赋敛"（《孟子·梁惠王上》1·5）。

[4]首先孟子把民视为"三宝之一"，肯定了人民对于国家命运的决定意义，如《孟子·尽心下》（14·28）："诸侯之宝三：土地、人民、政事。"甚至大胆提出"民为贵，社稷次之，君为轻"（《孟子·尽心下》14·14）《孟子·公孙丑下》："天时不如地利，地利不如人和。"《孟子·离娄上》（7·9）："桀纣之失天下也，失其民也，失其民者，失其心也。得天下有道，得其民，斯得天下矣；得其民有道，得其心，斯得民矣；得其心有道，所欲与之聚之，所恶勿施尔也。"强调用儒家的仁义来争取民心与教化民心，"谨庠序之教，申之以孝悌之义"（《孟子·梁惠王上》1·7）。

王下》中滕文公问孟子："滕，小国也，间于齐楚。事齐乎？事楚乎？""齐人将筑薛，吾甚恐。如之何则可？""滕，小国也。竭力以事大国，则不得免焉，如之何则可？"孟子先是回答"与民守之"："是谋非吾所能及也。无已，则有一焉：凿斯池也，筑斯城也，与民守之。效死而民弗去，则是可为也。"接着举周大王去邠的例子"君子不以其所以养人者害人。二三子何患乎无君？我将去之"，强调"去君保民"。

需要注意的是，孟子的"仁政"在强调道德性的同时，忽视了政治的实际意义。

此外，《孟子》中的"知言养气"说，揭示了言与气，文学创作与思想修养的关系，启迪和影响了曹丕、刘勰、韩愈、苏辙等人的"文气"说。"以意逆志"和"知人论世"则较早地提出了鉴赏和评价文学作品的原则，等等。此不赘述。

自东汉赵岐开始，注疏和研究《孟子》著述不下百余种。其中，具有代表性的也是大庆所主要参考的著作有以下几种：

1. 东汉赵岐的《孟子章句》（又称《孟子注》），这是现存最早的注解《孟子》的著作。赵岐首次将《孟子》七篇分为上、下十四卷，二百六十一章。在行文结构上，赵岐首先释章名，每章结尾，用"章指"概括全章文意。据统计，赵岐的注解为释词861条，释人名165个（指出其国别、身份及政治主张），释地名43个，释典章制度，释句约1640条。赵岐的《孟子章句》被梁启超誉为汉代经师"最可宝贵的著作"，对后世学者研究注释《孟子》具有重要的参考价值。

2. 汉赵岐注，旧题宋孙奭疏《孟子注疏》，十四卷，此书被列为《十三经注疏》之一。王静芝云："据《朱子语录》谓为邵武士人伪作，并非孙奭自作。《四库全书总目提要》以为其不出孙奭之手，确然可信。《四库全书总目提要》又谓'其书皆敷衍语气，如乡塾讲章'，惟以'久列学官，姑仍旧本录之'。孙奭疏之不可信已成定案。"[①]但不可否认的是，该书的注解基本采纳、

[①] 王静芝：《经学通论》下册，台湾编译馆，1982，第289-290页。

申说赵岐观点,对进一步理解《孟子》有很大的帮助。

3. 南宋朱熹《孟子集注》。此书最大特色就是朱熹以理学家的视角,侧重于义理的阐发。就文字和音韵而言,也对一些字词进行了注音和解释。或许是受唐代陆德明《经典释文》的启发,朱熹将《孟子》由经学研究的重点转向了对心性之微的探索,建立起以理学精神为主的新孟子学,在中国哲学史和思想史占有重要地位。并且,随着朱子学在汉文化圈的流播,《孟子集注》在日本和朝鲜均产生了重要影响。

4. 清戴震《孟子字义疏证》。戴震从考证训诂而阐发"理""天道""性""才""道""仁义礼智""诚"等哲学范畴的根本意义,以反对"宋以来儒书之言"。戴震着力于批驳程朱理学的"存天理、灭人欲"的观点。

5. 清焦循《孟子正义》。是书被认为是清代《孟子》注释的集大成之作。此书对汉代赵岐注文的"申、补、正、存",被称为"征引式训诂"。梁启超誉其为"清代新疏家的模范作品"。其缺点是焦循持有门户之见,存在着曲意维护赵岐注的问题。

6. 杨伯峻《孟子译注》。此书是现今普及最广和影响范围最大的译注《孟子》的著作。其与旧注最大的不同是作者吸收近代学人的研究成果,对一些特殊或疑难句式有自己的研究与解释。

7. 金良年《孟子译注》。此书注解基本引用赵岐、朱熹或焦循的观点,但不乏己见。其特色是每章最后都有概括和总结,间或以朱熹观点作结。

8. 赵杏根《孟子讲读》。是书比较有特色的是"集评"和"文学技法"两部分。特别是"文学技法"选录了唐文治《孟子新读本》中唐氏和诸家关于《孟子》章法结构的论述。

作为"四书"之一的儒学经典《孟子》自宋代以后不仅对我国文化,乃至对古代朝鲜和日本文化都有深刻的影响。古代朝鲜、日本对《孟子》的注疏具有代表性的著作有:

朝鲜丁若镛《孟子要义》。此书强调经世致用的实学思想、积极践行的实践精神,既继承了朝鲜朝前期儒学的成果,又吸取了西学的内容,成为能够体现性理学、阳明学、北学①和西学的思想载体，体现了19世纪韩国儒学界尝试以儒学世界观来理解西方思想的努力。

需要指出的是，古代朝鲜政治外交史中具有重要影响的"事大外交"，其名称就是源自《孟子》，《孟子·梁惠王下》云：

> 齐宣王问曰："交邻国有道乎？"孟子对曰："有，惟仁者为能以大事小，是故汤事葛，文王事昆夷。惟智者为能以小事大，故大王事獯鬻，勾践事吴。以大事小者，乐天者也。以小事大者，畏天者也。乐天者保天下，畏天者保其国。《诗》云：'畏天之威，于时保之。'"

这段文字是古代朝鲜"事大外交"的理论思想来源。其核心是"保国"即保民，而非保王位。《孟子》对于朝鲜古代思想与文化的影响可见一斑。

日本伊藤仁斋《孟子古义》。此书既是古学派开创者伊藤仁斋恢复人伦日用的古学思想的代表，又是江户时代日本儒学试图摆脱朱子学影响、实现本土化的反映。

丁若镛和伊藤仁斋的著作都鲜明体现了儒学在异域文化背景下的变化形态。

最后再简单谈谈对大庆《〈孟子〉注解》的看法：

一是注释部分十分详尽，大多列举两种及以上的解说，并基本都概括出主要训解，并注明其出处。用力较勤，也颇见其学术功力。

二是书中的"解析"部分大庆钩沉并引用《孟子注疏》中收录的赵岐的《孟子章指》。这种追本溯源的工作，值得肯定。各章的解析部分指出各章所体现出来的思想性与文学性，对每章的主题进行了简要概括，力求表达自己的思考与理解；兼具学术性与通俗性，富有启发性，给人以豁然开朗之感。

不足之处是有些注解显得过于烦琐，对古代朝鲜、日本等学者的观点吸收得不够。如果大庆能够充分吸收引用古代朝鲜日本学者的观点，本书便具有东亚的文化视域，视野更加开阔，同时也能够体现孟子思想在古代东亚范围内的

---

①17至19世纪朝鲜出现的"北学派"，其名称就出自《孟子·滕文公上》："吾闻用夏变夷者，未闻变于夷者也。陈良，楚产也，悦周公仲尼之道，北学于中国。"

价值与意义。

  这是大庆的第一部出版的学术著作，是其学术生涯极为重要和极为坚实的一步，望大庆以后创作出更多、更优秀的著作，走向更丰富精彩的学术生活。

  是为序。

2022年1月于延吉

目 录

一、梁惠王上 …………………………………………… 1
二、梁惠王下 …………………………………………… 21
三、公孙丑上 …………………………………………… 47
四、公孙丑下 …………………………………………… 70
五、滕文公上 …………………………………………… 90
六、滕文公下 …………………………………………… 113
七、离娄上 ……………………………………………… 135
八、离娄下 ……………………………………………… 159
九、万章上 ……………………………………………… 189
十、万章下 ……………………………………………… 208
十一、告子上 …………………………………………… 225
十二、告子下 …………………………………………… 247
十三、尽心上 …………………………………………… 269
十四、尽心下 …………………………………………… 304

参考文献 …………………………………………………… 333
后　记 ………………………………………………………… 336

一、梁惠王上

1·1 孟子见梁惠王[1]。王曰:"叟[2]!不远千里而来,亦将有以利吾国乎[3]?"

孟子对曰:"王!何必曰利?亦有仁义而已矣[4]。王曰:'何以利吾国?'大夫曰:'何以利吾家?'士庶人曰:'何以利吾身?'上下交征利而国危矣[5]。万乘之国,弑其君者,必千乘之家[6];千乘之国,弑其君者,必百乘之家[7]。万取千焉,千取百焉,不为不多矣[8]。苟为后义而先利,不夺不餍[9]。未有仁而遗其亲者也,未有义而后其君者也[10]。王亦曰仁义而已矣,何必曰利[11]?"

【注释】

[1]孟子见梁惠王:见,杨伯峻《孟子译注》(以下简称"杨伯峻《译注》")译作"谒见",金良年《孟子译注》(以下简称"金良年《译注》")译作"进见"。梁惠王(前369—前319年在位),名罃,《战国策》作"婴"。魏国第三代国君,前362年由旧都安邑迁都大梁(今开封)后,自封为王,谥曰惠。孟子见梁惠王之事,《史记·魏世家》云:"惠王三十五年(前335年),卑礼厚币以招贤者,邹衍、淳于髡、孟轲皆至梁。"但清代学者崔述《孟子事实录》认为《史记》记载有误,孟子至魏当为惠王去世前一两年之事。

[2]叟:赵岐《孟子注疏》(以下注释部分简称"赵岐《注》"):"叟,长老之称,犹父也。"金履祥《孟子集注考证》云:"古人尚年,以叟老为相尊之辞,非必果有年也。"万斯同《群书疑辨·孟子生卒年月辨》亦云:"叟虽长老之称,世亦有尊其人而加以尊称者,不必以其年也。如汉高帝称秦人为父老,其人果皆父老哉?惠王之意,称孟子亦犹是也。"同时,万斯同也指出孟子见梁惠王时已53岁(一说63岁),故惠王称他为"叟"。焦循《孟子正义》引《方言》云:"俊(按:即'叟'的俗字),艾,长老也。东齐鲁卫之间凡尊老谓之俊,或谓之艾;周晋秦陇谓之公,或谓之翁。南楚谓之父,或谓之父老。"《礼记·曲礼》:"五十曰艾。"笔者以为,梁惠王称孟子为"叟",或并非尊称,而是调侃的口吻。

[3]亦将有以利吾国乎：亦，语助词，无实意。赵岐《注》："此亦将有以为寡人兴利除害者乎？"利，朱熹《孟子集注》（以下注释部分简称"朱熹《集注》"）："王所谓利，盖富国强兵之类。"

[4]王何必曰利，亦有仁义而已矣：赵岐《注》："孟子知王欲以富国强兵为利，故曰：王何以利为名乎？亦有仁义之道可以为名。以利为名，则有不利之患矣。因为王陈之。"亦，但。朱熹《集注》："仁者，心之德、爱之理；义者，心之制、事之宜也。此二句乃一章之大指，下文乃详言之。"

[5]上下交征利而国危矣：赵岐《注》："征，取也。从王至庶人，故言上下交争，各欲利其身，必至于篡弑，则国危矣。《论语》曰：'放于利而行，多怨。'故不欲使王以利为名也。又言'交'为俱也。"朱熹《集注》："征，取也。上取乎下，下取乎上，故曰'交征'。国危，谓将有弑夺之祸。"宋孙奭《孟子注疏》（以下注释部分简称"孙奭《疏》"）："征，正也。盖言君子至于利也，非释之而弗取也，特不可交征而正取之尔。犹季氏聚敛以弱鲁，赵孟资之晋卿之类故也。"

[6]万乘之国，弑其君者，必千乘之家：赵岐《注》："万乘，兵车万乘，谓天子也；千乘，诸侯也。夷羿之弑夏后，是以千乘取其万乘者也。"朱熹《集注》："乘，车数也；弑，下杀上也。"

[7]千乘之国，弑其君者，必百乘之家：赵岐《注》："天子建国，诸侯立家。百乘之家，谓大国之卿食采邑有兵车百乘之赋者也。若齐崔、卫宁、晋六卿等，是以其终亦皆弑君，此以百乘取千乘也。"

[8]万取千焉，千取百焉，不为不多矣：意思是说（诸侯、卿、大夫得到的俸禄）万取千，千取百，（十分之一）不能不说是很多了。赵岐《注》："周制：君十卿禄。君食万钟，臣食千钟，亦多，故不为不多矣。"朱熹《集注》："言臣之于君，每十分而取其一分，亦已多矣。"关于周朝制定的官爵与俸禄等级制度的详细情况，可参看《万章下》。

[9]苟为后义而先利，不夺不餍：赵岐《注》："苟，诚也。诚令大臣皆后仁义而先自利，则不篡夺君位，不足自餍饱其欲矣。"餍，满足。朱熹《集注》："餍，足也。言臣之于君，每十分而取其一分，亦已多矣。若又以义为后而以利为先，则不弑其君而尽夺之，其心未肯以为足也。"

[10]未有仁而遗其亲者也，未有义而后其君者也：赵岐《注》："仁者亲亲，义者尊尊。人无行仁而遗弃其亲也，无行义而忽后其君长。"朱熹《集注》："此言仁义未尝不利，以明上文亦有仁义而已之意也。遗，犹弃也。后，不急也。言仁者必爱其亲，义者必急其君。故人君躬行仁义而无求利之心，则其下化之，自亲戴于己也。"孙奭《疏》："孟子言未有心存乎仁而遗弃其亲者，亦未有存义而后去其君者。"

[11]王亦曰仁义而已矣，何必曰利：赵岐《注》："孟子复申此者，重嗟其祸也。"朱熹《集注》："重言之，以结上文两节之意。"

【解析】

孙奭《孟子注疏》："此章言治国之道，当以仁义为名，然后上下和亲，君臣集穆，天经地义，不易之道，故以建篇立始也。"

朱熹《孟子集注》："此章言仁义根于人心之固有，天理之公也。利心生于物我之相形，人欲之私也。循天理，则不求利而自无不利；殉人欲，则求利未得而害己随之。所谓毫厘之差，千里之缪。此《孟子》之书所以造端托始之深意，学者所宜精察而明辨也。太史公曰：'余读《孟子》之书至梁惠王问何以利吾国？未尝不废书而叹也。嗟乎！利，诚乱之始也。夫子罕言利，常防其原也。故曰：放于利而行，多怨。自天子以至于庶人，好利之弊，何以异哉？'程子曰：'君子未尝不欲利，但专以利为心则有害。惟仁义则不求利而未尝不利也。当是之时，天下之人惟利是求，而不复知有仁义。故孟子言仁义而不言利，所以拔本塞源而救其弊，此圣贤之心也。'"

金良年《孟子译注》："孟子认为，导致战国纷攘这一大变局的根源正在这个'利'上，'利'打破了延续数百年的统治体制与社会秩序，因此孟子针锋相对地提出了'仁义'。'仁义'既是本章的要点，也是孟子思想的大纲。"

唐文治（1865—1954年）《孟子新读本·第一篇上》引方宗诚（1818—1888年）语："此章是辨'利吾国'三字，以仁义为主。后人辩、论、书、说、奏议诸体之所祖也。"

曾一度是战国最强大国家的魏国，此时已为外强中干的状态。梁惠王不甘心衰落，孟子也明白这一点。因此，孟子的对答既非战略层面，也非战术层面，而是从孔子所推崇的自周朝以来所建立的伦理体系和道德系统——"仁义"来回答。孟子指出"仁义"是关键一环，而且是尤为突出的纵向一环，即上下等级关系的维系纽带。

孟子答梁惠王，形式上类孔子答齐景公（《说苑·立节》），商鞅答秦孝公（《史记·商君列传》），但三人的识见、气度和立场颇为不同。孟子所讲的"利"和梁惠王的"富国强兵之利"（朱熹语）是不一样的。

1·2 孟子见梁惠王，王立于沼上，顾鸿雁麋鹿[1]，曰："贤者亦乐此乎[2]？"

孟子对曰："贤者而后乐此，不贤者虽有此，不乐也[3]。《诗》云[4]：'经始灵台，经之营之，庶民攻之，不日成之。经始勿亟，庶民子来。王在灵囿[5]，麀鹿攸伏，麀鹿濯濯，白鸟鹤鹤。王在灵沼，於牣[6]鱼跃。'文王以民力为台为沼，而民欢乐之，谓其台曰灵台，谓其沼曰灵沼，乐其有麋鹿鱼鳖。古之人与民偕乐，故能乐也。《汤誓》[7]曰：'时日害丧，予及女偕亡[8]。'民欲与之偕亡，虽有台池鸟兽，岂能独乐哉[9]？"

【注释】

[1]鸿雁麋鹿：泛指鸟兽。朱熹《集注》："鸿，雁之大者。麋，鹿之大者。"

[2]贤者亦乐此乎：贤者，不是泛指，而是孙奭《疏》所云"惠王称誉孟子为贤者"。

[3]贤者而后乐此，不贤者虽有此，不乐也：赵岐《注》："惟有贤者然后乃得乐此耳。谓修尧舜之道，国家安宁，故得有此以为乐也。不贤之人，亡国破家，虽有此，亦为人所夺，故不得以为乐也。"孙奭《疏》："唯有德之贤者为君，然后乐得于此；如君之不贤，虽有此鸿雁麋鹿之顾，亦不得其乐也。"

[4]《诗》云：下引《诗经》12句，出自《诗经·大雅·灵台》。鹤鹤，羽毛洁白的样子。《毛诗》作"翯翯"，《鲁诗》作"皜皜"。

[5]王在灵囿：灵囿，古代帝王驯养禽兽的园林名。《毛传》："天子百里，诸侯四十里。"囿，《说文》："囿，苑有垣也。"意谓囿是有围墙的驯养禽兽的园林。

[6]於牣：於，旧读"乌"，句首之词，没有意义。牣（rèn），满也。《史记·殷本纪》"充牣宫室"，《子虚赋》"充牣其中"，皆作"牣"。

[7]汤誓：《尚书》篇名。《汤誓》是商汤讨伐夏桀的檄文。

[8]时日害丧，予及女偕亡：赵岐《注》："时，是也，是日，乙卯日也。害，大也。言桀为无道，百姓皆欲与汤共伐之，汤临士众誓，言是日桀当大丧亡，我与女俱往亡之。"朱熹《集注》："时，是也。日，指夏桀。害，何也。桀尝自言：'吾有天下，如天之有日，日亡吾乃亡耳。'民怨其虐，故因其自言耳目之曰：'此日何时亡乎？'若亡则我宁与之俱亡，盖欲其亡之甚也。孟子引此，以明君独乐而不恤其民，则民怨之而不能保其乐也。"杨伯峻《译注》："时，指示词，此也，相当于'这'。害，同'曷'，何也。这里是'何时'的意思。有人把它解释为'何不'（以'害'为'盍'）不可信，朱珔《小万卷斋文稿》卷七《与狄叔颖论四书质疑书》有详论，可参看。"

[9]民欲与之偕亡，虽有台池鸟兽，岂能独乐哉：赵岐《注》："孟子说《诗》《书》之义，以感喻王，言民欲与汤共亡桀。虽有台池禽兽，何能独乐之哉！复申明上言'不贤者虽有此，不乐也'。"

一、梁惠王上

【解析】

孙奭《孟子注疏》："此章言圣王之德，与民共乐，恩及鸟兽，则忻戴其上，大平化兴；无道之君，众怨神怒，则国灭祀绝，不得保守其所乐也。"

本章值得注意的是孟子提出的三种人之乐：王者乐、贤者乐和民之乐。这三种人之乐实际上是三种不同的愿望和理想。

1·3　梁惠王曰："寡人[1]之于国也，尽心焉耳矣[2]。河内凶[3]，则移其民于河东，移其粟于河内。河东凶亦然。察邻国之政，无如寡人之用心者。邻国之民不加少，寡人之民不加多，何也？"

孟子对曰："王好战，请以战喻。填然鼓之[4]，兵刃既接，弃甲曳兵而走[5]。或百步而后止，或五十步而后止。以五十步笑百步，则何如？"

曰："不可；直不百步耳[6]，是亦走也。"

曰："王知如此，则无望民之多于邻国也。不违农时，谷不可胜食[7]也；数罟不入洿池[8]，鱼鳖不可胜食也；斧斤以时入山林[9]，材木不可胜用也。谷与鱼鳖不可胜食，材木不可胜用，是使民养生丧死无憾也。养生丧死无憾[10]，王道之始也。

"五亩之宅，树之以桑，五十者可以衣帛矣[11]。鸡豚狗彘之畜，无失其时[12]，七十者可以食肉矣[13]。百亩之田，勿夺其时，数口之家可以无饥矣。谨庠序之教[14]，申[15]之以孝悌之义，颁白者不负戴于道路矣[16]。七十者衣帛食肉，黎民[17]不饥不寒，然而不王者，未之有也。

"狗彘食人食而不知检[18]，涂有饿莩而不知发[19]；人死，则曰：'非我也，岁也。'是何异于刺人而杀之，曰：'非我也，兵也。'王无罪岁[20]，斯天下之民至焉。"

【注释】

[1]寡人：赵岐《注》："王侯自称孤寡。"朱熹《集注》："寡人，诸侯自称，言寡德之人也。"

[2]尽心焉耳矣：焉耳，赵岐《注》："焉耳者，恳致之辞。"焦循《正义》："当作'焉尔'。何休注：'焉尔，犹于是也。'然则此言尽心焉耳者，犹云尽心于是矣。"孙奭《疏》："'耳矣'者，言至极也。"

[3]河内凶：河内，黄河北岸土地，大约相当于现在的河南省济源市一带，与下文的"河东"同属于魏国的领地。凶，歉收。《墨子·七患》："三谷不收谓之凶。"朱熹《集注》："凶，岁不熟也。"

[4]填然鼓之：赵岐《注》："填，鼓音也。兵以鼓进，以金退。"孙奭《疏》："填，塞也，又满也。赵氏云'鼓音'，盖言鼓音之充塞洋洋而盈满也。"填然，指战鼓咚咚，鼓声充盈。之，句末助词，补充音节，无实意。

[5]弃甲曳兵而走：曳（yè），拖着。兵，兵器。走，《说文》："趋也。"《释名》："徐行曰步，疾行曰趋，疾趋曰走。"这里，"走"是逃跑的意思。

[6]直不百步耳：直，只是，不过。朱熹《集注》："直，犹但也。"

[7]不可胜食：胜（shēng），尽。朱熹《集注》："不可胜食，言多也。"

[8]数罟不入洿池：数（cù）罟（gǔ），数，细、密。罟，渔网。赵岐《注》："数罟，密网也。细密之网所以捕小鱼鳖也，故禁之不得用。鱼不满尺不得食。"朱熹《集注》："数，音促，密也。罟，音古，网也。古者网罟必用四寸之目，鱼不满尺，市不得鬻，人不得食。"意思是说，古代人们使用的渔网最密的网也就是四寸（约9.2厘米），如果鱼没有长到一尺（约22厘米）长的话，市场不能卖，人们也不能吃。《荀子·王制》也指出这是"不夭其生"。洿池：洿（wū），《广雅·释诂》："洿，深也。"朱熹《集注》："窊（wā，同'洼'）下之地，水所聚也。"《楚辞·九叹·怨思》"菀蘼芜与菌若兮，渐藳本于洿渎"，王逸注："洿渎，小沟也。'洿'一作'污'。"也就是说，洿池，或指小的污浊的水塘，或指深水塘。杨伯峻和金良年均解释"洿"为"大"，不妥。

[9]斧斤以时入山林：斤，《说文》："斫木斧也。"段玉裁注："凡斫物者皆曰斧，斫木之斧，则谓之斤。"以时，按照一定时节。《礼记·王制》："草木零落，然后入山林。"《周礼·山虞》："仲冬斩阳木，仲夏斩阴木。"《逸周书·大聚解》："禹之禁：春三月，山林不登斧斤。"《荀子·王制》："圣王之制也，草木荣华滋硕之时则斧斤不入山林，不夭其生，不绝其长也。斩伐养长，不失其时，故山林不童，而百姓有余材也。"

[10]憾：赵岐《注》："恨也。民所用足，故无恨。"

[11]五亩之宅，树之以桑，五十者可以衣帛矣：五亩，赵岐《注》："庐井、邑居各二亩半以为宅，各入保城二亩半，故为五亩也。树桑墙下，古者年五十，乃衣帛矣。"孙奭《疏》："五亩之宅，栽墙下以桑。"朱熹《集注》："五亩之宅，一夫所受，

二亩半在田，二亩半在邑。田中不得有木，恐妨五谷，故于墙下植桑以供蚕事。"杨伯峻译为"在五亩大的宅园中，种植桑树"，金良年译为"五亩宅田种植桑树"，应该说金氏译文更接近原意。"宅"与"五亩"同义复指，意思是在相当于五亩宅基地那样大的地方种上桑树。但值得注意的是，按照赵岐等三人的注解，桑树可能是种植在房墙或宅院墙之下，那么实际面积或许没有五亩那么多。衣（yì），名词动用，穿。

[12]鸡豚狗彘之畜，无失其时：畜，有两种说法：一种解作动词"饲养"，如朱熹《集注》"畜，养也"；一种解作名词"家畜"，如果对比"五亩之宅"的句式，应作名词。豚，《说文》段玉裁注引《方言》"猪，其子或谓之豚"。其时，也有两种解释：一种解作"生育繁殖的时节"，意思是不能错过鸡狗猪的生育繁殖的时节，如赵岐和朱熹的注解，赵岐《注》"言孕字不失时也"，朱熹《集注》"时，谓孕子之时，如孟春牺牲毋用牝之类也"；一种解作"养育生长的时节"，意思是不能吃小鸡小狗小猪。

[13]七十者可以食肉矣：赵岐和朱熹都将"七十"解释为"七十岁"，但此处的"七十"与前面的"五十"是概举五六十岁的老人，非实指。

[14]谨庠序之教：谨，谨敬。《说文》："慎也。"《玉篇》："敬也。"庠序，古代地方学校。赵岐《注》："庠序者，教化之宫也。"《礼记·学记》："古之教者，家有塾，党有庠，术有序，国有学。"《孟子·滕文公上》："夏曰校，殷曰序，周曰庠。"

[15]申：赵岐解作"申重"，朱熹云"申，重也，丁宁反复之意"。故杨伯峻译为"反复训导"。

[16]颁白者不负戴于道路矣：赵岐《注》："颁者，班也。头半白班班者也。壮者代老，心各安之，故颁者不负戴也。"朱熹《集注》："颁，与斑同，老人头半白黑者也。负，任在背。戴，任在首。"任，担子、行李。《礼记·王制》："道路轻任并，重任分，斑白者不提挈。"《礼记·祭义》："斑白者，不以其任行乎道路。"郑玄注："斑白者，发杂色也。任，所担负也。不以任，少者代之。"

[17]黎民不饥不寒：孙奭《疏》谓"黎庶之民"，朱熹《集注》："黎，黑也。黎民，黑发之人，犹秦言黔首也。"值得注意的是《孟子》一书"百姓"一词出现19次，"黎民"出现3次。这表明《孟子》依旧承续《尚书》的理念，即张亮采所言"《尧典》分百姓、黎民为二。百姓，贵族也。（《国语》：王公之子弟由天子赐姓以监其官者，是谓百姓。）黎民，即苗民，黎，黑色也，犹言黑人。以其为汉族所征服，故以种色区为贱民也。周人之称殷民为迷民、仇民、顽民，亦略有此意。是征服之民一级也"。因此说杨伯峻等人的"老百姓"的注解是以今释古，容易让人产生混淆。

[18]狗彘食人食而不知检：这句话是孟子是批评梁惠王的"移民移粟"只是拆东

· 7 ·

墙补西墙的政策。狗彘食人食，指代丰年；下文"涂有饿莩"则指代凶年，即灾年。检，《汉书·食货志》作"敛"，意思是收成好，谷贱伤农，国家应当平价收买，免得用以饲养狗彘。

[19]涂有饿莩而不知发：涂，赵岐《注》："道也。"莩，赵岐《注》："饿死者曰莩。"发，指政府在灾年打开仓廪加以赈救。

[20]王无罪岁：大王您不要归罪于年成（不好）。无，同"毋"，表示禁止的副词。

【解析】

孙奭《孟子注疏》："此章言王化之本，在于使民养生丧死之用足备，然后导之以礼义，责己矜穷，则斯民集矣。"

孟子认为梁惠王虽然采取了"移民移粟"的措施，但治标不治本，因为最根本的是首先要"养民"，即满足人民的生存需要，如不违农时，制田里、树桑畜，处理好丰、灾年的粮食平抑与供给等；其次发挥学校的教化功能。这样才会有更多的百姓来归附他。

1·4 梁惠王曰："寡人愿安承教[1]。"孟子对曰："杀人以梃与刃[2]，有以异乎？"曰："无以异也。""以刃与政，有以异乎？"曰："无以异也。"曰："庖[3]有肥肉，厩[4]有肥马，民有饥色，野有饿莩，此率兽而食人也[5]。兽相食，且人恶之；为民父母，行政，不免于率兽而食人，恶在其为民父母也？仲尼曰：'始作俑者，其无后乎[6]！'为其象人而用之也。如之何其使斯民饥而死也？"

【注释】

[1]愿安承教：安，安心、乐意。赵岐《注》："愿安意承受孟子之教令。"

[2]杀人以梃与刃：梃，孙奭《疏》引《释文》："木片也。"朱熹《集注》："梃，杖也。"刃，指刀剑之类的利器。

[3]庖：厨房。《说文》："厨也。"

[4]厩：马棚。《说文》："马舍也。"

[5]此率兽而食人也：率，孙奭《疏》与朱熹《集注》均解作"驱赶"，金良年《译注》解释为"放任。一说率作率领讲"。杨伯峻也译作"率领"。笔者认为解释为"驱赶"或"放任"更贴切。

[6]始作俑者，其无后乎：赵岐《注》："俑，偶人也，用之送死。仲尼重人类，谓秦穆公时以三良殉葬，本由有作俑者也。恶其始造，故曰：'此人其无后嗣乎？如之何其使斯民饥而死也。'孟子陈此以教王爱其民也。"孙奭《疏》："仲尼曰'始作俑者，其无后乎'，是孟子引仲尼之言也。言仲尼有云始初作俑偶人者，其无后嗣乎？无他焉，是为其象人而用之也，故后有秦穆公以生人从葬，故曰'其无后嗣也'。"朱熹《集注》："俑，从葬木偶人也。古之葬者，束草为人以为从卫，谓之刍灵，略似人形而已。中古易之以俑，则有面目机发，而大似人矣。故孔子恶其不仁，而言其必无后也。孟子言此作俑者，但用象人以葬，孔子犹恶之，况实使民饥而死乎？"清代陶方琦（1845—1884年）和胡元玉提出俑非木人说，也可参考。

【解析】

孙奭《孟子注疏》："此一段宜与前段合为一章，赵氏分别之。（赵岐）《章指》言王者为政之道，生民为首，以政杀人，人君之咎，犹以自刃，疾之甚也。"孙奭的看法很有道理，即"杀人以梃与刃"和"五十步笑百步"本质是一样的。

1·5 梁惠王曰："晋国[1]，天下莫强焉，叟之所知也。及寡人之身，东败于齐，长子死焉[2]；西丧地于秦七百里[3]，南辱于楚[4]。寡人耻之，愿比死者壹洒之[5]，如之何则可？"孟子对曰："地方百里而可以王[6]。王如施仁政于民，省刑罚，薄税敛，深耕易耨[7]，壮者以暇日修其孝悌忠信，入以事其父兄，出以事其长上，可使制[8]梃以挞秦楚之坚甲利兵矣。彼夺其民时，使不得耕耨以养其父母，父母冻饿，兄弟妻子离散。彼陷溺[9]其民，王往而征之，夫谁与王敌？故曰：'仁者无敌。'王请勿疑。"

【注释】

[1]晋国：有两种理解，一种认为就是指春秋时期的"晋国"；一种则认为是指"魏国"，如朱熹、刘宝楠、杨伯峻等。朱熹《集注》："魏本晋大夫魏斯，与韩氏赵氏共分晋地，号曰'三晋'，故惠王犹自谓晋国。"杨伯峻《论语译注》："刘宝楠《愈愚录》卷四云：'梁惠王自称晋国，魏人周霄亦自称晋国。此晋国即指魏国也。'刘氏此说甚确，1957年在安徽寿县出土的鄂君启金节铭文'大司马邵阳败晋师于襄陵'，楚国也称'魏国'为'晋'，尤为确证。所以这里的'晋国'就是'魏国'。和'三

晋'之'晋'义微有别。"

　　[2]东败于齐，长子死焉："东败"是指"马陵之战"，魏国败给齐国，太子申被俘。此役之后，战国时期最先称霸的魏国从此衰落。

　　[3]西丧地于秦七百里：马陵之战后，魏国开始衰落，秦国屡次打败魏国，最后迫使魏献出河西之地和上郡的十五个县，约七百里地（约三百五十公里）。

　　[4]南辱于楚：指襄陵之战，魏国败于楚将昭阳，失去八座城邑。朱熹《集注》记为"亡其七邑"，误。

　　[5]愿比死者壹洒之：壹，副词，"皆""都""全"的意思。洒，通"洗"。孙奭《疏》"今愿近死不惜命者一洗除之"。朱熹《集注》："比，犹为也。言欲为死者雪其耻也。"

　　[6]地方百里而可以王：前四个字应读作"地/方百里"。方百里，指方圆百里的小国。赵岐《注》："言古圣王以百里之地以致王天下，谓文王也。"朱熹《集注》："百里，小国也。然能行仁政，则天下之民归之矣。"

　　[7]易耨（nòu）：易，有三种解释，一是赵岐《注》解作"简易"；一是朱熹《集注》训为"治也"。赵杏根《孟子讲读》从之，并解释为"修治"；一是王引之解作"疾速"，杨伯峻《译注》引蒋仁荣《孟子音义考证》云："《左传》'昭二十九年易之亡也'，《经义述闻》云：'易者，疾也，速也。'《管子·度地篇》曰：'大暑至，以疾耨杀草秽（秽）。'是其证。《齐语》曰：'深耕而疾耰（yōu）之以待时雨。'义亦同也。"朱熹和王引之都解释为清除杂草，差别仅在于快慢。而赵岐则认为是间（jiàn）苗，即留下一两株粗壮的禾苗，故云"易耨，芸苗令简易也"。

　　[8]制：赵岐《注》："作也。"清焦循《正义》解作"掣"，"谓可使提掣木梃，以挞其坚甲利兵。"杨伯峻认为"当读如《诗·东山》'制彼裳衣'之'制'，制作、制造之意。焦循谓读为'掣'，恐误"。

　　[9]陷溺：朱熹《集注》："陷，陷于阱。溺，溺于水。暴虐之意。"

【解析】

　　赵岐《孟子章指》（以下简称《章指》）："百里行仁，则天下归之，以政伤民，民乐其亡。以梃服强，仁与不仁也。"

　　朱熹《孟子集注》："孔氏曰：惠王之志在于报怨，孟子以论在于救民。所谓惟天吏则可以伐之，盖孟子之本意。"

　　本章孟子首次提出了"施仁政于民"的观点，金良年认为："仁政"这一新概念较之孔子的"礼乐"政治理想更为完整，但其空想成分也更为浓厚。诚如李泽厚在《孔子再评价》中所指出："之所以如此，现实原因在于氏族制度在战国时期已彻底破坏，

'礼'完全等同于'仪'而失去其重要性,所以孟子已经不必要像孔子那样,以'仁'来解释'礼'和维护'礼',而是直截了当地提出了'仁政'说。"

对梁惠王来说,孟子的"仁政"应该说是一个长远的战略,而非削竹成器的具体战术。这种观点对急于求成的梁惠王来说,是难以接受的。

其实,对梁惠王而言,他没有认识到自己所领导的魏国之所以会东败于齐,西丧地于秦,南辱于楚的根本原因是其国家战略定位有问题。

1·6 孟子见梁襄王[1],出,语[2]人曰:"望之不似人君[3],就之而不见所畏焉。卒然问曰[4]:'天下恶乎定[5]?'吾对曰:'定于一[6]。''孰能一之?'对曰:'不嗜杀人者能一之。''孰能与之[7]?'对曰:'天下莫不与也。王知夫苗乎?七八月[8]之间旱,则苗槁矣。天油然[9]作云,沛然[10]下雨,则苗浡然[11]兴之矣。其如是,孰能御之?今夫天下之人牧[12],未有不嗜杀人者也。如有不嗜杀人者,则天下之民皆引领而望之矣[13]。诚如是也,民归之,由水之就下[14],沛然谁能御之?'"

【注释】

[1]梁襄王:赵岐《注》:"襄,谥也。魏之嗣王也。"唐司马贞《史记索隐》引《世本》:"襄王,名嗣。"朱熹《集注》:"襄王,惠王子,名赫。"

[2]语(yù):告诉,对人说。朱熹《集注》:"语,告也。"

[3]望之不似人君:赵岐《注》:"望之无俨然之威仪也。"朱熹《集注》:"不似人君,不见所畏,言其无威仪也。"赵岐和朱熹的解释不同之处在于前者指襄王的做派没有威仪,不像君王的样子;后者认为襄王言语狂妄。

[4]卒然问曰:突然问道。卒,同"猝",卒然,即猝然。赵岐《注》:"卒暴问事,不由其次也。"朱熹《集注》:"卒然,急遽之貌。"

[5]天下恶(wū)乎定:赵岐《注》:"问天下安所定?言谁能定之。"朱熹《集注》:"王问列国分争,天下当何所定。"

[6]定于一:赵岐《注》:"孟子谓仁政为一也。"孙奭《疏》:"定天下者,在乎仁政为一者也。"朱熹《集注》:"孟子对以必合于一,然后定也。"赵岐和孙奭均解释"一"为"仁政",而朱熹则解释为"合于一",即统一或一统。

[7]孰能与之:与,随从、归顺。朱熹《集注》:"与,犹归也。"杨伯峻《译注》:"《国语·齐语》:'桓公知天下诸侯多与己也。'韦昭注云'与,从也'。"

[8]七八月：赵岐《注》："周七、八月，夏之五、六月也。"孙奭《疏》："周之时，盖以子之月为正，夏之时，建寅之月为正，是知周之七、八月即夏之五、六月也。"杨伯峻《译注》："这是用的周代的历法。周历建子，以含有冬至之月，就是夏历的十一月为岁首（正月），所以它的七、八月，相当于夏历的五、六月。这时正是禾苗需要雨水的时候。"

[9]油然：赵岐《注》："兴云之貌。"朱熹《集注》："云盛貌。"

[10]沛然：朱熹《集注》："雨盛貌。"

[11]浡（bó）然：朱熹《集注》："兴起貌。"

[12]人牧：治理民众者，意指国君。赵岐《注》作"牧民之君"。

[13]天下之民引领而望之矣：赵岐《注》："民皆延颈望欲归之。"

[14]由水之就下：赵岐《注》："如水就下。"朱熹《集注》："由，当作犹，古字借用。后多仿此。"

【解析】

赵岐指出"孟子谓仁政为一""以苗生喻人归""今天下牧民之君，诚能行此仁政，民皆延颈望欲归之，如水就下，沛然而来，谁能止之"。

孙奭《孟子注疏》："此章言定天下者一道，仁政而已，不贪杀人，人则归之，是故文王视民如伤，此之谓也。"

朱熹《孟子集注》引苏氏曰："孟子之言，非苟为大而已。然不深原其意而详究其实，未有不以为迂者矣。予观孟子以来，自汉高祖及光武及唐太宗及我太祖皇帝，能一天下者四君，皆以不嗜杀人致之。其余杀人愈多而天下愈乱。秦晋及隋，力能合之，而好杀不已，故或合而复分，或遂以亡国。孟子之言，岂偶然而已哉？"

从文脉和语义逻辑来看，赵岐和孙奭对本章的解释更为合理。

1·7 齐宣王[1]问曰："齐桓、晋文之事[2]可得闻乎？"

孟子对曰："仲尼之徒无道桓、文之事者[3]，是以后世无传焉，臣未之闻也。无以，则王乎[4]？"

曰："德何如则可以王矣？"

曰："保民而王，莫之能御也[5]。"

曰："若寡人者，可以保民乎哉？"

曰："可。"

曰："何由知吾可也？"

曰："臣闻之胡龁[6]曰，王坐于堂上，有牵牛而过堂下者，王见之曰：'牛何之？'对曰：'将以衅钟[7]。'王曰：'舍之！吾不忍其觳觫[8]，若无罪而就死地。'对曰：'然则废衅钟与？'曰：'何可废也？以羊易之。'不识有诸？"

曰："有之。"

曰："是心足以王矣。百姓皆以王为爱也[9]，臣固知王之不忍也。"

王曰："然，诚有百姓者。齐国虽褊小[10]，吾何爱一牛？即不忍其觳觫，若无罪而就死地，故以羊易之也。"

曰："王无异于百姓之以王为爱也[11]。以小易大，彼恶知之？王若隐其无罪而就死地[12]，则牛羊何择焉[13]？"

王笑曰："是诚何心哉？我非爱其财而易之以羊也。宜乎百姓之谓我爱也。"

曰："无伤也，是乃仁术也[14]，见牛未见羊也。君子之于禽兽也，见其生，不忍见其死；闻其声，不忍食其肉。是以君子远庖厨[15]也。"

王说[16]，曰："《诗》云[17]：'他人有心，予忖度[18]之。'夫子[19]之谓也。夫我乃行之，反而求之，不得吾心。夫子言之，于我心有戚戚焉[20]。此心之所以合于王者，何也？"

曰："有复于王者曰[21]：'吾力足以举百钧[22]，而不足以举一羽；明足以察秋毫之末[23]，而不见舆薪。'则王许[24]之乎？"

曰："否。"

"今恩足以及禽兽，而功不至于百姓者，独何与[25]？然则一羽之不举，为不用力焉；舆薪之不见，为不用明焉；百姓之不见保，为不用恩焉。故王之不王，不为也，非不能也。"

曰："不为者与不能者之形何以异？"

· 13 ·

曰："挟太山以超北海[26]，语人曰：'我不能。'是诚不能也。为长者折枝[27]，语人曰'我不能。'是不为也，非不能也。故王之不王，非挟太山以超北海之类也；王之不王，是折枝之类也。老吾老，以及人之老；幼吾幼，以及人之幼[28]。天下可运于掌[29]。《诗》云：'刑于寡妻，至于兄弟，以御于家邦[30]。'言举斯心加诸彼而已。故推恩足以保四海，不推恩无以保妻子。古之人所以大过人者，无他焉，善推其所为而已矣。今恩足以及禽兽，而功不至于百姓者，独何与？权，然后知轻重；度，然后知长短。物皆然，心为甚。王请度之[31]！抑[32]王兴甲兵，危士臣，构[33]怨于诸侯，然后快于心与？"

王曰："否，吾何快于是？将以求吾所大欲也。"

曰："王之所大欲可得闻与？"

王笑而不言[34]。

曰："为肥甘[35]不足于口与？轻煖[36]不足于体与？抑为采色不足视于目与？声音不足听于耳与？便嬖[37]不足使令于前与？王之诸臣皆足以供之，而王岂为是哉？"

曰："否，吾不为是也。"

曰："然则王之所大欲可知已。欲辟土地，朝秦楚，莅中国而抚四夷也[38]。以若所为，求若所欲，犹缘木而求鱼也[39]。"

王曰："若是其甚与[40]？"

曰："殆有甚焉！缘木求鱼，虽不得鱼，无后灾。以若所为求若所欲，尽心力而为之，后必有灾。"

曰："可得闻与？"

曰："邹人与楚人战[41]，则王以为孰胜？"

曰："楚人胜。"

曰："然则小固不可以敌大，寡固不可以敌众，弱固不可以敌强。

海内之地方千里者九[42]，齐集有其一。以一服八，何以异于邹敌楚哉？盖亦反其本矣[43]。今王发政施仁，使天下仕者皆欲立于王之朝，耕者皆欲耕于王之野，商贾[44]皆欲藏于王之市，行旅皆欲出于王之涂，天下之欲疾其君者皆欲赴愬[45]于王。其若是，孰能御之？"

王曰："吾惛，不能进于是矣[46]。愿夫子辅吾志，明以教我。我虽不敏，请尝试之。"

曰："无恒产而有恒心者，惟士为能[47]。若民，则无恒产，因无恒心。苟无恒心，放辟邪侈[48]，无不为已。及陷于罪，然后从而刑之，是罔民也[49]。焉有仁人在位罔民而可为也？是故明君制民之产，必使仰足以事父母，俯足以畜妻子，乐岁终身饱，凶年免于死亡；然后驱而之善，故民之从之也轻。今也制民之产[50]，仰不足以事父母，俯不足以畜妻子；乐岁终身苦，凶年不免于死亡。此惟救死而恐不赡，奚暇治礼义哉？王欲行之，则盍反其本矣：五亩之宅，树之以桑，五十者可以衣帛矣。鸡豚狗彘之畜，无失其时，七十者可以食肉矣。百亩之田，勿夺其时，八口之家[51]可以无饥矣。谨庠序之教，申之以孝悌之义[52]，颁白者不负戴于道路矣。老者衣帛食肉，黎民不饥不寒，然而不王者，未之有也。"

【注释】

[1]齐宣王：齐威王之子，名辟彊，宣，谥号。于齐威王三十六年（前321年）即位，宣王十九年（前301年）去世。据钱穆《四书释义》，孟子离开魏襄王后，就来到了齐国。

[2]齐桓、晋文之事：齐桓，即齐桓公，名小白，前685—前643年在位。春秋时期的第一位霸主。晋文，即晋文公，名重耳，前636—前628年在位。"城濮之战"大败楚军后称霸中原。

[3]仲尼之徒无道桓、文之事者：朱熹《集注》："道，言也。董子（董仲舒）曰'仲尼之门，五尺童子羞称五霸，为其先诈力而后仁义也'。"

[4]无以，则王乎：赵岐《注》："既不论三皇、五帝殊无所问，则尚当问王道耳，不欲使王问霸者之事。"朱熹《集注》："以、已通用。无已，必欲言之而不止也。

王,谓王天下之道。"杨伯峻《译注》:"以,同'已',犹言'不得已'。"

[5]保民而王,莫之能御也:保,有两种解释,一种解作"安",如赵岐《注》"保,安也。御,止也。言安民则惠,而黎民怀之,若此以王,无能止也";一种解作"爱护",如朱熹《集注》:"保,爱护也。"

[6]胡龁(hé):赵岐《注》:"王左右近臣也。"朱熹《集注》:"齐臣也。"

[7]衅(xìn)钟:这是古代一种杀牲以血涂钟行祭的礼仪,清代王夫之称之为"血祭"。赵岐《注》:"新铸钟,杀生以血涂其衅郄,因以祭之,曰衅。《周礼·大祝》曰:'堕衅,逆牲逆尸,令钟鼓。'《天府》:'上春,衅宝钟及宝器。'"

[8]觳觫(hú sù):赵岐《注》:"牛当到死地处恐貌。"朱熹《集注》:"觳,音斛。觫,音速。恐惧貌。"杨慎《丹铅总录》:"言牛将就屠而体缩恐惧也。"杨伯峻《译注》:"俞樾《孟子平义》把下句'若'字属此句读。杨树达《古书句读释例》以'吾不忍其觳觫若无罪而就死地'十三字作一句读。皆难听信。"两种断句均可,如果十三字连读,那么"若"字指代"这样""这么";如果断开,那么"若"字指代"牛"。

[9]百姓皆以王为爱也:爱,吝啬。赵岐《注》:"爱,啬也。"朱熹《集注》:"爱,犹吝也。"

[10]褊(biǎn)小:指齐国的地域狭小。褊,《说文》:"衣小也。"孙奭《疏》:"褊小,狭隘。"

[11]王无异于百姓之以王为爱也:异,赵岐《注》:"怪也。孟子言无怪百姓谓王爱财也。"

[12]王若隐其无罪而就死地:隐,赵岐《注》:"痛也。"哀痛、可怜。

[13]则牛羊何择焉:赵岐《注》:"何独为释牛而取羊。"孙奭《疏》:"何独择取其牛而以羊就死也。"朱熹《集注》:"何所分别以羊易牛乎?"

[14]无伤也,是乃仁术也:赵岐《注》:"孟子解王自责之心,曰无伤于仁,是乃王为仁之道也。"孙奭《疏》:"孟子复解王之自责之意也。言如此亦无伤害于为王也,此亦为仁之一术耳。"朱熹《集注》:"无伤,言虽有百姓之言,不为害也。术,谓法之巧者。盖杀牛既所不忍,衅钟又不可废。于此无以处之,则此心虽发而终不得施矣。然见牛则此心已发而不可遏,未见羊则其理未形而无所妨。故以羊易牛,则二者得两全而无害,此所以为仁之术也。"金良年认为这句话与《论语·先进》"何伤乎,亦各言其志也。"句式结构一致。"无伤也"即"何伤乎",没有关系的意思。

[15]君子远庖厨:此句又见于《礼记·玉藻》"君子远庖厨,凡有血气之类弗身践也"。金良年推测"这句话可能是礼的条文,并不是孟子的发明"。西汉贾谊《新书·礼篇》引《孟子》云:"故远庖厨,仁之至也。"朱熹《集注》:"其所以必远庖厨者,

一、梁惠王上

亦以预养是心,而广为仁之术也。"这也就是丰子恺所说的"护生即护心"。

[16]王说:赵岐《注》:"王喜悦。"朱熹《集注》:"说,音悦。"

[17]《诗》云两句:出自《诗经·小雅·巧言》。

[18]忖度(cǔn duó):揣度、猜想。

[19]夫子:孙奭《疏》:"云'夫子'者,宣王尊孟子为夫子也。"

[20]于我心有戚戚焉:赵岐《注》:"戚戚然,心有动也。"

[21]有复于王者曰:复,回复、报告。赵岐《注》:"复,白也。"

[22]百钧:赵岐《注》:"三千斤也。"西汉刘向《说苑·辨物》:"十六两为一斤,三十斤为一钧,四钧重一石。"《汉书·律历志》:"权衡者,铢、两、斤、钧、石也,所以称物轻重也。本起于黄钟之重。……十六两为斤,三十斤为钧。"朱熹《集注》:"钧,三十斤。百钧,至重难举也。"

[23]明足以察秋毫之末:明,视力。孙奭《疏》作"目之明。"秋毫之末,或说是鸟、兽秋天换毛时新长出来的细小的毛,或说是禾穗上的白毛,总之是指细小的事物。

[24]则王许之乎:许,相信、认可。赵岐《注》:"许,信也。"朱熹《集注》:"许,犹可也。"

[25]独何与:唯独这是为什么呢?与,通"欤",句末语气词。

[26]挟太山以超北海:太山,即泰山。北海,指齐北的海。杨伯峻《译注》认为即"渤海",并引《墨子·兼爱篇》"譬若挈泰山越河济也",认为是当时常用的譬喻。

[27]折枝:有三种说法,一种说是按压、搓摩手肢节,如赵岐《注》:"折枝,案摩折手节,解罢枝(疲肢)也。"王力主编的《古代汉语》从之;一种说是折取草木之枝,唐陆善经《孟子注》"折枝,折草树枝",朱熹《集注》从之。杨伯峻等取朱熹说;一种说是弯腰行礼,如马端临《文献通考·经籍考》引宋陆筠《翼孟音解》"折枝,磬折腰肢"。后代持这一观点的人比较多,陆精康等甚至将其引申为跪拜。

[28]"老吾老"四句:前一个"老"和"幼"作动用,分别是尊敬、爱护的意思。这句话与《管子·入国》"老老""慈幼"的意思相近。

[29]天下可运于掌:赵岐《注》:"推此心以惠民,天下可转之掌上。言其易也。"

[30]刑于寡妻,至于兄弟,以御于家邦:出自《诗经·大雅·思齐》。赵岐《注》:"刑,正也。寡,少也。言文王正己适妻,则八妾从,以及兄弟。御,享也。享天下国家之福,但举以加于人而已。"朱熹《集注》:"刑,法也。寡妻,寡德之妻,谦辞也。御,治也。"

[31]权,然后知轻重;度,然后知长短。物皆然,心为甚,王请度之:赵岐《注》:"权,铨衡也,可以称轻重。度,丈尺也,可以量长短,凡物皆当称度乃可知,心当行之乃为仁。心比于物,尤当为之甚者也。欲使王度心如度物也。"朱熹《集注》:

"权，秤锤也。"

[32]抑：赵岐《注》："抑，辞也。"朱熹《集注》："发语辞。"杨伯峻《译注》："选择连词，相当于现代汉语的'还是'。"金良年《译注》将其解释为"难道"。

[33]构：朱熹《集注》："构，结也。"

[34]王笑而不言：赵岐《注》："王意大而不敢正言。"

[35]肥甘：指美食。

[36]轻煖：煖，同"暖"，指轻软暖和的衣服。

[37]便嬖（pián bì）：指往左右亲近之有宠幸者。朱熹《集注》："便嬖，近习嬖幸之人也。"

[38]朝秦楚，莅中国而抚四夷也：使秦楚大国来朝觐，统治中原而安抚四方少数民族。朝（cháo），朱熹《集注》："音潮。致其来朝也。"杨伯峻《译注》："使动用法，使其朝觐。"莅，赵岐《注》："临也。言王意欲庶几王者，临莅中国而安四夷者也。"

[39]以若所为，求若所欲，犹缘木而求鱼也：若，有两种解释，一是赵岐解作"顺"；一是朱熹解作"如此"。杨伯峻从朱熹解，并指出"后来写作'偌'"。赵岐《注》："顺向者所为，谓构兵诸侯之事，求顺今之欲莅中国之愿，其不可得，如缘乔木而求生鱼也。"朱熹《集注》："所为，指兴兵结怨之事。缘木求鱼，言必不可得。"

[40]若是其甚与：与，同"欤"。对于此句，有两种说法：一种认为是正常语序，"其"相当于"犹""之"，即"若是之（犹）甚与"，如马建忠、杨伯峻等，杨伯峻将此句译为"竟然有这样严重吗"；一种则认为是倒装句，即"其甚若是与"，王力先生最早提出这一观点，赵杏根等认同，赵杏根将此句译为"有像这样严重吗"。

[41]邹人与楚人战：朱熹《集注》："邹，小国。楚，大国。"邹，春秋战国时期一个东方古国，国君为曹姓。《左传》作"邾"，《公羊传》作"邾娄"，《孟子》和《国语·郑语》作"邹"，《史记》和《汉书·地理志》作"驺"。邹国即今山东邹城及济宁东、滕州北部分地区。楚，战国时期面积最大的诸侯国，大致相当于今西起大巴山、巫山、武陵山，东至大海，南起南岭，北至陕西东南部、河南中部、安徽和江苏北部、山东东南部。芈姓，熊氏。

[42]方千里者九，齐集有其一：赵岐《注》："集会齐地，可方千里，譬一州耳。"朱熹《集注》："言集合齐地，其方千里，是有天下九分之一也。"

[43]盖亦反其本矣：赵岐《注》："王欲服之之道，盖当反王道之本耳。"朱熹《集注》："盖力求所欲，则所欲者反不可得；能反其本，则所欲者不求而至。"

[44]商贾：《汉书·食货志》："通财鬻货曰商。"《白虎通义·商贾》："行曰商，止曰贾。"朱熹《集注》："贾，音古。行货曰商，居货曰贾。"

[45]愬：同"诉"。

[46]王曰吾惛，不能进于是矣：惛，同"昏"，昏乱，糊涂。赵岐《注》："王言我情思昏乱，不能进行此仁政，不知所当施行也。"

[47]无恒产而有恒心者，惟士为能：赵岐《注》："恒产，则民常可以生之业也。恒心，人常有善心也。惟有学士之心者，虽穷不失道，不求苟得耳。"朱熹《集注》："恒，常也。产，生业也。恒产，可常生之业也。恒心，人所常有之善心也。士尝学问，知义理，故虽无常产而有常心。"

[48]放辟邪侈：指肆意地为非作歹。赵岐《注》："放溢辟邪，侈于奸利。"

[49]是罔民也：这就像张开罗网来陷害人民。赵岐《注》："罔陷其民，是政何可为也？"孙奭《疏》："是若张罗网以罔民也。"朱熹《集注》："罔，犹罗网，欺其不见而取之也。"杨伯峻《译注》："罔，同'网'，此处用作动词，张网罗以捕捉之意，犹言'陷害'。"

[50]制民之产：孟子的意思是规定人民的土地面积，即分配给农民固定的土地。在《滕文公上》孟子对此也有阐述。制，金良年《译注》："约制、规定。"

[51]八口之家：(像)八口人家庭。赵岐《注》："八口之家，次上农夫也。"清焦循《正义》："此节与第三章末节同，俱彼言'数口'，此言'八口'；彼言'七十者'，此言'老者'，故赵氏以'次上农夫'解之。虽随意立文，然以老者与七十者互明，谓不独七十，凡六十及八十以上例此也；以八口与数口互明，谓不独八口，凡九人与七人以下例此也。"

[52]申之以孝悌之义：申，重申。杨伯峻译为"反复开导"。

【解析】

孙奭《孟子注疏》："此章言典籍攸载，帝王道纯，桓、文之事，谲正相纷，拨乱反正，圣意弗珍。故曰后世无传未闻。仁不施人，犹不成德，衅钟易牲，民不被泽，王请尝试，欲践其迹，答以反本，惟是为要。此盖孟子不屈道之言也，无传霸者之事也。"

朱熹《孟子集注》："此章言人君当黜霸功，行王道。而王道之要，不过推其不忍之心，以行不忍之政而已。齐王非无此心，而夺于功利之私，不能扩充以行仁政。虽以孟子反复晓告，精切如此，而蔽固已深，终不能悟，是可叹也。"

李泽厚《中国古代思想史论》："这里，孟子把孔子的'推己及人'的所谓'忠恕之道'极大地扩展了，使它竟成了'治国平天下'的基础。一切社会伦常秩序和幸福理想都建筑在这个心理原则——'不忍人之心'的情感原则上。这固然是由于氏族传统崩毁，理想的'仁政王道'已完全失去现实依据的历史反映。但从理论上说，孟子又确实把儒学关键抓住和突出了,使他与墨子的'兼爱'、老子的'无情'、韩非子的'利己'等等有了明确的基础分界线。"

孟子此处的"仁政王道"并非一个纯粹的道德概念,而是政治纲领,其与人们对物质生活关注紧密相连。

二、梁惠王下

2·1 庄暴[1]见孟子，曰："暴见于王[2]，王语暴以好乐，暴未有以对也。"曰："好乐何如？"[3]孟子曰："王之好乐甚，则齐国其庶几乎[4]！"他日[5]，见于王曰："王尝语庄子以好乐，有诸？"王变乎色[6]，曰："寡人非能好先王之乐也，直好世俗之乐耳。"曰："王之好乐甚，则齐其庶几乎！今之乐由古之乐也。"曰："可得闻与？"曰："独乐乐，与人乐乐，孰乐？"曰："不若与人。"曰："与少乐乐，与众乐乐，孰乐？"曰："不若与众。""臣请为王言乐：今王鼓乐于此[7]，百姓闻王钟鼓之声，管籥之音[8]，举疾首蹙頞而相告曰[9]：'吾王之好鼓乐，夫何使我至于此极也[10]？父子不相见，兄弟妻离子散。'今王田猎[11]于此，百姓闻王车马之音，见羽旄[12]之美，举疾首蹙頞而相告曰：'吾王之好鼓乐，夫何使我至于此极也？父子不相见，兄弟妻离子散。'此无他，不与民同乐也。今王鼓乐于此，百姓闻王钟鼓之声，管籥之音，举欣欣然有喜色而相告曰：'吾王庶几无疾病与？何以能鼓乐也？'今王田猎于此，百姓闻王车马之音，见羽旄之美，举欣欣然有喜色而相告曰：'吾王庶几无疾病与，何以能田猎也？'此无他，与民同乐也。今王与百姓同乐，则王矣。"

【注释】

[1]庄暴：暴，古读pù。孙奭《疏》："庄暴，齐臣也。庄，姓也；暴，名也。"

[2]暴见于王：庄暴朝见于齐宣王。孙奭《疏》："谓暴朝见于齐王。"焦循《正义》："此章之王亦宣王也。"杨伯峻说"王"是齐宣王。这是根据上一章与下一章都是齐宣王的事情推测出来的。见杨伯峻《译注》。朱熹《集注》："见之于见，音现，下见于同。"赵杏根《讲读》认同朱熹说法，解释道"见，同'现'，显现。"

《孟子》注解

杨伯峻《译注》:"'暴见于王'和'庄暴见孟子'不同,一有介词'于'字,一不用介词。'见孟子'是'来看孟子','见于王'是'被王接见'。"

[3]曰好乐何如:曰,一个人的话中间又加一"曰"字,表示这个人说话之中有所停顿,这是古人一种修辞体例,即俞樾所云"别更端之辞"(《古书疑义举例》卷二),起到分别开端语,另起话题的作用。乐,本章中两个"好乐"与"先王之乐""世俗之乐""今之乐""古之乐"的"乐"都读yuè,即音乐;"孰乐""与百姓同乐"的"乐"读lè,即快乐;四处"乐乐",赵岐《注》在注解"独乐乐与众乐乐,孰乐"云:"孟子复问王独自作乐乐邪?与人共听其乐为乐邪?"孙奭《疏》:"是孟子欲以此问王,使王知与民同乐为乐也。故问之曰:王独作乐为乐邪?与人同乐为乐邪?"可见赵岐和孙奭的注解"乐乐"二字都读lè。但朱熹《集注》云"乐乐,下字音洛",意思是以音乐为乐。朱熹的解释似乎求之过深。

[4]则齐国其庶几乎:庶几,差不多,近似。赵岐《注》谓"庶几治乎"。朱熹《集注》:"庶几,近辞也,言近于治。"杨伯峻《译注》认为庶几"只用于积极方面"。赵杏根《讲读》:"此指差不多可致兴旺。"

[5]他日:孙奭《疏》解作"他一日",意思是某一天。杨伯峻译为"过了些时"。

[6]王变乎色:赵岐《注》:"愠恚庄子道其好乐也。"孙奭《疏》:"是齐王自孟子问之后,变其常容而有愤怒之色,盖愤庄暴言己好乐于孟子也。"朱熹《集注》:"惭其好之不正也。"杨伯峻和金良年都采纳了朱熹的注解,分别译为"齐王很不好意思"和"宣王脸色变得不好意思"。赵岐和孙奭的解释更符合齐宣王的心理。

[7]今王鼓乐于此:鼓乐,赵岐《注》:"故乐者,乐以鼓为节也。"孙奭《疏》:"云'鼓乐'者,盖钟以止为体,鼓以作为用,故凡作乐所以谓之鼓乐也。"

[8]钟鼓之声,管籥之音:管籥(yuè),籥同"龠"赵岐《注》:"管,笙。籥,箫。或曰籥若笛短而有三孔。《诗》云:'左手执籥',以节众也。"孙奭《疏》:"云'音与声'者,盖钟鼓言声,以其声之单出,故云声也;管籥车马言音,以其音之杂比,故云音也。然车马亦谓之音者,盖升车则马动,马动则鸾鸣,鸾鸣则和应故也。声之与音,合而言之,则声、音则一也;别而言之,则单出为声,杂比为音。《诗》云:'嘒嘒管声',此言管籥之音,是声音之通论也。"朱熹《集注》:"钟鼓管籥,皆乐器也。"

[9]举疾首蹙頞而相告曰:赵岐《注》:"疾首,头痛也。蹙頞,愁貌。"朱熹《集注》:"举,皆也。疾首,头痛也。蹙,聚也。頞,额也。人忧戚则蹙其额。"頞,《说文》:"鼻茎也。"孙奭《疏》:"頞,鼻颈也。"杨伯峻等解释为"鼻梁"。

[10]夫何使我至于此极也:赵岐《注》:"发民驱兽,供给役使,不得休息,故民

穷极而离散奔走也。"孙奭《疏》："如何使我供给役使，不得休息，而至于如此之极。"朱熹《集注》："极，穷也。"

[11]田猎：或作"畋猎""佃猎"。最初可能是指为田除害，后来演变成带有祭祀和军事训练性质的活动。《白虎通义》："四时之田，总名为猎，为除田害也。"《正字通》："猎以供俎豆，习兵戎，皆国家重事也。"《尔雅·释天·讲武》："春猎为蒐，夏猎为苗，秋猎为狝，冬猎为狩。"

[12]羽旄：朱熹《集注》："旌属。"杨伯峻："旗帜的意思，这里译为'仪仗'。"

【解析】

孙奭《孟子注疏》："此章言人君田猎以时，钟鼓有节，发政行仁，民乐其事，则王道之阶，在于此矣。故曰天时不如地利，地利不如人和矣，与民同乐也。"

朱熹《孟子集注》："范氏曰：战国之时，民穷财尽，人君独以南面之乐自奉其身。孟子切于救民，故因齐王之好乐，开导其善心，深劝其与民同乐，而谓今乐犹古乐。其实今乐古乐，何可同也？但与民同乐之意，则无古今之异耳。若必欲以礼乐治天下，当如孔子之言，必用韶舞，必放郑声。盖孔子之言，为邦之正道；孟子之言，救时之急务，所以不同。"

唐文治《孟子新读本》："苏曰：此篇悲壮顿挫，深得告君之体。此章用笔，纯在空际，著意排奡震荡，韩文之祖。《原毁》分两大扇，其格局即本于此。"

本章核心思想是，人君与百姓同乐，就会受到民之拥戴，可以王天下；人君独乐，则百姓就会遭受"父子不相见，兄弟妻离子散"的祸患。这是一种朴素的民本思想。

2·2　齐宣王问曰："文王之囿方七十里[1]，有诸？"孟子对曰："于传有之[2]。"曰："若是其大乎[3]？"曰："民犹以为小也。"曰："寡人之囿方四十里，民犹以为大，何也？"曰："文王之囿方七十里，刍荛[4]者往焉，雉兔者[5]往焉，与民同之。民以为小，不亦宜乎？臣始至于境，问国之大禁，然后敢入[6]。臣闻郊关[7]之内有囿方四十里，杀其麋鹿者如杀人之罪。则是方四十里为阱[8]于国中。民以为大，不亦宜乎？"

【注释】

[1]文王之囿方七十里：囿，见1·2注释5。孙奭《疏》："七十里之囿乃文王作西

伯之时有也。"朱熹《集注》"囿者，蕃育鸟兽之所。古者四时之田，皆于农隙以讲武事，然不欲驰骛于稼穑场圃之中，故度闲旷之地以为囿"，并指出周文王具有这个方圆七十里的苑囿，可能是其在"三分天下有其二"之后建立的。杨伯峻认为"没有围墙的叫'囿'"，或是源于《字林》"无垣曰囿"的错误。据《说文》"囿，苑有垣也"。杨氏将其译为"狩猎场"，金良年译为"围猎的场所"，均可。

[2]于传（zhuàn）有之：赵岐《注》："于传文有是言。"孙奭《疏》："以为书传之文有言也。"朱熹《集注》："传，谓古书。"

[3]若是其大乎：赵岐《注》："王怪其大。"孙奭《疏》："宣王怪之，以为文王囿如此之阔大。"杨伯峻认为："这'其'字用法同'之'，但古人于这种地方多用'其'，极少用'之'。"

[4]刍荛（chú ráo）者：割草砍柴的人。赵岐《注》："取刍薪之贱人也。"孙奭《疏》："采刍草薪木之贱人。"朱熹《集注》："刍，草也。荛，薪也。"

[5]雉兔者：捕捉野鸡和野兔的人。赵岐《注》："猎人取雉兔者。"孙奭《疏》："猎雉鸟兔兽者。"

[6]问国之大禁，然后敢入：赵岐《注》："言王之政严、刑重也。"孙奭《疏》："问其国王禁令，然后乃敢入其国中也。"朱熹《集注》："《礼》：入国而问禁。"

[7]郊关：赵岐《注》："齐四境之交皆有关。"孙奭《疏》："《司马法》曰：'王国百里为郊，二百里为州，三百里为野，四百里为县，五百里为都。'……杜子春云：'五十里为近郊，百里为远郊。'云'四境郊皆有关'者，盖四郊之门也。"

[8]阱：朱熹《集注》："坎地以陷兽者，言陷民于死也。"

【解析】

孙奭《孟子注疏》："此章讥王广囿专利，严刑陷民也。"

此章孟子重申国君要与民同乐的观点。

2·3 齐宣王问："交邻国有道[1]乎？"

孟子对曰："有。惟仁者为能以大事小，是故汤事葛[2]，文王事昆夷[3]。惟智者为能以小事大，故太王事獯鬻[4]，勾践事吴[5]。以大事小者，乐天者也；以小事大者，畏天者也[6]。乐天者保天下，畏天者保其国。《诗》云：'畏天之威，于时保之[7]。'"

王曰："大哉言矣！寡人有疾，寡人好勇[8]。"

· 24 ·

对曰："王请无好小勇[9]。夫抚剑疾视[10]曰：'彼恶敢当我哉！'此匹夫之勇，敌一人者也。王请大之。《诗》云[11]：'王赫斯怒，爰整其旅，以遏徂莒，以笃周祜，以对于天下。'此文王之勇也。文王一怒而安天下之民。《书》曰[12]：'天降下民，作之君，作之师。惟曰其助上帝宠之，四方有罪无罪惟我在，天下曷敢有越厥[13]志？'一人衡行于天下，武王耻之[14]。此武王之勇也。而武王亦一怒而安天下之民。今王亦一怒而安天下之民，民惟恐王之不好勇也。"

【注释】

[1]道：这里指原则和方法。

[2]汤事葛：汤，即商王朝建立者，又称"商汤"或"成汤"。葛，夏朝末年诸侯国。汤灭葛前，商汤曾服事葛伯。详见《孟子·滕文公下》。赵岐《注》："葛伯放而不祀，汤先助之祀。"

[3]文王事昆夷：昆夷，亦作"混夷"，周初西戎国名。《诗经·大雅·绵》："昆夷兑矣，惟其喙矣。"

[4]太王事獯鬻（xūn yù）：太王，又作"大王"，即周太王，古公亶父。獯鬻，又作"薰育""荤粥""薰粥"，当时的北方少数民族，秦汉之后常被指代为匈奴。赵岐《注》："北狄疆者，今匈奴也。大王去邠避獯鬻。"《史记·匈奴列传》云："匈奴，其先祖夏后氏之苗裔也，曰淳维。唐、虞以上有山戎、猃狁、荤粥，居于北蛮，随畜牧而转移。"这段文字中的"荤粥（xūn yù）"《汉书·匈奴传》作"薰粥"。

[5]勾践事吴：事见《国语·越语》《国语·吴语》和《史记·越王勾践世家》。

[6]以大事小者，乐天者也；以小事大者，畏天者也：赵岐《注》："圣人乐行天道，如天无不盖也，故保天下，汤、文是也。智者量时畏天，故保其国，大王、勾践是也。"孙奭《疏》："以大奉事其小，是乐行天道，如天无不覆者也；以小奉事其大，以其量时畏天者也。故乐天者如汤、文，遂能安天下；畏天者如大王、勾践，遂能安其国。"朱熹《集注》："天者，理而已矣。大之字小，小之事大，皆理之当然也。自然合理，故曰乐天。不敢违理，故曰畏天。包含遍覆，无不周遍，保天下之气象也。制节谨度，不敢纵逸，保一国之规模也。"

[7]畏天之威，于时保之：谨守天道畏天命，才能治国保家乡。赵岐《注》："《诗·周颂·我将》之篇，言成王尚畏天之威，于是时故能安其太平之道也。"

[8]王曰大哉言矣，寡人有疾，寡人好勇：赵岐《注》："王谓孟子之言大，不合

于其意。答之云寡人有疾,在于好勇,不能行圣贤之所履也。"朱熹《集注》:"言以好勇,故不能事大而恤小也。"

[9]王请无好小勇:朱熹《集注》:"小勇,血气所为。大勇,义理所发。"

[10]疾视:赵岐《注》:"恶视也。"朱熹《集注》:"怒目而视也。"

[11]《诗》云:"《诗》云"以下五句大意是"我王勃然一生气,整顿军队往前去。阻止侵略莒国的敌人,增强周国的威望,引以报答各国对周国的向往"(此从杨伯峻《译注》的翻译)。赵岐《注》:"《大雅·皇矣》之篇也。言文王赫然斯怒,于是整其师旅,以遏止往伐莒者,以笃周家之福,以扬名于天下。文王一怒而安民,愿王慕其大勇,无论匹夫之小勇。"朱熹《集注》:"《诗·大雅·皇矣》篇,赫,赫然怒貌。爰,于也。旅,众也。遏,《诗》作'按',止也。徂,往也。莒,《诗》作'旅'。徂旅,谓密人侵阮徂共之众也。笃,厚也。祜,福也。对,答也,以答天下仰望之心也。此文王之大勇也。"

[12]《书》曰:"《书》曰"以下为《尚书》逸文。赵岐《注》:"《尚书》逸篇也。言天生下民,为作君,为作师,以助天光宠之也。四方善恶皆在己,所谓在予一人,天下何敢有越其志者也。"本段所引《尚书》文字各家注释断句虽不同,但几乎可以肯定的是,朱熹《集注》将下文"四方"与"宠之"连作一句是不妥的,杨伯峻在《译注》中已明确指出。另清华简《厚父》也可证明。

[13]厥:厥,杨伯峻《译注》:"用法同'其'。"

[14]一人衡行于天下,武王耻之:赵岐《注》:"衡,横也。武王耻天下一人有横行不顺天道者,故伐纣也。"朱熹《集注》:"衡,与横同。衡行,谓作乱也。"杨伯峻《译注》:"衡行,就是'横行'。古书于'横'字多作'衡'。"

【解析】

孙奭《孟子注疏》:"此章言圣人乐天,贤者知时,仁必有勇,勇以讨乱,而不为暴,则百姓安之。"

朱熹《孟子集注》:"此章言人君能惩小忿,则能恤小事大,以交邻国;能养大勇,则能除暴救民,以安天下。张敬夫曰:'小勇者,血气之怒也。大勇者,理义之怒也。血气之怒不可有,理义之怒不可无。知此,则可以见性情之正,而识天理人欲之分矣。'"

张居正讲评《孟子》:"按此章前论仁智,主于事大恤小;后论大勇,主于除暴安民,其意若相反者。然究而论之,仁者虽能恤小,必不肯养乱以残民;智者虽能事大,而必思自强以立国。所谓大勇,岂有出于仁智之外哉?宋臣司马光以明、仁、武为人君三大德,盖有见也。"

唐文治《孟子新读本》引方宗诚语云："此章仁、知、勇三字是脉络。仁者以大事小，知者以小事大，交邻国正意已尽矣。"

2·4 齐宣王见孟子于雪宫[1]。王曰："贤者亦有此乐乎？"

孟子对曰："有。人不得[2]，则非其上矣。不得而非其上者，非也[3]；为民上而不与民同乐者，亦非也。乐民之乐者，民亦乐其乐；忧民之忧者，民亦忧其忧。乐以天下，忧以天下，然而不王者，未之有也。昔者齐景公[4]问于晏子[5]曰：'吾欲观于转附、朝儛[6]，遵海而南，放于琅琊[7]，吾何修[8]而可以比于先王观也？'晏子对曰：'善哉问也！天子适诸侯曰巡狩[9]。巡狩者，巡所守也。诸侯朝于天子曰述职。述职者，述所职也。无非事者[10]。春省耕而补不足，秋省敛[11]而助不给。夏谚曰："吾王不游，吾何以休[12]？吾王不豫，吾何以助？"一游一豫，为诸侯度[13]。今也不然：师行而粮食[14]，饥者弗食，劳者弗息。睊睊胥谗[15]，民乃作慝[16]。方命虐民[17]，饮食若流。流连荒亡，为诸侯忧[18]。从流下而忘反谓之流，从流上而忘反谓之连，从兽无厌谓之荒，乐酒无厌谓之亡[19]。先王无流连之乐，荒亡之行。惟君所行也。'景公悦，大戒于国[20]，出舍于郊[21]。于是始兴发[22]补不足。召大师[23]曰：'为我作君臣相说之乐。'盖《徵招》《角招》[24]是也。其诗曰：'畜君何尤[25]？'畜君者，好君也。"

【注释】

[1]齐宣王见孟子于雪宫：齐宣王在雪宫接见孟子。雪宫，赵岐《注》："离宫之名。宫中有苑囿池台之饰，禽兽之饶，王自多有此乐，故问曰：'贤者亦有此之乐乎？'。"

[2]有。人不得：赵岐《注》断句为"有人不得"，注为"人有不得其志也"。

[3]则非其上矣。不得而非其上者，非也：三个"非"字，前两个是形容词用作动词，"认为……不对"，非难，责怪的意思。后一个"非"，是"不对""错误"的意思。

[4]齐景公：春秋时齐国国君（前547—前490年在位），姜姓，吕氏，名杵臼。齐庄公异母弟。

[5]晏子（？—前500年）：晏氏，名婴，字仲，谥"平"，夷维（今山东高密）人，齐国贤相，历仕齐灵公、庄公、景公三朝，辅政长达50余年。

[6]吾欲观于转附、朝儛（cháo wǔ）：赵岐《注》："转附、朝儛，皆山名也。又言朝，水名也。"焦循《孟子正义》："转附，即之罘也。朝儛，即成山也。"杨伯峻《译注》："朝儛，疑即今山东省荣成市东之召石山。宋翔凤《孟子赵岐注补正》谓朝儛两水名，曲说不可从。"观，巡游。朱熹《集注》："观，游也。"

[7]遵海而南，放于琅琊：赵岐《注》："遵，循也。放，至也。循海而南，至于琅琊。琅琊，齐东境上邑也。"除金良年将"琅琊"解释为"邑名，在今山东胶南东南的海滨"外，杨伯峻等均将"琅琊"解释为山名。

[8]何修：怎么做。

[9]天子适诸侯曰巡狩：适，往，前往。巡狩，孙奭《疏》："岁二月东巡狩，五月南巡狩，八月西巡狩，十一月北巡狩。"

[10]无非事者：意思是天子和诸侯的行为没有不和工作相结合的，即都与政事有关。赵岐《注》："无非事而空行者也。"

[11]省敛：朱熹《集注》："省，视也。敛，收也。"

[12]吾王不游，吾何以休：赵岐《注》："吾王不游，吾何以得见劳苦蒙休息也。"休，金良年解作"休养生息"，赵杏根解作"喜悦"。赵岐的"休息"说较妥当。

[13]一游一豫，为诸侯度：古代帝王例行的春秋出巡考察农事的制度，春行曰游，秋行曰豫。赵岐谓之"王者巡狩观民""豫亦游也""王者一游一豫，行恩布德，应法而出，可以为诸侯之法度也。"孙奭《疏》："此先圣王所以一游一豫而为诸侯之法度也。统而言之，则游与豫皆巡行也；别而言之，则游者有所纵至于适也，豫者有所适而至'景公问何修则夫先王之游，晏子对以省耕实第一'一段文字与之相近。"杨伯峻云："豫，义同'游'。《晏子春秋·内篇问下》：'春省耕而补不足者谓之游，秋省实而助不给者谓之豫。'《管子·戒篇》云：'春出原农事之不本者谓之游，秋出补人之不足者谓之夕。'变'豫'言'夕'。"

[14]师行而粮食：赵岐《注》："人君行师兴军，皆远转粮食而食之。"

[15]睊睊（juān juān）胥谗：意思是侧目怒视，相互毁谤。赵岐《注》："睊睊侧目相视。更相谗恶。"朱熹《集注》："睊睊，侧目貌。胥，相也。谗，谤也。"

[16]慝（tè）：朱熹《集注》："怨恶也。"

[17]方命虐民：方，有两种解释：一种解作"逆"，违背。如赵岐、朱熹等。赵岐《注》："方犹逆也，逆先王之命"；一种解作"放"，放弃，如焦循《孟子正义》

· 28 ·

云："方，犹放也，假借字也。"命，赵岐解作"先王之命"，朱熹解作"王命"，杨伯峻解作"上帝意旨"，赵杏根解作"天命"。按照前后文义，赵岐解释正确；但仅就这一句来说，朱熹的概括也很恰当。

[18]夏谚曰……为诸侯忧：杨伯峻《译注》引萧穆《敬孚类稿》卷一《孟子夏谚两节解》及方宗诚《读论孟补记》认为，夏谚从"吾王不游"到"为诸侯忧"。笔者以为，"今也不然"至"民乃作慝"应为晏子的解释话语；从"方命虐民"到"为诸侯忧"或为夏谚。

[19]流、连、荒、亡：指四种沉溺于游乐的行为。赵岐《注》分别列举了四种行为的代表人物，即齐桓与蔡姬、丹朱、羿和殷纣。

[20]大戒于国：戒，有三种解释：一种是"戒备"，如赵岐。赵岐《注》"戒，备也。大修戒备于国"；一种是"敕告"，如孙奭、朱熹。孙奭《疏》："乃大戒敕于国，而敢慢其事。"朱熹《集注》"戒，告命也"；一种是"准备"，如焦循、杨伯峻。焦循《正义》："谓预备补助之事。"杨伯峻《译注》："旧注云：'备也。'这不是'戒备'之意，当读如《诗·小雅·大田》'既种既戒，既备乃事'之'戒'，'准备'也。"

[21]出舍于郊：赵岐《注》："示忧民困。"孙奭《疏》："出舍于郊，而不敢宁其居。"朱熹《集注》："出舍，自责以省民也。"焦循《正义》："景公将亲身赈给，故出舍于郊，示忧民困也。"

[22]始兴发：赵岐《注》："始兴惠政，发仓廪以赈贫困不足者也。"

[23]大师：太师，乐官。

[24]《徵招》《角招》：古乐名。赵岐《注》："其所作乐章名也。"孙奭《疏》："盖徵以为事，角以为民，皆以招名之，曰亦舜作歌以康庶事、鼓琴歌南风以阜民财之意也，此所以谓之《徵招》《角招》矣。"朱熹《集注》："招，与韶同。乐有五声，三曰角为民，四曰徵为事。招，舜乐也。"

[25]畜（chù）君何尤：畜，匡正、阻止。朱熹《集注》："畜，止。"赵杏根："畜，限制。"尤，过失、过错。苏辙《孟子解》以为通"蓄"，"君有逸德而能止之，是谓畜君。以臣畜君，君之所尤也。然其心则无罪，非好其君不能也。"

【解析】

赵岐《孟子注》："孟子所以导晏子、景公之事者，欲以感喻宣王，非其矜夸雪宫而欲以苦贤者。"

赵岐《孟子章指》："与天下同忧者，不为慢游之乐，不循肆溢之行也。是以文王不敢盘游于田也。"

沈括《〈孟子〉解》："人之情无节则流，故长幼贵贱莫不为之节制。从流而下，则狎于鄙慢；从流而上，则乐于僭侈。"

在孟子看来，虽然仁君与臣民有尊卑贵贱之别，但是在"忧、乐"这一情感上却无差别。因此，君王想拥有并保持长久的喜乐，则必须与民同忧乐。孟子引用晏子与齐景公的一段对话，说明天子的巡狩或先王的行为，不是流连荒亡，相反都是与百姓的休养生息密切相关的。归结为一句话，就是"阻止君主的过失，才是真正地为君主考虑"。也就是说，君主要节制自己的欲望。如魏征在《谏太宗十思疏》中提出"见可欲则思知足以自戒""将有作则思知止以安人"。蒲松龄强调"故天子一跬步，皆关民命，不可忽也"（《聊斋志异·促织》）。

在写作方法上，本章"乐民之乐"的思想和小题大做的手法，直接影响了宋代欧阳修的《丰乐亭记》和范仲淹的《岳阳楼记》，以及明代宋濂的《阅江楼记》等名篇。

2·5　齐宣王问曰："人皆谓我毁明堂[1]，毁诸，已乎[2]？"

孟子对曰："夫明堂者，王者之堂也。王欲行王政，则勿毁之矣。"

王曰："王政可得闻与？"

对曰："昔者文王之治岐[3]也，耕者九一[4]，仕者世禄[5]，关市讥而不征[6]，泽梁无禁[7]，罪人不孥[8]。老而无妻曰鳏，老而无夫曰寡，老而无子曰独，幼而无父曰孤。此四者，天下之穷民而无告者。文王发政施仁，必先斯四者。《诗》云：'哿矣富人，哀此茕独[9]。'"

王曰："善哉言乎！"

曰："王如善之，则何为不行？"

王曰："寡人有疾，寡人好货[10]。"

对曰："昔者公刘[11]好货，《诗》云[12]：'乃积乃仓，乃裹餱[13]粮，于橐于囊。思戢用光。弓矢斯张，干戈戚扬，爰方启行。'故居者有积仓，行者有裹囊也[14]，然后可以爰方启行。王如好货，与百姓同之，于王何有[15]？"

王曰："寡人有疾，寡人好色。"

对曰："昔者太王好色，爱厥妃。《诗》云[16]：'古公亶父，来朝走马,率西水浒,至于岐下,爰及姜女,聿来胥宇。'当是时也,内无怨女,外无旷夫[17]。王如好色,与百姓同之,于王何有?"

【注释】

[1]人皆谓我毁明堂:谓,说,这里是劝说、建议的意思。明堂,此指天子东巡祭祀泰山时接见(朝见)诸侯之所,汉时遗址尚在。赵岐《注》:"谓泰山下明堂,本周天子东巡狩朝诸侯之处也,齐侵地而得有之。人劝齐宣王,诸侯不用明堂,可毁坏,故疑而问于孟子当毁之乎。"古注明堂为太庙或太学。需要注意的是,逐渐完善的明堂制度,涵盖举行朝见诸侯、宗祀禘礼、颁布政令、养老尊贤,甚至包括断狱、献俘等活动,带有平等、民主的政治色彩,故有人称之为"明堂议政"。

[2]已乎:赵岐《注》:"已,止也。"杨伯峻:"但古书常常以'诺'和'已'对言,已便有否定的意味(请参考杨树达《积微居小学述林·公羊传诺已解》)。这一'已'字也含有否定之意。"

[3]岐:周初立国之地,故址在今天陕西省岐山县东北。

[4]耕者九一:赵岐《注》:"文王为西伯时,始行王政,使岐民修井田,八家耕八百亩,其百亩者以为公田及庐井,故曰九一也。"孙奭《疏》:"自岐邑耕者,皆以井田制法制之,一夫受私田百亩,八夫家计受私田八百亩,井田中百亩是为公田,以其九分抽一分为公,以抵其赋税也。"朱熹《集注》:"九一者,井田之制也。方一里为一井,其田九百亩。中画井字,界为九区,一区之中,为田百亩。中百亩为公田,外八百亩为私田。八家各受私田百亩,而同养公田,是九分而税其一也。"可以看出,赵岐、孙奭和朱熹三人,都将其解释为"井田制",孙奭和朱熹还进一步阐发为九分抽一分的税收办法。应该说,孙、朱二人的九分抽一分的税收解释,是不错的。但同时三人关于井田制的理解及说明,都带有很强的主观推测成分。

[5]仕者世禄:孙奭《疏》:"仕者不特身受其禄,而至子孙之世亦与土地禄焉。"杨伯峻认为这是大夫以上官职的特权。

[6]关市讥而不征:只稽查关卡、集市交易,不征税。赵岐《注》:"关以讥难非常,不征税也。"孙奭《疏》:"关市,司关、司市之所,但讥问之,不令奸人出入,而不征取其税。"朱熹《集注》:"关,谓道路之关。市,谓都邑之市。讥,察也。征,税也。关市之吏,察异服异言之人,而不征商贾之税也。"

[7]泽梁无禁:赵岐《注》:"陂池鱼梁不设禁,与民共之也。"孙奭《疏》:"川泽鱼梁之所,但与民共之,而不设禁止之法。"朱熹《集注》:"泽,谓潴水。梁,谓鱼梁。"

《孟子》注解

[8]罪人不孥（nú）：刑罚只限于罪人本人，不株连他的妻室儿女。孥，本义指妻室儿女。这里用作动词，指株连妻子儿女。

[9]"哿（gě）矣富人"两句：出自《诗经·小雅·正月》。赵岐《注》："哿，可也。诗人言居今之世可矣，富人但怜悯此茕独羸弱者耳。文王行政如此也。"

[10]好货：孙奭《疏》"好财货"。

[11]公刘：后稷的后代，率周部族迁至豳，周室之兴，从此开始。

[12]"《诗》云"句：出自《诗经·大雅·公刘》。赵岐《注》："乃积谷于仓，乃裹盛干食之粮于橐囊也。思安民，故用有宠光也。戚，斧；扬，钺也。又以武备之，曰方启行道路。"孙奭《疏》："其诗盖谓乃积谷于仓，乃裹干食之粮于橐囊之中，其思在于辑和其民以光显于时。张其弓矢，执其干戈斧钺，告其士卒曰：'为女方开道路而行。''橐囊'者，大曰囊，小曰橐也。爰，曰也。"朱熹《集注》："积，露积也。粮，干粮也。无底曰橐，有底曰囊。戢，安集也。《诗》作'辑'，言思安集其民人，以光大其国家也。爰，于也。启行，言往迁于豳也。"洪迈云："解释经旨，贵于简明，惟孟子独然。其称《公刘》之诗：'乃积乃……仓爰方启行。'而释之之词，但云：'故居者有积仓，行者有裹粮也，然后可以爰方启行。'"干戈戚扬，杨伯峻《译注》："（这些）都是战具。干，据历代注家说，是保卫自己用的挡刀箭之牌（盾），杨树达则以为是刺人之兵器，说详《积微居小学述林·释干》。戈是古代用以钩挽敌人并啄刺敌人的兵器。戚，斧一类的东西，锋刃较狭。扬，大斧。这句没有动词，因为是诗歌，故句法与平常语言不同。"

[13]餱：《说文解字》："干食也。从食矦声。《周书》曰：'峙乃餱粮。'"陆德明《经典释文》之《毛诗音义》指出，或作"糇"。

[14]行者有裹囊也：裹囊，朱熹《集注》作"裹粮"。

[15]于王何有：赵岐《注》："于王何有不可也。"朱熹《集注》："何有，言不难也。"杨伯峻《译注》认为"何有"是"当时成语。这里用为'何难之有'的意思"。

[16]《诗》云"古公亶父"六句：出自《诗经·大雅·绵》。古公亶父，朱熹《集注》作"古公亶甫"。

[17]内无怨女，外无旷夫：孙奭《疏》："皆男、女嫁娶过时者，谓之怨女、旷夫也。女生向内，故云内。男生向外，故云外。"杨伯峻《译注》："这里内外系指男女而言。古代以女子居内，男子居外，所以这里'怨女'用'内'字，'旷夫'用'外'字。"

【解析】

赵岐《孟子章指》："言夫子恂恂然善诱人，诱人进于善也。齐王好货色，孟子推以公刘、大王，所谓'责难于君谓之恭'者也。"

朱熹《孟子集注》："杨氏曰：'孟子与人君言，皆所以扩充其善心而格其非心，不止就事论事。若使为人臣者，论事每如此，岂不能尧舜其君乎？'愚谓此篇自首章至此，大意皆同。盖钟鼓、苑囿、游观之乐，与夫好勇、好货、好色之心，皆天理之所有，而人情之所不能无者。然天理人欲，同行异情。循理而公于天下者，圣贤之所以尽其性也；然纵欲而私于一己者，众人之所以灭其天也。二者之间，不能以发，而其是非得失之归，相去远矣。故孟子因时君之问，而剖析于几微之际，皆所以遏人欲而存天理。其法似疏而实密，其事似易而实难。学者以身体之，则有以识其非曲学阿世之言，而知所以克己复礼之端矣。"

本章孟子以"行王政，勿毁明堂"引入话题，接着阐述文王所施行的王政。齐宣王坦承自己"好货""好色"，孟子认为只要"与百姓同之"，"王天下"也不难，并以《诗经》中记述的公刘和太王的典型事例来证明。

2·6 孟子谓齐宣王曰："王之臣有托其妻子于其友而之楚游者，比其反也[1]，则[2]冻馁其妻子，则如之何？"

王曰："弃之[3]。"

曰："士师不能治士[4]，则如之何？"

王曰："已之[5]。"

曰："四境之内不治，则如之何？"

王顾左右而言他。

【注释】

[1]比其反也：杨伯峻《译注》："比，读去声（bì），及也，至也。'反'同'返'。"

[2]则：则，杨伯峻《译注》："这个'则'字的用法，表示事情的结果不是当事者所愿意而早已处于无可奈何的情况中。"

[3]弃之：赵岐《注》："言当弃之，绝友道也。"

[4]士师不能治士：赵岐《注》："士师，狱官吏也。"朱熹《集注》："其属有乡士、遂士之官，士师皆当治之。"金良年认为"朱熹是据《周礼》而释，但《周礼》并非实际官制的记录，因为'士'是当时低级官吏的统称，故此处的'士师'还是看作一般意义上的长官妥当"。

[5]已之：赵岐《注》："已之者，去之也。"朱熹《集注》："已，罢去也。"

【解析】

孙奭《孟子注疏》:"此章言君臣上下,各勤其任,无堕其职,乃安其身也。"

朱熹《孟子集注》:"孟子将问此而先设上二事以发之,及此而王不能答也。其惮于自责,耻于下问如此,不足与有为可知矣。"

在孟子看来,不仅各级官吏可以被监督、被罢免,就连君主也不例外。

唐文治《孟子新读本》引方宗诚语云:"首段起得飘忽,令王不测其意。次段从对面刺入,亦令王不测。三段忽上正面,令王无从躲闪,亦奇幻不测。王顾左右言他,忽然放开,又令人不测。此章文境,最奇纵变化。"

2·7 孟子见齐宣王,曰:"所谓故国[1]者,非谓有乔木[2]之谓也,有世臣[3]之谓也。王无亲臣矣,昔者所进,今日不知其亡也[4]。"

王曰:"吾何以识其不才而舍之?"

曰:"国君进贤,如不得已,将使卑逾尊,疏逾戚,可不慎与?左右皆曰贤,未可也;诸大夫皆曰贤,未可也;国人皆曰贤,然后察之;见贤焉,然后用之。左右皆曰不可,勿听;诸大夫皆曰不可,勿听;国人皆曰不可,然后察之;见不可焉,然后去之。左右皆曰可杀,勿听;诸大夫皆曰可杀,勿听;国人[5]皆曰可杀,然后察之;见可杀焉,然后杀之。故曰,国人杀之也。如此,然后可以为民父母。"

【注释】

[1]故国:赵岐《注》:"故者,旧也。"孙奭《疏》:"以其有世世修德之旧臣也,故谓之旧国。"赵杏根认为故国是"历史文化深厚、功业久远的诸侯国"。

[2]乔木:高大的树木。赵岐《注》:"乔,高也。"

[3]世臣:赵岐《注》:"累世修德之臣,常能辅其君以道。"孙奭《疏》:"累世修德之旧臣也。"朱熹则将"世臣"与"亲臣"视为相对的一组词,解为"世臣,累世勋旧之臣,与国同休戚者也。亲臣,君所亲信之臣,与君同休戚者也"。

[4]今日不知其亡也:亡,赵岐《注》和孙奭《疏》都解作"诛亡"。杨伯峻解作"去位、去国"。

[5]国人:金良年《译注》解释为"当时对于居住于国都之人的通称,这些人一般有参与议论国事的权利和服役、纳赋的义务"。

【解析】

孙奭《孟子注疏》:"言人君进贤退恶,翔而后集,有世贤臣,称曰'旧国',则四方瞻仰之,以为则矣。"

本章一开始,孟子就指出"故国"的含义不在于有历史久远的事物,如高大的乔木之类,而在于拥有累世修德、建立功勋的世臣。梅贻琦在1931年出任清华大学校长时所言"所谓大学者,非谓有大楼之谓也,有大师之谓也",就是受孟子这句话的启发。

但是,当时的齐国不要说这样作为国家柱石的世臣,就连值得国君亲信的亲臣也没有了。按赵岐和孙奭的理解是这些人被诛亡,而朱熹等人则认为是他们离开了齐国和齐君。不管怎样,其原因是国君不能"识其不才而舍之"。

接着,孟子就讲述了进贤退恶的根本原则,这很可能是在《论语·子路》《论语·卫灵公》的有关章节的理解和概括,即广泛地听取意见,这样才能代表国人利益,才能"为民父母"。

2·8 齐宣王问曰:"汤放桀[1],武王伐纣[2],有诸?"

孟子对曰:"于传有之[3]。"

曰:"臣弑其君,可乎?"

曰:"贼仁者谓之'贼'[4],贼义者谓之'残'[4]。残贼之人谓之'一夫'[5]。闻诛[6]一夫纣矣,未闻弑[6]君也。"

【注释】

[1]汤放桀:《尚书·仲虺之诰》和《史记·夏本纪》等书有相关记载。
[2]武王伐纣:《国语》《竹书纪年》和《史记·周本纪》等文献有记载。
[3]于传有之:赵岐《注》:"于传文有之矣。"
[4]贼、残:朱熹《集注》:"贼,害也。残,伤也。"
[5]一夫:即《尚书》所谓"独夫"。赵岐《注》:"言残贼仁义之道者,虽位在王公,将必降为匹夫,故谓之一夫也。"朱熹《集注》:"言众叛亲离,不复以为君也。"
[6]诛、弑:这两个词含有褒贬义。诛,主要指合乎正义地杀有罪者、不仁者,不分上下级。弑,在古代指下杀上,如弑君、弑父。

【解析】

孙奭《孟子注疏》:"此章言孟子云纣崇恶,失其尊名,不得以君臣论之,欲以深寤宣王,垂戒于后也。"

朱熹《孟子集注》:"盖四海归之,则为天子;天下叛之,则为独夫。所以深警齐王,垂戒后世也。王勉曰:'斯言也,惟在下者有汤、武之仁,而在上者有桀、纣之暴则可。不然,是未免于篡弑之罪也。'"

赵杏根《孟子讲读》指出:"君主无道还没有到'天下叛之'的程度,还没有到'桀纣之暴'的程度,就不可以伐;还没有使'四海归心'的人,还没有具备'汤武之心'的人,就不足以伐桀纣式的独夫君主。这正是一种绝妙的解释,既肯定了汤武革命,又从理论上杜绝了后人效法,因为可伐者和行伐者的标准都难以达到,即使有达到的,也难逢同世。这样,孟子这种原本不利于封建专制统治的思想,就成了维护封建专制统治的工具。"

本章孟子的观点与2·6章孟子认为失职的国君也可以被罢免的观点是一脉相承的,既然不合格的君主即"独夫民贼"是可以被替换的,那么哪怕是采取以诛杀的方式,也不承担弑君之罪名,这是一种"天命转移"的传统革命观。汉景帝时期儒家和道家还曾经进行过一场大讨论:汤、武是"受天命继位",还是"放逐桀纣篡夺君权"。《汉书·儒林传》对此次讨论有记载。

2·9 孟子见齐宣王,曰:"为巨室[1],则必使工师[2]求大木。工师得大木,则王喜,以为能胜其任也。匠人斫而小之,则王怒,以为不胜其任矣。夫人幼而学之,壮而欲行之,王曰:'姑舍女所学而从我。'则何如?今有璞玉[3]于此,虽万镒[4],必使玉人雕琢之。至于治国家,则曰:'姑舍女所学而从我。'则何以异于教玉人雕琢玉哉?"

【注释】

[1]巨室:赵岐《注》:"大宫也。《尔雅》曰'宫谓之室'。"《白虎通义》:"黄帝始作宫室,以避寒暑。"宫和室混用,都是房屋的意思。分别言之,宫是总称,包括整座房屋及其外面的围墙,故围墙又称之为"宫墙";室侧重于房屋内部,指整所住宅的一个内部居室。秦汉以后,只有帝王的住所或宗庙、神庙称之为"宫",如皇宫、宫殿。

[2]工师:赵岐《注》:"主工匠之吏。"

[3]璞玉：朱熹《集注》："璞，玉之在石中者。不敢自治（璞玉）而付之能者，爱之甚也。治国家则徇私欲而不任贤，是爱国家不如爱玉也。"

[4]万镒：镒，又作"溢"，《战国策·秦策》："白璧百双，黄金万溢。"赵岐《注》"二十两为镒""虽有万镒在此，言众多也"，表示贵重。杨伯峻指出："万镒，不是言其众多。焦循《正义》依赵岐《注》，不正确。"

【解析】

孙奭《孟子注疏》："此章言任贤使能，不遗其学，则功成而不堕。"

朱熹《孟子集注》："范氏曰：'古之贤者，常患人君不能行其所学；而世之庸君，亦常患贤者不能从其所好。是以君臣相遇，自古以为难。孔孟终身而不遇，盖以此耳。'"

本章孟子分别用"斫大木"和"雕璞玉"来比喻君主任用人才存在的两个问题：一是不承认其才或无视才能有大小，浪费人才；二是无视人才的才性所长，只教人才顺己意行事。说到底就是只是为了满足国君自己的私欲，而无视国家的利益与发展。

2·10 齐人伐燕[1]，胜之。宣王问曰："或谓寡人勿取，或谓寡人取之。以万乘[2]之国伐万乘之国，五旬[3]而举之，人力不至于此。不取，必有天殃[4]。取之，何如？"

孟子对曰："取之而燕民悦，则取之。古之人有行之者，武王是也。取之而燕民不悦，则勿取。古之人有行之者，文王是也[5]。以万乘之国伐万乘之国，箪食壶浆[6]以迎王师，岂有他哉？避水火也。如水益深，如火益热，亦运而已矣[7]。"

【注释】

[1]齐人伐燕：此事载于《战国策·赵策》"齐破燕"和《燕策》"燕王哙既立"。

[2]万乘：赵岐《注》："非诸侯之号，时燕国侵地广大，僭号称王，故曰万乘。"

[3]五旬：赵岐《注》："五十日也。"燕国之所以在这么短的时间内被齐国攻克，据《史记·燕世家》记载："士卒不战，城门不闭，燕王哙死，齐人大胜燕，子之亡。"

[4]不取，必有天殃：赵岐《注》："天与不取，惧有殃咎。"《国语·越语》也有这样的话："得时无怠，时不再来。天与不取，反为之灾。"杨伯峻认为是当日早已流行的观念。

[5]文王是也：赵岐《注》："文王以三仁尚在，乐师未奔，取之惧殷民不悦，故未取之也。"《论语·泰伯篇》说周文王"三分天下有其二，以服事殷"。三仁，是指殷朝的三位大臣：微子、箕子和比干。

[6]箪食（sì）壶浆：箪，《曲礼》："圆曰箪，方曰筥，饭器也。"本指古代盛饭用的竹器，这里用作动词，用箪盛放。食，指干粮、主食。浆，杨伯峻："用米熬成的酸汁，汉朝人叫做截（zài）浆的，古人用以代酒。"

[7]亦运而已矣：运，赵岐《注》和孙奭《疏》均解作"（民）运行奔走"。朱熹《集注》解作"运，转也。言齐若更为暴虐，则民将转而望救于他人矣。"杨伯峻《译注》："亦，只也。运，转也。朱熹解为'民将转而望救于他人'，与'亦'和'而已矣'所表示的语气不合，恐未当。"

【解析】

孙奭《孟子注疏》："此章言征伐之道，当顺民心，民心悦则天意得，天意得，然后乃取人之国也。"

2·11 齐人伐燕，取之。诸侯将谋救燕。宣王曰："诸侯将多谋伐寡人者，何以待之？"

孟子对曰："臣闻七十里[1]为政于天下者，汤是也。未闻以千里畏人[2]者也。《书》曰[3]：'汤一征，自葛始。'天下信之[4]。东面而征，西夷怨；南面而征，北狄怨，曰：'奚为后我[5]？'民望之，若大旱之望云霓[6]也。归市者[7]不止，耕者不变，诛其君而吊[8]其民，若时雨降。民大悦。《书》曰：'徯我后[9]，后来其苏[10]。'今燕虐其民，王往而征之，民以为将拯己于水火之中也，箪食壶浆以迎王师。若杀其父兄，系累[11]其子弟，毁其宗庙，迁其重器[12]，如之何其可也？天下固畏[13]齐之强也，今又倍地[14]而不行仁政，是动天下之兵也。王速出令，反其旄倪[15]，止其重器，谋于燕众，置君而后去之，则犹可及止也。"

二、梁惠王下

【注释】

[1]七十里：金良年认为"汤以七十里兴起"的说法，很可能是当时通行的传说。因为《荀子》《吕氏春秋》和《史记》等都有所提及。

[2]千里畏人：朱熹《集注》："指齐王也。"赵杏根谓："指齐有千里，而畏诸侯。"赵氏解释为是。

[3]《书》曰两句：其出处有三种理解：一种认为是《尚书》逸篇，如赵岐、杨伯峻等。赵岐《注》"此二篇皆《尚书》逸篇之文也"；一种认为是出自古文《尚书》，如朱熹等。朱熹《集注》"两引《书》，皆《商书·仲虺之诰》文也。与今《书》文亦小异"；一种认为不是《尚书》之文，如江声《尚书集注音疏》。"汤一征，自葛始"，《孟子·滕文公下》作"汤始征，自葛载"。这里的"一征"，就是"始征""初征"的意思。

[4]天下信之：朱熹《集注》："信其志在救民，不为暴也。"

[5]奚为后我：直译为"为什么把我们放在后面？"意思是为什么这么晚才来救我们。奚为，何为，为什么？朱熹《集注》："言汤何为不先来征我之国也。"

[6]云霓：即云和霓，此借指大雨。赵岐《注》："霓，虹也。雨则虹见，故大旱而思见之。"朱熹《集注》："霓，虹也。云合则雨，虹见则止。"

[7]归市者：指做买卖的人。《管子·轻重戊》"归市亦惰倪，终日不归"句中的"归市"即"归市者"省称。

[8]吊：抚恤，慰问。

[9]徯我后：等待我们的君主。赵岐《注》："徯，待也。后，君也。"

[10]苏：更生、复活。赵岐解作："苏息。"朱熹《集注》："苏，复生也。"

[11]系累：捆绑的意思。赵岐《注》："系累犹缚结也。"朱熹《集注》："系累，执缚也。"

[12]重器：朱熹《集注》："宝器也。"

[13]畏：朱熹《集注》："忌也。"

[14]倍地：赵岐《注》"一倍之地"。朱熹《集注》："并燕而增一倍之地也。"

[15]反其旄倪（mào ní）：放还被掳掠的老人和小孩。赵岐《注》："旄，老耄也。倪，弱小倪倪者也。孟子劝王急出令，先还其老小。"孙奭《疏》："还其老耄幼小。""案《尔雅》云：'黄发、倪齿，寿也。'然则赵岐《注》云：'倪，弱小。'非止幼童之弱小，亦老之有弱小尔。"朱熹《集注》："旄，老人也。倪，小儿也。谓所虏略之老小也。"

【解析】

孙奭《孟子注疏》:"此章言伐恶养善,无贪其富,以小王大,夫将何惧也。"

朱熹《孟子集注》:"范氏曰:'孟子事齐梁之君,论道德则必称尧舜,论征伐则必称汤武。盖治民不法尧舜,则是为暴;行师不法汤武,则是为乱。岂可谓吾君不能,而舍所学以徇之哉?'"

在本章中孟子认为征伐不是为了扩大地盘,而是遵从人心向背,惩恶扬善。

本章可与《公孙丑下》(4·8章和4·9章)相参读。孟子在阐述道理时往往善用气势,甚至在批评宣王时也毫不留情。

2·12 邹与鲁哄[1]。穆公[2]问曰:"吾有司[3]死者三十三人,而民莫之死[4]也。诛之,则不可胜诛;不诛,则疾视其长上之死而不救[5],如之何则可也?"

孟子对曰:"凶年饥岁,君之民老弱转[6]乎沟壑,壮者散而之四方者,几[7]千人矣;而君之仓廪实,府库充,有司莫以告,是上慢[8]而残下也。曾子曰:'戒之戒之!出乎尔者,反乎尔者也[9]。'夫民今而后得反之也。君无尤[10]焉!君行仁政,斯民亲其上,死其长矣。"

【注释】

[1]邹与鲁哄(hòng):邹,古国名。传为舜帝姚姓后裔开创,春秋时期为曹姓邾人所夺,故又称"邾国"或"邾娄国"。战国时期被鲁国吞并,鲁穆公改为"邹国"。哄,冲突、争斗。

[2]穆公:即邹穆公。西汉贾谊《新书》和刘向《新序》都记载其行仁政之事。

[3]有司:有关官吏。

[4]莫之死:老百姓没有一人为他们而死。"莫之死"即"莫死之"的倒装,"之",指"有司"。

[5]疾视其长上之死而不救:愤恨他们眼睁睁地看着自己的长官死难却不去救助。疾,愤恨。

[6]转:朱熹《集注》:"饥饿辗转而死也。"杨伯峻认为是"弃尸"的意思,并引《淮南子·主术训》"是故生无乏用,死无转尸"为证。

[7]几:将近,近乎。

[8]上慢：上级轻忽渎职。慢，轻忽，不重视。

[9]出乎尔者，反乎尔者也：意思是你怎么对待人家，人家就怎么对待你。反，同"返"，返回。

[10]尤：责备、怪罪。

【解析】

赵岐《孟子章指》："言上恤其下，下赴其难，恶出乎己，害及其身，如影响自然也。"

朱熹《孟子集注》："范氏曰：《书》曰'民惟邦本，本固邦宁'。有仓廪府库，所以为民也。丰年则敛之，凶年则散之，恤其饥寒，救其疾苦。是以民亲爱其上，有危难则赴救之，如子弟之卫父兄，手足之捍头目也。穆公不能返己，犹欲归罪于民，岂不误哉？"

宋王应麟《困学纪闻》卷二十："秦之破楚也，王翦至蕲南，杀其将军项燕。楚之灭秦也，陈涉起于蕲大泽中，同此地也。出尔反尔，天道昭昭。"

邹穆公将百姓不为长官的死难的原因归咎于民。作为邹国人的孟子首先强调问题在于"有司"，指出若他爱护老百姓，老百姓就爱护他。若抛弃老百姓，老百姓就抛弃他。之后孟子再次主张君行仁政，亲其下，则"民亲其上，死其长"。

2·13 滕文公[1]问曰："滕，小国也，间于齐、楚[2]。事齐乎，事楚乎？"

孟子对曰："是谋非吾所能及也。无已，则有一焉[3]：凿斯池[4]也，筑斯城也，与民守之，效死而民弗去[5]，则是可为也。"

【注释】

[1]滕文公：即滕元公，名弘。以其行文德，故称之为文公。参见《孟子·滕文公上》赵岐《注》。

[2]间于齐、楚：赵岐《注》："居齐、楚二国之间。"

[3]无已，则有一焉：赵岐《注》："不得已，则有一谋焉。"

[4]池：护城河。

[5]效死而民弗去：朱熹《集注》："效，犹致也。国君死社稷，故致死以守国。至于民亦为之死守而不去，则非有以深得其心者不能也。"

【解析】

赵岐《孟子章指》:"事无礼之国,不若得民心,与之守死善道也。"

朱熹《孟子集注》:"此章言有国者当守义而爱民,不可侥幸于其所难必。"

孟子认为,作为小国,滕文公单纯地依靠外交手段来生存,只不过是卑躬屈膝与虎谋皮的错误做法;争取民心去自力更生,加强战备才是正确做法。

2·14 滕文公问曰:"齐人将筑薛[1],吾甚恐,如之何则可?"

孟子对曰:"昔者大王居邠[2],狄[3]人侵之,去之岐山[4]之下居焉。非择而取之,不得已也。苟为善,后世子孙必有王者矣。君子创业垂统[5],为可继也。若夫[6]成功,则天也。君如彼何[7]哉?强[8]为善而已矣。"

【注释】

[1]齐人将筑薛:赵岐《注》:"齐人并得薛,筑其城以逼于滕,故文公恐也。"朱熹《集注》:"薛,国名,近滕。齐取其地而城之,故文公以其逼己而恐也。"将筑薛,有学者认为是《战国策·齐策一》所载"靖郭君将城薛"一事。

[2]邠:同"豳",今陕西省旬邑县西。

[3]狄:杨伯峻认为即"獯鬻"。

[4]岐山:一般认为即今陕西岐山县东北部的箭括山,因其山两岐,故名岐山。《汉书·地理志》颜师古注云:"岐山,在美阳,即今之岐州岐山县箭括岭也。"杨伯峻引清成蓉镜《禹贡班义述》观点,也认为是岐山县的箭括山。

[5]创业垂统:孙奭《疏》:"基创其业,垂统法于后世。"朱熹《集注》:"创,造。统,绪也。……君子造基业于前,而垂统绪于后。"

[6]若夫:至于。

[7]如彼何:即"奈彼何",彼,指筑薛之齐人。意思是拿他怎么办。赵岐《注》:"如彼齐何乎?"孙奭《疏》:"奈彼齐之大国何?"

[8]强(qiǎng):孙奭《疏》"勉强"。

【解析】

赵岐《孟子章指》:"君子之道,正己任天,强暴之来,非己所招,谓穷则独善其身也。"

齐人筑薛城,将其作为一个军事基地,无疑对滕国构成极大威胁。在这种明显的

二、梁惠王下

齐强滕弱的形势下，孟子建议滕文公学习周太王以来的强国之君，避其锋芒，尽力为善。然而，这一建议显然不符合当时的实际情况。

2·15　滕文公问曰："滕，小国也；竭力以事大国，则不得免[1]焉，如之何则可？"

孟子对曰："昔者大王居邠，狄人侵之。事之以皮币[2]，不得免焉；事之以犬马，不得免焉；事之以珠玉，不得免焉。乃属[3]其耆老[4]而告之曰：'狄人之所欲者，吾土地也。吾闻之也：君子不以其所以养人者害人[5]。二三子何患乎无君？我将去之。'去邠，逾梁山[6]，邑[7]于岐山之下居焉。邠人曰：'仁人也，不可失也。'从之者如归市[8]。或曰：'世守[9]也，非身[10]之所能为也。效死勿去。'君请择于斯二者。"

【注释】

[1]免：杨伯峻谓"免于侵犯和危险的意思"。

[2]皮币：裘皮衣和缯帛。此处的皮币是古代一种用作聘享的贵重礼品，与《史记·平准书》所载"乃以白鹿皮方尺，缘以藻缋，直四十万"的"皮币"不同。

[3]属（zhǔ）：召集、会集。赵岐《注》："属，会也。"朱熹《集注》："属，会集也。"

[4]耆老：泛指老年人。《曲礼》："六十曰耆。"《说文》："七十曰老。"

[5]君子不以其所以养人者害人：赵岐《注》："土地生五谷，所以养人也。"孙奭《疏》："君子不以所养人之土地而残贼其民。"朱熹《集注》："土地本生物以养人，今争地而杀人，是以其所以养人者害人也。"

[6]梁山：位于今陕西乾县西北。

[7]邑：名词作动词，意为建筑城邑。

[8]归市：像赶集一般踊跃。赵岐《注》："如归趋于市。"

[9]世守：世代相守。

[10]身：杨伯峻谓"本人之意，和《尚书·洪范》'身其康强，子孙其逢吉'的'身'同一用法，而和《滕文公下》'彼身织屦'的'身'当副词用者略有区别"。

【解析】

孙奭《孟子注疏》："此章言大王去邠，权也；效死守业，义也。义权不并，故曰择地而处之也。"

朱熹《孟子集注》:"能如大王则避之,不能则谨守常法。盖迁国以图存者,权也;守正而俟死者,义也。审己量力,择而处之可也。杨氏曰:'孟子之于文公,始告之以效死也,礼之正也。至其甚恐,则以大王之事告知,非得已也。然无大王之德而去,则民或不从而遂至于亡,则又不若效死之为愈。故又请择于斯二者。'又曰:'孟子所论,自世俗观之,则可谓无谋矣。然理之可为者,不过如此。舍此则必为仪、秦之为矣。凡事求可,功求成。取必于智谋之末而不循天理之正者,非圣贤之道也。'"

孟子认为滕文公只有两个选择:一是像周太王那样为了让百姓免受战争之苦,把土地让给敌方,自己到别的地方谋求发展;一是拼死抵抗,直至献出生命。

2·16　鲁平公[1]将出,嬖人臧仓[2]者请曰:"他日君出,则必命有司所之。今乘舆[3]已驾矣,有司未知所之,敢请[4]。"

公曰:"将见孟子。"

曰:"何哉,君所为轻身以先于匹夫者[5]?以为贤乎?礼义由贤者出,而孟子之后丧逾前丧[6]。君无见焉。"

公曰:"诺。"

乐正子[7]入见,曰:"君奚为不见孟轲也?"

曰:"或告寡人曰:'孟子之后丧逾前丧。'是以不往见也。"

曰:"何哉,君所谓逾者?前以士[8],后以大夫;前以三鼎[9],而后以五鼎[9]与?"

曰:"否。谓棺椁衣衾[10]之美也。"

曰:"非所谓逾也,贫富不同也。"

乐正子见孟子,曰:"克告于君,君为[11]来见也。嬖人有臧仓者沮[12]君,君是以不果[13]来也。"

曰:"行,或使之;止,或尼[14]之。行止,非人所能也。吾之不遇鲁侯,天也。臧氏之子,焉能使予不遇哉?"

· 44 ·

【注释】

[1]鲁平公：鲁国第三十三任君主，名叔，《世本》《汉书·律历志》作"旅"，谥"平"，鲁景公之子，前314—前294年在位。

[2]嬖（bì）人臧仓：嬖人，被宠幸的人，有时指姬妾。焦循《孟子正义》谓指男宠。臧仓，人名。

[3]乘舆：乘，旧读shèng。君主出行所用车马。贾谊《新书·等齐篇》："天子车曰乘舆，诸侯车曰乘舆，乘舆等也。"故杨伯峻认为，汉初制度必本于先秦，由《孟子》此篇可证。

[4]敢请：杨伯峻"敢，表敬副词，无实际意义"。

[5]何哉，君所为轻身以先于匹夫者：此为倒装句。轻身，看轻自己，降尊贵之身。

[6]后丧逾前丧：后丧，指其母丧。前丧，指其父丧。

[7]乐正子：乐正，本为古乐官名，此以职官为姓。复姓乐正，名克。鲁人，孟子弟子，曾仕于鲁。赵岐《注》："乐正，姓也。子，通称，孟子弟子也，为鲁臣。"

[8]以士，以大夫：指按士礼规格办父亲的丧葬，按大夫礼规格办母亲的丧葬。

[9]三鼎、五鼎：鼎，指盛放动物类祭品的礼器。《周礼·掌客》郑玄《注》："鼎，牲器也。"三鼎，指士祭食之礼，据《礼记·郊特牲》孔颖达《正义》，《特牲》三鼎："牲鼎一，鱼鼎二，腊鼎三。"五鼎，指大夫祭食之礼，《少牢》陈五鼎："羊一，豕二，肤（切肉）三，鱼四，腊五。"《公羊传·桓公二年》何休《注》："礼祭，天子九鼎，诸侯七，卿大夫五，元士三也。"

[10]棺椁（guǒ）衣衾：本指装殓死者用具，这里指孟子厚葬其母。古代士以上的人去世用两层棺木，内层叫棺，外层叫椁。衣衾，装殓死者的衣被。

[11]为（wèi）：为，将，打算。

[12]沮：一作"阻"，阻止。

[13]不果：杨伯峻谓"表态副词，《词诠》云：'凡事与预期相合者曰果，不合者曰不果。'"

[14]尼：旧读nì，赵岐《注》："止也。"《正字通》："犹曳止之也。"

【解析】

赵岐《孟子章指》："言逸邪构贤，贤者归天，不尤人也。"

朱熹《孟子集注》："此章言圣贤之出处，关时运之盛衰。乃天命之所为，非人力之可及。"

赵岐强调贤者遭遇构陷时，不怨天尤人的气度；朱熹的解说指出圣贤穷达之出处是天命所为，非人力可及。在孟子那个时代，人们依然非常重视丧礼，因此臧仓构陷孟子办理母亲的丧事的规格大大超过之前办理父亲的丧事。事实上孟子为母亲办的丧事只是棺椁衣衾比较华美。因此孟子弟子乐正子解释说，那是因为孟子家前后贫富不同罢了，并没有破坏丧礼的基本规矩。例如，之前以士礼来办父亲的丧事，之后以大夫之礼来办母亲的丧事；或者之前以三鼎之礼办父丧，之后以五鼎办母丧。本章最后孟子的一段话，意思与《论语·述而》（7·23）"子曰：天生德于予，桓魋其如予何？"意思相近。

三、公孙丑上

3·1　公孙丑[1]问曰："夫子当路[2]于齐,管仲[3]、晏子[4]之功,可复许乎[5]？"

孟子曰："子诚齐人也,知管仲、晏子而已矣。或问乎曾西[6]曰：'吾子[7]与子路[8]孰贤？'曾西蹵然[9]曰：'吾先子[10]之所畏也。'曰：'然则吾子与管仲孰贤？'曾西艴然[11]不悦,曰：'尔何曾[12]比予于管仲？管仲得君如彼其专也,行乎国政如彼其久也,功烈如彼其卑也[13]；尔何曾比予于是？'"

曰："管仲,曾西之所不为也,而子为我愿之乎[14]？"

曰："管仲以其君霸,晏子以其君显。管仲、晏子犹不足为与？"

曰："以齐王,由反手[15]也。"

曰："若是,则弟子之惑滋甚。且以文王之德,百年而后崩[16],犹未洽于天下；武王、周公[17]继之,然后大行。今言王若易然,则文王不足法与？"

曰："文王何可当也？由汤至于武丁,贤圣之君六七作[18],天下归殷久矣,久则难变也。武丁朝诸侯,有天下,犹运之掌[19]也。纣之去武丁未久也,其故家遗俗,流风善政,犹有存者；又有微子、微仲、王子比干、箕子、胶鬲[20]——皆贤人也——相与辅相之[21]；故久而后失之也。尺地,莫非其有也；一民,莫非其臣也；然而文王犹方百里起,是以难也。齐人有言曰：'虽有智慧,不如乘势；虽有镃基,不如待时[22]。'今时则易然也。夏后、殷、周之盛,地未有过千里[23]者也。而齐有其地矣；鸡鸣狗吠相闻,而达乎四境[24],而齐有其民矣。地不改辟矣,民不改聚矣[25]；行仁政而王，莫之能御也。且王者之不作，未有疏于此时者也；民之憔悴于虐政，未有甚于此时者也。饥者易为食，渴者易为饮。孔子曰：'德之流行，速于置邮而传命[26]。'当今之时，万乘之国行仁政，民之悦之，犹解倒悬[27]也。故事半古之人，功必倍之，惟此时为然。"

【注释】

[1]公孙丑：赵岐《注》："公孙，姓；丑，名。孟子弟子也。"

[2]当路：赵岐解作"得当仕路"。朱熹《集注》："居要地也。"杨伯峻以为"当时成语，如用动词，犹言'当权''当政'"。

[3]管仲（约前723或前719—前645年）：姬姓，管氏，名夷吾，字仲。齐国颍上人。辅佐齐桓公成为霸主。

[4]晏子（前578—前500年）：即晏婴，字仲，谥平。历任事齐灵、庄、景公三君，辅政50余年。

[5]可复许乎：可以再度兴起吗？赵岐《注》："许，犹兴也。"朱熹《集注》："许，犹期也。"

[6]曾西：有两种说法，赵岐、孙奭和朱熹认为是"曾子之孙"，恐误。宋代王应麟和清代的江永、毛奇龄、阎若璩等均辨之；唐代陆德明认为是曾申，《经典释文·序录》："曾申字子西，鲁人，曾参之子。"

[7]吾子：对人的敬称，相当于"您"。杨伯峻说："亲密的对称敬词。"

[8]子路（前542—前480年）：即仲由，字子路（又称"季路"），孔子弟子。鲁国卞人，死于卫国的内乱，以政事见称，孔门十哲之一。

[9]蹙（cù）然：赵岐《注》："犹蹙踖也。"蹙，朱熹《集注》："蹙，不安貌。"

[10]先子：古人指称逝去的长辈，后代多指逝去的父亲。赵岐《注》："先子，曾子也。"清代焦循《正义》云："称'先子'者，谓父，非谓祖父也。"

[11]艴然：赵岐《注》："愠怒色也。"朱熹《集注》："艴，音拂，又音勃。艴，怒色也。"

[12]何曾：赵岐《注》："犹何乃也。"

[13]功烈如彼其卑也：功绩是那样的卑小。功烈，功业、功绩。赵岐《注》："功烈卑陋如彼，谓不率齐桓公行王道而行霸道，故言卑也。"

[14]而子为我愿之乎：为，犹谓也。杨伯峻引王引之《经传释词》为证。

三、公孙丑上

[15]以齐王，由反手：王，名词动用，意思是以齐国称王天下。由，同"犹"，好像。赵岐《注》："孟子言以齐国之大而行王道，其易若反手耳，故讥管、晏不勉其君以王业也。"

[16]百年而后崩：《史记·周本纪》《集解》引徐广曰"文王九十七乃崩"。朱熹《集注》："言百年，举其成数也。"

[17]周公：姓姬，名旦。文王之子，武王之弟，辅助武王伐纣，统一天下。周成王继位后，作为成王叔父，辅助成王戡乱，安定天下。周公是鲁国始祖。

[18]由汤至于武丁，贤圣之君六七作：朱熹《集注》："作，起也。"杨伯峻认为"作"意义等同于今天口语的"起"字，可视为量词。据《史记·殷本纪》载，汤至武丁，有汤、太甲、太戊、祖乙、盘庚、武丁是贤圣之君，计六起。杨伯峻认为"孟子说六七起，或为不定之辞"。

[19]运之掌：赵岐《注》："运之掌，言其易也。"

[20]微子、微仲、王子比干、箕子、胶鬲：微子，子姓，宋氏，名启。后世又称之为微子启、宋微子，商王帝乙的长子，纣王的庶兄。微仲，微子之弟，名衍。王子比干，帝乙之弟，纣王的叔父。箕子，也是帝乙之弟，纣王的叔父。与微子和比干一起并称"殷末三仁。"胶鬲，殷纣王之臣。鬲，朱熹《集注》："鬲，音隔，又音历。"

[21]相与辅相（xiàng）之：相与，双音节副词，共同之意。辅相，双音节动词。

[22]虽有智慧，不如乘势；虽有镃基，不如待时：势，此指形势、时机。时，农时。据杨伯峻分析，这四句前两句中的"慧"和"势"押韵，古音同在"祭"部；后两句中"基"和"时"押韵，古音同在"之"部。镃基，即现在锄头。赵岐《注》："镃基，田器，耒耜之属。"或作"兹基""兹其""镃錤"。

[23]地未有过千里：千里，指"方千里"，即方圆千里的省略。

[24]鸡犬狗吠相闻，而达乎四境：孙奭《疏》："鸡犬狗吠相闻而达乎四境，是其齐国不特有千里之地而已，其间鸡犬相闻而又有其民相望而众多也。"

[25]地不改辟矣，民不改聚矣：改，杨伯峻《译注》："更也，这里作副词用。"

[26]置邮而传命：像驿站来传达国家政令一样迅速。朱熹《集注》："置，驿也。邮，驲（rì）也。"焦循和杨伯峻等承袭朱熹，持"置"和"邮"都是名词的观点。近来也有学者认为这里的"置"应为动词"设置"。命，指国家的公文、政令。

[27]倒悬：赵岐《注》："喻困苦也。"

【解析】

孙奭《孟子注疏》："此章言德流之速，过于置邮，君子得时，大行其道，是以吕望睹文王而陈王图，管、晏虽勤，犹为曾西所羞也。"

· 49 ·

本章孟子采用对比分析的手法，帮助齐王分析齐国比起殷、周来无论是在土地面积、拥有民众，还是在时势形势上，都处于称王的最有利的条件。

唐文治认为此章最具阳刚之美，并深刻地影响了贾谊《过秦论·下篇》。

3·2　公孙丑问曰："夫子加[1]齐之卿相，得行道焉，虽由此霸王，不异[2]矣。如此，则动心[3]否乎？"

孟子曰："否，我四十不动心[4]。"

曰："若是，则夫子过孟贲[5]远矣。"

曰："是不难。告子[6]先我不动心。"

曰："不动心有道乎？"

曰："有。北宫黝[7]之养勇也：不肤挠[8]，不目逃，思以一豪挫于人，若挞之于市朝；不受[9]于褐宽博[10]，亦不受于万乘之君；视刺万乘之君，若刺褐夫；无严[11]诸侯，恶声至，必反之。孟施舍[12]之所养勇也，曰：'视不胜犹胜也；量敌而后进，虑胜而后会[13]，是畏三军者也。舍岂能为必胜哉？能无惧而已矣。'孟施舍似曾子，北宫黝似子夏[14]。夫二子之勇，未知其孰贤，然而孟施舍守约也。昔者曾子谓子襄[15]曰：'子好勇乎？吾尝闻大勇于夫子矣[16]：自反而不缩[17]，虽褐宽博，吾不惴焉[18]；自反而缩，虽千万人，吾往矣[19]。'孟施舍之守气，又不如曾子之守约[20]也。"

曰："敢问夫子之不动心与告子之不动心，可得闻与？"

"告子曰：'不得于言，勿求于心；不得于心，勿求于气[21]。'不得于心，勿求于气，可；不得于言，勿求于心，不可。夫志，气之帅也[22]；气，体之充也。夫志至焉，气次焉[23]；故曰：'持其志，无暴其气[24]。'"

"既曰：'志至焉，气次焉。'又曰：'持其志，无暴其气'者，何也？"

· 50 ·

曰："志壹则动气，气壹则动志也[25]。今夫蹶者趋者，是气也，而反动其心。"

"敢问夫子恶乎长？"

曰："我知言[26]，我善养吾浩然之气[27]。"

"敢问何谓浩然之气？"

曰："难言也。其为气也，至大至刚，以直养而无害[28]，则塞于天地之间。其为气也，配义与道[29]；无是，馁也[30]。是集义所生者，非义袭而取之也[31]。行有不慊于心[32]，则馁矣。我故曰，告子未尝知义，以其外之也。必有事焉，而勿正，心勿忘[33]，勿助长也。无若宋人然：宋人有闵[34]其苗之不长而揠[35]之者，芒芒然归[36]，谓其人曰[37]：'今日病矣[38]！予助苗长矣！'其子趋而往视之[39]，苗则槁矣[40]。天下之不助苗长者寡矣。以为无益而舍之者，不耘苗者也[41]；助之长者，揠苗者也——非徒无益，而又害之。"

"何谓之言？"

曰："诐辞知其所蔽[42]，淫辞知其所陷[43]，邪辞知其所离[44]，遁辞知其所穷[45]。——生于其心，害于其政；发于其政，害于其事。圣人复起，必从吾言矣。"

"宰我、子贡善为说辞，冉牛、闵子、颜渊[46]善言德行。孔子兼之，曰：'我于辞命，则不能也[47]。'然则夫子既圣矣乎？"

曰："恶[48]！是何言也？昔者子贡问于孔子曰[49]：'夫子圣矣乎[50]？'孔子曰：'圣则吾不能，我学不厌而教不倦也。'子贡曰：'学不厌，智也；教不倦，仁也。仁且智，夫子既圣矣。'夫圣，孔子不居——是何言也？"

"昔者窃闻之：子夏、子游、子张皆有圣人之一体[51]，冉牛、闵子、颜渊则具体而微[52]，敢问所安[53]。"

曰："姑舍是[54]。"

曰："伯夷、伊尹何如？"

曰："不同道。非其君不事，非其民不使；治则进，乱则退，伯夷也。何事非君，何使非民；治亦进，乱亦进，伊尹也。可以仕则仕，可以止则止[55]，可以久则久，可以速则速[56]，孔子也。皆古圣人也，吾未能有行焉；乃所愿[57]，则学孔子也。"

"伯夷、伊尹于孔子，若是班乎[58]？"

曰："否；自有生民以来，未有孔子也。"

曰："然则有同与？"

曰："有。得百里之地而君之[59]，皆能以朝诸侯、有天下；行一不义，杀一不辜，而得天下，皆不为也。是则同。"

曰："敢问其所以异？"

曰："宰我、子贡、有若，智足以知圣人，污不至阿其所好[60]。宰我曰：'以予观于夫子，贤于尧、舜远矣。'子贡曰：'见其礼而知其政，闻其乐而知其德[61]，由百世之后，等百世之王[62]，莫之能违也。自生民以来，未有夫子也。'有若曰：'岂惟民哉？麒麟之于走兽，凤凰之于飞鸟，泰山之于丘垤，河海之于行潦[63]，类也。圣人之于民，亦类也。出乎其类，拔乎其萃[64]，自生民以来，未有盛于孔子也。'"

【注释】

[1]加：居，担任。赵岐《注》："加，犹居也。"

[2]不异：不足为怪。异，意动用法，以之为异。赵岐《注》："不异于古王霸之君矣。"朱熹《集注》解作"不足怪"。赵杏根说："指不管是霸是王，居高位、负重责则无异。"

[3]动心：赵岐《注》："动心畏难、自恐不能行否。"孙奭《疏》："动心畏惧其不能行乎否？"朱熹《集注》："任大责重如此，亦有所恐惧疑惑而动其心乎？"金良年和杨伯峻各采纳赵岐和朱熹的观点，杨伯峻还引饶鲁说："《集注》'恐惧疑

惑'四字，虽说心之所以动，然'恐惧'字是为下文'养气'张本，'疑惑'字是为下文'知言'张本。"赵杏根注云："心情不安或意志动摇，不能从容平静。此指当如此大任而有所疑惧。"赵杏根的后一句承袭了朱熹的解释。

[4]四十不动心：《礼记·曲礼上》云"四十曰强，而仕"。赵岐《注》："《礼》：'四十强而仕'，我志气已定，不妄动心有所畏也。"孙奭《疏》："谓我年至四十之时，内有所定，故未尝动心、有所畏惧也。"朱熹《集注》："四十强仕，君子道明德立之时。孔子四十不惑，亦不动心之谓。"张居正《讲评孟子》："这'不动心'三字，是孟子生平学问得力处，而其大本大原，却从知言养气中来。盖善学孔子而有得者也。"有学者指出："不动心功夫分为两个理路：一个是养勇或纯粹养气功夫，其中不涉及理的内容，北宫黝、孟施舍的不动心功夫。另一个是孟子、告子（也包括孔子、曾子等）的不动心功夫，其要点是以理发动气。而求理的方法，孟子主要是通过内省，通过先贤的'对话'，告子则通过和公众的'对话'；孟子注重历史的承续，告子更兼顾时代的呼声；孟子强调知和行，告子则单方面的重视知。"

[5]孟贲（bēn）：赵岐《注》："贲，勇士也。"《史记·范雎蔡泽列传》裴骃《集解》引许慎曰："孟贲，卫人。"孙奭《疏》引《帝王世纪》谓之齐人。后世学者认为与《史记·秦本纪》记载的孟说为一人。近来也有学者认为孟贲与下文的"孟施舍"是同一人。

[6]告子：《孟子·告子上》赵岐《注》云"告，姓也；子，男子之通称也。名不害。兼治儒墨之道者，尝学于孟子，而不能纯彻性命之理"。近来也有学者认为，"告子姓告，名不害，与浩生不害、《墨子》中的告子均非一人，与孟、墨子无师生关系；告子不是道家人物，更不是杨朱学派或宋钘、尹文学派中人。……（告子）是儒门中人"。

[7]北宫黝（yǒu）：赵岐《注》："北宫，姓。黝，名也。"孙奭《疏》：北宫黝"其人未详，于他经传亦未之闻焉"。

[8]不肤挠（náo），不目逃：赵岐《注》："人刺肌肤，不为挠却，刺其目，目不转睛逃避之矣。"挠，却也。朱熹《集注》作"挠"，"肤挠，肌肤被刺而挠屈也。目逃，目被刺而转睛逃避也。"

[9]不受：朱熹《集注》："不受者，不受其挫也。"杨伯峻《译注》："'受'下承上省略宾语，译文加'侮辱'字。"

[10]褐宽博：赵岐《注》："独夫被褐者。"孙奭《疏》："褐，编枲袜也，一曰短衣。"朱熹《集注》："褐，毛布。宽博，宽大之衣，贱者之服也。"

[11]严：赵岐《注》："尊也。"朱熹《集注》："畏惮也。"

[12]孟施舍：赵岐、孙奭和朱熹都认为，孟是姓，舍是名，施，是发语词。阎若璩

《四书释地又续》则以为"孟施"为复姓。而翟灏《四书考异》则以为"施舍"为名。

[13]会：杨伯峻《译注》认为同《诗经·大雅·大明》"会朝清明"之"会"，合兵之意，译为"交锋"。

[14]孟施舍似曾子，北宫黝似子夏：曾子（前505—前432年），即曾参，字子舆，鲁南武城人。子夏（前507—？）：姓卜名商，字子夏。卫国温县人，一说为"魏人"，一说为"晋国温人"。曾子和子夏均位列孔门十哲。赵岐《注》："孟子以为曾子长于孝。孝，百行之本。子夏知道虽众，不如曾子孝之大也。故以舍譬曾子，黝譬子夏。"孙奭《疏》："孟施舍养勇，其迹近似于曾子，北宫黝养勇，其迹近似于子夏。以其孟施舍养勇，见于言而要约，如曾子以孝弟事亲喻为守身之本，闻夫子之道则喻为一贯之要，故以此比之也。北宫黝养勇，见于行而多方，如子夏况在于纷华为己，有杂于小人之儒，教人以事于洒扫之末，故以此比之也。虽然，以二子之实，固不足比于曾子、子夏，但以粗迹比之耳。"朱熹《集注》："黝务敌人，舍专守己。子夏笃信圣人，曾子反求诸己。故二子之于曾子、子夏，虽非等伦，然论其气象，则各有所似。"

[15]子襄：赵岐《注》"曾子弟子也"。

[16]吾尝闻大勇于夫子矣：夫子，即孔子。

[17]自反而不缩：缩，赵岐和孙奭均训作"义"，朱熹训作"直"。许慎《说文》训"缩"为"乱（治）"。《礼记·檀弓》："古者冠缩缝，今也衡缝。"郑玄训"缩"为"从（纵）"；孔颖达《礼记正义》："缩，直也。"孙奭《疏》："则缩者理之直也，是知'缩'训'义'也。"故杨伯峻言："按《檀弓》以'缩''衡'对言，为'横直'之直；此则为'曲直'之'直'。"也就是说此处训作"直"或"义"都是引申义。

[18]虽褐宽博，吾不惴焉：惴，有三种解释，第一种是赵岐《注》："惴，惧也。"赵岐将这一句中的"不"与"惴"断开，解作"虽敌人被褐宽博一夫，不当轻，惊惧之也"；第二种是孙奭《疏》："《诗》云：'惴惴其栗。'注云：'恐也。'《传》曰'小恐惴惴，大恐缦缦'。"将"不惴"视为一词云"虽一褐宽博之独夫，我且不以小恐惴之，而且亦大恐焉"；第三种是杨伯峻《译注》的观点："惴"是使动用法，"使他惊惧"的意思。相较而言，孙奭的解释较为正确。

[19]虽千万人，吾往矣：赵岐《注》："自省有义，虽敌家千万人，我直往突之，言义之强也。"朱熹《集注》："往，往而敌之也。"

[20]守约：文中前后出现两次，前一次是说"孟施舍守约"，赵岐解释为"以施舍要之以不惧为约要也"。朱熹《集注》云"约，要也"，并补充道"言论二人之勇，则未知谁胜；论其所守，则舍比于黝，为得其要也"；后一次强调"不如曾子之守约"，赵岐《注》："不如曾子守义之为约也。"朱熹《集注》："又不如曾子之反身循理，

所守尤得其要也。"杨伯峻译为"简易可行",恐怕不妥。根据赵岐和朱熹的注解,赵杏根解作"要领",是比较恰当的。

[21]不得于言,勿求于心;不得于心,勿求于气:赵岐《注》:"不得者,不得人之善心善言也。求者,取也。告子为人,勇而无虑,不原其情,人有不善之言加于己,不复取其心有善也,直怒之矣。孟子以为不可也。告子知人之有恶心,虽以善辞气来加己,亦直怒之矣。孟子以为是则可,言人当以心为正也。告子非纯贤,其不动心之事,一可用,一不可用也。"孙奭《疏》:"孟子答孙丑,以谓告子言人有不善之言者,是其不得于言者也,故不复求其有善心。告子意以谓人既言之不善,则心中亦必不善也,故云'不得于言,勿求于心。'人有不善之心者,是其不得于心者也,故不复求其有善辞气。……告子意谓人心既恶,则所出辞气亦必不善也,故云'不得于心,勿求于气'。"朱熹《集注》:"告子谓于言有所不达,则当舍置其言,而不必反求其理于心;于心有所不安,则当力制其心,而不必更求其助于气,此所以固守其心而不动之速也。"清代焦循《正义》认为,"求""得""取"三字同义,"求"和"得"的本意都为"取"。清代毛奇龄《逸讲笺》:"告子唯恐求心即动心,故自言勿求于心。心焉能不动,才说不动,便是道家之嗒然若丧。"杨伯峻《译注》:"不得乃不能得胜之意。这几句都是讲养勇之事,故以胜负言。旧注皆未得其义。'不得于言'谓人家能服我之口却未能服我之心。""勿求于心,就是不要在思想上找原因。"杨伯峻将此句译为"假若不能在语言上得到胜利,便不必求助于思想;假若不能在思想上得到胜利,便不必求助于意气"。这四句话,从汉代赵岐到近代杨伯峻,解释都不一样。宋代孙奭的解释基本承袭了赵岐的观点,认为"言"是指善言,"气"是指"善辞气"。而朱熹以为"言""气"均是泛指。杨伯峻则全面否定古注,并将"气"译为"意气"。当代一些学者也进行了新的解读。

[22]夫志,气之帅也;气,体之充也:赵岐《注》:"志,心所念虑也。气,所以充满形体,为喜怒也。志帅气而行之,度其可否也。"孙奭《疏》:"孟子言人之志,心之所之之谓志,所以帅气而行之者也。"

[23]夫志至焉,气次焉:赵岐《注》:"志为至要之本,气为其次焉。"孙奭《疏》:"至,言无以过之,以其足以制于气,不为气之所制;次,言有以先之,以其从于志,而又有以持于志也。"

[24]持其志,无暴其气:赵岐《注》:"暴,乱也。言志所向,气随之当正。持其志,无乱其气,妄以喜怒加人也。"孙奭《疏》:"孟子言气惟志之是从,但持揭其志,则无暴乱其气矣。"杨伯峻:"《吕氏春秋·慎大篇》高诱《注》:'持,守也。'《荀子·荣辱篇》杨倞《注》:'持,保也。'译文引申为'坚定'。"暴,杨伯峻意译为"滥用"。

[25]志壹则动气,气壹则动志也:壹,赵岐《注》:"孟子言壹者,志气闭而为壹也。"孙奭《疏》解作"郁壹而不通"。朱熹《集注》:"壹,专一也。"

[26]知言:赵岐《注》:"闻人言,能知其情所趋。"孙奭《疏》:"能知人之言而识其人情之所向。"朱熹《集注》:"知言者,尽心知性,于凡天下之言,无不有以究极其理,而识其是非得失之所以然也。"孟子的"知言"是直承《论语》最后一句话"不知言,无以知人也"。所以后面孟子做出了具体的解释"何谓知言,曰:诐辞知其所蔽,淫辞知其所陷,邪辞知其所离,遁辞知其所穷"。

[27]浩然之气:赵岐《注》:"浩然之大气。"朱熹《集注》:"浩然,盛大流行之貌。"赵岐和朱熹两个人的解释都不如孟子自己的解释"至大至刚,直养而无害,配道与义"。所以赵杏根概括为"正大刚直之气"。

[28]以直养而无害:赵岐《注》:"养之以义,不以邪事干害之。"孙奭《疏》:"养之在以直道,不以邪道干害之。"朱熹《集注》:"无所作为以害之。"

[29]其为气也,配义与道:赵岐《注》:"言此气与道义相配偶俱行。义谓仁义,可以立德之本也。道谓阴阳,大道无形而生有形,舒之弥六合,卷之不盈握,包络天地,禀授群生者也。言能养道气而行义理,常以充满五脏。"朱熹《集注》:"配者,合而有助之意。义者,人心之裁制。道者,天理之自然。"

[30]馁也:馁,赵岐《注》:"则腹肠饥虚,若人之馁饿也。"朱熹《集注》:"馁,饥乏而气不充体也。"

[31]是集义所生者,非义袭而取之也:集,赵岐《注》:"集,杂也。密声取敌曰袭。言此浩然之气,与义杂生,从内而出。人生受气所自有者。"孙奭《疏》:"《左传》云:'凡有钟鼓曰伐,无钟鼓曰袭。'杜预《注》云:'密声取敌曰袭。'"朱熹《集注》:"集义,犹言积善,盖欲事事皆合于义也。袭,掩取也,如齐侯袭莒之袭。言气虽可以配乎道义,而其养之之始,乃由事皆合义,自反常直,是以无所愧怍,而此气自然发生于中。非由只行一事偶合于义,便可掩袭于外而得之也。"赵杏根说:"积善之行为、善之思想而生浩然之气,非义外加于浩然之气。此言浩然之气与义的关系。"

[32]行有不慊于心:赵岐《注》:"慊,快也。自省所行,仁义不备,干害浩气。"朱熹《集注》:"慊,快也,足也。言所行一有不合于义,而自反不直,则不足于心而其体有所不充矣。"

[33]必有事焉,而勿正,心勿忘:朱熹《集注》:"赵氏、程子以七字为句。近世或并下文'心'字读之者亦通。必有事焉,有所事也,如有事于颛臾之有事。"本文采用的是杨伯峻先生的断句。正,有四种解释:第一种解作"预期",如朱熹《集注》引《公羊》僖公二十六年《传》"战不正胜"云:"正,预期也。"但杨伯峻指出其

· 56 ·

误解了《公羊传·僖公二十六年》："战不正胜"的"正"，应是王引之《经义述闻》所云"正之言定也，必也"，《穀梁传》作"战不必胜"；第二种解作"止"，如焦循《正义》"正之义通于止也"；第三种解作"征也，的也。"如王夫之《孟子稗疏》"指物以为征准使必然也"，杨伯峻译文从之。第四种是劳思光的观点。认为"正"与"心"是"忘"字被误分为二，而"忘"通"妄"，勿忘，即勿妄，勿妄作。

[34]闵：忧伤。朱熹《集注》："闵，忧也。"

[35]揠（yà）：拔。赵岐《注》："挺拔之，欲亟长也。"朱熹《集注》："揠，拔也。"

[36]芒芒然归：芒芒，赵岐《注》："罢倦貌。"罢，通"疲"。朱熹《集注》："芒芒，无知之貌。"应该是疲倦的样子，朱熹如此注解，是为了和下文"病"字的含义相区分。

[37]谓其人曰：其人，赵岐《注》："家人也。"

[38]今日病矣：病，赵岐《注》："罢也。"朱熹《集注》："疲倦也。"

[39]趋而往视之：跑过去看。赵岐《注》："趋，走也。"

[40]苗则槁矣：则，杨伯峻《译注》："此'则'字表示事情的结果不是施事者所愿意而早已处于无可奈何的情况中。"槁，赵岐《注》："干枯也。"赵岐谓"今日病矣"至"苗则槁矣"句云："以喻人之情，邀福者必有害。若欲急长苗，而反使之枯死也。"

[41]不耘苗者也：耘，《说文》："除田间秽也。从耒，员声。"

[42]诐（bì）辞知其所蔽：诐，《说文》："古文以为颇字。"赵岐《注》解作"险诐之言，引事以褒人"。孙奭《疏》："诐辞，其言有偏诐不平也""蔽，蔽于一曲而已""若告子言仁内义外是也。"朱熹《集注》："诐，偏陂也。……蔽，遮隔也。"《荀子》有《解蔽》篇，杨倞《注》："蔽者，言不能通明，滞于一隅，如有物壅蔽之也。"赵岐释此句云："若宾孟言雄鸡自断其尾之事，能知其欲以誉子朝蔽子猛也。"赵岐所引典故出自《左传·昭公二十二年》。孙奭《疏》所举的例子不很恰当。

[43]淫辞知其所陷：赵岐《注》谓"淫辞"为"淫美不信之辞"，"陷"为"陷害"。孙奭《疏》："淫辞，言过而不中也。""若杨、墨无君无父之言是也。"朱熹《集注》："淫，放荡也。陷，沉溺也。"赵岐释句云："若骊姬劝晋献公与申生之事，能知欲以陷害之也。"典出《左传·庄公二十八年》。杨伯峻引孔颖达《尚书正义》"淫者过度之意，故为过也"，并进一步解释道"凡事当止不止，必有所陷。故译文以'过分''失足'表达其义"。

[44]邪辞知其所离：赵岐《注》谓"邪辞"为"邪辟不正之辞"，"离"为"谮毁"。孙奭《疏》："邪辞，悖正道者也。""若陈贾谓周公未尽仁智，而况于齐王

之言是也。"孙奭这句解释出自《公孙丑下》。朱熹《集注》:"邪,邪僻也。离,叛去也。"赵岐释句云:"若竖牛观仲壬赐环之事,能知其欲行谮毁,以离之于叔孙也。"典出《左传·昭公四年》。孙奭举出的例子不恰当。杨伯峻:"离于正则为邪,故'邪辞知其所离'。"

[45]遁辞知其所穷:赵岐《注》谓"遁辞"为"隐遁之辞"。孙奭《疏》:"遁辞,屈其理也。""若夷子与孟子相胜以辨,卒以受教是也。"赵岐释句云:"若秦客廋辞于朝,能知其欲以穷晋诸大夫也。"典出《国语·晋语》。孙奭《疏》:"大抵'廋辞'云者,如今呼笔为管城子,纸为楮先生,钱为白水真人,又为阿堵物之类是也。"朱熹《集注》:"遁,逃避也。""穷,屈困也。"焦循《正义》谓:"《鹖冠子》'分遁辞为诈辞'在本意则引而不明是为遁,在所言则妄而不言是为诈,遁即诈也。"杨伯峻:"理有所穷而后其辞遁,译文作'躲闪的言辞'。"

[46]宰我、子贡、冉牛、闵子、颜渊:与下文的子游、子张、有若皆孔子弟子。

[47]我于辞命,则不能也:朱熹《集注》引程颐说云:"孔子自谓不能于辞命者,欲使学者务本而已。"

[48]恶,是何言也:赵岐《注》:"恶者,不安事之叹词也。"恶,朱熹《集注》:"平声,惊叹辞也。"杨伯峻:"叹词,表惊讶不安。"

[49]昔者子贡问于孔子曰:这段文字,顾炎武《日知录》认为与《论语·述而》(7·34)大意相同。而焦循《正义》引翟灏《四书考异》认为与《吕氏春秋·尊师》的一段话相似。

[50]夫子圣矣乎:朱熹《集注》:"此夫子,指孔子也。"

[51]子夏、子游、子张皆有圣人之一体:体,赵岐《注》:"四肢股肱也。""一体者,得一肢也。"朱熹《集注》:"一体,犹一肢也。"赵杏根:"一体,一个方面。"

[52]冉牛、闵子、颜渊具体而微:具体,赵岐《注》:"四肢皆具。微,小也,比圣人之体微小耳。体以喻德也。"朱熹《集注》:"具体而微,谓有其全体,但未广大耳。"

[53]敢问所安:赵岐《注》:"丑问孟子所安比也。"朱熹《集注》:"安,处也。公孙丑复问孟子既不敢比孔子,则于此数子欲何所处也。"

[54]姑舍是:姑,赵岐《注》:"且也。孟子曰:且置是,我不原(愿)比也。"朱熹《集注》:"舍,上声。孟子言且置是者,不欲以数子所至者自处也。"杨伯峻:"姑,暂且。是,代词。译文作'暂时不谈这个'。"

[55]可以仕则仕,可以止则止:止,赵岐《注》:"处也。"杨伯峻:"此处与'仕'对言"并指出赵岐注为"处"相当于"隐居"的意思。

[56]可以久则久，可以速则速：久，赵岐《注》："留也。速，疾去也。"

[57]乃所愿：乃，杨伯峻《译注》："他转连词，'至于''至若'之义。"

[58]若是班乎：班，赵岐《注》："齐等之貌也。丑嫌伯夷、伊尹与孔子相比，问此三人之德班然而等乎？"

[59]得百里之地而君之：君，名词作动词，指治理、统治。

[60]智足以知圣人，污不至阿其所好：有两种断句方式，一是以"污"属下连读，如赵岐、朱熹等；一是连为一句，如苏洵《三子知圣人污论》，但宋洪迈撰《圣人污》一文驳之。赵岐《注》："污，下也。言三人虽小污不平，亦不至阿其所好以非其事，阿私所爱而空誉之，言其有可用者。"赵杏根解释为："污，卑下。诸子深知孔子，品格不至于卑下到阿其所好的程度。"

[61]见其礼而知其政，闻其乐而知其德：其，赵岐以为指孔子，朱熹认为指各代各王。现代学者一般从朱说。

[62]等百世之王：等，赵岐《注》、孙奭《疏》都解作"等同"，杨伯峻认为这种注解是错误的，他赞同朱熹《集注》解释为"差等"。金良年："等，此处是比较、评论的意思。"

[63]泰山之于丘垤（dié），河海之于行潦（lǎo）：垤，赵岐《注》："蚁封也。"行潦，赵岐《注》："道旁流潦也。"朱熹《集注》："道上无源之水也。"

[64]出乎其类，拔乎其萃：赵岐《注》："萃，聚也。"朱熹《集注》："出，高出也。拔，特起也。萃，聚也。"

【解析】

赵岐《孟子章指》："义以行勇，则不动心，养气顺道，无效宋人，圣人量时，贤者道偏。"

朱熹《孟子集注》引程子曰："孟子此章，扩前圣所未发，学者所宜潜心而玩索也。"

曾国藩《曾文正公全集》："杜诗韩文所以能百世不朽者，彼自有知言、养气功夫。惟其知言，故常有一二见道语；谈及时事，亦甚识当世要务。惟其养气，故无纤薄之响。"

这一章篇幅长，内容多，含义丰富。由动心不动心，到知言养气，再到夫子为圣人乎的探讨，看似漫无边际，实则层层推进。孟子的论辩术由此可见一斑。中国哲学史、思想史、文学史及理论批评史的著述或研究，无不引用本章文字。毫无疑问的是，这段文字具有极大的启发性。

3·3 孟子曰:"以力假仁者霸[1],霸必有大国;以德行仁者王,王不待大——汤以七十里,文王以百里[2]。以力服人者,非心服也,力不赡也[3];以德服人者,中心悦而诚服也,如七十子[4]之服孔子也。《诗》云[5]:'自西自东,自南自北,无思不服。'此之谓也。"

【注释】

[1]以力假仁者霸:赵岐《注》"霸者以大国之力,假仁义之道,然后能霸,若齐桓、晋文等是也"。朱熹《集注》:"力,谓土地甲兵之力。假仁者,本是无心,而借其事以为功者也。霸,若齐桓、晋文是也。"

[2]汤以七十里,文王以百里:杨伯峻指出这两句是承上省略了动词"王"。"文王以百里"而王是古代传说,《荀子·仲尼篇》《史记·平原君列传》和《韩诗外传》都有此说。刘师培《古书疑义举例补·虚数不可实指之例》引顾炎武《日知录》云:"孟子为此言以证王之不待大尔,其实文王之国不止百里。"《史记》《韩诗外传》也有"汤以七十里"而王的记载。

[3]力不赡也:赡,赵岐《注》:"足也。"

[4]七十子:通称。《史记》兼存异说,《孔子世家》曰七十二人,《仲尼弟子列传》曰七十七人。《孔子家语·弟子解》题为七十二,篇中所列为七十七人,也是两存其说。李零先生指出:"如果我们把这些不同记载对一下,改正错字,去除重复,其实是七十七人。"

[5]《诗》云:此处所引诗句出自《诗经·大雅·文王有声》。思:助词,无义。

【解析】

赵岐《孟子章指》:"王者任德,霸者兼力,力服心服,优劣不同。故曰远人不服,修文德以怀之。"

朱熹《孟子集注》:"邹氏曰:'以力服人者,有意于服人,而人不敢不服;以德服人者,无意于服人,而人不能不服。从古以来,论王霸者多矣,未有若此章之深切而著明也。'"

金良年《孟子译注》:"此章是讲'王道'与'霸道'的区分。所谓'霸道',是以力服人,服从者未必心服,这是孟子所反对的;所谓'王道',是以德服人,服从者是真正的心悦诚服,也就是孟子反复向君王们宣传的。"

孟子之所以严格区分王道与霸道的,其目的意在劝导国君行仁政。

3·4　孟子曰："仁则荣，不仁则辱[1]；今恶辱而居不仁，是犹恶湿而居下也[2]。如恶之，莫如贵德而尊士，贤者在位，能者在职[3]；国家闲暇[4]，及是时，明其政刑[5]。虽大国，必畏之矣。《诗》云[6]：'迨天之未阴雨，彻彼桑土，绸缪牖户[7]。今此下民[8]，或敢侮予？'孔子曰：'为此诗者，其知道乎！能治其国家，谁敢侮之？'今国家闲暇，及是时，般乐怠敖[9]，是自求祸也。祸福无不自己求之者。《诗》云：'永言配命，自求多福[10]。'《太甲》曰：'天作孽，犹可违；自作孽，不可活[11]。'此之谓也。"

【注释】

[1]仁则荣，不仁则辱：杨伯峻："此两句省略了主语，从下文'莫如贵德而尊士'等句推之，盖针对诸侯以及其卿相而言。"

[2]今恶辱而居不仁，是犹恶湿而居下也：居下，赵岐《注》："居卑下近水泉之地。"杨伯峻认为两个"居"字相照映："'下'则可'居'，而'居不仁'者，犹言所行所为都是不仁之事。译文为着要保留这一'居'字之义，故译为'自处于不仁之地'。"

[3]贤者在位，能者在职：贤，为贤德。能，即才能。赵岐和朱熹是如此理解的。但饶鲁的"贤、能、位、职"四字尚未分晓说有一定道理。此句为互文修辞。

[4]国家闲暇：赵岐《注》谓"无邻国之虞"。杨伯峻认为还包括《国语·晋语》所云"无内乱"。

[5]明其政刑：刑，《尔雅·释诂第一》云："法也。""常也。"

[6]《诗》云：以下五句出自《诗经·豳风·鸱鸮》。

[7]彻彼桑土，绸缪牖户：彻，剥取。朱熹《集注》"彻，取也。"赵岐《注》："桑土，桑根也。"朱熹《集注》："桑土，桑根之皮也。"杨伯峻："'土'音'杜'（dù）'，《韩诗》即作'杜'。《方言》：'东齐谓根曰杜。'《毛传》：'桑土，桑根也。'此句当指桑根之皮，因为桑根不能做缠结之用。"绸缪，赵岐《注》释为"缠绵。"朱熹《集注》："缠绵补葺也。"牖户，朱熹《集注》："巢之通气出入处也。"

[8]下民：拟人双关，巢在上，鸱鸮在下，如统治者在上，老百姓在下一样。

[9]般乐怠敖：赵岐《注》："般，大也。"谓指"大作乐，怠惰敖游"。朱熹《集注》谓指"纵欲偷安"。杨伯峻认为"般乐为同义复音词"。

[10]永言配命，自求多福：出自《诗经·大雅·文王》。赵岐《注》："永，长。言，我也。长我周家之命。配当善道，皆内自求责，故有多福也。"朱熹《集注》："言，犹念也。配，合也。命，天命也。此言福之自己求者。"杨伯峻："配命，言我周朝之命与天命相配。'言'为语中助词，无义。"

[11]天作孽，犹可违；自作孽，不可活：出自《尚书·太甲》。违，避。活，赵岐《注》和朱熹都解作"活命"。《礼记·缁衣》引作"逭"（huàn），郑玄《注》作"逭，逃也"。

【解析】

赵岐《孟子章指》："国必修政，君必行仁，祸福由己，不专在天，当防患于未乱也。"

应该说赵岐对本章的主旨概括得很到位。

3·5 孟子曰："尊贤使能[1]，俊杰在位[2]，则天下之士[3]皆悦，而愿立于其朝矣；市廛而不征[4]，法而不廛[5]，则天下之商皆悦，而愿藏于其市矣；关，讥而不征[6]，则天下之旅皆悦，而愿出于其路矣；耕者，助而不税[7]，则天下之农皆悦，而愿耕于其野矣；廛无夫里之布[8]，则天下之民皆悦，而愿为之氓[9]矣。信能行此五者，则邻国之民，仰之若父母矣[10]。率其子弟，攻其父母，自有生民以来[11]，未有能济者也。如此，则无敌于天下。无敌于天下者，天吏[12]也。然而不王者，未之有也。"

【注释】

[1]尊贤使能：孙奭《疏》："今之国君，能尊敬贤者，任使能者。"

[2]俊杰在位：孙奭《疏》："俊杰大才在官位。"俊杰，赵岐《注》："俊，美才出众者也。万人者称杰。"朱熹《集注》："俊杰，才德之异于众者。"

[3]士：就其字形而言，是指成年男子。就文献记录而言，最早称掌管刑罚或监狱的官员为"士"，如《周礼·大司徒》云："其附于刑者，归于士。"战国以前，原属于贵族阶层，地位居于卿大夫和庶民之间，多为贵族阶层和卿大夫的家臣，或食俸禄，或有"食田"。战国时，或以其知识本领而言，如《白虎通·爵》云："任事之称也。""通古今辩然否谓之士。"《国语·齐语》注云："讲学道义者也"；或以

三、公孙丑上

其修养道德言，如《公羊传》成公元年《注》云："德能居位曰士。"或以其社会地位而言，如《汉书·食货志》云："学以居位曰士。"或者兼二者、三者而有之。

[4]市廛（chán）而不征：杨伯峻于"市"处断为两句。赵岐《注》："廛，市宅也。古者无征，衰世征之。《王制》曰：'市廛而不税。'《周礼·载师》曰：'国宅无征。'"孙奭《疏》："言市廛宅而不征。"又，《礼记·王制》郑《注》云："廛，市物邸舍，税其舍，不税其物也。"按照赵岐、孙奭及郑玄的注解，廛，应指房租税，而不是杨伯峻先生所理解的货物税。

[5]法而不廛：赵岐《注》："当以什一之法征其地耳，不当征其廛宅也。"这可能是防止货物积压，按照10%的比例收取地皮税，而不是杨伯峻等先生所说的"依法征购"。

[6]讥而不征：赵岐《注》："言古之设关，但讥禁异言、识异服耳，不征税出入者也。故《王制》曰'古者关讥而不征'。《周礼·太宰》曰'九赋，七曰关市之赋'。"《礼记·王制》郑玄《注》云："讥，讥异服、识异言。"孔颖达《正义》云："讥谓呵察，公家但呵察非违，不税行人之物。"赵岐认为"孟子欲令复古之征，使天下行旅悦之也"。

[7]助而不税：赵岐《注》："助者，井田什一，助佐公家治公田，不横税赋，若履亩之类。"《孟子·滕文公上》有相关论述。朱熹《集注》："但使出力以助耕公田，而不税其私田也。"

[8]廛无夫里之布：赵岐《注》："里，居也。布，钱也。夫，一夫也。《周礼·载师》曰：'宅不毛者有里布，田不耕者有屋粟。凡民无职事者，出夫家之征。'"孙奭《疏》："廛者，一夫所受之宅也；里者，一廛所居之地也。"杨伯峻先生于"廛"字处断句，并引江永《群经补义》云："此廛谓民居。"孙奭《疏》："言一夫所受之宅，而不出夫家之征，一廛所居之地，而不取其里布。"意思是说不缴纳"夫布"即雇工费，或"里布"即房地税等税费。朱熹《集注》："今战国时，一切取之。市宅之民，已赋其廛，又令出此夫里之布，非先王之法也。"此处读为一句。

[9]氓：赵岐《注》："氓者，谓其民也。"孙奭《疏》："野者氓者，案《周官》制地之法，六乡以教为主，其主民有郊于内，故其地为郊而民谓之民，以其近主而有知者也；六遂以耕为主，而其民有遂于外，故其地为野而民谓之氓，以其远主而无知者也：此孟子云野云氓之意也。"杨伯峻引焦循《正义》："按此，则'氓'与'民'小别，盖自他归往之民则谓之氓，故字从民亡。"

[10]仰之若父母矣：仰，赵岐《注》、孙奭《疏》皆释为"仰望"，但对整个句子的注解稍有不同：赵岐《注》谓"仰望而爱之如父母矣"，孙奭《疏》谓"仰望之如父母而亲之矣"。杨伯峻译文采用了赵岐的解释。

[11]自有生民以来：此句中的"有"字，孙奭《疏》和朱熹《集注》本均未有"有"字，阮元《十三经校勘记》指出孔本及石经等有"有"字。

[12]天吏：赵岐《注》："天吏者，天使也。为政当为天所使，诛伐无道，故谓之天吏也。"朱熹《集注》引吕氏曰："奉行天命，谓之天吏。"

【解析】

赵岐《孟子章指》："修古之道，邻国之民以为父母。行今之政，自己之民不得而子。"

朱熹《孟子集注》："此章言能行王政，则寇戎为父子；不行王政，则赤子为仇雠。"

本章内容阐述层次分明，主张采取五个方面的举措，从而使士、商、旅、农、民"皆悦"。"无敌于天下者，天吏也。"一句疑为衍文。

3·6 孟子曰："人皆有不忍人之心。先王有不忍人之心，斯有不忍人之政矣。以不忍人之心，行不忍人之政，治天下可运之掌上。所以谓人皆有不忍人之心者，今人乍见孺子[1]将入于井，皆有怵惕恻隐[2]之心——非所以内交[3]于孺子之父母也，非所以要誉[4]于乡党朋友也，非恶其声而然也。由是观之，无恻隐之心，非人也；无羞恶之心，非人也；无辞让之心，非人也；无是非之心，非人也。恻隐之心，仁之端[5]也；羞恶之心，义之端也；辞让之心，礼之端也；是非之心，智之端也。人之有是四端也，犹其有四体也。有是四端而自谓不能者，自贼者也；谓其君不能者，贼其君者也。凡有四端于我者，知皆扩而充之矣，若火之始然[6]，泉之始达[7]。苟能充之，足以保四海；苟不充之，不足以事父母。"

【注释】

[1]乍见孺子：乍，赵岐《注》："暂也。孺子，未有知之小子。"朱熹《集注》："乍，犹忽也。"金良年引焦循《正义》："乍、暂、卒三字转注也，'卒'与'猝'通。"金良年将"乍"解释为"突然"。

[2]怵（chù）惕（tì）恻隐：怵，《说文》："恐也。"怵惕，同义复词，都是惊

恐、惊惧的意思。恻，《说文》："痛也。"恻隐：朱熹《集注》："恻，伤之切也。隐，痛之深也。此即所谓不忍人之心也。"恻隐也是同义复词，都是哀伤、悲痛的意思。

[3]内交：结交。内，有两种解释：一种是解作与"外"相对，如孙奭《疏》："内尝结交"；另一种解释为结，如朱熹《集注》："内，读为纳。……内，结。"朱熹的解释比较好。

[4]要誉：博取声誉。朱熹《集注》："要，求。"

[5]端：发端。赵岐《注》："端者，首也。"朱熹《集注》："端，绪也。"杨伯峻《译注》："本作'耑'。《说文》：'耑，物初生之题（题犹额也，端也。）也，上象生形，下象其根也。'段玉裁《注》云：'古发端字作此，今则端行而耑废。'"

[6]若火之始然：然，同"燃"，燃烧。

[7]泉之始达：达，通。指泉水流出去。

【解析】

赵岐《孟子章指》："人之行当内求诸己，以演大四端，充广其道，上以匡君，下以荣身也。"

朱熹《孟子集注》："此章所论人之性情，心之体用，本然全具，而各有条理如此。学者于此，反求默识而扩充之，则天之所以与我者，可以无不尽矣。程子曰：'人皆有是心，惟君子为能扩而充之。不能然者，皆自弃也。然其充与不充，亦在我而已矣。'又曰：'四端不言信者，既有诚心为四端，则信在其中矣。'愚按：四端之信，犹五行之土。无定位，无成名，无专气。而水、火、金、木，无不待是以生者。故土于四行无不在，于四时则寄王焉，其理亦犹是也。"

本章前六句依然是孟子对"仁政说"的进一步解读。接着孟子举例论证，并提出"四端说"。前者是后者的基础，后者是前者的内在心理和依据。从这一点看，赵岐的解释更符合文意。

3·7 孟子曰："矢人岂不仁于函人哉？矢人[1]唯恐不伤人，函人[2]唯恐伤人。巫匠[3]亦然，故术不可不慎也。孔子曰[4]：'里仁为美。择不处仁，焉得智？'夫仁，天之尊爵[5]也，人之安宅[6]也，莫之御而不仁，是不智也。不仁、不智，无礼、无义，人役也。人役[7]而耻为役，由[8]弓人而耻为弓，矢人而耻为矢也。如耻之，莫如为仁。仁者如射：

射[9]者正己而后发；发而不中，不怨胜己者，反求诸己而已矣。"

【注释】

[1]矢人：指制作弓箭的人。赵岐《注》："矢，箭也。"

[2]函人：指制作铠甲的人。赵岐《注》："函，甲也。《周礼》曰：'函人为甲。'"孙奭《疏》："函，铠也。甲是也。"

[3]巫匠：指巫师和梓匠。赵岐《注》："巫欲祝活人。匠，梓匠，作棺欲其蚤售，利在于人死也。"

[4]孔子曰句：出自《论语·里仁》。赵岐《注》："里，居也。仁，最其美者也。夫简择不处仁，为不智。"孙奭《疏》："孟子言孔子有曰所居以仁，最为美也。然而人所拣择，不处于仁里，又安得谓之智也？以其智足以有知故也，不知择处于仁，岂谓之智哉！"朱熹《集注》："里有仁厚之俗者，犹以为美。人择所以自处而不于仁，安得为智乎？此孔子之言也。"宋陈祥道《论语全解》卷二："孔子言里仁为美，以外况内也；孟子言矢人，以小况大也。"

[5]尊爵：孙奭《疏》："谓之尊爵者，盖受之于人而彼得以贱之者，非尊爵也。仁则得之于天，而万物莫能使之贱，是尊爵也。"朱熹《集注》："仁、义、礼、智，皆天所与之良贵。而仁者天地生物之心，得之最先，而兼统四者，所谓元者善之长也，故曰尊爵。"需注意的是，孙奭将"尊"与"贱"相对，而朱熹则将"尊"解作"先"或"元"，即第一。

[6]安宅：孙奭《疏》："安宅者，盖营于外而彼得以危之者，非安宅也。仁则立之自内，而万物莫能使之危，是安宅也。"朱熹《集注》："在人则为本心全体之德，有天理自然之安，无人欲陷溺之危。人当常在其中，而不可须臾离者也，故曰安宅。"孙奭与朱熹均解"安"与"危"相对，而杨伯峻和金良年均将"安"译为"安逸"，赵杏根解作"安乐"。这个词类似于《庄子》的"心斋"。

[7]人役：人役，赵岐《注》："为人所役者也。"

[8]由：由，朱熹《集注》："与犹通"。

[9]射：一种射箭比赛，中国古代六艺之一。

【解析】

赵岐《孟子章指》："各治其术，术有善恶，祸福之来，随行而作。耻为人役，不若居仁治术之忌，勿为矢人也。"

在孟子看来，虽然仁为人之天爵与安宅，也就是人最高的品质，但在治术，即具体的行事方式、方法上，却有着善恶和祸福的差别，所以要谨慎。"仁者如射"的比喻很精妙，"行仁"不能主观上不努力，客观上找原因，即《论语·颜渊》所云："为仁由己，而由人乎哉？"

3·8　孟子曰："子路，人告之以有过，则喜。禹闻善言[1]，则拜。大舜有大焉[2]，善与人同[3]，舍己从人，乐取于人以为善。自耕稼、陶、渔[4]以至为帝，无非取于人者。取诸人以为善，是与人为善[5]者也。故君子莫大乎与人为善。"

【注释】

[1]禹闻善言：禹，古史中传说的夏朝开国国君，因治水有功而被推举为天子。善言，《尚书·皋陶谟》云"禹拜昌言"，赵岐《注》引《尚书》作"谠言"，《史记·夏本纪》作"美言"，即"善言"。

[2]大舜有大焉：赵岐《注》："大舜，虞舜也。孔子称曰'巍巍'，故言大舜有大焉，能舍己从人，故为大也，于子路与禹同者也。"朱熹《集注》："言舜之所为，又有大于禹与子路者。"杨伯峻等采纳朱熹的解释，谓"有"同"又"。

[3]善与人同：孙奭《疏》："己之善，亦犹人之善；人之善，亦犹己之善，是与人同善也。"朱熹《集注》："公天下之善而不为私也。"杨伯峻谓"犹言善与人通"。

[4]耕稼、陶、渔：指舜耕种、制陶、打鱼等经历。其事见《史记·五帝本纪》。

[5]与人为善：与，有二解：一种指赞许、帮助，如朱熹《集注》："与，犹许也，助也。"意为"取彼之善而为之于我，则彼益劝于为善矣，是我助其为善也"；另一种指偕同，如杨伯峻《译注》："与，偕同之意。"根据文义，杨先生解释得更贴切。

【解析】

赵岐《孟子章指》："大圣之君，犹善采于人。"

朱熹《孟子集注》："此章言圣贤乐善之诚，初无彼此之闲。故其在人者有以裕于己，在己者有以及于人。"

本章孟子采用例证法，举子路、大禹和虞舜的事例，强调与人为善，即大家一道行善。

3·9　孟子曰："伯夷，非其君，不事；非其友，不友。不立于恶人之朝[1]，不与恶人言；立于恶人之朝，与恶人言，如以朝衣朝冠坐于涂炭[2]。推恶恶之心，思与乡人立[3]，其冠不正，望望然去之[4]，若将浼[5]焉。是故诸侯虽有善其辞命而至者，不受也。不受也者，是亦不屑[6]就已。柳下惠[7]不羞污君[8]，不卑小官；进不隐贤，必以其道[9]；遗佚而不怨[10]，厄穷而不悯[11]。故曰：'尔为尔，我为我，虽袒裼裸裎[12]于我侧，尔焉能浼我哉？'故由由然[13]与之偕而不自失焉，援而止之而止。援而止之而止者，是亦不屑去已。"孟子曰："伯夷隘[14]，柳下惠不恭[15]。隘与不恭，君子不由也[16]。"

【注释】

[1]不立于恶人之朝：杨伯峻《译注》"意思是不仕于恶人之朝"。

[2]涂炭：污泥和炭灰，喻指污浊之地。赵岐《注》"涂，泥。炭，墨也"。

[3]思与乡人立：思，赵岐《注》："思，念。"乡人，朱熹《集注》："乡里之常人也。"

[4]望望然去之：望望然，赵岐《注》："惭愧之貌也。去之恐其污己也。"朱熹《集注》："望望，去而不顾之貌。"杨伯峻《译注》："望望然，怨望之貌。"

[5]浼（měi）：赵岐《注》："污也。"

[6]屑：赵岐《注》："洁也。《诗》云：'不我屑以。'伯夷不洁诸侯之行，故不忍就见也。"

[7]柳下惠：赵岐《注》："鲁公族大夫也。姓展，名禽，字季，柳下是其号也。"《列女传·贤明篇》载其妻《诔》曰："夫子之谥，宜为惠兮。"其言行散见于《左传》《国语》《战国策》及先秦诸子书。在儒家著作中，常与伯夷等贤人并称为有德行之人。

[8]不羞污君：不羞，不感到羞耻。污君，行为污滥的国君。

[9]进不隐贤，必以其道：赵岐《注》："进不隐己之贤才，必欲行其道也。"朱熹《集注》："不隐贤，不枉道也。"相比较而言，赵岐的解释更接近原文。

[10]遗佚而不怨：指遗弃在原野而不被用，却不怨恨。孙奭《疏》："虽遗佚于野，而不怨恨。"朱熹《集注》："遗佚，放弃也。"杨伯峻《译注》："'佚'与'逸'通，谓不被用。"

[11]厄穷而不悯：厄穷，指困于贫穷。悯，赵岐解作"懑也"，愤懑；孙奭解作"哀悯"；朱熹解作"忧也"，忧愁。

[12]袒裼裸裎：袒裼，朱熹《集注》："露臂也。裸裎，露身也。"

[13]由由然：由由，赵岐《注》："浩浩之貌。"朱熹《集注》："由由，自得之貌。"杨伯峻《译注》："《韩诗外传》引《孟子·万章下》'由由然不忍去也'作'愉愉然不去也'，可见由由然为高兴之貌。"

[14]伯夷隘：隘，赵岐解作"大隘狭"。朱熹《集注》："隘，狭窄。"

[15]不恭：朱熹《集注》："简慢也。"

[16]君子不由也：孙奭《疏》"君子不由用而行之也"。由，杨伯峻《译注》："《广雅·释诂》：'由，行也。'"金良年《译注》："由，此处是为、效仿的意思。"

【解析】

赵岐《孟子章指》："伯夷、柳下惠，古之大贤，犹有所阙。介者必偏，中和为贵，纯圣能然，君子所由，尧舜是尊也。"

本章或为儒家中庸思想的源头。

3·6至3·9四章，孟子侧重于谈论心性的问题。

四、公孙丑下

4·1 孟子曰:"天时[1]不如地利[2],地利不如人和[3]。三里之城,七里之郭[4],环[5]而攻之而不胜。夫环而攻之,必有得天时者矣;然而不胜者,是天时不如地利也。城非不高也,池[6]非不深也,兵革[7]非不坚利也,米粟非不多也;委[8]而去之,是地利不如人和也。故曰:域民[9]不以封疆之界,固国不以山谿之险,威天下不以兵革之利。得道[10]者多助,失道者寡助。寡助之至,亲戚畔之[11];多助之至,天下顺之。以天下之所顺,攻亲戚之所畔;故君子有不战[12],战必胜矣。"

【注释】

[1]天时:赵岐《注》:"谓时日、支干、五行、旺相、孤虚之属也。"杨伯峻认为这是阴阳五行家的看法,恐怕不是孟子本意。

[2]地利:赵岐《注》:"险阻、城池之固也。"

[3]人和:赵岐《注》:"得民心之所和乐也。"金良年先生根据《荀子》《尉缭子》和出土的《孙膑兵法》中的引述,认为这两句当是孟子引述前人的成语。

[4]三里之城,七里之郭:朱熹《集注》:"三里七里,城郭之小者。郭,外城。"

[5]环:围攻。赵岐《注》:"环城围之。"朱熹《集注》:"环,围也。"

[6]池:城壕,护城河。孙奭解作"凿池深使之不可逾"。杨伯峻《译注》:"城壕也。《集韵》:'壕,城下池。'"

[7]兵革:即兵器和甲胄,借指战争。杨伯峻《译注》:"兵,武器,指戈矛刀箭等而言;革,皮革,指甲胄。古代甲胄,有以皮革为之者,有以铜铁为之者。"

[8]委:朱熹《集注》:"委,弃也。"

[9]域民:赵岐《注》:"居民也。"朱熹《集注》:"域,界限也。"

[10]得道:杨伯峻《译注》"意指得治国之道,即指行仁政"。

[11]亲戚畔之:据杨伯峻先生归纳,亲戚在古代有三种含义:一种是指父母,如《列子·汤问篇》"楚之南有炎人之国,其亲戚死……乃成为孝子";一种是特指几位或几类人,如《史记·五帝本纪》张守节《正义》注"事舜亲戚"云"亲戚谓父瞽

叟、后母、弟象等";另一是种指内亲外戚,如《礼记·曲礼》孔颖达《正义》:"亲指族内,戚指族外。"畔,通"叛",背叛。

[12]有不战:有,兼二义,一读为"有无"之"有";一读为"或者"之"或"(说见杨伯峻《译注》)。

【解析】

赵岐《孟子章指》:"民和为贵,贵于天地,故曰得乎丘民为天子也。"

本章孟子以战争为喻,强调"人和",同时强调治理国家要靠"得道",即得民心。进一步说,孟子所说的"道"就是"王道""仁政"。

4·2 孟子将朝王[1],王使人来曰:"寡人如就见者也[2],有寒疾,不可以风。朝,将视朝[3],不识可使寡人得见乎?"

对曰:"不幸而有疾[4],不能造朝[5]。"

明日,出吊于东郭氏[6]。公孙丑曰:"昔者辞以病[7],今日吊,或者不可乎[8]?"

曰:"昔者疾,今日愈,如之何不吊?"

王使人问疾,医来。

孟仲子[9]对曰:"昔者有王命,有采薪之忧[10],不能造朝。今病小愈,趋造于朝,我不识能至否乎?"

使数人要于路[11],曰:"请必无归,而造于朝!"

不得已而之景丑氏[12]宿焉。

景子曰:"内则父子,外则君臣,人之大伦也。父子主恩,君臣主敬。丑见王之敬子也,未见所以敬王也。"

曰:"恶[13]!是何言也!齐人无以仁义与王言者,岂以仁义为不美也?其心曰,'是何足与言仁义也'云尔[14],则不敬莫大乎是。我非尧舜之道,不敢以陈于王前,故齐人莫如我敬王也。"

景子曰:"否,非此之谓也。礼曰:'父召,无诺[15]。君命召,不俟驾[16]。'固将朝也,闻王命而遂不果[17],宜[18]与夫礼若不相似然。"

曰:"岂谓是与?曾子曰:'晋楚之富,不可及也;彼以其富,我以吾仁;彼以其爵,我以吾义,吾何慊乎哉[19]?'夫岂不义而曾子言之?是或一道也。天下有达尊[20]三:爵一,齿一,德一。朝廷莫如爵,乡党莫如齿,辅世长民莫如德。恶得有其一以慢其二哉[21]?故将大有为之君,必有所不召之臣;欲有谋焉,则就之。其尊德乐道,不如是,不足与有为也。故汤之于伊尹,学焉而后臣之,故不劳而王;桓公之于管仲,学焉而后臣之[22],故不劳而霸。今天下地丑德齐,莫能相尚[23],无他,好臣其所教[24],而不好臣其所受教[25]。汤之于伊尹,桓公之于管仲,则不敢召。管仲且犹不可召,而况不为管仲者乎[26]?"

【注释】

[1]孟子将朝王:朱熹《集注》:"王,齐王也。"即齐宣王。

[2]寡人如就见者也:如,宜,应当。杨伯峻《译注》:"助动词,宜也,当也。见《词诠》。"

[3]朝,将视朝:有两种断句:一种是赵岐以首个"朝"字自为一逗,断为两句,即"朝,将视朝";另一种是朱熹断为一句,即"朝将视朝"。第一个"朝"字,有两种读法:一种是赵岐读为"朝见"之"朝",故解作"傥可来朝,欲力疾临视朝";另一种是朱熹读为"朝暮"之"朝",将其解释为"将视朝"的时间词。这里采用赵岐的断句与解释。

[4]不幸而有疾:(孟子回话说)很遗憾,我也生病了。这句话很能体现孟子的个性,前面齐宣王说有疾是委婉地拒绝,摆架子。这里孟子说有疾,同样也是托辞,是直接回击。

[5]不能造朝:不能马上到朝堂上。造,孙奭《疏》训作"趋造"。趋,指含有敬意的快步走。造,也指含有敬意的拜访。

[6]东郭氏:赵岐《注》:"齐大夫家也。"孙奭《疏》:"东郭者,齐国之东地,号为东郭也。氏者,未详其人。"杨伯峻《译注》认为"东郭氏"即《风俗通》所言"东郭牙"。

[7]昔者辞以病:昔者,杨伯峻《译注》:"古人以自说话者之时以前之时间,不论时距之久暂长短都谓之'曩'或者'昔',此'昔者'则指'昨日'。"赵岐和朱

熹均注为："昔者，昨日也。"

[8]或者不可乎：意为恐怕不行吧？朱熹《集注》："或者，疑辞。"相当于"也许"或"恐怕"的意思。

[9]孟仲子：赵岐《注》："孟子之从昆弟，从学于孟子者也。"此孟仲子与传《诗》的鲁人孟仲子可能不是同一个人。

[10]采薪之忧：或称"负薪之忧""辨薪之忧"，都是患病的委婉说法，是古时交际上的惯用语。

[11]使数人要于路：要，读yāo，阻拦、阻挡的意思。

[12]景丑氏：齐大夫，其人不可考。按，朱熹《集注》"齐大夫家也"应为"景丑氏宿"的注解，显然朱熹是仿照前面赵岐注"东郭氏"的句法。

[13]恶：赵岐《注》："恶者，深嗟叹。"朱熹《集注》："叹辞也。"

[14]云尔：赵岐《注》："绝语之辞也。"

[15]父召，无诺：《礼记·曲礼》和《礼记·玉藻》均有相关记载，意思是父母召唤时，不等答应就马上起身。不能光答应不动身子。

[16]君命召，不俟驾：《论语·乡党》和《荀子·大略》对这句话均有记载，意思是君主传唤，不等车马驾好，就准备动身。俟，等待。驾，指车马。

[17]不果：赵岐《注》："果，能也。"孙奭《疏》："不果行。"杨伯峻《译注》依然采用《词诠》的说法。

[18]宜：似乎。杨伯峻引王念孙云："宜犹殆也。"

[19]彼以其富，我以吾仁；彼以其爵，我以吾义，吾何慊乎哉：前两句"彼以"是互文，意思是说他有财富、爵位，我有仁义。慊（qiān），有两种注解：一是赵岐训作"少也"，以为少，或认为少的意思。杨伯峻先生的译文采用了这种解释；一是朱熹在认同赵岐的注解的同时，又训作"恨也"，意思是遗憾，金良年先生译文采纳了这一解释。同时朱熹还指出"慊"或作"嗛"（qiān）。

[20]达尊：赵岐《注》解作"通尊"，意思是公认的尊贵。

[21]恶得有其一以慢其二哉：哪能凭借爵位来轻视年长的和有道德的呢？赵岐《注》："孟子谓贤者、长者，有德有齿，人君无德但有爵耳，故云何得以一慢二乎？"

[22]学焉而后臣之：朱熹《集注》："先从受学，师之也。后以为臣，任之也。"

[23]今天下地丑德齐，莫能相尚：现在（几位大国君主）领土相差无几，道德不相上下，没有哪个能超过其他人。丑，赵岐《注》："类也。"又，《方言》："丑，同也。"尚，朱熹《集注》："过也。"

[24]所教：朱熹《集注》："谓听从于己，可役使者也。"

[25]所受教：朱熹《集注》："谓己之所从学者也。"

[26]而况不为管仲者乎：赵岐《注》："孟子自谓不为管仲，故非齐王之召己也，是以不往而朝见于齐王也。"

【解析】

赵岐《孟子章指》："人君以尊德乐义为贤，君子以守道不回为志者也。"

朱熹《孟子集注》："此章见宾师不以趋走承顺为恭，而以责难陈善为敬；人君不以崇高富贵为重，而以贵德尊士为贤，则上下交而德业成矣。"

本章孟子提到一个非常关键的问题，即君臣如何相互对待？赵岐和朱熹解释得都很到位。说到底这就是一个君臣之间互相尊重和坚守的问题。

4·3 陈臻[1]问曰："前日于齐，王馈兼金[2]一百[3]，而不受；于宋，馈七十镒而受；于薛[4]，馈五十镒而受。前日之不受是，则今日之受非也；今日之受是，则前日之不受非也。夫子必居一于此矣。"

孟子曰："皆是也。当在宋也，予将有远行，行者必以赆[5]；辞曰：'馈赆。'予何为不受？当在薛也，予有戒心[6]；辞曰：'闻戒，故为兵馈之。'予何为不受？若于齐，则未有处[7]也。无处而馈之，是货之也[8]。焉有君子而可以货取[9]乎？"

【注释】

[1]陈臻：赵岐《注》："孟子弟子。"

[2]兼金：赵岐《注》："好金也，其价兼倍于常者，故谓之兼金。"古时的金，一般是铜。

[3]一百：赵岐《注》："百镒也。古者以一镒为一金。镒，二十四两也。"

[4]薛：春秋时期的薛国已亡于齐，此为薛邑，是靖郭君田婴即孟尝君父亲的封地。故城在今山东省滕州市东南二十二公里。

[5]赆（jìn）：临别时赠送的金钱或礼物。赵岐《注》："赆，送。行者赠贿之礼也，时人谓之赆。"

[6]戒心：戒备之心。赵岐《注》："有戒备不虞之心也。时有恶人欲害孟子，孟子戒备。"

[7]未有处：意思是没有根由。赵岐《注》："于义未有所处也。"孙奭《疏》："云有处、未有处者，如宋以远行乃以赆为馈，于薛有戒乃以兵为馈，是皆若有处以

[8]是货之也：货，动词，贿赂、收买。

[9]取：朱熹《集注》："犹致也。"

【解析】

赵岐《孟子章指》："取与之道，必得其礼，于其可也，虽少不辞，义之无处，兼金不顾也。"

朱熹《孟子集注》："尹氏曰：'言君子之辞受取予，惟当于理而已。'"

本章孟子所谈论的是如何处理作为礼物的财物问题，也就是金钱观。收与不收，或者说接受与不接受的标准不是数量的多少，而要看其是否符合"礼""道"或"理"，即孔子所云："富与贵是人之所欲也，不以其道得之，不处也。"

4·4 孟子之平陆[1]，谓其大夫[2]曰："子之持戟[3]之士，一日而三失伍[4]，则去之否乎[5]？"

曰："不待三。"

"然则子之失伍也亦多矣。凶年饥岁，子之民，老羸[6]转于沟壑，壮者散而之四方者，几千人矣。"

曰："此非距心之所得为也[7]。"

曰："今有受人之牛羊而为之牧之者，则必为之求牧与刍[8]矣。求牧与刍而不得，则反诸其人乎，抑亦立而视其死与？"

曰："此则距心之罪也。"

他日，见于王曰："王之为都[9]者，臣知五人焉。知其罪者，惟孔距心。"为王诵[10]之。

王曰："此则寡人之罪也。"

【注释】

[1]平陆：齐国边境邑名，故城在今山东汶上县北。赵岐《注》："平陆，齐之邑也。"

[2]大夫：这里指邑长官，即下文的孔距心。赵岐《注》："大夫，居邑大夫也。"

[3]持戟：指代战士。戟（jǐ），古代一种兵器。赵岐《注》："持戟，战士也。"阎若璩《四书释地》以为"盖为大夫守卫者，非指战士"。杨伯峻《译注》认为阎若璩的说法"恐未必然"。

[4]失伍：指士兵掉队或当了逃兵。朱熹《集注》"伍，行列也"，也就是军队的队伍。杨伯峻先生的译文与金良年先生的注解为"失职"。

[5]则去之否乎：去，有两种解释，一种是训为"杀"，如赵岐和朱熹的注解；另一是训为"罢免"，如金良年先生的译文。

[6]羸（léi）：瘦弱。

[7]此非距心之所得为也：这不是我距心个人的能力所能掌控的。距心，赵岐《注》："大夫名。"孙奭《疏》："齐大夫名。"

[8]牧与刍：牧地和草料。赵岐《注》："牧，牧地。"朱熹《集注》："刍，草也。"

[9]为都：管理城邑。赵岐《注》："为都，治都也。"都，此指城邑。赵岐《注》："邑有先君之宗庙曰都。"古时都、邑互称。

[10]诵：讲述。赵岐《注》："诵，言也。为王言所与孔距心语者也。"

【解析】

赵岐《孟子章指》："人臣以道事君，否则奉身以退。《诗》云'彼君子兮，不素餐兮'，言不尸其禄也。"

朱熹《孟子集注》："陈氏曰：'孟子一言而齐之君臣举知其罪，故足以兴邦矣。然而齐卒不得为善国者，岂非说而不绎，从而不改故邪？'"

本章孟子主要强调的就是爱岗敬业，忠于职守。赵岐和朱熹的解释求之过深。

4·5 孟子谓蚔蛙[1]曰："子之辞灵丘[2]而请士师[3]，似也[4]，为其可以言[5]也。今既数月矣，未可以言与？"

蚔蛙谏于王而不用，致为臣而去[6]。

齐人曰："所以为蚔蛙则善矣；所以自为，则吾不知也[7]。"

公都子[8]以告。

曰："吾闻之也：有官守者，不得其职则去；有言责者，不得其言则去。我无官守[9]，我无言责[10]也，则吾进退，岂不绰绰然有余裕哉[11]？"

【注释】

[1]蚳蛙（chí wā）：赵岐《注》："齐大夫。"

[2]灵丘：赵岐《注》："齐下邑。"江永《群经补议》认为其在今山东省的聊城，也有学者认为在山东省滕州市附近，这些说法杨伯峻认为都无实据。金良年认为其约在今山东高唐和牟平之间。

[3]士师：赵岐《注》："治狱官也。"

[4]似也：似，有两种解释，一种是解作"欲"，指想要向王进言的意思，如赵岐《注》"（孟子）知其欲近王"。孙奭《疏》："似近王"；另一种是解作"近似"，意思是这种做法好像也有道理，如朱熹《集注》："言所为近似有理。"

[5]可以言：指可以谏言。朱熹《集注》："谓士师近王，得以谏刑罚之不中者。"

[6]致为臣而去：指辞掉官职离去。赵岐《注》："致仕而去。"朱熹《集注》"致，犹还也"，也就是辞去的意思。

[7]所以自为，则吾不知也：这句话是齐人对孟子的看法，朱熹说是讥讽，"讥孟子道不行而不能去也"。

[8]公都子：赵岐《注》："孟子弟子也。"

[9]官守：指固定的官职。赵岐《注》："居官守职者。"朱熹《集注》："以官为守者。"

[10]言责：指献言的责任。赵岐《注》："献言之责，谏诤之官也。"朱熹《集注》："以言为责者。"

[11]绰绰然有余裕哉：指进退宽松自如。句出《诗经·小雅·角弓》："此令兄弟，绰绰有裕。"赵岐《注》："绰、裕，皆宽也。"

【解析】

赵岐《孟子章指》："执职者劣，藉道者优，是以臧武仲雨行而不息，段干木偃寝而式间。"

朱熹《孟子集注》："尹氏曰：'进退久速，当于理而已。'"

本章或为解说孔子所说的"不在其位，不谋其政"（《论语·泰伯》）的观点，强调当政者要忠于职守。孟子最后一句话，表达了即便无职无位的士人也应承担其道德责任和历史使命。

4·6 孟子为卿于齐，出吊于滕[1]，王使盖[2]大夫王骥[3]为辅[4]行。王骥朝暮见，反齐滕之路，未尝与之言行事也。

公孙丑曰:"齐卿之位,不为小矣;齐滕之路,不为近矣,反[5]之而未尝与言行事[6],何也?"

曰:"夫既或治之,予何言哉[7]?"

【注释】

[1]出吊于滕:去滕国吊唁滕文公的丧事。

[2]盖(gě):齐国邑名,故城在今山东沂水县西北。朱熹《集注》:"盖,齐下邑也。"

[3]王骥:赵岐《注》:"齐之谄人,有宠于王,后为右师。"孙奭《疏》:"姓王,名骥,字子敖。"此人又见于《离娄下》(7·24和7·25)。

[4]辅:赵岐《注》:"副使也。"

[5]反:往返、来回。

[6]言行事:谈论出使的公事。

[7]夫既或治之,予何言哉:他既然已独断专行了,我还说什么呢?很显然,孟子对副手王骥不主动向自己汇报公事这一行为是很不满的。赵岐《注》:"夫人既自谓有治行事,我将复何言哉?"朱熹《集注》则解释为"夫既或治之,言有司已治之矣"。似不合文脉。

【解析】

赵岐《孟子章指》:"道不合者不相与言。王骥之操与孟子殊,君子处时,危言逊行,故不尤之,但不与言。至于公行之丧,以礼为解也。"

朱熹《孟子集注》:"孟子之待小人,不恶而严如此。"

本章体现了孟子的处事风格。当孟子身担一定职责的时候,言行颇为谨慎,而不像无职无位时那样咄咄逼人。现在社会上也不乏这样的人和现象。

4·7 孟子自齐葬于鲁[1]。反于齐,止于嬴[2]。充虞[3]请曰:"前日不知虞之不肖[4],使虞敦匠,事严[5],虞不敢请。今愿窃有请也[6]:木若以美然[7]。"

曰:"古者棺椁无度[8],中古[9]棺七寸,椁称之[10]。自天子达于庶人,非直为观美也[11],然后尽于人心。不得,不可以为悦[12];无财,不可以为悦[13]。得之为有财，古之人皆用之，吾何为独不然？且比化者[14]无使土亲肤，于人心独无恔乎[15]？吾闻之也：君子不以天下俭其亲[16]。"

【注释】

[1]孟子自齐葬于鲁：孟子从齐国到鲁国安葬母亲。赵岐《注》："孟子仕于齐，丧母，而归葬于鲁也。"这句话牵涉到三个问题：一是孟子的出生地，通常的记载都说"孟子，邹人"，但事实却很有可能是孟子生于鲁国后来搬迁到邹国。二是合葬制度，如《诗经·王风·大车》所云"谷则异室，死则同穴"和《唐风·葛生》："百岁之后，归于其居。""百岁之后，归于其室。"因此，孟子将将母亲合葬在鲁国其父之墓地。三是"言葬不言丧"的改葬文化，顾炎武《日知录》卷七云："孟子自齐葬于鲁，言葬不言丧，此改葬也。"

[2]嬴：赵岐《注》："齐南邑。"故城在今山东省济南市莱芜区西北。

[3]充虞：孟子弟子。

[4]不知虞之不肖：客套语，意思是承蒙您看得起我。

[5]敦匠，事严：赵岐《注》："敦匠，厚作棺也。事严，丧事急。""敦匠"直译应为"监理工匠"（制作棺椁的工作）。或于"事"字断句，如朱熹，杨伯峻从之。这里遵从赵注。

[6]今愿窃有请也：现在才来请教。

[7]木若以美然：棺木似乎太精美了。赵岐《注》："木若以泰美然也。"木，棺木、棺材。

[8]古者棺椁无度：赵岐《注》："古者棺椁厚薄无尺寸之度。"朱熹《集注》："度，厚薄尺寸也。"

[9]中古：赵岐《注》："谓周公制礼以来。"朱熹《集注》："周公制礼时也。"清孔广森《经学卮言》谓："中古尚指周公以前，周公制礼，自天子至于庶人皆有等。"

[10]椁称之：朱熹《集注》："与棺相称也。"

[11]非直为观美也：不仅仅是让人看着美观。赵岐《注》："非直为人观视之美好也。"朱熹《集注》："非特为人观视之美而已。"

[12]不得，不可以为悦：有三种断句方式，除于"得"字处断句外，一种是作为一句连读，另一种是于"可"字处断句。赵岐《注》："悦者，孝子之欲厚送亲，得之则悦也。王制所禁，不得用之，不可以悦心也。"朱熹《集注》："不得，为法制所不当得。"金良年先生认为"细味上下文，当是不能达到应有的标准之意"。

[13]无财，不可以为悦：赵岐《注》："无财以供，则度而用之。礼：丧事不外求，

不可称贷而为悦也。"

[14]比化者：比，有三种解释，一是解作"对比、比照"，如赵岐《注》"比亲体之变化"，意思是棺椁比亲人尸体腐烂得慢，从而不会让亲人的体肤直接接触到土壤；一是解作"为"，为了，如朱熹《集注》："比，犹为也"；另一是解作通"庇"，庇护，如金良年《译注》。化，也有两种解释：一种是"变化"，即腐烂的意思，如赵岐《注》："比亲体之变化"；另一种解作"死亡"，如朱熹《集注》："化者，死者也。"

[15]于人心独无恔（xiào）乎：赵岐《注》："恔，快也。"赵岐释此句为"于人子之心，独不快然无所恨也"。

[16]不以天下俭其亲：意思是不会在天下人都能做到的事情上俭省对双亲的用度。（此从金良年译文）赵岐《注》："不以天下人所得用之物俭约于其亲，言事亲竭其力也。"孙奭《疏》释"俭"为"俭薄"。朱熹《集注》："送终之礼，所当得为而不自尽，是为天下爱惜此物，而薄于吾亲也。"

【解析】

赵岐《孟子章指》："孝必尽心，匪礼之逾。"

本章孟子正是践行了孔子所说的"生事之以礼，死葬之以礼"的"孝行"和丧礼观。孟子认为父母的丧礼应该"尽于人心""无财不可以为悦"，要尽心更要尽自己所能。同时，在本章中也可以看出孟子对母亲的深厚感情。

4·8 沈同以其私问曰[1]："燕可伐与？"

孟子曰："可；子哙[2]不得与人燕，子之不得受燕于子哙。有仕于此，而子悦之[3]，不告于王而私与之吾子之禄爵；夫士也，亦无王命而私受之于子，则可乎？何以异于是？"

齐人伐燕。或问曰："劝齐伐燕，有诸？"

曰："未也；沈同问'燕可伐与'，吾应之曰：'可。'彼然而伐之也。彼如曰：'孰可以伐之？'则将应之曰：'惟天吏[4]，则可以罚之。'今有杀人者，或问之曰：'人可杀与？'则将应之曰：'可。'彼如曰：'孰可以杀之？'则将应之曰：'为士师，则可以杀之。'今以燕伐燕[5]，何为劝之哉？"

【注释】

[1]沈同以其私问曰：赵岐《注》："沈同，齐大臣。自以私情问，非王命也，故曰私。"

[2]子哙：赵岐《注》："燕王也。"即燕王哙（？—前314年），战国时期燕国第38代国君，前318年禅位于国相子之，导致燕国内乱。前314年齐国趁机攻占燕国，他和子之被杀。"子哙不得与人燕"即指禅位之事。

[3]有仕于此，而子悦之：（假如）有这么一个人，你很欣赏他。仕，有两种解释，一种解作"官员"，如朱熹、金良年；另一种解作"士"，如焦循、杨伯峻。

[4]天吏：参见《公孙丑上》（3·5）注释13。

[5]以燕伐燕：如今用同燕国一样（无道）的齐国来讨伐燕国。朱熹《集注》："言齐无道，与燕无异，如以燕伐燕也。"

【解析】

赵岐《孟子章指》："诛不义者必须圣贤，礼乐征伐自天子出，王道之正者也。"

朱熹《孟子集注》："杨氏曰：'燕固可伐矣，故孟子曰可。使齐王能诛其君，吊其民，何不可之有？乃杀其父兄，虏其子弟，而后燕人畔之。乃以是归咎孟子之言，则误矣。'"

本章所提到的齐国伐燕国是战国中期一次重要的军事行动。孟子之所以赞同和支持齐国伐燕国，是因为燕王哙及其相国子之纲纪败坏，背弃了人民，导致燕国发生了严重的内乱，使百姓遭难。

其实，齐王和孟子的出发点都是"伐"，但"伐"的前提是文中含混不清的"天吏"，即出于"王命"，可彼时周王之命已没有诸侯理会。因此，所谓的王命早已名存实亡。此外，出征的军队应是"仁义之师"。这显然也是齐王和孟子一厢情愿罢了。朱熹《集注》说齐国军队"杀其父兄，虏其子弟"。30年后派乐毅率五国联军一举攻克齐国70座城池的燕昭王就认为齐国此次是乘人之危。战国初期军事家吴起曾说过："战胜易，守胜难。"因此，司马迁评价孟子的学说"迂远而阔于事情"。

这一段记述，再次展现了孟子高超的论辩艺术。

4·9　燕人畔[1]。王曰："吾甚惭于孟子[2]。"

陈贾[3]曰："王无患焉[4]。王自以为与周公孰仁且智？"

王曰："恶！是何言也！"

曰:"周公使管叔监殷,管叔[5]以殷畔;知而使之,是不仁也;不知而使之,是不智也。仁智,周公未之尽也,而况于王乎?贾请见而解之。"

见孟子,问曰:"周公何人也?"

曰:"古圣人也。"

曰:"使管叔监殷,管叔以殷畔也,有诸?"

曰:"然。"

曰:"周公知其将畔而使之与?"

曰:"不知也。"

"然则圣人且有过与?"

曰:"周公,弟也;管叔,兄也。周公之过[6],不亦宜乎?且古之君子[7],过则改之;今之君子,过则顺之[8]。古之君子,其过也,如日月之食[9],民皆见之;及其更也,民皆仰之[10]。今之君子,岂徒顺之,又从为之辞[11]。"

【注释】

[1]燕人畔:所谓的燕人背叛,显然是从齐国的立场来说的。赵岐《注》:"燕人畔,不肯归齐。"齐宣王在吞并燕国后,欲扶持一个傀儡政权,遭到燕人和其他诸侯国的反对。赵国召燕公子职于韩,派乐池送入燕,立为燕王,即燕昭王。

[2]吾甚惭于孟子:我(没有得到燕国)真是没有脸见孟子。参见《梁惠王下》(2·10和2·11)。笔者认为这是孟子的弟子增添的话语,在推卸孟子的责任同时又彰显了齐宣王的自省精神。

[3]陈贾:赵岐《注》:"齐大夫也。"

[4]王无患焉:大王您不用忧虑。无,同"毋"。患,《说文》:"忧也。"

[5]管叔:周文王之子,武王之弟,名鲜。周成王二年(前1041年)与蔡叔度及纣王之子武庚发动叛乱,史称"管蔡之乱"或"三监之乱",后被周公用了三年时间平定。有关他和周公的兄弟顺序,文献记录不一致:《史记·管蔡世家》以管叔为兄,周公为弟,但《列女传·母仪篇》则以周公为兄,管叔为弟。

[6]过:赵岐《注》:"谬也。"

[7]古之君子：赵岐《注》："古之所谓君子，真圣人、贤人，君子也。"《孔子家语·五仪解第七》孔子云："人有五仪（等），有庸人，有士人，有君子，有贤人，有圣人。"杨伯峻先生认为"这里的'君子'和'君子创业垂统（2·14）'的'君子'意义相近，不仅指在位者，甚至是指在高位者而言。"

[8]顺之：赵岐《注》："顺过饰非。"朱熹《集注》："顺，犹遂也。"

[9]其过也，如日月之食：金良年注引《论语·子张》"子贡曰：吾子之过也，如月之食焉。过也人皆见，更也人皆仰之"，并指出："此处之'古之君子'似指子贡。"日月之食，杨伯峻《译注》："日蚀月蚀的'蚀'字，古书多作'食'。"

[10]仰之：杨伯峻："仰，抬头望也。此指日月蚀复明而言，而臣民对君主的更改错误，也正如盼望日月复明一般，故也可说'仰之'。"

[11]辞：朱熹《集注》："辩也。"

【解析】

赵岐《孟子章指》："圣人亲亲，不文其过；小人顺非，以谄其上者也。"

朱熹《孟子集注》引林氏的解说，认为齐王对孟子感到惭愧，是羞恶之心的表现。如果他的臣下都能如此，那么这种道义就不可胜用。但是，陈贾却阻止他们的迁善改过之心，反而错误地以"圣人也有过失"来辩解，文过饰非。这令孟子很讨厌，立即对此进行了批驳。

读者不能忽视的一点是在"齐人伐燕"这件事情上，除了齐宣王，孟子也有不可推卸的责任。我们不否认其"行仁政"的政治思想，但也不能忽略它与"伐燕"军事行动的扞格不入，即理论上的正义难以掩盖其实际所产生的巨大危害，说到底这也是文过饰非。

4·10 孟子致为臣而归[1]。王就见孟子，曰："前日愿见而不可得，得侍同朝，甚喜[2]；今又弃寡人而归，不识可以继此而得见乎？"

对曰："不敢请耳，固所愿也。"

他日，王谓时子[3]曰："我欲中国而授孟子室，养弟子以万钟[4]，使诸大夫国人皆有所矜式[5]。子盍[6]为我言之！"

时子因陈子[7]而以告孟子，陈子以时子之言告孟子。

孟子曰："然[8]，夫时子恶知其不可也？如使予欲富，辞十万[9]而受万，是为欲富乎？季孙[10]曰：'异哉子叔[10]疑！使己为政，不用，则亦已矣，又使其子弟为卿。人亦孰不欲富贵？而独于富贵之中有私龙断焉。'古之为市也，以其所有易其所无者，有司者治之耳。有贱丈夫焉，必求龙断[11]而登之，以左右望，而罔市利。人皆以为贱，故从而征之。征商自此贱丈夫[12]始矣。"

【注释】

[1]孟子致为臣而归：孟子辞去（齐国的）官职要回乡。致，辞。赵岐《注》："辞齐卿而归其室也。"参见4·5章的注解。

[2]得侍同朝，甚喜：（后来）能同朝相处，我很高兴。旧读于"得侍"为句，清孔广森《经学卮言》指出："'得侍同朝'者谦词，言与孟子得为君臣同朝也。'甚喜'，王自言甚喜也。俗读'得侍'绝句者谬。"

[3]时子：赵岐《注》："齐臣也。"

[4]我欲中国而授孟子室，养弟子以万钟：我想在国都临淄城中心地带修筑一所房子（作为教舍）给孟子，让他教养君臣子弟，再给他万钟谷禄。赵岐《注》："王欲于国中而为孟子筑室，使教养一国君臣之子弟，与之万钟之禄。中国者，使学者远近均也。"朱熹《集注》："中国，当国之中也。万钟，谷禄之数也。钟，量名，受六斛四斗。"《左传·昭公三年》晏婴"齐旧四量，豆、区、釜、钟。四升为豆，各自其四以登于釜。釜则十钟"。

[5]使诸大夫国人皆有所矜式：使其成为诸大夫和国人效法的榜样。赵岐《注》："矜，敬也。式，法也。"

[6]盍：赵岐《注》："何不也。"金良年《译注》："'何不'的合音。"

[7]陈子：赵岐《注》："孟子弟子陈臻也。"

[8]然：有两种解释，一种是认为是表示答应的语气词，如杨伯峻引王引之《经传释词》说，认为"但为应词而不训"；一种是认为是表示转折，如金良年《译注》译成"可是"。

[9]十万：杨伯峻："《孟子》所谓十万，当系成数，以见其多，不必作确数看。"焦循《正义》引阎若璩《孟子生卒年月考》谓："此盖孟子通计仕齐所辞①之数，非一岁有也。"

[10]季孙、子叔：赵岐《注》云"二子，孟子弟子也。季孙知孟子意不欲，而心欲

---

①按：辞，疑为"得"之误。

使孟子就之，故曰：'异哉，弟子之所闻也，子叔心疑惑之。'亦以为可就之矣。"而朱熹注解时将"疑"视为名字，注云："季孙、子叔疑，不知何人。"杨伯峻和金良年从之。

[11]龙断：即"垄断"。朱熹《集注》："龙，音垄。龙断，冈垄之断而高也。"《列子·汤问》作"陇断"。杨伯峻谓"又可借作动词，网罗市利之意"。

[12]丈夫：成年男子的通称。《穀梁传》文公十二年："男子二十而冠，冠而列丈夫。"

【解析】

赵岐《孟子章指》："君子正身行道，道之不行，命也。不为利回，创业可继，是以君子以龙断之人为恶戒也。"

朱熹《孟子集注》："程子曰：'齐王所以处孟子者，未为不可，孟子亦非不肯为国人矜式者。但齐王实非欲尊孟子，乃欲以利诱之，故孟子拒而不受。'"

本章颇值得玩味。齐王想让孟子留下来教授君臣子弟，并答应给与丰厚的报酬。可孟子的回答却说了两个方面的问题，即高官和富贵是每个人的追求，但有人总想垄断它。其实，孟子的言外之意是我想要的，你不给；你给的，我却不想要。也就是赵岐和程子所指出的"道之不行，命也"。但以利诱之，则拒而不受。后来被引申为君子不能以富贵来利诱。

4·11 孟子去齐，宿于昼[1]。

有欲为王留行者，坐而言[2]。不应，隐几而卧[3]。客不悦曰："弟子齐宿[4]而后敢言，夫子卧而不听，请勿复敢见矣。"

曰："坐！我明语子。昔者鲁缪公[5]无人乎子思之侧，则不能安子思[6]；泄柳、申详[7]无人乎缪公之侧，则不能安其身。子为长者虑，而不及子思；子绝长者乎，长者[8]绝子乎？"

【注释】

[1]宿于昼：在昼邑住宿。赵岐《注》："昼，齐西南近邑也。"朱熹《集注》："或曰：'当作画，音获。'"但杨伯峻先生指出："'画'（音获）在临淄之西北三十里，为燕破齐时军队所经之地，一南一北，两地不同，有人混而一之，误。"

[2]坐而言：意思是恭敬地坐着。赵岐注"坐"为"危坐"即"跪坐"，两膝着地，

踵承臀部。

[3]隐几而卧：斜倚着几打盹。赵岐《注》："因隐倚其几而卧也。"朱熹《集注》："隐，凭也。"卧，伴眠。《山海经·北山经》："有兽焉，其状如禺而文身，善笑，见人则卧。"郭璞注："卧，言伴眠也。"

[4]齐宿：齐，同"斋"。先一日戒斋，叫"齐宿"，以示敬重。

[5]鲁缪公：缪，同"穆"，即鲁穆公，名显，前410—前377年在位，在位33年。

[6]子思：名伋，孔子的孙子。赵岐《注》："往者鲁缪公尊礼子思，子思以道不行则欲去。缪公常使贤人往留之，说以方且听子为政，然则子思复留。"

[7]泄柳、申详：泄柳，即《告子下》之子柳，鲁穆公时贤人。申详，《礼记·檀弓篇》郑《注》谓子张子。赵岐《注》："泄柳、申详亦贤者也，缪公尊之不如子思，二子常有贤者在缪公之侧劝以复之，其身乃安矣。"

[8]长者：赵岐《注》："老者也。孟子年老，故自称长者。"且释句意为"言子为我虑，不如子思时贤人也，不劝王使我得行道，而但劝我留，留者何为哉？此为子绝我乎？又我绝子乎？何为而愠恨也"。

【解析】

赵岐《孟子章句》："惟贤能安贤，智能知微，以愚喻智，道之所以乖也。"

本章孟子的意思是，齐王真想留住自己的话，就应该切切实实地采纳他的建议，让自己感到安心，像鲁穆公挽留子思一样。而不是拿空话来留人。

4·12 孟子去齐。尹士[1]语人曰："不识王之不可以为汤武，则是不明也；识其不可，然且至，则是干泽[2]也。千里而见王，不遇故去，三宿而后出昼，是何濡滞[3]也？士则兹不悦[4]。"

高子[5]以告。

曰："夫尹士恶知予哉？千里而见王，是予所欲也；不遇故去，岂予所欲哉？予不得已也。予三宿而出昼，于予心犹以为速，王庶几[6]改之！王如改诸，则必反予。夫出昼，而王不予追也，予然后浩然[7]有归志。予虽然，岂舍王哉！王由足用为善[8]；王如用予，则岂徒齐民安，天下之民举安[9]。王庶几改之！予日望之！予岂若是小丈夫然哉[10]？谏于其君而不受，则怒，悻悻然见于其面[11]，去则穷日之力而后宿[12]哉？"

尹士闻之，曰："士诚小人也。"

【注释】

[1]尹士：赵岐《注》："齐人也。"

[2]干泽：指求取富贵。赵岐《注》："干，求也。泽，禄也。"朱熹《集注》："泽，恩泽也。"

[3]濡滞：指迟缓。赵岐《注》："淹久也。"朱熹《集注》："迟留也。"

[4]士则兹不悦：我对（孟子）这种行为感到不愉快。士，指尹士。兹不悦，按照杨伯峻先生的解释"兹，此也。这句为倒装句，'兹不悦'即'不悦此'"。

[5]高子：赵岐《注》："高子亦齐人，孟子弟子。"

[6]庶几：希望，但愿。杨伯峻《译注》："表示希冀的副词。"

[7]浩然：赵岐《注》："心浩浩有远志也。"朱熹《集注》："如水之流不可止也。"其实就是表示毫不留恋的意思。朱熹的解释更贴近文义，赵岐则求解过深。

[8]王由足用为善：齐王还足以好好干一番（事业）。由，同"犹"。足用，犹"足以"。

[9]天下之民举安：天下的民众都能平安。举：皆，都。

[10]予岂若是小丈夫然哉：是，王引之《经传释词》云："是，犹夫也。"意思是"那，那样的"。金良年译文从之。但杨伯峻认为"恐不确"，故解作"这，这样的"。

[11]悻悻然见于其面：见，同"现"，露出。意思是怨恨失意的神色表露在脸上。悻悻然，赵岐《注》引《论语》"悻悻然小人哉"将其解作气量狭小的意思。而朱熹解作怒意。

[12]穷日之力而后宿：难道非得精疲力竭才肯找地方住宿吗？赵岐《注》："极日力而宿，惧其不远者哉。"

【解析】

赵岐《孟子章指》："大德洋洋，介士察察，贤者志其大者，不贤者志其小者也。"

朱熹《孟子集注》："此章见圣贤行道济时，汲汲之本心；爱君泽民，惓惓之余意。李氏曰：'于此见君子忧则违之之情，而荷蒉者所以为果也。'"

本章孟子委婉地表达了自己要留在齐国以实现自己的政治抱负的想法，但前来替齐王劝说的尹士显然不懂得孟子的真实意图。

4·13　孟子去齐，充虞路问曰[1]："夫子若有不豫色[2]然。前日虞闻诸夫子曰：'君子不怨天，不尤人[3]。'"

曰："彼一时，此一时也[4]。五百年必有王者兴[5]，其间必有名世[6]者。由周而来，七百有余岁矣[7]。以其数，则过矣；以其时[8]考之，则可矣。夫天未欲平治天下也；如欲平治天下，当今之世，舍我其谁也？吾何为不豫哉？"

【注释】

[1]充虞路问曰：弟子充虞在路上问道。赵岐《注》："路，道也。于路中问也。"

[2]不豫色：不高兴的脸色。赵岐《注》："充虞谓孟子去齐有恨心，颜色故不悦也。"朱熹《集注》："豫，悦也。"

[3]君子不怨天，不尤人：是孟子转述孔子的话，见《论语·宪问》（14·35）。

[4]彼一时，此一时也：那时是那时，现在是现在。赵岐《注》："彼时前圣贤之出，是其时也，今此时亦是其一时也。"朱熹《集注》："彼，前日。此，今日。"

[5]五百年必有王者兴：赵岐《注》："五百年王者兴，有兴王道者也。"朱熹《集注》："自尧舜至汤，自汤至文武，皆五百余年而圣人出。"此句可与《尽心下》最后一章相参读。

[6]名世：有两种解释，一种解作闻名于世的贤人，如赵岐和朱熹。赵岐《注》："次圣之才，物来能名，正于一世者，生于圣人之间也。"朱熹《集注》："谓其人德业闻望，可名于一世者，为之辅佐。若皋陶、稷、契、伊尹、莱朱、太公望、散宜生之属。"一种解作命世之才，如杨伯峻《译注》："'名世'疑即后代之'命世'，'名'与'命'古本通用，焦循《正义》已言之。"

[7]七百有余岁矣：赵岐《注》"谓周家王迹始兴，大王、文王以来"。金良年先生指出"前人疏证，大多坐实孟子所谓'七百有余岁'。其实，这是个约数"。并引刘师培《古书疑义举例补·虚数不可实指》举此句谓"此不足七百之数者"为证。

[8]以其时：意思是以时势而论。时，朱熹《集注》："谓乱极思治可以有为之日。"

【解析】

赵岐《孟子章指》："圣贤兴作，与天消息，天非人不因，人非天不成，是故知命者不忧不惧也。"

朱熹《孟子集注》："盖圣贤忧世之志，乐天之诚，有并行而不悖者，于此见矣。"

本章真切地表现了孟子的忧患意识与极强的自负感。

4·14　孟子去齐,居休[1]。公孙丑问曰:"仕而不受禄,古之道乎?"

曰:"非也;于崇[2],吾得见王,退而有去志,不欲变[3],故不受也。继而有师命[4],不可以请。久于齐,非我志也。"

【注释】

[1]休:赵岐《注》:"休,地名。"故址在今山东省滕州市北,据阎若璩《四书释地》云:该地"距孟子家约百里"。

[2]崇:赵岐《注》:"地名。"今不可考。

[3]不欲变:不想改变(自己的意愿)。变,赵岐解作"变诡",意思是说自己不想把这次离开齐国弄成诡异之行。朱熹《集注》解作"变其去志"。相较而言,赵岐的解释求之过深。

[4]师命:赵岐《注》:"师旅之命。"

【解析】

赵岐《孟子章指》:"禄以食功,志以率事,无其事而食其禄,君子不由也。"

朱熹《孟子集注》:"孔氏曰:'仕而受禄,礼也;不受齐禄,义也。义之所在,礼有时而变,公孙丑欲以一端裁之,不亦误乎?'"

本章孟子回答了公孙丑的疑惑。孟子在齐国做官却不受禄的原因是不想改变自己本来就要离开齐国的决心。因此长期留在齐国不是孟子的心愿。

五、滕文公上

5·1　滕文公为世子[1]，将之楚[2]，过宋[3]而见孟子。孟子道性善，言必称尧舜[4]。

世子自楚反，复见孟子[5]。孟子曰："世子疑吾言乎？夫道一而已矣。成覵[6]谓齐景公曰：'彼[7]，丈夫也；我，丈夫也；吾何畏彼哉？'颜渊曰：'舜，何人也；予，何人也，有为者亦若是。'公明仪[8]曰：'文王，我师也；周公岂欺我哉？'今滕，绝长补短[9]，将五十里也，犹可以为善国。《书》曰[10]：'若药不瞑眩，厥疾不瘳。'"

【注释】

[1]滕文公为世子：滕文公，见《梁惠王下》（2·13）注释1。世子，朱熹《集注》："太子也。"杨伯峻《译注》云："即'太子'，'世'和'太'，古音相同，古书常通用。《公羊传》庄公三十二年云：'君存称世子。'何休《注》云：'明当世父位为君。'"金良年谓"国君的法定继承人"。

[2]之楚：出使楚国。赵岐《注》："使于楚。"

[3]过宋：杨伯峻《译注》："过，旧读平声。是时宋已由旧都商丘迁都彭城（今徐州市），而滕在徐州之北一百九十里（九十五公里）之地，滕文公适楚，必定南行而经宋，来回都如此。阎若璩《四书释地》以为滕文公过宋是故意为见孟子而绕道，盖不知宋已迁都之事也。"

[4]孟子道性善，言必称尧舜：赵岐《注》："孟子与世子言人生皆有善性，但当充而用之耳；又言尧、舜之治天下，不失仁义之道，故勉世子。"朱熹《集注》："道，言也。性者，人所禀于天以生之理也，浑然至善，未尝有恶。人与尧舜初无少异，但众人汩于私欲而失之，尧舜则无私欲之蔽，而能充其性尔。故孟子与世子言，每道性善，而必称尧舜以实之。欲其知仁义不假外求，圣人可学而至，而不懈于用力也。门人不能悉记其辞，而撮其大旨如此。程子曰：'性即理也。天下之理，原其所自，未有不善。喜、怒、哀、乐未发，何尝不善。发而中节，既无往而不善；发不中节，然后为不善。故凡言善恶，皆先善而后恶；言吉凶，皆先吉而后凶；言是非，皆先是而

后非。'"

　　[5]复见孟子：朱熹《集注》："时人不知性之本善，而以圣贤为不可企及；故世子于孟子之言不能无疑，而复来求见，盖恐别有卑近易行之说也。"

　　[6]成覵（jiàn）：赵岐《注》："勇果者也。"据杨伯峻和金良年的注解，《淮南子·齐俗训》作"成荆"，《战国策·赵策》作"成庆"。

　　[7]彼：朱熹《集注》："谓圣贤也。"

　　[8]公明仪：赵岐《注》："贤者也。"朱熹《集注》："仪，名；鲁贤人也。"《礼记·祭义》郑玄《注》云："曾子弟子。"

　　[9]绝长补短：长短相补的意思。朱熹《集注》："绝，犹截也。"《墨子·非命篇》作"绝长继短"，《战国策·楚策》作"绝长续短"。可见"绝长补短"当为时计算土地面积的常用语。

　　[10]"《书》曰"句：赵岐《注》云："《书》逸篇也。"朱熹《集注》谓"《书》，《商书·说命篇》"。"若药不瞑眩，厥疾不瘳"亦见于《国语·楚语》。瞑眩（míng xuàn），晕眩。瘳（chōu）：痊愈。金良年《译注》："古代用药的副作用大，且其程度往往与药效成正比，故而此处说服下去不感到晕眩的药起不到治疗作用。孟子借此为喻告诉滕世子，必须下决心去恶才能为善。"

【解析】

　　赵岐《孟子章指》："人上当则圣人，秉仁行义，高山景行，庶几不倦。《论语》曰'力行近仁'，盖不虚云。"

　　朱熹《孟子集注》："愚按：孟子之言性善，始见于此，而详具于《告子》之篇。然默识而旁通之，则七篇之中，无非此理。其所以扩前圣之未发，而有功于圣人之门，程子之言信矣。"

　　在本章中孟子第一次指出"性善"的观点，即尧舜也好，普通人也好，本性都是善的。同时孟子强调圣贤能做到的，普通人经过努力也可以做到。还有，普通人要效仿文王和周公等榜样，努力去恶。

　　值得注意的是，本章所言的"言必称尧舜"与日后的"托古改制"互为表里，成为儒家的传统。

　　5·2　滕定公薨[1]，世子谓然友[2]曰："昔者孟子尝与我言于宋，于心终不忘。今也不幸至于大故[3]，吾欲使子问于孟子，然后行事[4]。"

　　然友之邹[5]问于孟子。

《孟子》注解

　　孟子曰："不亦善乎[6]！亲丧，固所自尽也[7]。曾子曰[8]：'生，事之以礼；死，葬之以礼，祭之以礼，可谓孝矣。'诸侯之礼，吾未之学也；虽然，吾尝闻之矣。三年之丧，齐疏之服[9]，飦粥之食[10]，自天子达于庶人，三代共之。"

　　然友反命，定为三年之丧。父兄百官[11]皆不欲，曰："吾宗国鲁先君莫之行[12]，吾先君亦莫之行也，至于子之身而反之，不可。且志曰[13]：'丧祭从先祖。'曰：'吾有所受之也[14]。'"

　　谓然友曰："吾他日未尝学问，好驰马试剑。今也父兄百官不我足[15]也，恐其不能尽于大事[16]，子为我问孟子！"

　　然友复之邹问孟子。

　　孟子曰："然，不可以他求者也。孔子曰：'君薨，听于冢宰[17]，歠粥[18]，面深墨[19]，即位而哭，百官有司莫敢不哀，先之也。'上有好者，下必有甚焉者矣。君子之德[20]，风也；小人之德，草也。草尚之风，必偃。是在世子。"

　　然友反命。

　　世子曰："然，是诚在我。"

　　五月居庐[21]，未有命戒[22]。百官族人可，谓曰知[23]。及至葬，四方[24]来观之，颜色之戚，哭泣之哀，吊者大悦。

【注释】

　　[1]滕定公薨：滕定公，赵岐《注》："文公父也。"薨（hōng），谓诸侯国君去世。《公羊传》隐公三年："天子曰崩，诸侯曰薨。"

　　[2]然友：指辅佐太子的人。赵岐《注》："世子之傅也。"

　　[3]大故：这里是对父丧的委婉说法。赵岐《注》："谓大丧也。"杨伯峻先生认为"大故"为"古代常用词"，其所指则依所言内容而有所不同。

　　[4]行事：指办丧事。朱熹《集注》："事，谓丧礼。"

　　[5]之邹：（然友）到邹国去。杨伯峻引张守节《史记正义》："今邹县去徐州滕

县四十余里,盖往反不过大半日,故可问而后行事。"

[6]不亦善乎:意思是问得好啊。赵岐《注》:"不亦者,亦也。问此,亦其善也。"朱熹《集注》:"当时诸侯莫能行古丧礼,而文公独能以此为问,故孟子善之。"

[7]亲丧,固所自尽也:双亲的丧事本来就应该竭尽自己的心力。自尽,即自致,指竭尽自己的心力。本自《论语·子张》:"曾子曰:'吾闻诸夫子,人未有自致者也,必也亲丧乎!'"

[8]"曾子曰"句:《论语·为政》记为孔子之言,孟子以为是曾子所言,或另有所本。《大戴礼记·曾子本孝篇》也曾记载了曾子类似的话。

[9]齐(zī)疏之服:指用粗布做成的丧服上衣和下裳,缝衣边。《仪礼·丧服》云:"疏衰裳齐。"疏,粗也。郑《注》:"凡服,上曰衰,下曰服。"齐,缉也,即衣服缝边。朱熹《集注》:"齐,衣下缝也。不缉曰斩衰,缉之曰齐衰。疏,粗也,粗布也。"古时丧服分为五等,即斩衰、齐衰、大功、小功、缌麻。

[10]飦粥之食:意思是指喝稀粥。飦(zhān),同"饘"。《说文》:"饘,糜也。"赵岐《注》"飦,糜粥也",即稠粥。《礼记·檀弓》孔颖达《疏》云:"厚曰饘,稀曰粥。"朱熹《集注》:"丧礼:三日始食粥。既葬,乃疏食。此古今贵贱通行之礼也。"金良年《译注》:"按礼制规定,在丧事期间只能食粥,死者下葬后改服粗疏的饭食,直至服丧结束。"

[11]父兄百官:指滕国的父老百官。赵岐《注》:"滕文同姓异姓诸臣也。"朱熹《集注》:"父兄,同姓老臣也。"

[12]吾宗国鲁先君莫之行:我们的宗国鲁国历代的君主没有实行过。赵岐《注》:"滕、鲁同姓,俱出文王。鲁,周公之后;滕,叔绣之后。敬圣人,故宗鲁者也。"朱熹《集注》:"滕与鲁俱文王之后,而鲁祖周公为长。兄弟宗之,故滕谓鲁为宗国也。"

[13]且志曰:赵岐《注》:"志,记也。《周礼》:'小史掌邦国之志。'"朱熹《集注》:"引志之言而释其意。"王夫之《孟子稗疏》谓"且志"为古书名,汇录杂编古今雅俗共称之说。杨伯峻认为其"恐是臆说"。

[14]"曰:吾有所受之也":赵岐《注》:"曰丧祭之事,各从其先祖之法。言我转有所受之,不可以己身独改更也。一说'吾有所受',世子言我受之于孟子也。"杨伯峻认为"后一说不可信"。

[15]不我足:有两种解释,一种是说我志向不足,如赵岐《注》"谓我志行不足";一种是说我不能让他们满意,如朱熹《集注》:"谓不以我满足其意也。"杨伯峻和金良年的译文都采纳了朱熹的解释。

[16]恐其不能尽于大事:其,有两种解释:一种是指父兄百官,如赵岐的解释;一种认为是世子自指,如杨伯峻的解释。

[17]冢宰：相当于后世的宰相。《论语·宪问》（14·40）云："君薨，百官总己以听于冢宰三年。"何晏《论语集解》引孔氏云："冢宰，天官卿，佐王治者也。三年丧毕，然后王自听政也。"

[18]歠（chuò）粥：喝粥。歠，《说文》："饮也。"

[19]深墨：指面色深黑。赵岐《注》："深，甚也。墨，黑也。"

[20]"君子之德"句：此段话见于《论语·颜渊》（12·19）。"尚"，同"上"，古多通用。赵岐《注》："尚，加也。"

[21]五月居庐：杨伯峻注云："《左传》隐公元年云：'天子七月而葬，同轨毕至；诸侯五月，同盟至；大夫三月，同位至；士逾月，外姻至。'则诸侯五月乃葬，未葬前，孝子必居凶庐。凶庐也叫'梁暗'，用土砖砌成，不用柱，不用楣，不用修饰，以草为屏。甚至在守孝的时期内都居于此。"

[22]未有命戒：没有颁布命令和指示。赵岐《注》："未有命戒，居丧不言也。"朱熹《集注》："居丧不言，故未有命令教戒也。"命戒，朱熹谓"命令与禁令"，杨伯峻先生译文从之。而金良年先生解释为"命令、指示"。此处从金良年的解释。

[23]百官族人可，谓曰知：意思是百官族人都认为世子明白事理，都很赞同他。赵岐《注》："异姓同姓之臣可谓曰知世子之能行礼也。"朱熹《集注》："可谓曰知，疑有阙误。或曰'皆谓世子之知礼也'。"杨伯峻先生认为："朱熹《集注》云：'可谓曰知，疑有阙误。'可见他也不甚了解。赵岐《注》也没说明白，暂且以我们的意思译出。"金良年先生也说"'可'原属下读，作'可谓曰知'，朱熹《集注》云：'疑有阙误，或曰皆谓世子之知礼也。'今释移'可'属上，指百官族人都赞同他的行为，以下句'谓曰知'指世子知礼，勉强稍通。"笔者认为，"可"或为衍文。

[24]四方：金良年注云："指前来参加葬礼的诸侯和来宾，《左传·隐公元年》说，诸侯国君下葬时，与该国有盟约的诸侯都必须参加。"

【解析】

赵岐《孟子章指》："事莫当于奉礼，孝莫大于哀恸，从善如流，文公之谓也。"

朱熹《孟子集注》："林氏曰：'孟子之时，丧礼既坏，然三年之丧，恻隐之心，痛疾之意，出于人心之所固有者，初未尝亡也。惟其溺于流俗之弊，是以丧其良心而不自知耳。文公见孟子而闻性善尧舜之说，则固有以启发其良心矣，是以至此而哀痛之诚心发焉。及其父兄百官皆不欲行，则亦反躬自责，悼其前行之不足以取信，而不敢有非其父兄百官之心。虽其资质有过人者，而学问之力，亦不可诬也。及其断然行之，而远近见闻无不悦服，则以人心之所同然者，自我发之，而彼之心悦诚服，亦有所不期然而然者。人之性善，岂不信哉？'"

本章内容为孟子鼓励遵道行善的世子，即后来的滕文公在其父滕定公的葬礼一事上坚定遵从儒家的礼仪。从本章也可以了解到儒家的丧礼制度在孟子时期已经遭到破坏。儒家之所以重视"三年之丧"，是在强调这样一种"家庭"中子女对父母的感情的自觉培育，以此作为"人性"的本根、秩序的来源和社会的基础。把"家庭价值"（Family Value）置放在人性情感的层次，来作为教育的根本内容，并借此来维持社会的稳定、生存和延续。[1]

5·3 滕文公问为国[1]。

孟子曰："民事[2]不可缓也。《诗》云[3]：'昼尔于茅，宵尔索绹；亟其乘屋，其始播百谷。'民之为道也，有恒产者有恒心，无恒产者无恒心。苟无恒心，放辟邪侈，无不为已。及陷乎罪，然后从而刑之，是罔民也。焉有仁人在位罔民而可为也？是故贤君必恭俭礼下[4]，取于民有制。阳虎[5]曰：'为富不仁矣，为仁不富矣。'"

"夏后氏[6]五十而贡，殷人七十而助，周人百亩而彻[7]，其实皆什一也[8]。彻者，彻也；助者，藉也。龙子[9]曰：'治地莫善于助，莫不善于贡。'贡者，校[10]数岁之中以为常。乐岁，粒米狼戾[11]，多取之而不为虐，则寡取之；凶年，粪其田而不足[12]，则必取盈焉。为民父母，使民盻盻然[13]，将终岁勤动，不得以养其父母，又称贷[14]而益之，使老稚转乎沟壑，恶在其为民父母也？夫世禄[15]，滕固行之矣。《诗》云[16]：'雨我公田，遂及我私。'惟助为有公田。由是观之，虽周亦助也。

"设为庠序学校以教之。庠者，养也；校者，教也；序[17]者，射也。夏曰校，殷曰序，周曰庠；学则三代共之[18]，皆所以明人伦也。人伦明于上，小民亲于下。有王者起，必来取法，是为王者师[19]也。

"《诗》云[20]：'周虽旧邦，其命惟新。'文王之谓也。子力行之[21]，亦以新子之国！"

---

①李泽厚：《论语今读》，安徽文艺出版社，1998，第31页。

使毕战问井地[22]。

孟子曰："子之君将行仁政，选择而使子，子必勉之！夫仁政，必自经界始。经界[23]不正，井地不钧[24]，谷禄[25]不平，是故暴污吏必慢其经界[26]。经界既正，分田制禄可坐而定也[27]。

"夫滕，壤地褊小[28]，将为君子焉，将为野人焉[29]。无君子，莫治野人；无野人，莫养君子。请野九一而助，国中什一使自赋[30]。卿以下必有圭田[31]，圭田五十亩；余夫二十五亩[32]。死徙无出乡[33]，乡田同井[34]，出入相友，守望相助[35]，疾病相扶持，则百姓亲睦。方里而井，井九百亩，其中为公田。八家皆私百亩，同养公田；公事毕，然后敢治私事，所以别野人也[36]。此其大略也；若夫润泽[37]之，则在君与子矣。"

【注释】

[1]问为国：赵岐《注》："问治国之道也。"

[2]民事：赵岐《注》云："教以生产之务。"朱熹《集注》："谓农事。"

[3]"《诗》云"句：出自《诗经·豳风·七月篇》。赵岐《注》："言教民昼取茅草，夜索以为绹。绹，绞也。"昼尔于茅：于茅，指取茅草。朱熹《集注》："于，往取也。"茅，是茅草，用来盖屋顶。以前的茅草屋，房顶茅草一年左右大都会腐烂，通常每年春季时换一层新的，以防渗透雨水。宵尔索绹：宵，晚上。索绹，指绞绳索。亟其乘屋：亟，急。乘，有两种解释，一种解作"修治"或"乘盖"，如郑玄和赵岐，《毛诗》郑《笺》："乘，治也。"赵岐《注》："乘盖"；一种解作"爬上"，如《诗》毛《传》和朱熹《集注》："乘，升也。"其始播百谷：这是祈祷词，祈祷明年再次播种百谷。其，同"稘（jī）"，周年。播，播种。朱熹《集注》："播，布也。"百谷，泛指各种粮食作物。

[4]恭俭礼下：意思是认真做事，节省用度，有礼貌地对待臣下。赵岐《注》："身行恭俭，礼下大臣。"朱熹《集注》："恭则能以礼接下，俭则能取民以制。"

[5]阳虎：《论语》作"阳货"。《论语集解》引孔《注》："阳货，阳虎也，季氏家臣，专鲁国之政，欲见孔子使仕。"邢昺《疏》："盖名虎字货。"刘宝楠《正义》以为相反。前502年，阳货勾结三桓的家臣，欲除去三桓，不克。前501年，先奔

齐，后奔晋，最后投靠赵简子。①

[6]夏后氏：赵岐《注》："夏禹之世，号夏后氏。后，君也。禹受禅于君，故夏称后。"

[7]五十而贡、七十而助、百亩而彻：赵岐《注》："民耕五十亩，贡上五亩；耕七十亩者，以七亩助公家；耕百亩者，彻取十亩以为赋。"朱熹《集注》："夏时一夫授田五十亩，而每夫计其五亩之入以为贡。商人始为井田之制，以六百三十亩之地，画为九区，区七十亩，中为公田，其外八家各授一区，但借其力以助耕公田，而不复税其私田。周时一夫授田百亩。乡遂用贡法，十夫有沟；都鄙用助法，八家同井。耕则通力而作，收则计亩而分，故谓之彻。"杨伯峻《译注》："（五十、七十、百亩）这只是孟子假托古史以阐述自己的理想，古史自然不如此，清代有些学者信以为真，纷纷出来做解释，如顾炎武《日知录》以为'特丈尺之不同，而田未尝易也'，来弥缝其阙，殊可不必。"金良年《译注》："此处所提到的夏、商、周三代所行的贡、助、彻，是历来众说纷纭的话题，问题的关键在于这几种征收赋税的方法各自代表了一种什么样的'取民'方式。"笔者认为，五十、七十和百亩等数量，或是每个时期的征缴基数，这在侧面也反映了生产力的进步与发展。贡、助、彻：贡，《说文》："贡，献功也。"即"贡纳"，原指氏族成员向首领献功或献物，后逐渐演变成为一种固定的缴纳实物的贡赋制度。助：藉也。赵岐《注》："藉者，借也；犹人相借力助之也。"就是一种劳役地租，主要是耕种公家田地，当然也包括兴修水利、建房修路等其他公共劳动。彻，赵岐《注》注"彻犹取人彻取物也"，《论语·颜渊》郑玄《注》解释为"通"。现在一般理解"彻"为实物和劳役双轨制的赋税形式。

[8]其实皆什一也：赵岐《注》："虽异名而多少同，故曰皆什一也。"朱熹《集注》："其实皆什一者，贡法固以十分之一为常数，惟助法乃是九一，而商制不可考。周制则公田百亩，中以二十亩为庐舍，一夫所耕公田实计十亩。通私田百亩，为十一分而取其一，盖又轻于什一矣。窃料商制亦当似此，而以十四亩为庐舍，一夫实耕田七亩，是亦不过什一也。"

[9]龙子：赵岐《注》："古贤人也。"

[10]挍：比较、核定。杨伯峻《译注》云"或作'校'，古书上'挍''校'两字经常被混乱"。金良年谓"在有的本子中，此字作'挍'，是明代因避熹宗讳而改"。赵岐《注》云："言治土地之赋，无善于助者也。贡者，校数岁以为常类而上之，民供奉之，有易有不易，故谓之莫不善于贡也。"孙奭《疏》："以其助则借民力而耕

---

①李零：《丧家狗——我读〈论语〉·附录》，载李零《丧家狗——我读〈论语〉》，山西人民出版社，2007，《附录》第106页。

之，其所出在岁之所熟如何耳；贡者以其检校数岁之中以为有常之例也，其岁之所熟，则贡之数亦然，岁之荒，则贡之数亦然。盖以岁荒则有损于民也，故曰'莫善于助，莫不善于贡'。"

[11]乐岁粒米狼戾：意思是说丰收之年（到处）堆满了谷米。赵岐《注》："乐岁，丰年。狼戾，犹狼藉也。粒米，粟米之粒也。"杨伯峻认为赵岐"把'粒'看作量词，恐不确"，因而将其解释为双音名词，即谷米。金良年解作"米粒"。

[12]粪其田而不足：哪怕是都施肥，收成也不够。粪，通常解作"施粪肥"。但清焦循《孟子正义》谓"粪其田"是将杂草翻入土中，使之腐烂而肥田。杨伯峻译为"每家的收获量甚至还不够第二年肥田的用费"。金良年译为"给田上了肥料还收不上庄稼"。相较而言后者译文更好一些。笔者认为，如果此处没有阙文，那么这句话很有可能是一句古代农业俗语，意思是再怎么辛苦也没有好收成。

[13]盻盻（xì xì）然：仇恨地看着。赵岐《注》："勤苦不休息之貌。"朱熹《集注》："盻，恨视也。"盻，《说文》："恨视貌。"有学者指出赵岐注所依据的文本为"肸"，并非"盻"。"肸"意为"劳苦"。所以"盻盻然"当为恨视貌。①

[14]称贷：赵岐《注》："称，举也。"朱熹《集注》："称，举也。贷，借也。取物于人，而出息以偿之也。"

[15]世禄：即世功世禄制。赵岐《注》："古者诸侯、卿、大夫、士有功德，则世禄赐族者也。官有世功也，其子虽未任居官，得世食其父禄。"孙奭《疏》："世禄者，以其有功德之臣，则世禄之，赐其土地也。谓其子虽未任居官，得食其父之禄，亦必有土地禄之也。"

[16]"《诗》云"两句：出自《诗经·小雅·大田》，意思是说，希望老天先降雨在公田，然后再降到自己的私田。孟子引《诗经》中这两句诗是因为当时"助法"尽废，典籍不存，只有这两句诗可以证明周代也实行"助法"。

[17]庠、校、序：名称亦见于"三礼"和《左传》等书，是不同时代乡校的称谓。按《礼记·学记》云"古之教者，家有塾，党有庠，术有序"，是指不同等级的地方学校。这里则指不同时代的地方学校。赵岐《注》："庠者养耆老，教者教以礼义，射者三耦四矢，以达物导气也。"朱熹《集注》："庠以养老为义，校以教民为义，序以习射为义，皆乡学也。"王念孙《广雅疏证》云："'庠'训为'养'，'序'训为'射'，皆是教导之名。"

[18]学则三代共之：赵岐《注》："学则三代同名，皆谓之学。"

[19]为王者师：直译是成为王者之师。它有两个含义：一指道义胜于领土，孟子

---

①张乐成：《〈孟子〉"盻盻然"解》，《柳州师专学报》2011年第2期。

意在激励滕文公；一指道统胜于政统，这也是此后宋明理学的思想根基和价值取向。所以朱熹《集注》云："滕国褊小，虽行仁政，未必能兴王业；然为王者师，则虽不有天下，而其泽亦足以及天下矣。圣贤至公无我之心，于此可见。"

[20]"《诗》云"两句：出自《诗经·大雅·文王》。赵岐《注》："言周虽后稷以来旧为诸侯，受其王命，惟文王新复，修治礼义以致之耳。"

[21]子力行之：你努力实行吧。朱熹《集注》："子，指文公，诸侯未逾年之称也。"金良年《译注》云："此处的子指滕文公，因他的父亲去世还不到一年，《左传·僖公九年》谓'凡在丧，王曰小童，公、侯曰子'，又《公羊传·庄公三十二年》云'君存称世子，君薨称子某，既葬称子，逾年称公'。"

[22]使毕战问井地：赵岐《注》："毕战，滕臣也。问古井田之法。时诸侯各去典籍，人自为政，故井田之道不明也。"孙奭《疏》："滕文公自问为国之道，孟子告之民事贡赋敩礼义之意，其后又使其臣毕战问孟子以井地之制也。"朱熹《集注》："井地，即井田也。"本章后面孟子所说的"方里而井，井九百亩，其中为公田。八家皆私百亩，同养公田"，一般被视为关于井田制的最早记录。而对这种制度，学界主要有两种看法，一是持否定论，认为只是一种传说和想象，如胡适、李学勤等；一是持肯定论，如胡汉民、郭沫若、范文澜等。其中，郭沫若又指出孟子所说的井田"完全是孟子乌托邦式的理想化"，范文澜则认为"西周领主们的土地疆界纵横交错，像无数的井字，但并没有一井九百亩的那种划分，与邑密切相关的井，也不是孟子所说的井"。现在学界一般认为井田制是历史的实存，但具体形态与孟子所言有异。

[23]经界：赵岐《注》："经，亦界也。"朱熹《集注》："经界，谓治地分田，经画其沟涂封植之界也。"

[24]钧：同"均"。孙奭《疏》解作"均齐"。

[25]谷禄：指俸禄，相当于现在的工资。古代官员是按其官职授予相应数量的谷物作为俸禄。

[26]慢其经界：赵岐《注》："慢经界，不正本也。"焦循《正义》："心轻慢之，不以先王所定为制。"

[27]分田制禄可坐而定也：意思是说分配田地、制定俸禄是毫不费力的。赵岐《注》："分田，赋庐井也。制禄，以庶人在官者比上农夫，转以为差，故可坐而定也。"《左传·襄公三十年》："子产使都鄙有章，上下有服，田有封洫，庐井有伍。"杜预注"庐井有伍"云："庐，舍也。九夫为井，使五家相保。"焦循《正义》："庐谓二亩半在田，井谓一夫百亩也。"赵岐对"分田"的解释，以及杜预和焦循对"庐井"的解释都有令人难以理解的地方。

[28]褊小：赵岐《注》："谓五十里也。"孙奭《疏》"即止于五十里"。这个词

· 99 ·

曾出现于《梁惠王上》（1·7），但赵岐没有注解，孙奭的解释是"褊小狭隘"。此处两人却均注解为具体的"五十里"，不知有何根据。

[29]将为君子焉，将为野人焉：赵岐《注》："为，有也。"贾公彦《仪礼注疏》引郑玄《注》云："野人粗略，与都邑之士相对。亦谓国外为野人。"朱熹《论语集注》云："野人，谓郊外之民。君子，谓贤士大夫也。"赵杏根《讲读》云："君子、野人皆以社会地位而言。士大夫以上为君子，体力劳动者，特别是常年在田野中劳作的人为野人。"对野人的解释过于坐实。

[30]请野九一而助，国中什一使自赋：意思是希望滕文公在郊野实行九取其一的助法，在都城实行十取其一的自行贡纳。赵岐《注》："九一者，井田以九顷为数，而供什一，郊野之赋也。助者，殷家税名也，周亦用之，龙子所谓'莫善于助'也。时诸侯不行助法。国中什一者，《周礼》'园廛二十而税一'，时行重法赋，责之什一也。而，如也。自，从也。孟子欲请使野人如助法，十一而税之。国中从其本赋，二十而税一以宽之也。"孙奭《疏》："今言请于郊野行井田之制，以九一而助佐公田为之赋，国中廛园以什一之法使贡自赋之，以其十中取一也。"朱熹《集注》："此分田制禄之常法，所以治野人使养君子也。野，郊外都鄙之地也。九一而助，为公田而行助法也。国中，郊门之内，乡遂之地也。田不井授，但为沟洫，使什而自赋其一，盖用贡法也。周所谓彻法者盖如此，以此推之，当时非惟助法不行，其贡亦不止什一矣。"赵杏根《讲读》谓："郊外之地，实行助法，种九助一。郊门之内，则用贡法，十收其一为税。"

[31]圭田：指用于祭祀开支费用的祭田。赵岐《注》："古者卿以下至于士，皆受圭田五十亩，所以供祭祀也。圭，洁也。"朱熹《集注》："此世禄常制之外，又有圭田，所以厚君子也。圭，洁也，所以奉祭祀也。不言世禄者，滕已行之，但此未备耳。"或谓"圭"即"畦"，如《说文》"五十亩曰畦"；或谓"圭田"为等腰三角形的土地，如《九章算术·方田》；或谓零星不井者为圭田。

[32]余夫二十五亩：赵岐《注》："夫者，一家一人受田，其余老小尚有余力者，受二十五亩，半余圭田，谓之余夫也。"朱熹《集注》："程子曰：'一夫上父母，下妻子，以五口、八口为率，受田百亩。如有弟，是余夫也。年十六。别受田二十五亩，俟其壮而有室，然后更受百亩之田。'愚按：此百亩常制之外，又有余夫之田，以厚野人也。"赵岐和程颐所解释的余夫，类似于我们今天所说的半个劳动力。而朱熹认为是指富余的田地。

[33]死徙无出乡：意思是死亡安葬或者搬迁移居都不离开本乡本土。赵岐《注》："死，谓葬死也。徙，谓爰土易居平肥硗也。不出其乡，易为功也。"朱熹《集注》：

"徙，谓徙其居也。"

[34]乡田同井：赵岐《注》："同乡之田，共井之家，各相营劳也。"朱熹《集注》："同井者，八家也。"朱注过于坐实。笔者认为此句中的"井"或为"水井"而非井田。乡田同井就是指同耕一片乡间田，同饮一口乡井水。

[35]守望相助：意思是互相帮助，看守共同的家园。赵岐《注》："助察奸恶也。"朱熹《集注》："守望，防盗寇也。"

[36]"方里而井"至"所以别野人也"：这几句是孟子所阐述的井田制的内容。赵岐的注解侧重于田亩数量的划分与管理，朱熹则重在其意义和效用的阐发，《集注》概括道："此详言井田形体之制，乃周之助法也。"

[37]润泽：意思是指调整完善等措施。赵岐《注》："加慈惠润泽之"。朱熹《集注》："谓因时制宜，使合于人情，宜于土俗，而不失乎先王之意也。"

【解析】

赵岐《孟子章指》："尊贤师知，采人之善，善之至也。修学校、劝礼义、敕民事、正经界、均井田、赋什一，则为国之大本也。"

朱熹《孟子集注》："愚按：丧礼经界两章，见孟子之学，识其大者。是以虽当礼法废坏之后，制度节文不可复考，而能因略以致详，推旧而为新，不屑屑于既往之迹，而能合乎先王之意，真可谓命世亚圣之才矣。"

本章孟子依然强调为国之法的核心在于行仁政。而行仁政的关键就是安民、富民，因为"无恒产，则无恒心"，不能"为富不仁，为仁不富"。为此，要合理地制定赋税政策。其首要措施就是正经界、分田制禄，即施行"井田制"，设庠序之教"明人伦"，为王者之师。

尽管荀子曾讥孟子此番言论之为"按往造旧说"，但其主旨是不可否定的。特别是孟子所倡导的"出入相友、守望相助、疾病相扶持、百姓和睦"等互助协作精神，是每个时代都应该提倡的。

5·4 有为神农之言[1]者许行[2]，自楚之滕，踵门[3]而告文公曰："远方之人闻君行仁政，愿受一廛[4]而为氓[5]。"文公与之处。其徒数十人，皆衣褐[6]，捆屦[7]，织席以为食。

陈良[8]之徒陈相与其弟辛负耒耜而自宋之滕，曰："闻君行圣人之政，是亦圣人也，愿为圣人氓。"

陈相见许行而大悦，尽弃其学而学焉。

陈相见孟子，道许行之言曰："滕君则诚贤君也；虽然，未闻道也。贤者与民并耕而食，饔飧[9]而治。今也滕有仓廪府库，则是厉民[10]而以自养也，恶得贤？"

孟子曰："许子必种粟而后食乎？"

曰："然。"

"许子必织布而后衣乎？"

曰："否，许子衣褐。"

"许子冠乎？"

曰："冠。"

曰："奚冠？"

曰："冠素[11]。"

曰："自织之与？"

曰："否，以粟易之。"

曰："许子奚为不自织？"

曰："害于耕[12]。"

曰："许子以釜甑爨[13]，以铁耕乎[14]？"

曰："然。"

"自为之与？"

曰："否，以粟易之。"

"以粟易械器者，不为厉陶冶[15]；陶冶亦以其械器易粟者，岂为厉农夫哉？且许子何不为陶冶，舍皆取诸其宫中而用之[16]？何为纷纷然与百工交易？何许子之不惮烦？"

曰："百工之事固不可耕且为也。"

"然则治天下独可耕且为与？有大人之事，有小人之事[17]。且一人之身，而百工之所为备，如必自为而后用之，是率天下而路也[18]。故曰，或劳心，或劳力[19]；劳心者治人，劳力者治于人；治于人者食人，治人者食于人，天下之通义也。"

"当尧之时，天下犹未平，洪水横流，泛滥于天下，草木畅茂，禽兽繁殖，五谷不登[20]，禽兽偪[21]人，兽蹄鸟迹之道交于中国[22]。尧独忧之，举舜而敷治焉[23]。舜使益掌火[24]，益烈山泽而焚之，禽兽逃匿。禹疏九河[25]，瀹济漯而注诸海[26]，决汝汉，排淮泗而注之江[27]，然后中国可得而食也。当是时也，禹八年于外，三过其门而不入，虽欲耕，得乎？"

"后稷[28]教民稼穑，树艺五谷[29]；五谷熟而民人育。人之有道也[30]，饱食、暖衣、逸居而无教，则近于禽兽。圣人有忧之，使契[31]为司徒，教以人伦，父子有亲，君臣有义，夫妇有别，长幼有叙[32]，朋友有信。放勋曰[33]：'劳之来之[34]，匡之直之，辅之翼之，使自得之[35]，又从而振德之[36]。'圣人之忧民如此，而暇耕乎？"

"尧以不得舜为己忧，舜以不得禹、皋陶[37]为己忧。夫以百亩之不易[38]为己忧者，农夫也。分人以财谓之惠，教人以善谓之忠，为天下得人者谓之仁。是故以天下与人易[39]，为天下得人难。孔子曰[40]：'大哉尧之为君！惟天为大，惟尧则之，荡荡乎民无能名焉！君哉舜也！巍巍乎有天下而不与焉！'尧舜之治天下，岂无所用其心哉？亦不用于耕耳[41]。"

"吾闻用夏变夷者[42]，未闻变于夷者也。陈良，楚产也[43]，悦周公、仲尼之道，北学于中国。北方之学者，未能或之先也[44]。彼所谓豪杰之士也。子之兄弟[45]事之数十年，师死而遂倍之[46]！昔者孔子没，三年之外，门人治任将归[47]，入揖于子贡，相向而哭，皆失声，然后归。子贡反，筑室于场，独居三年，然后归。他日，子夏、子张、子游以有若似圣人，欲以所事孔子事之，强曾子。曾子曰：'不可；江汉以濯之，秋阳以暴之[48]，皓皓[49]乎不可尚已。'今也南蛮䛨舌之人[50]，非先王之道，子倍子之师而学之，亦异于曾子矣。吾闻出于幽谷迁于乔木[51]者，未闻下乔木而入于幽谷者。《鲁颂》曰[52]：'戎狄是膺，荆舒是惩。'周公方且膺之[53]，子是之学，亦为不善变矣。"

"从许子之道，则市贾不贰[54]，国中无伪；虽使五尺之童[55]适市，莫之或欺。布帛长短同，则贾相若；麻缕丝絮轻重同，则贾相若；五谷多寡同，则贾相若；屦大小同，则贾相若。"

曰："夫物之不齐，物之情也；或相倍蓰[56]，或相什百[57]，或相千万。子比而同之[58]，是乱天下也。巨屦小屦[59]同贾，人岂为之哉？从许子之道，相率而为伪者也，恶能治国家？"

【注释】

[1]神农之言：神农，上古时传说中的圣人。赵岐《注》："神农，三皇之君，炎帝神农氏。"

[2]许行：生平不可考。赵岐《注》："许，姓。行，名。"孙奭《疏》："南蛮之人也，姓许名行也。"钱穆《先秦诸子系年考辨》卷三《许行考》认为许行即《吕氏春秋·当染》之许犯，杨伯峻《译注》驳之。

[3]踵门：金良年《译注》："犹现在所谓的登门拜访。"赵岐《注》："踵，至也。"

[4]廛(chán)：赵岐《注》："居也。"朱熹《集注》："民所居也。"《说文》："廛，一亩半，一家之居也。"

[5]氓：赵岐《注》："野人也。"杨伯峻《译注》："段玉裁《说文解字注》云：'自他归往之民则谓之氓，故字从民亡。'"金良年《译注》："此指治下的民众。"

[6]衣褐：赵岐《注》："贫也。"孙奭《疏》："衣短褐。"朱熹《集注》："衣，去声。褐，毛布，贱者之服也。"又，对本章下面的"许子衣褐"，赵岐《注》云："以毳织之，若今马衣也。或曰：褐，枲(xǐ)衣也。一曰粗布衣也。"杨伯峻《译注》："则褐有三义，一为用细兽毛做的衣，像汉朝所谓的马衣（短褂；后代马褂一词来源是否本此，待考）；二为以未绩之麻所制成的短衣；三为粗布衣。但根据陈相对孟子的答语（'否，许子衣褐'），似乎褐不必织而后成，则此处宜取第一或者第二义。"金良年《译注》："以粗麻编织的衣服。又，朱熹《集注》云：'毛布，贱者之服也。'毛布是一种粗毛的纺织品。据下文陈相的回答，此处所说的'褐'似乎

不必'织布'，则以粗麻之制品为袷。"综合孙奭和杨、金的解释，褐应指粗麻编织的短衣。

[7]捆屦（jù）：意思是织草鞋。赵岐《注》："捆犹叩椓也，织屦欲使坚，故扣之也。"《经典释文》引许慎说："捆，织也。"朱熹《集注》和赵岐一致，都训为"敲打扣紧"。赵岐和朱熹的解释是对生活经验的总结：凡是编织草鞋、麻鞋或者筐篓之类，必须是一边编织，一边敲打使紧，不然的话就会容易松动而不结实。

[8]陈良：赵岐《注》："儒者也。"朱熹《集注》："楚之儒者。"梁启超《先秦政治思想史》认为此人即《韩非子·显学》所云"仲良氏之儒"。陈奇猷《韩非子集释》认同梁氏此说。

[9]饔飧（yōng sūn）：名词用作动词，指自己生火做饭。赵岐《注》："饔飧，熟食也。朝曰饔，夕曰飧。"

[10]厉民：剥削百姓。赵岐《注》："厉病其民。"朱熹《集注》："厉，病也。"金良年谓"厉：病，此处是刻剥的意思。"。

[11]冠素：戴白色的生绢制成的帽子。素，白色的生绢。《说文》："素，白致缯也。"

[12]害于耕：害，妨碍、妨害。赵岐《注》："纺织害于耕，故不自织也。"

[13]以釜甑爨：釜甑（zèng），蒸煮炊具。釜，通常是铁或铜等金属制作的煮食器皿，类似于现在的锅。甑，用瓦器制作的蒸食器皿，类似于现在的蒸屉。爨（cuàn），指生火做饭。赵岐《注》："爨，炊也。"朱熹《集注》："釜，所以煮。甑，所以炊。爨，然火也。"

[14]以铁耕乎：用铁制农具耕作吗？赵岐《注》："以铁为犁用之耕否邪？"朱熹《集注》："铁，耜属也。"杨伯峻《译注》："铁，此指农具，古人有以器物的质料代其器物之名的修辞条例，如《公孙丑下》以'木'代'棺'（木若以美然），可参阅杨树达《古书疑义举例续补》。"

[15]不为厉陶冶：不能说是损害了陶匠、铁匠。陶冶，制陶冶铁的工匠。朱熹《集注》："陶，为甑者。冶，为釜铁者。"

[16]舍皆取诸其宫中而用之：意思是"许字为什么不自己从事烧窑冶炼？为什么要放弃一切都从自己家里取来使用的原则呢"。舍，自赵岐以来古注皆训为"止"。但具体又分为四种：一种是朱熹《集注》"或读属上句。舍，谓陶冶之处也"；一种是马瑞辰《毛诗传笺·通释·野有死麕》释为语气词；一种是毛奇龄《四书剩言》转训为"只"，王力和郭锡良主编《古代汉语》从之；一种是焦循转训为"不肯"。清末民初，章太炎《新方言·释词（一）》释"舍"为"什么"，俗作"啥"，钱玄

同、杨伯峻和洪成玉等从之。今人郑红认为应训"舍弃、放弃"。①近来有学者利用楚简资料认为此句中的"舍"可作范围副词用，可训为"皆"。但这样一来本句开头就变成了"皆皆"。不过，此说印证了董志翘先生所认为的"舍"与"皆"同意并用，即"舍皆"，"一切都"的观点。②笔者暂从郑说。宫，指居室。《尔雅·释宫》云："宫谓之室，室谓之宫。"《经典释文·尔雅音义》云："古者贵贱同称宫，秦汉以来惟王者所居为宫也。"

[17]有大人之事，有小人之事：赵岐《注》："孟子言人道自有大人之事，谓人君行教化也。小人之事，谓农工商也。"

[18]是率天下而路也：赵岐《注》："是率导天下人以赢之路也。"朱熹《集注》："路，谓奔走道路，无时休息也。"此"路"与《管子·四时》"国家乃路"之"路"均同"露"，即败露的意思。朱熹的解释不对。

[19]劳心、劳力：赵岐《注》："劳心，君也。劳力，民也。"且释句云："君施教以治理之，民竭力治公田以奉养其上，天下通义，所常行者也。"

[20]五谷不登：农作物不成熟。赵岐《注》："登，升也，五谷不足升用也。"孙奭《疏》："五谷，黍、稷、稻、麦、菽。"朱熹《集注》："五谷，稻、黍、稷、麦、菽也。登，成熟也。"五谷，泛指粮食作物。赵岐的解释不对。

[21]偪：同"逼"。

[22]兽蹄鸟迹之道交于中国：飞鸟野兽的踪迹遍布中原土地，危害人民。赵岐《注》："猛兽之迹，当在山林，而反交于中国，惧害人。"朱熹《集注》："道，路也。兽蹄鸟迹交于中国，言禽兽多也。"

[23]举舜而敷治焉：敷，赵岐训为"治"，朱熹训为"布"，杨伯峻释其为"遍"，遍及、全面的意思。杨译此句为"把舜选拔出来总领治理工作"。

[24]舜使益掌火：舜让益主火。赵岐《注》："掌，主也。主火之官，犹古之火正也。"朱熹《集注》："益，舜臣名。"

[25]九河：一般认为是古代黄河下游支流的总称，也泛指黄河。朱熹《集注》：

---

① 郑红：《"舍皆取诸其宫中而用之"新释》，《四川大学学报（哲学社会科学版）》1990年第1期。按：张先坦发表于《山西师大学报（社会科学版）》2007年第1期的论文《"舍皆取诸其宫中而用之"之"舍"字再论》，结论与郑文同，但该文并未提及郑文。见张先坦：《"舍皆取诸其宫中而用之"之"舍"字再论》，《山西师大学报（社会科学版）》2007年第1期。又：纪凌云在《"舍"义辨——〈孟子·滕文公上〉：舍皆取诸其宫中而用之》一文中得出同样的结论。见纪凌云：《"舍"义辨——〈孟子·滕文公上〉：舍皆取诸其宫中而用之》，《重庆三峡学院学报》2020年第1期。

② 李刚：《利用楚简资料校读〈孟子〉一则》，《金陵科技学院学报（社会科学版）》2019年第1期。

"九河：曰徒骇，曰太史，曰马颊，曰覆釜，曰胡苏，曰简，曰絜，曰钩盘，曰鬲津。"朱熹注解采纳了《尔雅·释水》的说法。《尚书·禹贡》有"九河既道"的说法。

[26]瀹济漯而注诸海：瀹（yuè），疏导、疏通。济，古水名，四渎之一，出自今河南济源市西王屋山，三隐三现，流经山东入渤海，下游几经变迁，唐末断流。漯，古读（tà），古漯水为古黄河下游主要支流，或谓出自河南武陟县，经河北至山东入海；或谓出自山东朝城县，宋代绝迹；或谓今山东徒骇河为其下游残迹。

[27]决汝汉，排淮泗而注之江：决、排，朱熹《集注》："皆去其壅塞也。"汝，古水名，出自河南，经安徽入淮河。汉，古水名，其源头通常认为出自陕西宁强嶓冢山。赵逵夫先生则认为出自甘肃天水嶓冢山。淮，古水名，四渎之一，出自河南桐柏山，经安徽、江苏入洪泽湖。泗，水名，源于今山东兖州泗水县陪尾山。此句自古以来争议很大，如朱熹《集注》就指出"汝、汉、淮、泗，亦皆水名也。据《禹贡》及今水路，惟汉水入江耳。汝、泗入淮，而淮自入海。此谓四水皆入于江，记者之误也"。朱子三传弟子车若水《脚气集》亦云："《禹贡》载'四海九州，无限路程'不误一字。孟子说两句，便有一句误：'排淮泗而注之江。'当时淮不曾通江，后来吴王开邗沟，然后通江。纪载与议论不同。议论得实，固好；若误，些少不以文害辞，主意不在此句。纪载则不可。"杨伯峻和金良年也说，孟子此处主旨是申述大禹治水之功，故不必拘泥坐实。

[28]后稷：相传名为弃，周始祖。《诗经·大雅·生民》歌咏其事。赵岐《注》："弃为后稷也。"朱熹《集注》："后稷，官名，弃为之。"

[29]树艺五谷：赵岐《注》："树，种。艺，殖也。"

[30]人之有道也：朱熹《集注》："人之有道，言其皆有秉彝之性也。"杨伯峻先生认为句意和"民之为道也"（5·3）相同，"有"犹"为"。故译为"人之所以为人"，而金良年先生则译为"人有人的行事准则"。

[31]契（xiè）：朱熹《集注》："亦舜臣名也。"相传为殷祖先，佐禹治水有功，被任命为司徒，教以人事。孟子认为"五伦"即契教导给人们的。

[32]长幼有叙：叙，同"序"。

[33]放勋曰：放勋，赵岐《注》："尧号也。"朱熹《集注》："本史臣赞尧之辞，孟子因以为号也。"杨伯峻注云："放旧读上声，放勋，帝尧之名。"曰，杨伯峻引臧琳《经义杂记》引孙奭《孟子音义》及赵岐《注》，谓乃"日"之误。但同时又说："惟字误已久，译文仍用'曰'字。"

[34]劳之来之：劳、来，互文见义，都是勤劳的意思。下文"匡"与"直"，"辅"与"翼"同为互文。王棻（1828—1899年）《柔桥文钞·劳之来之解》谓"来"为"敕"，与"直""翼""得""德"叶韵。杨伯峻驳道："此言实误，下文'匡''直'同

义，'辅''翼'同义，则'劳''来'不当分为二义。即以韵而论，'来'与'直''翼'诸字亦平入相通，何必改字而后叶哉？"

[35]使得之：使他们各得其本性。赵岐《注》"使自得其本性"。朱熹《集注》"使自得其性矣"。

[36]又从而振德之：然后加以教诲、提携，提高他们的道德。赵岐《注》："然后又从而振其羸穷，加德惠也。"朱熹《集注》："又从而提撕警觉以加惠焉，不使其放逸怠惰而或失之。"

[37]皋陶（gāo yáo）：亦作"咎繇"，传说为东夷族首领。《尚书·舜典》云"皋陶，汝作士，明于五刑，以弼五教"，为舜时之司法官。

[38]百亩之不易：意思是农田没种好。易，《诗经·甫田》毛《传》"治也"。赵岐《注》"百亩不易治"。百亩，指代农田。

[39]以天下与人易：把天下传给人容易。赵岐《注》"以天下传与人尚为易也"。

[40]"孔子曰"句：出自《论语·泰伯》（8·18和8·19）。则，效法、取法。朱熹《集注》："则，法也。"无能名：无法形容。不与（yù）：不占有、不私有。朱熹《集注》："犹言不相关，言其不以位为乐也。"

[41]亦不用于耕耳：亦，杨伯峻引杨树达《词诠》谓"副词，只也，特也，但也"，只是的意思。

[42]用夏变夷者：赵岐《注》"当以诸夏之礼义化变蛮夷之人耳"，孙奭《疏》"用中夏之礼义而变化于蛮夷之人"，朱熹《集注》："夏，诸夏礼义之教也。变夷，变化蛮夷之人也。"

[43]陈良，楚产也：产，生、出生。赵岐《注》"陈良生于楚"，朱熹《集注》："产，生也。陈良生于楚，在中国之南，故北游而学于中国也。"

[44]未能或之先也：先，超过。朱熹《集注》："先，过也。"

[45]子之兄弟：赵岐《注》："谓陈相、陈辛也。"

[46]师死而遂倍之：倍，同"背"，背叛。朱熹《集注》："倍，与背同。"

[47]门人治任将归：任，赵岐和朱熹均解为"担也"，金良年先生谓"治任，犹现在所谓的收拾行李"。

[48]秋阳以暴之：夏日的骄阳曝晒过它。秋阳，五、六月的骄阳。赵岐《注》："周（历）之秋，夏（历）之五、六月，盛阳也。"朱熹《集注》："秋日燥烈，言暴（曝）之干也。"

[49]皓皓：赵岐《注》："甚白也。"朱熹《集注》："洁白貌。"

[50]今也南蛮鴃（jué）舌之人：赵岐《注》："今此许行乃南楚蛮夷，其舌之恶如鴃鸟耳。鴃，博劳鸟也。"朱熹《集注》："鴃，博劳也，恶声之鸟。南蛮之声似

之,指许行也。"

[51]出于幽谷迁于乔木：出自《诗经·小雅·伐木》。赵岐《注》："人当出深谷，止乔木。"金良年《译注》："幽谷喻低，乔木喻高。"

[52]"《鲁颂》"曰句：出自《诗经·鲁颂·閟宫》。赵岐《注》："膺,击也。惩,艾也。周家时击戎狄之不善者,惩止荆、舒之人,使不敢侵陵也。"朱熹《集注》："荆,楚本号也。舒,国名,近楚者也。"

[53]周公方且膺之：朱熹《集注》："按今此诗为僖公之颂,而孟子以周公言之,亦断章取义也。"

[54]市贾不贰：贾,同"价"。朱熹《集注》："贾音价,下同。"

[55]五尺之童：指孩童。朱熹《集注》："言幼小无知也。"杨伯峻《译注》："古人尺短,五尺不过今日之三尺半（约126厘米——笔者注）。"金良年《译注》："古代成年人自称丈夫,五尺只及成年人的一半。"

[56]蓰（xǐ）：赵岐《注》："五倍也。"

[57]百：或作"伯",同。

[58]子比而同之：你（不分精粗优劣）把它们等量齐观。比,并列。朱熹《集注》："比,次也。"杨伯峻谓"旧读去声"。

[59]巨屦小屦：精致的草鞋和粗糙的草鞋,指好鞋和坏鞋。赵岐《注》："巨,粗屦也；小,细屦也。"

【解析】

赵岐《孟子章指》："神农务本,教以凡民。许子蔽道,同之君臣。陈相倍师,降于幽谷。不理万情,谓之淳朴。是以孟子博陈尧、舜上下之叙以匡之也。"

《汉书·艺文志》著录《神农》二十篇,已佚。本章侧面提供了"农家"学派的重要史料。

孟子相继指出"百工之事固不可耕且为也""治天下是大人之事",来驳斥许行"君民并耕"观点的片面性。接着,孟子陈述列举尧、舜、后稷等事例,说明"治天下不可耕且为也",阐述了社会分工的必要性和必然性,进而得出"劳心者治人不耕田"的结论。然后孟子又通过陈相兄弟背师、弃师与孔子弟子尊师、承师进行对比论证,批判了陈相兄弟背师叛道的不义行为。最后孟子用"物之不齐",所以有价格差别,及"巨屦小屦"不能同价的观点,来驳斥陈相"市贾不贰""国中无伪"的主张。本章再次充分展现了孟子长于辩论的特点。

5·5　墨者夷之[1]因徐辟[2]而求见孟子。孟子曰："吾固愿见,今吾尚病,病愈,我且往见,夷子不来[3]!"

他日,又求见孟子。孟子曰:"吾今则可以见矣。不直,则道不见[4];我且直之。吾闻夷子墨者,墨之治丧也,以薄为其道也[5];夷子思以易天下,岂以为非是而不贵也;然而夷子葬其亲厚,则是以所贱事亲也。"

徐子以告夷子。

夷子曰:"儒者之道,古之人若保赤子[6],此言何谓也?之则以为爱无差等[7],施由亲始[8]。"

徐子以告孟子。

孟子曰:"夫夷子信以为人之亲其兄之子为若亲其邻之赤子乎?彼有取尔也[9]。赤子匍匐将入井,非赤子之罪也。且天之生物也,使之一本,而夷子二本故也[10]。盖上世[11]尝有不葬其亲者,其亲死,则举而委之于壑。他日过之,狐狸食之,蝇蚋姑嘬之[12]。其颡有泚[13],睨而不视[14]。夫泚也,非为人泚,中心达于面目,盖归反虆梩[15]而掩之。掩之诚是也,则孝子仁人之掩其亲,亦必有道矣。"

徐子以告夷子。夷子怃然为间[16]曰:"命之矣[17]。"

【注释】

[1]墨者夷之:墨者,指信奉墨家学说的人。夷之,其人已不可考。赵岐《注》:"夷之,治墨家之道者。"朱熹《集注》:"墨者,治墨翟之道者。夷,姓;之,名。"

[2]徐辟:赵岐《注》:"孟子弟子也。"朱熹《集注》:"辟,音壁,又音辟。"

[3]夷子不来:有两种理解,一种如赵岐《注》"是日夷子闻孟子病,故不来",孙奭《疏》从之;一种认为是孟子所言,如王引之《经传释词》训"不"为"毋"或"勿",意思是我(孟子)病好了去见夷子,夷子就不要来了。联系后面的文意,似乎后一种说法更贴切。

[4]不直,则道不见:意思是话不直截了当地说透,便讲不清,真理也不能表现。赵岐《注》:"不直言之,则儒家圣道不见。"朱熹《集注》:"直,尽言以相正也。不见之'见',音'现'。"

[5]墨之治丧也,以薄为其道也:赵岐《注》:"墨者治丧,贵薄而贱厚。"朱熹

· 110 ·

《集注》:"《庄子》曰:'墨子生不歌,死无服,桐棺三寸而无椁。'是墨之治丧,以薄为道也。"薄葬是墨家的基本主张之一,见《墨子·节葬篇》。

[6]古之人若保赤子:古时候的君王对待百姓就像对待婴儿一样。朱熹《集注》:"'若保赤子',《周书·康诰篇》文,此儒者之言也。夷子引之,盖欲援儒而入于墨,以拒孟子之非己。"《尚书·康诰》:"若保赤子,惟民其康乂。"

[7]之则以为爱无差等:赵岐《注》:"之,夷子名也。""之以为当同其恩爱,无有差次等级亲疏也。"

[8]施由亲始:赵岐《注》:"但施爱之事,先从己亲属始耳。若此,何为独非墨道也?"朱熹则认为是夷之"推墨而附于儒"以解释自己厚葬其亲的原因罢了。施,有三种解释:一种解释是"施爱",如赵岐《注》;一种解释是"行",如何晏《论语集解》引包咸《注》"施于有政"之"施"为"行也";一种是焦循《正义》以"'恩''施''爱'三字义通,'施由亲始'即'爱由亲始'",杨伯峻不认同焦循的解释。

[9]彼有取尔也:彼,有两种理解,一种是指夷子,意思是夷子对于"若保赤子"是有取舍的;一种是指《尚书》中"若保赤子"这句话。

[10]使之一本,而夷子二本故也:赵岐《注》:"天生万物,各由一本而出。今夷子以他人之亲与己亲等,是为二本,故欲同其爱也。"杨伯峻认为"一本、二本,原义不明确。"有人认为,如果说"爱无差等"是抽象的普遍原则,那么,"施由亲始"就是外在、一次性的活动,与普遍原则是割裂的,这即所谓的"二本"。①

[11]上世:赵岐《注》:"未制礼之时。"朱熹《集注》:"谓太古也。"

[12]蝇蚋(ruì)姑嘬(chuài)之:嘬,指争相吞食;赵岐《注》:"嘬,相共食之也。"朱熹《集注》:"蚋,音汭。嘬,楚怪反。""蚋,蚊属。姑,语助声,或曰蝼蛄也。嘬,攒共食之也。"杨伯峻《译注》云:"蚋,蚊类昆虫;一解'蚋姑'连读,为蝼蛄,即俗名土狗的昆虫(民间俗称'拉拉蛄'——笔者注)。实则'姑'应读为'盬'(gǔ),咀也(见阮元《释且》)。"

[13]其颡有泚(cǐ):那人额头上全是汗。赵岐《注》:"颡,额也。泚,汗出泚泚然也。"杨伯峻《译注》:"《周礼·考工记》郑《注》引作'疵',焦循《正义》云:'其颡有疵,谓头额病,犹云疾首也。'亦通。"

[14]睨而不视:斜着眼睛看了看,不敢正视。朱熹《集注》:"睨,斜视也。视,正视也。不能不视,而又不忍正视,哀痛迫切,不能为心之甚也。"

[15]蔂梩(léi lí):类似于现在的土筐和锹。赵岐《注》:"笼臿之属,可以取

---

① 严虚空:《何为"二本"——读〈孟子·滕文公上〉"墨者夷之"章》,http://blog.sina.com.cn/s/blog_48f56ba60102e2wy.html,访问日期:2021年10月10日。

《孟子》注解

土者也。"朱熹《集注》："蘽，土笼也。梩，土輂（yú）也。"

[16]怃然为间：茫然自失了一会儿。赵岐《注》："夷子怃然者，犹怅然也。为间者，有顷之间也。"朱熹《集注》："怃然，茫然自失之貌。"

[17]命之矣：直译为"他教育了我"，意思是（我）受教了。赵岐《注》："命之，犹言受命教矣。"朱熹《集注》："命，犹教也。言孟子已教我矣。"杨伯峻《译注》："则'之'虽为第三人称代词，实则夷之用以自指。"

【解析】

赵岐《孟子章指》："圣人缘情，制礼奉终，墨子元同，质而违中，以直正枉，怃然改容，盖其理也。"

本章记述了孟子与墨家学派的一次交锋。孟子批驳了墨家治丧"以薄为其道"的薄葬观和"爱无差等"的兼爱思想，孟子认为墨家所谓的"薄葬"是自相矛盾的，这从夷子的厚葬其亲的行为中可以看出；而墨家所谓的"爱无差等"更是自欺欺人的，这从"施由亲始"即可证之。儒家的"仁爱"与墨家的"兼爱"本质上的差别就在于儒家承认人是有差别的，所以才"缘情制礼"，制定一系列伦理道德规范"以直正枉"。

六、滕文公下

6·1 陈代[1]曰:"不见诸侯,宜若小然[2];今一见之,大则以王,小则以霸[3]。且《志》曰[4]:'枉尺而直寻[5]。'宜若可为也。"

孟子曰:"昔齐景公田[6],招虞人以旌[7],不至,将杀之。志士不忘在沟壑,勇士不忘丧其元[8]。孔子奚取焉[9]?取非其招不往也。如不待其招而往,何哉?且夫枉尺而直寻者,以利言也。如以利,则枉寻直尺而利,亦可为与?昔者赵简子[10]使王良[11]与嬖奚乘,终日而不获一禽。嬖奚[12]反命曰:'天下之贱工也。'或以告王良。良曰:'请复之。'强而后可[13],一朝[14]而获十禽。嬖奚反命曰:'天下之良工也。'简子曰:'我使掌与女乘。'谓王良。良不可,曰:'吾为之范我驰驱[15],终日不获一;为之诡遇[16],一朝而获十。《诗》云[17]:"不失其驰,舍矢如破。"我不贯与小人乘[18],请辞。'御者且羞与射者比,比而得禽兽,虽若丘陵,弗为也。如枉道而从彼,何也?且子过矣;枉己者,未能有直人者也。"

【注释】

[1]陈代:赵岐《注》:"孟子弟子也。"

[2]宜若小然:不介意(他们的国土)狭小吧。小,有三种理解:一种是指国土狭小,如赵岐《注》"得无为狭小乎";一种是指身份不大,如孙奭《疏》"是宜若小其身";一种是指礼数不够,如朱熹《集注》:"小,谓小节也。"杨伯峻译文从朱熹,金良年译为"似乎是小事"。此处译句从赵岐《注》)。

[3]大则以王,小则以霸:孙奭《疏》:"大则行道可以辅佐君为王,小则得行道而佐君为之霸。"

[4]且《志》曰:志,赵岐《注》:"记也。"

[5]枉尺而直寻:赵岐《注》:"枉尺直寻,欲使孟子屈己信道。"孙奭《疏》:

"枉一尺而直其一寻,宜若可以为之也。尺,十寸为尺;寻,十丈为寻也。"朱熹《集注》:"枉,屈也。直,伸也。八尺曰寻。枉尺直寻,犹屈己一见诸侯,而可以致王霸,所屈者小,所伸者大也。"

[6]齐景公田:田,孙奭《疏》"田猎"。

[7]招虞人以旌:赵岐《注》:"虞人,守苑囿之吏也。招之当以皮冠,而以旌,故招之而不至也。"孙奭《疏》:"虞人,掌山泽苑囿之吏也。盖先王制招聘之礼,旌所以招其大夫者。虞人之招,但以皮冠而已。"朱熹《集注》:"招大夫以旌,招虞人以皮冠。"

[8]志士不忘在沟壑,勇士不忘丧其元:赵岐《注》:"志士,守义者也。君子固穷,故常念死无棺椁,没沟壑而不恨也。勇士,义勇者也。元,首也。以义则丧首不顾也。"朱熹《集注》:"此二句乃孔子叹美虞人之言。"

[9]孔子奚取焉:赵岐《注》:"孔子奚取,取死守善道,非礼招己则不往。"

[10]赵简子:即晋国正卿赵鞅(?—前476年),执掌晋国政权达17年之久。其按军功封赏的主张影响了商鞅变法的军功爵制度。赵岐《注》:"晋卿也。"朱熹《集注》:"晋大夫赵鞅也。"

[11]王良:赵岐《注》:"善御者也。"杨伯峻《译注》:"《左传》哀公二年云:'邮无恤御简子。'杜预《注》云:'邮无恤,王良也。'王良为春秋末年的善御,故先秦两汉古籍多称之。"

[12]嬖奚(bì xī):赵岐《注》:"简子幸臣也。"杨伯峻《译注》:"嬖,即《梁惠王下》的'嬖人',爱幸小人也;奚是其名。"

[13]强而后可:赵岐《注》:"强嬖奚,乃肯行。"

[14]一朝:朱熹《集注》:"自晨至食时也。"食时,一说是指辰时,即7时至9时;金良年先生则认为是指巳时,即9时至11时。

[15]范我驰驱:赵岐《注》"范,法也。王良曰:'我为之法度之御,应礼之射,正杀之禽,不能得一。'"杨伯峻《译注》:"'范'作动词用,谓纳我驰驱于轨范之中,根据《穀梁传》昭公八年所载,驾驭田猎的车,尘土飞扬不能出于轨道,马蹄应该发足相应,快慢合拍。"

[16]诡遇:有两类解释、三种说法。第一类解释为一种非礼或不正的射杀方式,其中又分为两种说法:一种是赵岐和孙奭解释为"横射",类似密集发射。赵岐《注》"横而射之曰诡遇""非礼之射,则能获十";一种是解作带有偷袭性质的射杀,如朱熹《集注》:"诡遇,不正而与禽遇也。言奚不善射,以法驰驱则不获,废法诡遇而后中也。"第二类解释为不按规范驾驶,如杨伯峻《译注》据《白氏六帖·执御篇》所引《孟子》旧注,训"诡"为"憰",谓"不依法驾御"。

[17]"《诗》云"句：出自《诗经·小雅·车攻》。赵岐《注》："言御者不失其驰驱之法，则射者必中之。顺毛而入，顺毛而出，一发贯臧，应矢而死者如破矣。"

[18]我不贯与小人乘：赵岐《注》："贯，习也。我不习与小人乘，不愿掌与嬖奚同乘。"孙奭《疏》："我今不贯习与嬖奚小人同乘而畋也。"

【解析】

赵岐《孟子章指》："修礼守正，非招不往，枉道富贵，君子不许。是以诸侯虽有善其辞命，伯夷不屑就也。"孙奭《孟子注疏》云："'伯夷不屑就也'此乃《公孙丑》篇末文也。"

朱熹《孟子集注》："或曰：'居今之世，出处去就不必一一中节，欲其一一中节，则道不得行矣。'杨氏曰：'何其不自重也，枉己其能直人乎？古之人宁道之不行，而不轻其去就。是以孔孟虽在春秋战国之时，而进必以正，以至终不得行而死也。使不恤其去就而可以行道，孔孟当先为之矣，孔孟岂不欲道之行哉？'"

本章主旨，赵岐和朱熹说得很清楚，"枉道富贵，君子不许"，君子"不轻其去就"。孟子认为君子出仕为官合情合理，但应按礼仪行事，有起码的尊严和节操，不能曲意逢迎诸侯。孟子坚决反对"枉尺直寻"出仕的主张，因为这是把"利"作为第一追求目标，其直接的恶果就是"枉己者未有能直人者也"。显然，在这方面孟子是向孔子学习并做得很好的。

6·2　景春[1]曰："公孙衍[2]、张仪[3]岂不诚大丈夫哉？一怒而诸侯惧[4]，安居而天下熄[5]。"

孟子曰："是焉得为大丈夫乎？子未学礼乎？丈夫之冠也，父命之[6]；女子之嫁也，母命之[7]，往送之门[8]，戒之曰：'往之女家，必敬必戒，无违夫子[9]！'以顺为正者，妾妇之道也。居天下之广居[10]，立天下之正位[10]，行天下之大道[10]；得志，与民由之；不得志，独行其道。富贵不能淫，贫贱不能移，威武不能屈[11]，此之谓大丈夫。"

【注释】

[1]景春：赵岐《注》："孟子时人，为纵横之术者。"

[2]公孙衍：曾为秦国大良造，后积极主张合纵抗秦。赵岐《注》："魏人也，号为犀首，尝佩五国相印，为从长，秦王之孙，故曰公孙。"《史记》卷七十《张仪列

传》云:"犀首者,魏之阴晋人也,名衍,姓公孙氏。与张仪不善。"司马彪《史记集解》曰:"犀首,魏官名,若今虎牙将军。"

[3]张仪:魏人,游说六国连横以服从秦国。《史记》卷七十有传。赵岐《注》"合从者也",误。

[4]一怒而诸侯惧:赵岐《注》:"一怒则构诸侯,使强陵弱,故言惧也。"朱熹《集注》:"怒则说诸侯使相攻伐,故诸侯惧也。"

[5]安居而天下熄:赵岐《注》:"安居不用辞说,则天下兵革熄也。"孙奭《疏》:"安居处而不用辞说,则天下兵革于是乎熄灭。"

[6]丈夫之冠也,父命之:古时男子到了二十岁要举行冠礼,以示成年,可以参加政治、军事和祭祀活动。据《仪礼·士冠礼》记载,行加冠与训示时,祝辞由"宾",不由"父",因此后来就有很多解释。其实,赵岐和孙奭注解得比较明白。赵岐《注》:"孟子以礼言之,男子之道当以义匡君。""男子之冠,则命曰'就尔成德'。"孙奭《疏》:"盖以冠者为丈夫之事,故父命之。"也就是说孟子当时即有此种礼仪。

[7]女子之嫁也,母命之:孙奭《疏》:"嫁者女子之事,故母命之。"

[8]往送之门:刘宝楠《愈愚录》谓"往",当作一读。杨伯峻以为不必。

[9]无违夫子:不要违背自己的丈夫。夫子,有两种解释:一种是指丈夫和儿子,如孙奭《疏》:"无违遵敬夫、子";一种是指丈夫,如朱熹《集注》:"夫子,夫也。"此处从朱熹说。

[10]广居、正位、大道:赵岐《注》:"广居,谓天下也。正位,谓男子纯乾正阳之位也。大道,仁义之道也。"朱熹《集注》:"广居,仁也;正位,礼也;大道,义也。"杨伯峻谓:"朱熹《集注》所释,最能探得孟子本旨。"金良年则认为朱熹坐实为"礼和义","其实,将孟子这几句话理解为君子拥有天下的正道亦未尝不可。"笔者以为,这三句是互文见义。

[11]富贵不能淫,贫贱不能移,威武不能屈:赵岐《注》:"淫,乱其心也。移,易其行也。屈,挫其志也。三者不惑,乃可以为之大丈夫矣。"朱熹《集注》:"淫,荡其心也。移,变其节也。屈,挫其志也。"

【解析】

赵岐《孟子章指》:"以道匡君,非礼不运,称大丈夫;阿意用谋,善战务胜,事虽有刚,心归柔顺,故云妾妇,以况仪、衍者也。"

朱熹《孟子集注》:"何叔京曰:'战国之时,圣贤道否,天下不复见其德业之盛;但见奸巧之徒,得志横行,气焰可畏,遂以为大丈夫。不知由君子观之,乃是妾妇之道耳,何足道哉?'"

本章的核心词是"大丈夫"。开篇景春便举出一般人觉得够得上这个称号的公孙衍和张仪两个人，孟子立即对此进行了驳斥，认为他们不过是专门顺遂其主子的妾妇之类的人罢了。最后孟子概括出"富贵不能淫，贫贱不能移，威武不能屈"才能称之为"大丈夫"的观点。这句话激励了中国无数的志士仁人，成为他们不畏强暴、坚守道义的座右铭。孟子的关于"大丈夫"的观点，也可以说是将儒家思想提升到一个生命哲学的高度。

6·3 周霄[1]问曰："古之君子仕乎？"

孟子曰："仕。《传》曰：'孔子三月[2]无君，则皇皇[3]如也，出疆必载质[4]。'公明仪曰：'古之人三月无君，则吊。'"

"三月无君则吊，不以急乎？"

曰："士之失位也，犹诸侯之失国家也。《礼》曰[5]：'诸侯耕助[6]，以供粢盛[7]；夫人蚕缫[8]，以为衣服[9]。牺牲不成[10]，粢盛不絜，衣服不备，不敢以祭。惟士无田[11]，则亦不祭。'牲杀、器皿、衣服不备，不敢以祭，则不敢以宴[12]，亦不足吊乎？"

"出疆必载质，何也？"

曰："士之仕也，犹农夫之耕也；农夫岂为出疆舍其耒耜哉？"

曰："晋国亦仕国也[13]，未尝闻仕如此其急。仕如此其急也，君子之难仕，何也？"

曰："丈夫生而愿为之有室，女子生而愿为之有家；父母之心，人皆有之。不待父母之命、媒妁[14]之言，钻穴隙相窥，逾墙相从，则父母国人皆贱之。古之人未尝不欲仕也，又恶不由其道。不由其道而往者，与钻穴隙之类也[15]。"

【注释】

[1]周霄：赵岐《注》："魏人也。"《战国策·魏策》曾提及此人。杨伯峻《译注》云："考其年代，当在梁惠王与襄王之时。"

[2]三月：赵岐《注》："一时也。"金良年《译注》："三个月是一个季节，时

《孟子》注解

令有变化,古人多以此为衡量事物进展的尺度。"

[3]皇皇:有两种解释,一种是指"求而不得"的遗憾,如赵岐、孙奭和朱熹,赵岐《注》:"物变而不佐君化,故皇皇如有所求而不得尔。"孙奭《疏》:"孔子三月不得佐其君,则心皇皇,如有所求而不得也。"朱熹《集注》"皇皇,如有求而弗得之意";一种是指忧愁或惶恐的样子,如杨伯峻《译注》据《礼记·檀弓》引郑《注》:"皇皇,忧悼在心之貌也。"《楚辞》王逸《注》:"皇皇,惶遽貌。"

[4]出疆必载质:孙奭《疏》:"出其疆土,必载贽而行。贽者,如所谓三帛、二生、一死之贽也,臣所以执此而见君也。"①朱熹《集注》:"质与贽同。""出疆,谓失位而去国也。质,所执以见人者,如士则执雉也。出疆载之者,将以见所适国之君而事之也。"

[5]"《礼》曰"等句:与《礼记》之《祭统》《曲礼》和《王制》,及《穀梁传》桓公十四年和成公十七年的若干记载相近,但杨伯峻指出"自然孟子所引不是这些书(这些书都著述在《孟子》以后),但他所引的话的起讫,实在无由确定"。另外,焦循《正义》认为"牺牲不成"以下非引文,杨伯峻认为"恐误。今暂定'牲杀'以下为孟子伸述之言"。现在通行的《孟子》标点本基本采用杨氏观点。

[6]耕助:即耕种藉田。古时天子、诸侯在每年开春之际,亲执耒耜耕种藉田,以示对农业的重视,这种活动称为"藉礼"。杨伯峻《译注》谓"此二字为连绵动词,和下文'蚕缫'相对成文。'助'即'藉'"。

[7]粢盛(zī chéng):指祭祀用的谷物。盛,《说文》:"黍稷在器中以祀者也。"赵岐《注》:"粢,稷。盛,稻也。"赵岐对"盛"的注解恐误。朱熹《集注》:"盛,音成。""黍稷曰粢,在器曰盛。"

[8]夫人蚕缫(sāo):夫人,指诸侯正妻。蚕缫,指养蚕缫丝。

[9]衣服:赵岐《注》:"祭服。"

[10]牺牲不成:牺牲,指祭祀用的猪、牛、羊。《释名·释言语》:"成,盛也。"赵岐《注》:"不成,不实肥腯也。"王夫之《孟子稗疏》:"畜牧曰牲,渔猎曰杀。"

[11]惟士无田,则亦不祭:意思是说失去官位俸禄,没有祭祀圭田的士,不能参加祭祀。赵岐《注》:"惟,辞也。言惟诎禄之士无圭田者,不祭。"孙奭《疏》"惟士之失位、无有田禄者,则亦不祭"。

[12]则不敢以宴:孙奭《疏》:"非特不敢祭,又且不敢以宴乐也。"

---

①按:"三帛、二生、一死,贽"出自《尚书·舜典》,是指诸侯朝见天子时所奉上的礼物。"三帛"指缥帛、玄帛、黄帛,即三种颜色的丝绸;"二牲"指羔和雁,即小羊和雁;"一死"指雉,即野鸡。

[13]晋国亦仕国也：孙奭《疏》："今之晋国亦可为仕之国也。"朱熹《集注》："仕国，谓君子游宦之国。"

[14]媒妁：指婚姻介绍人。《说文》："媒，谋也，谋合二姓。""妁，酌也，斟酌二姓也。"孙奭《孟子音义》："媒氏酌二姓之可否，故谓之媒妁也。"

[15]与钻穴隙之类也：杨伯峻《译注》云："这句不合语法，孔广森《经学卮言》以为'与'读为'欤'，当属上句，作表停顿的语气词用。但《孟子》全书不见相同的句例，故难以相信。焦循《正义》以为'之类'的'之'字是衍文，本作'与钻穴隙类也'；俞樾《孟子平义》则谓'与'当读为'如'，亦俱无确证。我们只能存疑。"

【解析】

赵岐《孟子章指》："君子务仕，思播其道，达义行仁，待礼而动。苟容干禄，逾墙之女，人之所贱，故弗为也。"

孙奭《孟子注疏》："孟子所以终答之周霄以此者，以其士之仕，犹男女之相求，亦必待父母之命、媒妁之言也。"

朱熹《孟子集注》："盖君子虽不洁身以乱伦，而亦不殉利而忘义也。"

本章可与6·1章相参读。孟子再次强调君子虽然急于出仕行道，但是不能见利忘义这一观点。

6·4 彭更[1]问曰："后车[2]数十乘，从者数百人，以传食[3]于诸侯，不以泰[4]乎？"

孟子曰："非其道，则一箪食不可受于人；如其道，则舜受尧之天下，不以为泰——子以为泰乎？"

曰："否。士无事而食[5]，不可也。"

曰："子不通功易事[6]，以羡[7]补不足，则农有余粟，女有余布；子如通之，则梓匠轮舆[8]皆得食于子。于此有人焉，入则孝，出则悌，守先王之道，以待后之学者[9]，而不得食于子；子何尊梓匠轮舆而轻为仁义者哉？"

曰："梓匠轮舆，其志将以求食也；君子之为道也，其志亦将以求食与？"

曰："子何以其志为哉？其有功于子，可食而食之矣。且子食志乎，食功乎？"

曰："食志。"

曰："有人于此，毁瓦画墁[10]，其志将以求食也，则子食之乎？"

曰："否。"

曰："然则子非食志也，食功也。"

【注释】

[1]彭更：赵岐《注》："孟子弟子。"

[2]后车：指随从或侍从的副车。《诗经·小雅·绵蛮》："命彼后车，谓之载之。"郑《笺》："后车，倅车也。"陆德明《经典释文》："倅，七对反，副车。"

[3]传食：孙奭《疏》："盖以孟子食于诸侯，车徒又食于孟子，要之所食之禄皆出于诸侯之所供耳，故云传食诸侯。"杨伯峻《译注》："传，旧读去声，传食犹言转食。"金良年《译注》："或释为'转食'，或释为'舍止诸侯之客馆而受其饮食'，均通。"

[4]泰：有两种解释，一种解作过分，如赵岐《注》："甚也"；一种解作"奢侈"，如朱熹《集注》："侈也。"从前后文脉来看，赵岐注解为当。

[5]士无事而食：指没有功劳而白吃饭。赵岐《注》："谓仕无功而虚食人者。"

[6]通功易事：朱熹《集注》："谓通人之功而交易其事。"杨伯峻译为"互通各人的成果，交换各行业的产品"。

[7]羡：赵岐《注》："余也。"

[8]梓匠轮舆：赵岐《注》："梓、匠，木工也。轮人、舆人，作车者也。……《周礼》攻木之工七，梓、匠、轮、舆，是其四者。"

[9]以待后之学者：孙奭《疏》："以待觉于后之学者。"但焦循《正义》引杜子春说云"待"当为"持"，"谓扶持后之学者"。（见金良年《译注》）

[10]毁瓦画墁：赵岐《注》"孟子言人但破碎瓦画地，则复墁灭之，此无用之为也"，孙奭《疏》从之。朱熹《集注》："墁，墙壁之饰也。"金良年先生谓"画墁与毁瓦对文，当是污损墙壁的意思"。赵岐和孙奭的理解似乎跟墙壁无关，而金先生的解释又无依据。笔者认为，"毁瓦画墁"可能是将瓦弄破碎后，再重新抹好的一种无用行为。类似在工作中消耗时间的行为，即所谓"磨洋工"。

【解析】

赵岐《孟子章指》："百工食力，以禄养贤，修仁尚义，国之所尊，移风易俗，其功可珍，虽食诸侯，不为素餐。"

本章孟子在社会分工观念的基础上，再次申明"通功易事""羡补不足"的观点。至于士之受食，无关于"食志"还是"食功"，而在于"非其道"还是"如其道"。孟子提出的君子谋道不谋食主张，本于《论语·里仁》（4·9）"子曰：士志于道，而耻恶衣恶食者，未足与议也"。

6·5 万章[1]问曰："宋，小国也；今将行王政，齐楚恶而伐之[2]，则如之何？"

孟子曰："汤居亳[3]，与葛为邻，葛伯放而不祀[4]。汤使人问之曰：'何为不祀？'曰：'无以供牺牲也。'汤使遗之牛羊。葛伯食之，又不以祀。汤又使人问之曰：'何为不祀？'曰：'无以供粢盛也。'汤使亳众往为之耕，老弱馈食。葛伯率其民，要其有酒食黍稻者夺之[5]，不授者杀之。有童子以黍肉饷，杀而夺之。《书》曰[6]：'葛伯仇饷[7]。'此之谓也。为其杀是童子而征之，四海之内皆曰：'非富天下也，为匹夫匹妇复仇也[8]。''汤始征，自葛载[9]'，十一征而无敌于天下[10]。东面而征，西夷怨；南面而征，北狄怨，曰：'奚为后我？'民之望之，若大旱之望雨也。归市者弗止，芸者[11]不变，诛其君，吊其民，如时雨降。民大悦。《书》曰：'徯我后，后来其无罚！''有攸不惟臣[12]，东征，绥厥士女，匪厥玄黄[13]，绍我周王见休[14]。惟臣附于大邑周[15]。'其君子实玄黄于匪以迎其君子，其小人箪食壶浆以迎其小人；救民于水火之中，取其残而已矣。《太誓》[16]曰：'我武惟扬[17]，侵于之疆[18]，则取于残，杀伐用张[19]，于汤有光[20]。'不行王政云尔；苟行王政，四海之内皆举首而望之，欲以为君；齐楚虽大，何畏焉？"

【注释】

[1]万章：姓万，名章。孟子弟子。《孟子》一书中，他与孟子的问答最多。《史记·孟子荀卿列传》云孟子"退而与万章之徒作《孟子》七篇"。

[2]今将行王政，齐楚恶而伐之：意思是现在想要施行仁政，齐国和楚国两个大国却因此憎恨，想要出兵讨伐我国。朱熹《集注》："宋王偃尝灭滕伐薛，败齐、楚、魏之兵，欲霸天下，疑即此时也。"金良年《译注》："因《史记·宋世家》记载了宋王偃的诸多暴行，谓诸侯皆曰'桀宋'，因而后来终于招致杀身亡国之祸，故后人对孟子此处的说法颇多弥缝，或谓《史记》的记载乃大国的污蔑之言，或谓孟子作此言时宋王的行为尚善，只是后来的晚节不终而已。今按，万章此处的'将行王政'似乎只是宋王本人的意愿，孟子把行道的希望寄托于此，犹如孔子欲应佛肸和公山弗扰的召请，故不必勉为饰善。"

[3]汤居亳：商汤所居之亳地究竟在何处？学界聚讼纷纭，莫衷一是。旧有北亳、西亳、南亳"三亳说"，及陕西关中的杜亳说、陕南的商州说。杨伯峻接受王国维的"北亳说"，而金良年则注解为"南亳"。20世纪50年代以来，也有学者主张为河南内黄县的黄亳说（岑仲勉）或郼薄（亳）说（王震中）、濮水流域的濮亳说（田昌五）、郑州郑亳说（邹衡）等。①

[4]葛伯放而不祀：意思是葛伯放纵无道，不祭祀自己的祖先。赵岐《注》："葛，夏诸侯，嬴姓之国。放纵无道，不祀先祖。"朱熹《集注》："葛，国名。伯，爵也。"故城在今河南省宁陵县北。

[5]要其有酒食黍稻者夺之：拦住那些带着酒菜好饭的人进行抢夺。要，通"邀"，拦截。

[6]《书》曰：赵岐《注》："《书》，《尚书》逸篇文。"朱熹《集注》："《书》，《商书·仲虺之诰》也。"

[7]仇饷：意思是（葛伯）仇视送饭者，或者说与送饭者为仇。赵岐《注》："仇，怨也。言汤伐葛伯，怨其害此饷也。"朱熹《集注》："饷，亦馈也。""仇饷，言与饷者为仇也。"

[8]非富天下也，为匹夫匹妇复仇也：这不是贪图天下的财富，而是为平民百姓报仇。赵岐《注》："四海之民皆曰：'汤不贪天下富也，为一夫报仇也。'"孙奭《疏》："汤王非贪富于天下而征葛也，是为天下一匹之夫、一匹之妇复报其仇也。"

[9]汤始征，自葛载：成汤的征讨，是从葛国开始。赵岐《注》："载，始也。言汤初征自葛始也。"《梁惠王下》作"汤一征，自葛始"。学界一般也都认为《尚书》

---

①王震中：《甲骨文亳邑新探》，《历史研究》2004年第5期。

逸文。

[10]十一征而无敌于天下：先后征战十一次而无敌于天下。赵岐《注》和孙奭《疏》均指出"十一征"或作"再十一征"，即征讨二十二国。

[11]芸者：种田者。芸，通"耘"。

[12]有攸不惟臣：有攸，赵岐《注》"攸，所也。"杨伯峻《译注》："恐误。根据甲骨文和晚商金文都有攸国之名，故译文作攸国。"杨逢彬先生谓"'有攸'经籍中多有，其后往往接谓词性结构。'有攸不惟臣'正是'有攸'后接谓词性结构，故宜释为'有所'。仅因甲金文中有'攸国'，似不足以推翻故训。"①不惟臣，朱熹《集注》："而不为周臣者。"杨伯峻谓"惟，为也。用法和《尚书·益稷》'万邦黎献共惟帝臣'的'惟'相同。"

[13]匪厥玄黄：指老百姓把黑色和黄色的绸帛放在筐里。赵岐《注》："谓诸侯执玄三纁二之帛。"朱熹《集注》："匪，与筐同。玄黄，币也。"孙奭《疏》："然必以玄黄于匪者，盖天谓之玄，地谓之黄，武王能革殷之否而泰之，是能如天地以覆载以养民者也。"

[14]绍我周王见休：意思是说以侍奉我们周王为美好和光荣的事情。赵岐《注》谓"愿见周王，望见休善"。朱熹《集注》："绍，继也，犹言事也。""休，美也。"

[15]惟臣附于大邑周：意思是臣服周国。赵岐《注》："使得我附就大邑周家也。"朱熹《集注》："臣附，归服也。"大邑周，甲骨文和金文中有"大邑周"或"天邑商"，其为尊称或自称。从"有攸不惟臣"至"大邑周"句，亦为古《尚书》之文，今伪《尚书》采入《武成篇》。

[16]太誓：即《泰誓》。赵岐《注》："古《尚书》百二十篇之时《泰誓》也。"朱熹《集注》："周书也，今《书》文亦小异。"

[17]我武惟扬：我们武王的威武要发扬。武，指武王。扬，赵岐《注》："鹰扬。"朱熹《集注》："奋扬。"

[18]侵于之疆：攻入他们的国土。侵，《左传·庄公二十九年》："凡师有钟鼓曰伐，无曰侵，轻曰袭。"《穀梁传·隐公五年》："苞人民，殴牛马曰侵。"于，古注一般视为虚词。陈梦家《尚书通论》谓"于"同"邘"，为殷商诸侯国名。

[19]杀伐用张：杀掉那些残暴的君主，张大我们的战功。赵岐《注》："以张杀伐之功也。"朱熹《集注》："而杀伐之功因以张大。"金良年谓"张，张大，即彰明正道"。赵岐和朱熹的"张大杀伐的功劳"更确切一些。

[20]于汤有光：指比汤还光耀。赵岐《注》："民有箪食壶浆之欢，比于汤伐桀，

---

①杨逢彬：《孟子新注新译》，北京大学出版社，2018，第162页。

为有光宠。"孙奭《疏》:"故比于汤王伐桀之时,又有以光于前代也。"朱熹《集注》:"比于汤之伐桀又有光焉。"金良年谓"有光,即'又光',犹今言更为辉煌"。

【解析】

赵岐《孟子章指》:"修德无小,暴慢无强,是故夏商之末,民思汤武,虽欲不王,末由也已。"

朱熹《孟子集注》:"尹氏曰:'为国者能自治而得民心,则天下皆将归往之,恨其征伐之不早也。尚何强国之足畏哉?苟不自治,而以强弱之势言之,是可畏而已矣。'"

本章孟子在此强调行"王政"即"仁政"不在国之大小,因为不行"仁政"的大国可以变成小国,行"仁政"小国也可以变为强大的国家,例如商和周。

6·6 孟子谓戴不胜[1]曰:"子欲子之王之善与?我明告子。有楚大夫于此,欲其子之齐语[2]也,则使齐人傅[3]诸,使楚人傅诸?"

曰:"使齐人傅之。"

曰:"一齐人傅之,众楚人咻[4]之,虽日挞[5]而求其齐也,不可得矣;引而置之庄岳[6]之间数年,虽日挞而求其楚,亦不可得矣。子谓薛居州,善士也,使之居于王所。在于王所者,长幼尊卑皆薛居州[7]也,王谁与为不善?在王所者,长幼尊卑皆非薛居州也,王谁与为善?一薛居州,独如宋王何[8]?"

【注释】

[1]戴不胜:赵岐《注》:"不胜,宋臣。"孙奭《疏》:"不胜,宋之王臣也。姓戴,名不胜。"

[2]齐语:朱熹《集注》:"齐人语也。"

[3]傅:朱熹《集注》:"教也。"

[4]咻:赵岐《注》:"咻之者,嚾也。"朱熹《集注》:"欢也。""欢",焦循《正义》谓"即今喧哗之'哗'字"。

[5]日挞:每天用鞭子打。孙奭《疏》:"日加鞭挞。"

[6]庄岳:赵岐《注》:"齐街里名也。"顾炎武《日知录》卷七谓:"庄是街名,岳是里名。"

[7]薛居州：赵岐《注》："宋之善士也。"

[8]独如宋王何：独，有三种解释，一种解作"唯独"，如赵岐《注》"独如宋王何而能化之也"；一种解作"其能"即岂能，如孙奭《疏》"其能如宋王何"；一种解作"将"，如王引之《经传释词》"独犹将也"；杨逢彬《孟子新注新译》解作"难道"，与孙奭《疏》同。

【解析】

赵岐《孟子章指》："自非圣人，在所变化，故谚曰：'白沙在泥，不染自黑。蓬生麻中，不扶自直。'言辅之者众也。"

朱熹《孟子集注》："言小人众而君子独，无以成正君之功。"

本章孟子论述了环境的重要性，小至个人的学习，大到国家的治理，环境的好坏都有深刻影响。

6·7 公孙丑问曰："不见诸侯，何义[1]？"

孟子曰："古者不为臣不见[2]。段干木[3]逾垣而避之，泄柳闭门而不内[4]，是皆已甚；迫[5]，斯可见矣。阳货欲见孔子[6]而恶无礼，大夫有赐于士，不得受于其家，则往拜其门。阳货瞰[7]孔子之亡也，而馈孔子蒸豚[8]；孔子亦瞰其亡也，而往拜之。当是时，阳货先，岂得不见？曾子曰：'胁肩谄笑[9]，病于夏畦[10]。'子路曰：'未同而言[11]，观其色赧赧然[12]，非由之所知也[13]。'由是观之，则君子之所养，可知已矣。"

【注释】

[1]不见诸侯，何义：意思是不主动地去见诸侯，是什么义呢？赵岐《注》："不见之，于义谓何也。"义，是孟子所强调的核心概念，而不是通常所谓的"道理"。

[2]古者不为臣不见：赵岐《注》："古者不为臣不肯见，不义而富且贵者也。"孙奭《疏》："言古之不为臣者不肯见，不义而饕富贵者也。"朱熹《集注》："不为臣，谓未仕于其国者也，此不见诸侯之义也。"

[3]段干木：皇甫谧《高士传》云："段干木者，晋人也。……师事卜夏，与田子方、李克、翟璜、吴起等居于魏，皆为将，惟干木守道不仕。"朱熹《集注》："段干木，魏文侯时人。"一说其姓段干，名木；一说姓段，名干木；还有人认为其即为李克，封于段，为干木大夫。孙奭《疏》释此句"段干木逾垣墙而避魏文侯于外"。

[4]泄柳闭门而不内：朱熹《集注》："内，与纳同。""泄柳，鲁缪公时人。"孙奭《疏》谓"泄柳闭门而拒鲁缪公于内"。

　　[5]迫：赵岐《注》"迫窄"，指接近；孙奭《疏》"迫切"，即急迫；朱熹《集注》："迫，谓求见之切也。"

　　[6]阳货欲见孔子：事见《论语·阳货》。赵岐《注》："阳货，鲁大夫也。孔子，士也。"阳货，《左传》《史记》作"阳虎"，邢昺《论语注疏》谓"盖名虎字货"，清刘宝楠以为相反。鲁季氏家臣，前502年欲去三桓，不克。据说曾历事季平子、季桓子两朝。清崔述《洙泗考信录》认为这里所说的阳货与《左传》里的季氏家臣阳虎不是同一个人。见，杨伯峻以为是使动用法"使……见"。

　　[7]瞰（kàn）：窥伺，趁。赵岐《注》："瞰，视也。"朱熹《集注》："瞰，窥也。"《论语·阳货》作"时"。

　　[8]豚：小猪。《说文》："豚，小豕也。"

　　[9]胁肩谄笑：指竦肩做出毕恭毕敬的样子，强装出讨好的笑脸。赵岐《注》："胁肩，竦体也。谄笑，强笑也。"朱熹《集注》："皆小人侧媚之态也。"

　　[10]病于夏畦：比盛夏在田里浇水种地还劳累。赵岐《注》："病，极也。言其意苦劳极，甚于仲夏之月治畦灌园之勤也。"孙奭《疏》："治畦，曰灌园也。"

　　[11]未同而言：指志向不合却又要违心地交谈。赵岐《注》："未同，志未合也。不可与言而与之言，谓之失言。"朱熹《集注》："与人未合而强与之言也。"

　　[12]赧赧（nǎn）然：赵岐《注》："面赤，心不正之貌也。"朱熹《集注》："惭而面赤之貌。"

　　[13]非由之所知也：不是我（子路）懂的。意思是说子路很讨厌那种装模作样的做派。由，子路名。朱熹《集注》："言非己所知，甚恶之之辞也。"

【解析】

　　赵岐《孟子章指》："道异不谋，迫斯强之段、泄已甚，瞰亡得宜，正己直行，不纳于邪，赧然不接，伤若夏畦也。"

　　朱熹《孟子集注》："此章言圣人礼义之中正，过之者伤于迫切而不洪，不及者沦于污贱而可耻。"

　　本章孟子开门见山地表达自己的观点："古者不为臣不见"，接着便举出"阳货见孔子"的事例来。孟子对阳、孔二人事例的引述颇似打太极，阳、孔二人都想掌握主动，却都不想先出手。赵岐对此章志同道合的解读不能说错误，只是缺乏深度。因为我们在生活中，尤其是工作中常常会遇到与自己志趣相左的人，听取和考虑他们的意见和做法往往是必要而正确的。所以，朱熹对此章的解释是"礼、义中正为圣人根本"较为正确。

6·8 戴盈之[1]曰:"什一,去关市之征[2],今兹未能[3],请轻之,以待来年,然后已,何如?"

孟子曰:"今有人日攘[4]其邻之鸡者,或告之曰:'是非君子之道。'曰:'请损[5]之,月攘一鸡,以待来年,然后已。'如知其非义,斯速已矣,何待来年?"

【注释】

[1]戴盈之:赵岐《注》:"宋大夫。"孙奭《疏》:"戴盈之即戴不胜,字盈之也,为宋国之大夫。"

[2]什一,去关市之征:赵岐《注》:"欲使君去关市征税,复古行什一之赋。"朱熹《集注》:"什一,井田之法也。关市之征,商贾之税也。"赵岐的注解是正确的,"什一"和"关市之征"是互文,而朱熹的注解则把二者割裂开了。

[3]今兹未能:孙奭《疏》:"今年未能尽去。"《吕氏春秋·任地》:"今兹美禾,来兹美麦。"高诱《注》云:"兹,年也。"

[4]攘(rǎng):赵岐《注》:"取也,取自来之物也。"《尚书·吕刑》郑玄《注》云"有因而盗曰攘",《淮南子·氾论训》高诱《注》云:"凡六畜自来而取之曰攘。"按照赵岐、郑玄和高诱等解释,"攘"和偷盗不同。但不论怎样讲都是一种损害他人的不光彩的行为。故《礼记·礼器》郑玄《注》《穀梁传》成公五年《释文》都云"攘,盗窃也"。

[5]损:赵岐《注》:"损少。"朱熹《集注》:"减也。"

【解析】

赵岐《孟子章指》:"从善改非,坐而待旦,知而为之,罪重于故,譬犹攘鸡,多少同盗,变恶自新,速然后可也。"

朱熹《孟子集注》:"知义理之不可而不能速改,与月攘一鸡何以异哉?"

本章孟子讨论的是税率的问题。其中孟子所举"攘鸡"的例子以现在的观点看,是站不住脚的。因为税收改革牵扯的面很大,欲速则不达。但正如赵岐的理解,"变恶自新"是"速然后可也"。如此看来,朱熹"知义理之不可而不能速改"的解释也有求之过急之嫌。

6·9　公都子[1]曰："外人皆称夫子好辩[2]，敢问何也？"

孟子曰[3]："予岂好辩哉？予不得已也。天下之生久矣，一治一乱[4]。当尧之时，水逆行，氾滥于中国，蛇龙居之，民无所定。下者为巢[5]，上者为营窟[6]。《书》曰：'洚水警余[7]。'洚水者，洪水也。使禹治之。禹掘地而注之海，驱蛇龙而放之菹[8]；水由地中行[9]，江、淮、河、汉是也。险阻既远，鸟兽之害人者消，然后人得平土而居之。"

"尧舜既没，圣人之道衰，暴君代作[10]，坏宫室以为污池[11]，民无所安息；弃田以为园囿，使民不得衣食。邪说暴行又作，园囿、污池、沛泽[12]多而禽兽至。及纣之身，天下又大乱[13]。周公相武王，诛纣伐奄，三年讨其君[14]，驱飞廉[15]于海隅而戮之，灭国者五十，驱虎、豹、犀、象而远之，天下大悦。《书》曰[16]：'丕显哉，文王谟！丕承哉，武王烈！佑启我后人，咸以正无缺。'"

"世衰道微，邪说暴行有作[17]，臣弑其君者有之，子弑其父者有之。孔子惧，作《春秋》[18]。《春秋》，天子之事也；是故孔子曰：'知我者其惟《春秋》乎！罪我者其惟《春秋》乎！'"

"圣王不作，诸侯放恣，处士横议[19]，杨朱[20]、墨翟[21]之言盈天下。天下之言不归杨，则归墨。杨氏为我，是无君也；墨氏兼爱，是无父也。无父无君[22]，是禽兽也。公明仪曰[23]：'庖有肥肉，厩有肥马；民有饥色，野有饿莩，此率兽而食人也。'杨墨之道不息，孔子之道不著，是邪说诬民，充塞仁义[24]也。仁义充塞，则率兽食人，人将相食[25]。吾为此惧，闲先圣之道[26]，距杨墨，放淫辞[27]，邪说者不得作。作于其心，害于其事[28]；作于其事，害于其政。圣人复起，不易吾言矣。"

"昔者禹抑洪水而天下平，周公兼夷狄、驱猛兽而百姓宁，孔子成《春秋》而乱臣贼子惧。《诗》云[29]：'戎狄是膺，荆舒是惩，则莫我敢承。'无父无君，是周公所膺也。我亦欲正人心，息邪说，距诐行，放淫辞，以承三圣者[30]；岂好辩哉？予不得已也。能言距杨墨者，圣人之徒[31]也。"

【注释】

[1]公都子：赵岐《注》："孟子弟子。"

[2]好辩：赵岐《注》："言孟子好与杨、墨之徒辩争。"

[3]"孟子曰"句：赵岐《注》："曰：我不得已耳，欲救正道，惧为邪说所乱，故辩之也。"

[4]天下之生久矣，一治一乱：赵岐《注》："天下之生，生民以来也，迭有治乱，非一世。"孙奭《疏》："孟子言天下之生民以来，至于今以久矣，其间一治一乱甚多。"朱熹《集注》："生，谓生民也。一治一乱，气化盛衰，人事得失，反复相寻，理之常也。"

[5]下者为巢：赵岐《注》："埤下者于树上为巢，犹鸟之巢也。"朱熹《集注》："下，下地。"

[6]上者为营窟：赵岐《注》："上者，高原之上也。凿岸而营度之，以为窟穴而处之。"朱熹《集注》："上，高地也。营窟，穴处也。"焦循《正义》谓"此营窟当是相连为窟"。

[7]"《书》曰：洚水警余"：《书》曰，赵岐《注》："《尚书》逸篇也。"朱熹《集注》："《书》，《虞书·大禹谟》也。"洚水警余，赵岐《注》："水逆行，洚洞无涯，故曰洚水也。"孙奭《疏》："云洚水警惧我，此盖舜言，故称余。余，我也。"朱熹《集注》："洚水，洚洞无涯之水也。警，戒也。此一乱也。"杨伯峻《译注》："'洚'和'洪'古音相同。"金良年《译注》"洚，河流不遵河道"。

[8]菹（jù）：赵岐《注》："泽生草者也，今青州谓泽有草为菹。"

[9]水由地中行：赵岐《注》："水流行于地而去也。"孙奭《疏》："于是水从地中流行，故不泛逆。"朱熹《集注》："地中，两涯之间也。"按，朱熹谓"使禹治之"至"然后人得平土而居之"为"一治也"。

[10]暴君代作：赵岐《注》："暴，乱也。乱君更兴。"孙奭《疏》："暴虐之君更兴。"朱熹《集注》："暴君，谓夏太康、孔甲、履癸、商武乙之类。"作，兴。

[11]坏宫室以为污池：赵岐《注》："残坏民室屋，以其处为污池。"朱熹《集注》："宫室，民居也。"

[12]沛泽：赵岐《注》："沛，草木之所生也。泽，水也。"

[13]"尧舜既没"至"天下又大乱"：朱熹《集注》："自尧舜没至此，治乱非一，

及纣而又一大乱也。"

[14]周公相武王,诛纣伐奄,三年讨其君:赵岐《注》:"奄,东方无道国。""奄,大国,故特伐之。""《尚书·多方》曰:'王来自奄。'"相,孙奭《疏》:"辅相。"杨伯峻先生引崔述《论语余说》的观点,认为于"诛纣"处断为两句。杨逢彬先生认为此句应断作"周公相武王,诛纣伐奄,三年讨其君"(见杨逢彬《孟子新注新译》)。此处从杨逢彬说。

[15]飞廉:《史记·秦本纪》作"蜚廉"("蜚""飞"古字相通),"善走,以材力事殷纣"。《史记》记载与《孟子》及赵岐《注》"纣谀臣"不同。

[16]"《书》曰"句:赵岐《注》:"《尚书》逸篇也。丕,大。显,明。承,缵。烈,光也。言文王大显明王道,武王大缵承天光烈,佑开后人,谓成康皆行正道无亏缺也,此周公辅相以拨乱之功也。"朱熹《集注》:"《书》,《周书·君牙》之篇。"朱熹认为从"周公相武王"至"咸以正无缺"为"一治"。

[17]有作:朱熹《集注》:"'有作'之'有',读为'又',古字通用。"谓"世衰道微"至"子弑其父者有之"为"又一乱"。

[18]孔子惧,作《春秋》:赵岐《注》:"孔子惧正道遂灭,故作《春秋》,因鲁史记,设素王之法,谓天子之事也。知我者谓我正纲纪也,罪我者谓时人贱薄贬者。言孔子以《春秋》拨乱也。"孙奭《疏》:"惟孔子于此时乃恐惧正道遂灭,而害人正心,故因鲁史记而作《春秋》之经。盖《春秋》者,乃设素王之道,皆天子之事迹也。孔子云:知我正王纲者,其惟以《春秋》知我矣;罪我以谓迷乱天下者,其亦惟以《春秋》罪我矣。"朱熹《集注》:"胡氏曰:'仲尼作《春秋》以寓王法。惇典、庸礼、命德、讨罪,其大要皆天子之事也。知孔子者,谓此书之作,遏人欲于横流,存天理于既灭,为后世虑,至深远也。罪孔子者,以谓无其位而托二百四十二年南面之权,使乱臣贼子禁其欲而不得肆,则戚矣。'愚谓孔子作《春秋》以讨乱贼,则致治之法垂于万世,是亦一治也。"

[19]处士横议:赵岐《注》:"布衣处士游说以干诸侯。"孙奭《疏》:"布衣之处士乃横议而游说于诸侯。"《汉书·异姓诸侯王表》"处士横议"颜师古注云:"处士谓不官于朝而居家者也。"

[20]杨朱:陆德明《庄子释文》云:"阳子居,姓杨名朱,字子居。"杨朱其国有争议,具体有以下几种说法:成玄英《庄子疏》主宋国或秦国说,谢无量《中国哲学史》主卫国说,顾实《杨朱哲学》主鲁国说,蒋伯潜《诸子通考》则谓无从确定。而日人久保天随和我国的蔡元培则提出"杨朱实即庄周"说。[1]杨朱生活时期有以下几

---

[1] 何爱国:《清季民初杨朱思想的活化》,《安徽史学》2015年第1期。

说：钱穆《先秦诸子系年考辨》之《杨朱考》云："杨朱行辈较孟轲、惠施略同时而稍前。古书阳、杨通假，则阳子即杨子也。"冯友兰《中国哲学简史》谓其为中国道家的第一期，认为其生活在墨子和孟子的年代之间，因为在《墨子》一书中，未曾提到过杨朱；而在《孟子》一书中，杨朱已经是一位著名人物，像墨子一样。郭沫若谓"杨朱在《孟子》又作杨子取，《庄子》作阳子居，居与朱乃琚与珠之省，名珠，字子琚，义正相应，取乃假借字。杨子是老聃的弟子，《庄子》里面屡次说到，我们不能认为通是'寓言'。……大抵略少于孔子而略长于墨子。他主张'全性保真，不以物累形'的为我主义，但却不是世俗的利己主义。"[1]

[21]墨翟：关于其姓名，最传统的说法是，墨氏，名翟。如《史记》《淮南子》《吕氏春秋》等；另一种说法是叫翟乌，南齐孔稚圭《北山移文》称墨翟为"翟子"，如元朝伊世珍《琅嬛记》谓其姓翟名乌。清周亮工《因树屋书影》谓"墨"为一种学派，晚清江瑔《读子卮言》从之。而钱穆《先秦诸子系年考辨》则谓"墨"为"墨刑"。墨翟生卒年不详，一般认为是上逮孔子，下接孟子。其籍贯，旧有宋人说、楚人说、鲁人说，胡怀琛则持印度人说。现在学界大多认同鲁人说。墨翟创立墨家学说，提出兼爱、非攻、尚贤、尚同、天志、明鬼、非命、非儒、非乐、节葬、节用、交相利等观点。其学说见《墨子》53篇。

[22]无父无君：孙奭《疏》："（杨朱）以其为己之言行，是使天下无其君也；（墨翟）兼爱之言行，是使天下无其父也。无父无君，是禽兽之类也，非人也。"朱熹《集注》："杨朱但知爱身，而不复知有致身之义，故无君；墨子爱无差等，而视其至亲无异众人，故无父。无父无君，则人道灭绝，是亦禽兽而已。"

[23]公明仪曰：这几句话亦载于《梁惠王上》。赵岐《注》："公明仪，鲁贤人。言人君但崇庖厨，养犬马，不恤民，是为率兽而食人也。"

[24]充塞仁义：赵岐《注》："言仁义塞则邪说行。"孙奭《疏》："是邪说欺诬其民，而充溢掩其仁义之道也。"朱熹《集注》："充塞仁义，谓邪说遍满，妨于仁义也。"

[25]"圣王不作"至"人将相食"：朱熹《集注》谓"此又一乱也"。

[26]闲先圣之道：赵岐《注》："闲，习也。孟子言我惧圣人之道不著，为邪说所乘，故习圣人之道以距之。"按：《吕氏春秋·勿躬》即有"进退闲习"。孙奭《疏》："孟子故言我为此恐惧，乃欲防闲，卫其先圣之正道。"朱熹《集注》："闲，卫也。"杨伯峻先生以为"赵岐《注》恐非"，并引段玉裁《说文注》和《穀梁传》范宁《注》将"闲"解释为"捍卫"。笔者认为，赵岐、孙奭和朱熹恰好把句中这一"闲"字的

---

[1] 郭沫若：《十批判书》，群益出版社，1948，第137页。

含义逐步升华了,即闲习—防闲—捍御(卫),此"闲"字三义缺一不可。

[27]放淫辞:驳斥错误的言论。孙奭《疏》:"放逐其淫辞。"朱熹《集注》:"放,驱而远之也。"金良年《译注》:"放:放逐,在此是驳斥的意思了。"

[28]作于其心,害于其事:错误的言论在心里产生,就会危害所做的事。朱熹《集注》:"作,起也。事,所行。"

[29]"《诗》云"句:出自《诗经·鲁颂·閟宫》。

[30]以承三圣者:赵岐《注》:"以奉禹、周公、孔子也。"

[31]圣人之徒:赵岐《注》:"徒,党也。可以继圣人之道,谓名世者也,故曰圣人之徒也。"孙奭《疏》:"是亦为圣人之徒党也。"

【解析】

赵岐《孟子章指》:"忧世拨乱,勤以济之,义以匡之,是故禹、稷骈踬,周公仰思,仲尼皇皇,墨突不及污,圣贤若此,岂不得辩也。"

朱熹《孟子集注》:"尹氏曰:'学者于是非之原,毫厘有差,则害流于生民,祸及于后世,故孟子辨邪说如是之严,而自以为承三圣之功也。当时是,方且以好辩目之,是以常人之心而度圣贤之心也。'"

本章孟子以答辩的方式回答了公都子及时人的疑惑:孟子为什么好辩?

在孟子看来,历史的演进似乎总在"一治一乱"中徘徊,一句话,圣王不作就会变乱,其具体表现就是"诸侯放恣,处士横议"。故此,孟子"正人心,息邪说,距诐行""以承三圣""闲先圣之道",以澄清人们的思想认识,引导国君以正确的方向治国理政。既是"不得已",也是一种知识分子的责任。同时,这也是孟子"好辩"的原因。

6·10 匡章[1]曰:"陈仲子[2]岂不诚廉士哉?居於[3]陵,三日不食,耳无闻,目无见也。井上有李,螬[4]食实者过半矣,匍匐往,将食[5]之;三咽,然后耳有闻,目有见。"

孟子曰:"于齐国之士,吾必以仲子为巨擘[6]焉。虽然,仲子恶能廉?充仲子之操,则蚓而后可者也。夫蚓,上食槁壤,下饮黄泉[7]。仲子所居之室,伯夷之所筑与?抑亦盗跖[8]之所筑与?所食之粟,伯夷之所树与?抑亦盗跖之所树与?是未可知也。"

六、滕文公下

曰："是何伤哉？彼身织屦，妻辟纑[9]，以易之也。"

曰："仲子，齐之世家[10]也。兄戴，盖禄万钟[11]。以兄之禄为不义之禄而不食也，以兄之室为不义之室而不居也，辟兄离母[12]，处于於陵。他日归，则有馈其兄生鹅者。己频顣[13]曰：'恶用是鶃鶃者为哉？'他日，其母杀是鹅也，与之食之。其兄自外至，曰：'是鶃鶃[14]之肉也。'出而哇[15]之。以母则不食，以妻则食之；以兄之室则弗居，以於陵则居之，是尚为能充其类也乎[16]？若仲子者，蚓而后充其操者也。"

【注释】

[1]匡章：赵岐《注》："齐人也。"曾为齐威王将，率兵御秦，大败秦军。齐宣王时将五都之兵取燕。其言行散见于《战国策·齐策》《吕氏春秋》等。据《离娄下》所述，他是孟子的朋友，但《吕氏春秋·不屈》高诱《注》云："匡章，孟子弟子也。"杨伯峻谓"恐不可信"。

[2]陈仲子：赵岐《注》："齐一介之士，穷不苟求者。"又称"於陵仲子"。皇甫谧《高士传·陈仲子》对其记载基本上是根据本章内容再加上刘向《列女传》中的"灌园者"的故事。但从本章的内容看，孟子对其评价不高。

[3]於（wū）陵：朱熹《集注》："地名。"据前人考证於陵在今山东省邹平市区东部和淄博市区西北部。

[4]螬（cáo）：赵岐《注》："虫也。"朱熹《集注》："蛴螬虫也。"即金龟子的幼虫。

[5]将食：孙奭《疏》"取食"。

[6]吾必以仲子为巨擘（bò）：赵岐《注》："巨擘，大指也。比于齐国之士，吾必以仲子为指中大者耳，非大器也。"朱熹《集注》："言其人中有仲子，如众小指中有大指也。"孙奭《疏》："吾必以陈仲子但如指中之大者耳"。以朱熹之言观之，孟子对陈仲子的评价类似今日俗语"矬子堆里拔大个儿"。

[7]黄泉：朱熹《集注》："浊水也。"《左传·隐公元年》杜预《注》云"地中之泉，故曰黄泉"。

[8]盗跖（zhí）：春秋时有名的大盗，展跖、柳下跖，柳下惠之弟。《庄子·杂篇》："柳下惠之弟，名曰盗跖。"

[9]辟纑（lú）：指绩麻和练麻。赵岐《注》："缉绩其麻曰辟，练其麻曰纑。"朱熹《集注》："辟，音壁。纑，音卢。辟，绩也。纑，练麻也。"

[10]齐之世家：赵岐《注》："齐之世卿大夫之家。"

[11]盖（gě）禄万钟：在盖邑有万种的俸禄。赵岐《注》："食采于盖，禄万钟。"孙奭《疏》："食采于盖之邑，禄受万钟之秩。"孙奭《孟子正义》："盖，齐之下邑也。"盖，是陈仲子的哥哥陈戴的采邑。

[12]辟兄离母：辟，同"避"。孙奭《疏》："遂逃避其兄，离去其母。"

[13]频顣：同"颦蹙"，形容不高兴时皱眉的样子。朱熹《集注》："频，与颦同，顣，与蹙同。"

[14]鶂鶂（yì yì）：赵岐《注》："鹅鸣声。"此借指鹅。

[15]哇：呕吐。赵岐和孙奭均解作"哇吐"，朱熹《集注》："哇，吐之也。"

[16]是尚为能充其类也乎：类，有两种理解：一种解作"人类"，如赵岐和孙奭；一种解作"操守或廉洁之类"，如朱熹《集注》："岂为能充满其操守之类者乎？"金良年谓"指陈仲所主张的'廉'"。

【解析】

赵岐《孟子章指》："圣人之道，亲亲尚和，志士之操，耿介特立，可以激浊，不可常法。是以孟子喻以蚯蚓比诸巨擘也。"

孙奭《孟子注疏》："匡章子所以言仲子为廉士者，以其欲则法之，宜孟子以是言而比喻巨擘、蚯蚓之类而排距之也。"

朱熹《孟子集注》："范氏曰：'天之所生，地之所养，惟人为大。人之所以为大者，以其有人伦也。仲子避兄离母，无亲戚君臣上下，是无人伦也。岂有无人伦而可以为廉哉？'"

本章牵涉到一个至今都极富争议的话题，如何看待像陈仲子之类的行为？

不难看出，赵岐和孙奭都不否认陈仲子操守或廉洁，但是又都强调其"不可常法"，不可"法之"，也就是说不能提倡和推广这种行为，用现在的话来说就是不要随意效法。而朱熹所引范氏的解说从人伦关系的理论高度，指出陈仲子这种做法的危害。

但是，在整个人类的进程中，这种节制的精神恰恰是必要而宝贵的财富。因此我们也不难理解，从先秦以后类似陈仲子的形象会持续不断地出现在各种艺术作品中。

唐文治评："人生惟有廉洁重，世界须凭骨气撑。"

七、离娄上

7·1　孟子曰："离娄[1]之明，公输子[2]之巧，不以规矩[3]，不能成方圆；师旷[4]之聪，不以六律[5]，不能正五音[5]；尧舜之道，不以仁政，不能平治天下[6]。今有仁心仁闻[7]而民不被其泽、不可法于后世者，不行先王之道[8]也。故曰：徒善不足以为政，徒法不能以自行[9]。《诗》云：'不愆不忘，率由旧章[10]。'遵先王之法而过者，未之有也。圣人既竭目力焉，继之以规矩准绳[11]，以为方员[12]平直，不可胜用也；既竭耳力焉，继之以六律正五音，不可胜用也；既竭心思焉，继之以不忍人之政，而仁覆天下矣。故曰：为高必因丘陵，为下必因川泽；为政不因先王之道，可谓智乎？是以惟仁者[13]宜在高位。不仁而在高位，是播其恶于众也。上无道揆也[14]，下无法守也[15]，朝不信道[16]，工不信度[17]，君子犯义，小人犯刑，国之所存者幸也。故曰：城郭不完[18]，兵甲不多，非国之灾也；田野不辟[19]，货财不聚，非国之害也。上无礼，下无学，贼民兴，丧无日矣。《诗》曰：'天之方蹶，无然泄泄[20]。'泄泄犹沓沓也。事君无义，进退无礼，言则非先王之道[21]者，犹沓沓也。故曰，责难于君谓之恭，陈善闭邪[22]谓之敬，吾君不能谓之贼。"

【注释】

[1]离娄：《庄子·骈拇》作"离朱"，陆德明《经典释文》引司马彪云："离朱，黄帝时人，百步见秋毫之末，一云见千里针锋。"朱熹《集注》："离娄，古之明目者。"

[2]公输子：赵岐《注》："公输子鲁班，鲁之巧人也。"朱熹《集注》："公输子，名班，鲁之巧人也。"《墨子》《礼记》《战国策》《汉书·古今人表》均作"公输般"。一般认为其人晚于孔子，早于墨子，《汉书·古今人表》排位顺序即如此。

[3]规矩：孙奭《疏》："规所以员也，言物之员者皆由规之所出也。矩所以方也，

言物之方皆由矩之所出也。"朱熹《集注》:"规,所以为员之器也。矩,所以为方之器也。"

[4]师旷:赵岐《注》:"晋平公之乐太师也,其听至聪。"孙奭《疏》:"师旷,乐官名也。"

[5]六律、五音:赵岐《注》:"六律,阳律,大蔟、姑洗、蕤宾、夷则、无射、黄钟也。五音,宫、商、角、徵、羽也。"朱熹《集注》:"六律,截竹为筩(筒),阴阳各六,以节五音之上下。黄钟、太蔟、姑洗、蕤宾、夷则、无射,为阳;大吕、夹钟、仲吕、林钟、南吕、应钟,为阴也。五音,宫、商、角、徵、羽也。"

[6]尧舜之道,不以仁政,不能平治天下:赵岐《注》:"当行仁恩之政,天下乃可平也。"孙奭《疏》:"尧、舜二帝,唐虞之盛者也,然而不以仁政而施之于天下,故不能平治天下而享无为之功矣。"朱熹《集注》:"范氏曰:'此言治天下不可无法度,仁政者,治天下之法度也。'"

[7]仁心仁闻:赵岐《注》:"仁心,性仁也。仁闻,仁声远闻也。"朱熹《集注》:"闻,去声。仁心,爱人之心也。仁闻者,有爱人之声闻于人也。"闻,杨伯峻《译注》:"声誉也。"

[8]先王之道:朱熹《集注》:"仁政是也。"

[9]徒善不足以为政,徒法不能以自行:赵岐的注解强调二者不可偏废,相当于如今的"两手抓、两手都要硬"的政策主张。而孙奭的解释则是强调"为政"和"施法"中人的主观能动性。朱熹《集注》从赵岐《注》:"徒,犹空也。有其心,无其政,是谓徒善;有其政,无其心,是谓徒法。程子尝言:'为政须要有纲纪文章、谨权、审量、读法、平价,皆不可阙。'而又曰:'必有《关雎》《麟趾》之意,然后可以行周官之法度',正谓此也。"

[10]《诗》云"不愆不忘,率由旧章":不偏颇,不遗忘,一切遵照旧规章。出自《诗经·大雅·假乐》。赵岐《注》:"愆,过也。所行不过差矣,不可忘者,以其循用旧故文章遵用先王之法度,未闻有过者也。"朱熹《集注》:"率,循也。章,典法也。"

[11]准绳:朱熹《集注》:"准,所以为平。绳,所以为直。"

[12]员,同"圆"。

[13]仁者:朱熹《集注》:"有仁心仁闻而能扩而充之,以行先王之道者也。"

[14]上无道揆也:赵岐《注》:"言君无道术可以揆度天意。"朱熹《集注》:"道,义理也。揆,度也。道揆,谓以义理度量事物而制其宜。"

[15]下无法守也:赵岐《注》:"臣无法度可以守职奉命。"

[16]朝不信道:赵岐《注》:"朝廷之士不信道德。"

[17]工不信度：赵岐《注》："百工之作不信度量。"度，指度量或尺度，而不是朱熹所谓的"法度"。

[18]城郭不完：孙奭《疏》"城郭颓坏而不完"，完，完整、完好。杨伯峻和金良年均引《考工记》解作"坚牢"。

[19]田野不辟：孙奭《疏》："田野荒芜而不开辟。"辟，开辟、开垦。

[20]《诗》云"天之方蹶，无然泄泄"：出自《诗经·大雅·板》。赵岐《注》："蹶，动也。言天方动，汝无敢沓沓。"孙奭《疏》："盖言王者方动而为非，为之臣者无更沓沓。"泄泄，《说文》作"呭呭""詍詍"，意为"多言也"。

[21]非先王之道：朱熹《集注》："非，诋毁也。"杨伯峻《译注》谓"意动用法，'以为不是'之意"。

[22]闭邪：赵岐和朱熹均解作"禁闭君之邪心"，杨伯峻译文不从。金良年注云："通'辟'，意为排斥、抵制。"

【解析】

赵岐《孟子章指》："虽有巧智，犹须法度，国由先王，礼义为要，不仁在位，播越其恶，诬君不谏，故谓之贼。明上下相须，而道化行也。"

朱熹《孟子集注》："邹氏曰：'此章言为治者，当有仁心仁闻以行先王之政，而君臣又当各任其责也。'"

本章孟子开篇就指出"不以规矩，不能成方圆"，强调法度的重要，这也是国君行"先王之道"或"仁政"的根本基础，善行和法治并重。接着孟子又继续引用《诗经》中的诗句，指出"为政不因先王之道"是不可以的，"不仁而在高位"是播恶于众；君臣应各司其职，否则会出现"上无道揆""下无法守"等导致国家出现灾难的局面。

7·2 孟子曰："规矩，方员之至[1]也；圣人，人伦[2]之至也。欲为君，尽君道；欲为臣，尽臣道[3]。二者皆法尧舜而已矣。不以舜之所以事尧事君，不敬其君者也；不以尧之所以治民治民，贼其民者也。孔子曰：'道二，仁与不仁而已矣[4]。'暴其民甚[5]，则身弑国亡；不甚，则身危国削，名之曰'幽''厉'[6]，虽孝子慈孙，百世不能改也。《诗》云：'殷鉴不远，在夏后之世[7]。'此之谓也。"

【注释】

[1] 至：赵岐、孙奭和朱熹均解作"极也"，极致，最高境界。而杨伯峻先生以为"至"与《荀子·议兵篇》杨倞《注》"三至"云"至为一守而不变"，也不相违，所以他译为"标准"。但根据前后文义，赵岐等三人注解为当。

[2] 人伦：孙奭《疏》："君臣、夫子、夫妇、兄弟、朋友是也。"

[3] "欲为君"三句：赵岐《注》："尧舜之为君臣道备。"孙奭《疏》："《书》云：'尧克明俊德，以亲九族，平章百姓，协和万邦，黎民于变时雍。'盖为君之道尽于此矣，是君道之备也。舜自'元德升闻'，以之事尧，而'慎徽五典，百揆时叙，宾于四门，四门穆穆'，其后坐常见尧于墙，食常见尧于羹。盖为臣道尽于此矣，是臣之道备也。"

[4] 道二，仁与不仁而已矣：意思是治国有两种方式，行仁政和不行仁政。这里的"道"是指统治国家的原则和方式。

[5] 暴其民甚：甚，有两种理解，一种指"暴"的程度严重，如赵岐和朱熹等；另一种指"暴"的后果严重，如赵佑、焦循等。

[6] 名之曰"幽""厉"：赵岐《注》："名之谓谥也，谥以幽、厉，以章其恶。"《逸周书·谥法解》云："壅遏不通曰幽，动祭乱常曰幽，杀戮无辜曰厉。"厉，指周厉王，姬胡，周朝第10位国君，在位37年。幽，指周幽王，姬宫涅（一作宫生），周朝第12位国君，在位11年，喜用佞人，后为犬戎所杀。

[7] 殷鉴不远，在夏后之世：殷商有一面离它不远的镜子，就是前一代的夏朝。出自《诗经·大雅·荡》。鉴，古指铜镜，引申为借鉴、教训。

【解析】

赵岐《孟子章指》："法则尧舜，以为规矩，鉴戒桀纣，避远危殆，名谥一定，千载而不可改也。"

此章承接上章，孟子强调"为君尽君道，为臣尽臣道"，国君要"法尧舜"行仁政，要以周幽王和周厉王为教训。

7·3　孟子曰："三代之得天下也以仁，其失天下也以不仁[1]。国[2]之所以废兴存亡者亦然。天子不仁，不保四海；诸侯不仁，不保[3]社稷[4]；卿大夫不仁，不保宗庙；士庶人不仁，不保四体[5]。今恶死亡而乐不仁，是犹恶醉而强酒。"

【注释】

[1]"三代"两句：赵岐《注》："三代，夏、商、周。"朱熹《集注》："禹、汤、文、武，以仁得之；桀、纣、幽、厉，以不仁失之。"

[2]国：赵岐《注》："谓公、侯之国。"朱熹《集注》："谓诸侯之国。"

[3]保：赵岐和孙奭均解作"安"，杨伯峻和金良年则译为"保持"和"保有"。

[4]社稷：社，指土神，稷，指谷神。后来指代国家。据《周礼·考工记》记载，古时社稷坛位于王宫之右，与设于王宫之左的宗庙相对，一个代表作为国家支柱的农业，一个代表国土。

[5]四体：赵岐《注》："身之四肢。"

【解析】

赵岐《孟子章指》："人所以安，莫若为仁，恶而弗去，患必在身，自上达下，其道一焉。"

此章承前申说之。孟子指出三代以来国之所以存废兴亡，都在其是否行"仁"。大到社稷宗庙，小到个人身体都要行"仁"。最后孟子提出警告，指出害怕死亡，却行不仁，就如同害怕喝醉，却又偏要喝酒。

7·4 孟子曰："爱人不亲，反其仁；治人不治，反其智[1]；礼人不答，反其敬。行有不得[2]者皆反求诸己[3]，其身正而天下归之。《诗》云：'永言配命，自求多福。'"

【注释】

[1]"爱人不亲"两句：赵岐《注》："反其仁，己仁独未至邪？反其智，己智犹未足邪？反其敬，己敬独未恭邪？"杨伯峻《译注》："《穀梁》僖二十二年《传》也有这种话，云：'治人而不治，则反其知。'古代'知''智'两字不分，《孟子》原文恐亦作'知'。智慧的强弱本与知识的广狭有关，故译文加'知识'二字。"

[2]不得：朱熹《集注》："谓不得其所欲，如不亲、不治、不答是也。"

[3]反求诸己：朱熹《集注》："谓反其仁、反其智、反其敬也。如此，则其自治益详，而身无不正矣。"

【解析】

赵岐《孟子章指》："行有不得于人，一求诸身，责己之道也，改行饬躬，福则至矣。"

本章孟子强调任何行为如果没有达到预期的效果，都要"反求诸己"，即检讨、反省自身存在的问题。

这种思考如果是一种有系统的反思，则一个人的精神就上升至哲学层面。

7·5　孟子曰："人有恒[1]言，皆曰：'天下国家[2]。'天下之本在国，国之本在家，家之本在身。"

【注释】

[1]恒：赵岐《注》："常也。"

[2]天下国家：赵岐《注》："天下谓天子之所主，国谓诸侯之国，家谓卿大夫家。"孙奭《疏》："至于家，自天子达于庶人，未尝不通称之矣。"朱熹《集注》："故推言之，而又以家本乎身也。"

【解析】

赵岐《孟子章指》："天下国家，各依其本，本正则立，本倾则踣，虽曰常言，必须敬慎也。"

朱熹《孟子集注》："此亦承上章而言之，《大学》所谓'自天子至于庶人，壹是皆以修身为本'，为是故也。"

本章孟子指出天下国家各有根本，各依其本，最后归结到个人的敬慎。故《大学》云："自天子以至于庶人，壹是皆以修身为本。""欲明明德于天下，必先治其国；欲治其国者，必先齐其家；欲齐其家，必先修其身。"

7·6　孟子曰："为政不难，不得罪[1]于巨室。巨室[2]之所慕，一国慕[3]之；一国之所慕，天下慕之；故沛然[4]德教溢乎四海[5]。"

【注释】

[1]得罪：朱熹《集注》："谓身不正而取怨怒也。麦丘邑人祝齐桓公曰：'愿主君无得罪于群臣百姓。'意盖如此。"

[2]巨室：赵岐《注》："大家也。谓贤卿大夫之家，人所则效者。"孙奭《疏》："喻卿大夫之家也。"朱熹《集注》："世臣大家也。"

[3]慕：古注有两种解释，一种是赵岐《注》"思也"；一种是朱熹《集注》："向

也，心悦诚服之谓也。"杨伯峻和金良年分别译作"敬慕"和"仰慕"。

[4]沛然：朱熹《集注》："盛大流行之貌。"

[5]四海：孙奭《疏》："此言四海，犹中国则谓之天下，夷狄则谓之四海也。"

【解析】

赵岐《孟子章指》："天下倾心，思慕向善，巨室不罪，咸以为表，德之流行，可以充四海也。"

朱熹《孟子集注》："此亦承上章而言，盖君子不患人心之不服，而患吾身之不修。吾身既修，则人心之难服者先服，而无一人之不服矣。林氏曰：'战国之世，诸侯失德，巨室擅权，为患甚矣。然或者不修其本而遽欲胜之，则未必能胜而适以取祸。故孟子推本而言，惟务修德以服其心。彼既悦服，则吾之德教无所留碍，可以及乎天下矣。裴度所谓韩弘舆疾讨贼，承宗敛手削地，非朝廷之力能制其死命，特以处置得宜，能服其心故尔，正此类也。'"

本章孟子强调为政不能得罪那些有影响的贤明卿大夫。如果以朱熹《集注》引"麦丘邑人"的话来阐发，即为政不可得罪百姓。

7·7　孟子曰："天下有道，小德役大德，小贤役大贤[1]；天下无道，小役大，弱役强。斯二者，天也。顺天者存，逆天者亡。齐景公[2]曰：'既不能令，又不受命，是绝物也[3]。'涕出而女于吴[4]。今也小国师大国而耻受命焉，是犹弟子而耻受命于先师也。如耻之，莫若师文王。师文王，大国五年，小国七年，必为政于天下矣。《诗》云[5]：'商之孙子，其丽不亿。上帝既命，侯于周服。侯服于周，天命靡常。殷士肤敏，裸将于京[6]。'孔子曰：'仁不可为众也[7]。夫国君好仁，天下无敌。'今也欲无敌于天下而不以仁，是犹执热而不以濯也。《诗》云：'谁能执热，逝不以濯[8]？'"

【注释】

[1]"小德役大德"数句：赵岐《注》："有道之世，小德、小贤乐为大德、大贤役，服于贤德也。无道之时，小国、弱国畏惧而役于大国、强国也，此二者天时所遭也，当顺从之，不当逆也。"也就是说，有道之世，小德、小贤的"役"是"乐为役"，无道之时，小国、弱国是"畏惧而役"。

《孟子》注解

[2]齐景公：姜姓，吕氏，名杵臼。齐灵公之子，齐庄公之弟，前547—前490年在位，在位58年。赵岐《注》："齐侯，景公，谥也。"

[3]既不能令，又不受命，是绝物也：既不能号令他人，也不能接受别人的命令，只是绝路一条。赵岐《注》："言诸侯既不能令告邻国，使之进退，又不能事大国，往受教命，是所以自绝于物。物，事也。大国不与之通朝聘之事也。"朱熹《集注》："令，出令以使人也。受命，听命于人也。物，犹人也。"朱熹训"物"谓"人"，恐不当。

[4]涕出而女于吴：流着眼泪把女儿嫁到吴国。女，名词作动词，嫁。赵岐《注》："吴，蛮夷也，时为强国，故齐侯畏而耻之，泣涕而与为婚。"齐景公嫁女于吴事见《吴越春秋·阖闾内传》和《说苑·权谋》。孙奭《疏》："孟子引齐景公谓诸侯既不能以令制邻国，又不能受命以制于邻国，是自绝于交通朝聘之事也。于是景公泣涕，以女事于吴。是时吴为强大也，故女于吴，此乃小役大、弱役强者也。"

[5]"《诗》云"句：出自《诗经·大雅·文王》。孙子，即子孙，指后裔。赵岐《注》："丽亿，数也。言殷帝之子孙，其数虽不但亿万人，天既命之，惟服于周。殷之美士，执祼鬯之礼，将事于京，若微子者。肤，大。敏，达也，此天命之无常也。"孙奭《疏》："孟子所以引此者，盖言其天命靡常、惟德是亲之意也。其诗言商王之子孙虽相附丽，而不足以为强，虽数至亿，而不足以为众。至文王膺受上天之骏命，而商之子孙，乃为君侯于周之九服中，然为君处服于周，是天命靡常，惟德是亲也。不特尚之子孙如此，其为殷之侯者，为壮美之士，亦莫不执祼鬯之礼，而皆助祭于周之京师也。"

[6]祼（guàn）将于京：祼，《论语·八佾》作"灌"。古时祭祀之仪节，将郁鬯酒倒在地上以迎接鬼神。京，指周朝都城镐京，故址在今陕西西安。

[7]仁不可为众也：赵岐《注》："孔子云：'行仁者，天下之众不能当也。'"孙奭《疏》："为仁者，不可为众而当之也。"朱熹《集注》："有仁者则虽有十万之众，不能当之。"杨伯峻先生谓"此句只能以意会，不便于逐字译出"。在引《诗》毛《传》和郑《笺》后，杨伯峻又说道："赵岐和朱熹似俱未得其解。"笔者认为，赵岐、孙奭和朱熹的解释并无不当，孔子这句话是对前面所引《诗经·大雅·文王》诗句的概括和总结，强调周胜殷就在于"行仁""为仁""有仁"。

[8]谁能执热，逝不以濯：出自《诗经·大雅·桑柔》。赵岐《注》："谁能持热而不以水濯其手，喻其为国谁能违仁而无敌于天下也。"朱熹《集注》："言谁能持执热物，而不以水自濯其手乎？"杨伯峻引段玉裁《经韵楼集·诗执热解》云："寻诗意，执热犹触热苦热，濯谓浴也。濯训涤，沐以濯发，浴以濯身，洗以濯足，皆得云濯。此诗谓谁能苦热而不澡浴以洁其体，以求凉快者乎？郑《笺》《孟子》赵《注》、

· 142 ·

朱《注》《左传》杜《注》皆云'濯其手',转使义晦,由泥于'执'字耳。"因此,杨伯俊译为:"谁不能以炎热为苦,却不去沐浴?"

【解析】

赵岐《孟子章指》:"遭衰逢乱,屈伏强大,据国行仁,天下莫敌。虽有亿众,无德不亲,执热须濯,明不可违也。"

朱熹《孟子集注》:"此章言不能自强,则听天所命;修德行仁,则天命在我。"

本章孟子集中阐释了他的"天命观",即天下有道时,德行为上;天下无道时,武力为上。这既是必然的趋势,也是不能违背的"天命"或"天意"。

7·8　孟子曰:"不仁者可与言哉?安其危而利其菑[1],乐[2]其所以亡者。不仁而可与言,则何亡国败家之有?有孺子[3]歌曰:'沧浪之水清兮,可以濯我缨;沧浪之水浊兮,可以濯我足[4]。'孔子曰:'小子[5]听之!清斯濯缨[6],浊斯濯足矣。自取之也。'夫人必自侮,然后人侮之;家必自毁,而后人毁之;国必自伐,而后人伐之。《太甲》曰[7]:'天作孽,犹可为;自作孽,不可活。'此之谓也。"

【注释】

[1]菑:朱熹《集注》:"菑,与'灾'同。"

[2]乐:赵岐《注》、孙奭《疏》均解作"乐行"。朱熹只是注出了读音"洛"。杨伯峻译为"当作快乐",金良年解作"耽乐、沉湎"。

[3]孺子:赵岐《注》:"孺子,童子也。"

[4]"沧浪"四句:楚地民歌。沧浪有二解,一谓水名,即汉水上游如朱熹《集注》"沧浪,水名";一谓颜色,非水名或地名,如卢文弨《钟山札记》云:"仓浪,青色。在竹曰苍筤,在水曰沧浪。"朱琦、杨伯峻从之,金良年谓"恐未尽然"。

[5]小子:赵岐《注》:"小子,孔子弟子也。"

[6]缨:系在脖子上的帽带。朱熹《集注》:"冠系也。"

[7]"《太甲》曰"四句:出自《尚书·太甲》,《公孙丑上》(3·4)亦引。

【解析】

赵岐《孟子章指》:"人之安危,皆由于己,先自毁伐,人乃讨攻讨,甚于天孽,敬慎而已,如临深渊,战战恐惧也。"

朱熹《孟子集注》："此章言心存则有以审夫得失之几，不存则无以辨于存亡之着。祸福之来，皆其自取。"

本章孟子指出国家和个人的兴衰败亡，都有其自身原因，而归结为一点就是是否行仁。

7·9 孟子曰："桀纣之失天下也，失其民也；失其民者，失其心也。得天下有道：得其民，斯得天下矣；得其民有道：得其心，斯得民矣；得其心有道：所欲与之聚之[1]，所恶勿施，尔也[2]。民之归仁也，犹水之就下、兽之走圹[3]也。故为渊驱鱼者，獭也；为丛驱爵[4]者，鹯[5]也；为汤、武驱民者，桀与纣也。今天下之君有好仁者，则诸侯皆为之驱矣。虽欲无王，不可得已。今之欲王者，犹七年之病求三年之艾也[6]。苟不为畜，终身不得。苟不志于仁，终身忧辱，以陷于死亡。《诗》云：'其何能淑，载胥及溺[7]。'此之谓也。"

【注释】

[1]与之聚之：与，有两种解释，一种作动词，给与，如赵岐《注》、朱熹《集注》；一种作介词为、替，如王引之《经传释词》云："家大人曰：'与'犹'为'也，'为'字读去声，'所欲与之聚之'，言所欲则为民聚之也。"

[2]所恶勿施，尔也：赵岐《注》："尔，近也。勿施行其所恶，使民近，则民心可得矣。"焦循《正义》引赵佑《温故录》谓"尔也"当自为句，犹言"如此而已"，亦通。

[3]圹：同"旷"，旷野。

[4]爵：同"雀"。

[5]鹯（zhān）：亦称"晨风"，似鹞类猛禽。这两句是比喻，指实际效果与初衷相反。

[6]犹七年之病求三年之艾也：赵岐《注》："如至七年病，而却求三年时艾，当畜之乃可得，以三年时不畜藏之，至七年欲卒求之，何可得乎？艾可以为灸人病，干久益善。"孙奭《疏》："如七年之病，欲卒求讨三年之艾草也。苟为已前不积，虽终身而死，亦不得此三年之艾也。"朱熹《集注》："艾，草名。所以灸者，干久益善。夫病已深而欲求干久之艾，固难卒办，然自今畜之，则犹或可及；不然，则病日益深，死日益迫，而艾终不可得矣。"

· 144 ·

[7]其何能淑，载胥及溺：他们怎么能善处，不过牵扯着溺入水中。诗句出自《诗经·大雅·桑柔》。赵岐《注》："淑，善也。载，辞也。胥，相也。刺时君臣何能为善乎？但相与为沉溺之道也。"

【解析】

赵岐《孟子章指》："水性趋下，民乐归仁。桀纣之驱，使就其君。三年之艾，畜而可得。一时欲仁，犹将沉溺。所以明鉴戒也，是可哀伤也。"

本章孟子指出国家兴亡与民心向背的重要关系。国君要想获得民心，就要与民休戚与共，并且要长期培养和维系这种良好的关系，就如同医治疾病的中药材"陈艾"一样，不去栽培，一辈子也得不到。

7·10 孟子曰："自暴[1]者，不可与有言[2]也；自弃者，不可与有为[2]也。言非[3]礼义，谓之自暴也；吾身不能居仁由义，谓之自弃也。仁，人之安宅也；义，人之正路[4]也。旷[5]安宅而弗居，舍[6]正路而不由[7]，哀[8]哉！"

【注释】

[1]暴：朱熹《集注》："犹害也。"

[2]有言、有为：杨伯峻《译注》谓"固定词组"，即"有所善言"和"有所作为"之意。

[3]非：非议、诋毁。朱熹《集注》："犹毁也。"杨伯峻《译注》谓"意动用法"，"以（礼仪）为不是"之意。

[4]正路：朱熹《集注》："乃天理之当行，无人欲之邪曲，故曰正路。"

[5]旷：空置。赵岐《注》："空。"金良年谓"作动词用，意为空出"。

[6]舍：赵岐《注》："纵。"

[7]由：行，引申为遵循。朱熹《集注》："行也。"

[8]哀：赵岐《注》："伤也。弗由居是者，是可哀伤也。"

【解析】

赵岐《孟子章指》："旷仁舍义，自暴弃之道也。"

朱熹《孟子集注》："此章言道本固有而人自绝之，是可哀也。此圣贤之深戒，学者所当猛省也。"

本章孟子指出仁、义本是人所固有的，丢掉了，就是自暴自弃。即孙正聿教授所说的"存在的空虚"和"自我的失落"（孙正聿《哲学与人生》）。

7·11　孟子曰："道在迩[1]而求诸远，事在易而求诸难：人人亲其亲、长其长[2]，而天下平。"

【注释】

[1]迩：赵岐《注》："近也。"
[2]亲其亲、长其长：孙奭《疏》："人人亲爱其所亲，敬长其所长""亲亲即仁也，长长即义也。"

【解析】

赵岐《孟子章指》："亲亲敬长，近取诸己，则迩而易者也。"
本章孟子说道不必远求，也不要把简单的事情搞得复杂。只有人人都亲爱自己的父母，尊敬长辈，天下就太平了。明代王艮将其概括为"百姓日用即道"。

7·12　孟子曰："居下位而不获于上[1]，民不可得而治也。获于上有道，不信于友，弗获于上矣。信于友有道，事亲弗悦，弗信于友矣。悦亲有道，反身不诚[2]，不悦于亲矣。诚身有道，不明乎善[3]，不诚其身矣。是故诚者，天之道也；思诚者，人之道也[4]。至诚而不动者，未之有也；不诚，未有能动者也。"

【注释】

[1]获于上：得到君主的信任。朱熹《集注》："得其上之信任也。"
[2]反身不诚：反躬自问心意不真诚。朱熹《集注》："诚，实也。反身不诚，反求诸身而其所以为善之心有不实也。"
[3]不明乎善：不明晓善恶。孙奭《疏》："如不明其善，则在我之善有所未明，又安知所谓诚？"朱熹《集注》："不能即事以穷理，无以真知善之所在也。"
[4]是故诚者，天之道也；思诚者，人之道也：所以诚善之性，是自然的规则；思考并践行诚善以遵从自然的规则，就是为人的规则。赵岐《注》："授人诚善之性者，天也，故曰天道。思行其诚以奉天者，人道也。"孙奭《疏》："言此故诚者是天授

人诚善之性者也，是为天之道也；思行其诚以奉天，是为人之道也。"

【解析】

赵岐《孟子章指》："事上得君，乃可临民。信友悦亲，本在于身：是以曾子三省，大雅矜矜，以诚为贵也。"

朱熹《孟子集注》："此章述《中庸》孔子之言，见思诚为修身之本，而明善又为思诚之本。乃子思所闻于曾子，而孟子所受乎子思者，亦与《大学》相表里，学者宜潜心焉。"

本章所提出的"诚"，是得君、临民、信友、悦亲、修身的核心与根本，其思辨色彩比较浓重，与《中庸》叙述治理国家九项准则的一段文字几乎相同。一般认为是《中庸》袭取了《孟子》。

7·13　孟子曰："伯夷辟纣[1]，居[2]北海[3]之滨，闻文王作，兴曰[4]：'盍归乎来[5]！吾闻西伯[6]善养老者。'太公辟纣[7]，居东海之滨[8]，闻文王作，兴曰：'盍归乎来！吾闻西伯善养老者。'二老[9]者，天下之大老也，而归之，是天下之父[10]归之也。天下之父归之，其子焉往？诸侯有行文王之政者，七年之内，必为政于天下[11]矣。"

【注释】

[1]伯夷辟纣：伯夷躲避纣王。辟，同"避"，躲避。

[2]居：隐遁、隐居。

[3]北海：一说其故址在今山东潍县，如《通志》；一说在今河北昌黎县，如阎若璩《四书释地续》。其说详见杨伯峻《译注》。

[4]闻文王作，兴曰：赵岐《注》以"作兴"为一词，将此句断作"闻文王作兴"。"作兴，振作兴起也。文王作兴，犹言文王行仁政，令周兴起。今江南言作兴，则如言喜好，甚而至于爱慕者。如'今年流行红裙子'，则云今年作兴红裙子。然而，所以言作兴者，多含比较之意，尤以指其不同于以往，不同于此地，或不同于你我。此犹有周文王于虐纣之时行仁政之遗意焉。"①朱熹《集注》以"作"字绝句，"兴"属下读。杨伯峻、金良年从朱熹《集注》。

---

①汤立新V：《拾文解字。作兴》，http://blog.sina.com.cn/s/blog_6f42f6cc0100tson.html.检索时间：2021年11月8日。

[5]来：王引之《经传释词》云："来，语末助词也。《孟子》'盍归乎来'，《庄子·人间世》'尝以语我来'，又'子其有以语我来'，'来'字皆语助。"

[6]西伯：朱熹《集注》："即文王也。纣命为西方诸侯之长，得专征伐，故称西伯。"

[7]太公辟纣：赵岐《注》："太公，吕望也，亦辟纣世。"朱熹《集注》："太公，姜姓，吕氏，名尚。"

[8]东海之滨：除本章外，《孟子·尽心上》亦提及太公（望）"居东海之滨"；《史记·齐太公世家》云"太公望者，东海上人"。《史记集解》引《吕氏春秋》谓"东海上，乃东夷之土"。又，《吕氏春秋·首时》高诱《注》云："太公望，河内汲人也。"阎若璩《四书释地续》谓海曲故城，即今山东莒县东为是。而汲县（今河南卫辉市）说，误。

[9]二老：朱熹《集注》："二老，伯夷、太公也。"

[10]天下之父：朱熹《集注》："言齿德皆尊，如众父然。"

[11]七年之内，必为政于天下：赵岐《注》："七年之间，必足以为政矣。天以七纪，故云七年。"朱熹《集注》："七年，以小国而言也。大国五年，在其中矣。"本篇第七章云："师文王，大国五年，小国七年，必为政于天下矣。"

【解析】

赵岐《孟子章指》："养老尊贤，国之上务，文王勤之，二老远至。父来子从，天之顺道。七年为政，以勉诸侯，欲使庶几行善也。"

本章诚如赵岐所言，孟子指出养老尊贤是治国的根本要务。文王就很好地做到了这一点，所以"父来子从"，天下归之。

7·14 孟子曰："求也为季氏宰[1]，无能改于其德，而赋粟倍他日[2]。孔子曰[3]：'求非我徒也，小子鸣鼓而攻之可也。'由此观之，君不行仁政而富之，皆弃于孔子者也，况于为之强战？争地以战，杀人盈野；争城以战，杀人盈城，此所谓率土地而食人肉，罪不容于死。故善战者服上刑[4]，连诸侯[5]者次之，辟草莱、任土地[6]者次之。"

【注释】

[1]求也为季氏宰：冉求做季康子的家臣。赵岐《注》："求，孔子弟子冉求。季氏，鲁卿季康子。宰，家臣。"

· 148 ·

[2]赋粟倍他日：朱熹《集注》："赋，犹取也。取民之粟倍于他日也。"

[3]"孔子曰"句：见于《论语·先进》（11·17）。

[4]善战者服上刑：善战，朱熹《集注》："善战，如孙膑、吴起之徒。"服，杨伯峻《译注》引《尚书·吕刑》"五罚不服"，《传》云："不服，不应罚也。"释"服"为"应罚"。上刑，赵岐《注》："重刑也。"

[5]连诸侯：朱熹《集注》："连结诸侯，如苏秦、张仪之类。"

[6]辟草莱、任土地：朱熹《集注》："辟，开垦也。任土地谓分土授民，使任耕稼之责，如李悝尽地力，商鞅开阡陌之类也。"杨伯峻《译注》云："开垦荒地这是好事，何以孟子反对呢？大概他认为诸侯之所以如此做，不是为人民，而是为私利。或者他认为当时人民之穷困，不是由于地力未尽，而是由于剥削太重，战争太多。王夫之《孟子稗疏》不得此解，便以为这两句是指按田亩科税而言，实误。"

【解析】

赵岐《孟子章指》："聚敛富君，弃于孔子，冉求行之，同闻鸣鼓。以战杀人，土食人肉，罪不容死，以为大戮，重人命之至也。"

孟子再次强调行仁政，指出君主不施行仁政，反而帮助他聚敛财富的人，都是被孔子所唾弃的。本章孟子严厉斥责好战者、合纵连横者和分土授民聚敛赋税者，认为他们应该受到相应的惩罚。

7·15 孟子曰："存乎人[1]者，莫良于眸子[2]。眸子不能掩其恶。胸中正，则眸子瞭[3]焉；胸中不正，则眸子眊[4]焉。听其言也，观其眸子，人焉廋哉[5]？"

【注释】

[1]存乎人：存，有两种解释，一种解作"存在"或"存在于"，如赵岐和孙奭，赵岐《注》"存人，存在人之善心也"，孙奭《疏》"存在于人者"；一种解作"观察"，如杨伯峻和金良年，杨伯峻《译注》："《尔雅·释诂》云：'存，察也。'"

[2]眸（móu）子：朱熹《集注》："眸，音牟。""眸子，目瞳子也。"

[3]瞭（liǎo）：明亮。赵岐《注》："瞭，明也。"朱熹《集注》："瞭，音了。"

[4]眊（mào）：赵岐《注》："眊者，蒙蒙目不明之貌。"朱熹《集注》："眊，音耄。"

[5]人焉廋（sōu）哉：见于《论语·为政》（2·10）。赵岐《注》："廋，匿也。"

【解析】

赵岐《孟子章指》:"言目为神候,精之所在,存而察之,善恶不隐,知人之道,斯为审矣。"

本章或为孟子对《论语·为政》2·10章("子曰:视其所以,观其所由,察其所安,人焉廋哉?人焉廋哉?")的解读。

7·16 孟子曰:"恭者[1]不侮人,俭者[1]不夺人。侮夺人[2]之君,惟恐不顺焉[3],恶得为恭俭?恭俭岂可以声音笑貌为哉?"

【注释】

[1]恭者、俭者:赵岐注为"为恭敬者""为廉俭者"。
[2]侮夺人:赵岐《注》:"好侮夺人。"
[3]惟恐不顺焉:赵岐《注》:"恐人不顺从其所欲。"孙奭《疏》:"惟恐其民不顺己之所欲。"

【解析】

赵岐《孟子章指》:"人君恭俭,率下移风,人臣恭俭,明其廉忠。侮夺之恶,何由干之,而错其心。"

本章孟子强调人要在行动上表现出谦恭、节俭,尤其是君主,应以身作则,而不是仅仅停留在好听的声音和笑脸的表象上。

7·17 淳于髡[1]曰:"男女授受不亲,礼与?"

孟子曰:"礼也。"

曰:"嫂溺[2],则援之以手乎?"

曰:"嫂溺不援,是豺狼也。男女授受不亲[3],礼也;嫂溺援[4]之以手者,权[5]也。"

曰:"今天下溺矣,夫子之不援,何也?"

曰:"天下溺,援之以道;嫂溺,援之以手。子欲手援天下乎?"

【注释】

[1]淳于髡（kūn）：姓淳于，名髡。齐人，《史记·孟荀列传》列稷下诸士之首，是稷下学宫的早期学者之一。髡滑稽多辩，以隐语讽谏齐威王罢长夜之饮。曾任大夫，数次奉命出使诸侯，未尝受屈辱。其博闻强记，学说有戒满、尚功、言法等，兼有道、法色彩。其言行散见于先秦两汉群书。①

[2]溺："嫂溺"的"溺"是溺水，"天下溺"是指天下民众遭受苦难。

[3]男女授受不亲：朱熹《集注》："授，与也。受，取也。古礼，男女不亲授受，以远别也。"张秉楠注："授受不亲，不亲手交接东西。"

[4]援：赵岐和孙奭均解作"牵援"。朱熹《集注》："援，救之也。"

[5]权：权变、变通。张秉楠注："权，权变。根据实际情况采取相应措施。"②赵岐《注》："权者，反经而善也。"孙奭《疏》："夫权之为道，所以济变事也，有时乎然，有时乎不然，反经而善，是谓权道也。故权云为量，或轻或重，随物而变者也。"朱熹《集注》："权，秤锤也。"杨伯峻和金良年释为"变通"。

【解析】

赵岐《孟子章指》："权时之义，嫂溺援手，君子大行，拯世以道，道之指也。"

朱熹《孟子集注》："此章言直己守道，所以济时；枉道殉人，徒为失己。"

本章既生动有趣又不乏哲理思辨。需要注意的是，"嫂溺援手"是属于伦理层面，是特殊情况；而"天下溺"则属于政治层面，"援之以道"是根本性原则。孟子巧妙地回答了淳于髡的两次问难。

7·18 公孙丑曰："君子之不教子[1]，何也？"

孟子曰："势不行也。教者必以正[2]；以正不行，继之以怒。继之以怒，则反夷矣。'夫子教我以正，夫子未出于正也'，则是父子相夷也。父子相夷[3]，则恶矣。古者易子而教之，父子之间不责善[4]。责善则离，离则不祥莫大焉。"

---

①张秉楠：《稷下钩沉》，上海古籍出版社，1991，第17页。
②张秉楠：《稷下钩沉》，上海古籍出版社，1991，第22页。

【注释】

[1]不教子：教，朱熹《集注》："亲教。"

[2]教者必以正：赵岐《注》："教以正道。"孙奭《疏》："教之者，必以正道而教之。"

[3]父子相夷：赵岐《注》："夷，伤也。父子相责怒，则伤义矣。一说云：父子反自相非，若夷狄也。"孙奭《疏》："夷有二说，一说则以夷训伤，一说以夷为夷狄，其义皆通矣。"

[4]不责善：赵岐《注》："不欲自相责以善也。"孙奭《疏》"不相责让其善也"。《孟子·离娄下》："责善，朋友之道也。父子责善，贼恩之大者。"金良年谓"以善相责备"。

【解析】

赵岐《孟子章指》："父子至亲，相责责离。易子而教，相成以仁，教之义也。"

本章孟子指出教育子女应"易子而教"，否则会"父子相夷"。因为，倾注更多的亲情，就难以做到对子女正确而理性的引导。

7·19 孟子曰："事，孰为大？事亲为大；守，孰为大？守身为大。不失其身而能事其亲者，吾闻之矣；失其身而能事其亲者，吾未之闻也。孰不为事？事亲[1]，事之本也；孰不为守？守身[2]，守之本也。曾子养曾晳[3]，必有酒肉；将彻，必请所与[4]；问有余，必曰：'有。'曾晳死，曾元养曾子，必有酒肉；将彻，不请所与；问有余，曰：'亡矣。'将以复进也[5]。此所谓养口体者也。若曾子，则可谓养志也。事亲若曾子者，可也。"

【注释】

[1]事亲：赵岐《注》："养亲也。"

[2]守身：赵岐《注》："使不陷于不义也。"

[3]曾晳：名点，曾子（参）的父亲。下文的曾元是曾子的儿子。

[4]将彻，必请所与：朱熹《集注》："食毕将彻去，必请于父曰：'此余者与谁？'"

[5]将以复进也：预备以后再次进呈给曾子。赵岐《注》："曾元曰'无'，欲以

复进曾子也。"

【解析】

赵岐《孟子章指》："上孝养志,下孝养体。曾参事亲,可谓至矣。孟子言之,欲令后人则曾子也。"

朱熹《孟子集注》："程子曰:'子之身所能为者,皆所当为,无过分之事也。故事亲若曾子可谓至矣,而孟子止曰可也,岂以曾子之孝为有余哉?'"

本章孟子指出孝的两个层面:首先是守护自己的品质节操,使自己不陷于不义,不让父母因自己不善而受辱、受累;其次是侍奉父母,不仅要奉养父母的口腹和身体,更要顺从父母的情意。像曾子那样,才算孝子。

7·20　孟子曰:"人不足与適[1]也,政不足间[2]也;唯大人为能格[3]君心之非。君仁,莫不仁;君义,莫不义;君正,莫不正。一正君而国定矣。"

【注释】

[1]適:赵岐《注》:"过也。时皆小人居位,不足过责也。"杨伯峻和金良年注谓同"谪",谴责、批评。

[2]间(jiàn):赵岐《注》:"非。政教不足非尤。"朱熹《集注》:"愚谓'间'字上亦当有'与'字。言人君用人之非,不足过謫;行政之失,不足非间。"

[3]格:纠正。赵岐《注》:"正也。乃能正君之非法度也。"或与《大学》"格物"之"格"同义,意为"穷究"。

【解析】

赵岐《孟子章指》:"言小人为政,不足间非。贤臣正君,使握道机。君正国定,下不邪侈,将何间者也?"

朱熹《孟子集注》:"程子曰:'天下之治乱,系乎人君之仁与不仁耳。心之非,即害于政,不待乎发之于外也。'"

本章孟子强调一国之君的行为是否端正,是否合乎仁、义,关系着其能否治理好一个国家。

7·21　孟子曰:"不虞[1]之誉,有求全之毁[2]。"

【注释】

[1]虞：想、料想。赵岐《注》："度也。"朱熹《集注》："吕氏曰：'行不足以致誉而偶得誉，是谓不虞之誉。'"

[2]求全之毁：朱熹《集注》："求免于毁而反致毁，是谓求全之毁。"

【解析】

赵岐《孟子章指》："言不虞获誉，不可为戒。求全受毁，未足惩咎：君子正行，不由斯二者也。"

朱熹《孟子集注》："言毁誉之言，未必皆实。修己者不可以是遽为忧喜，观人者不可以是轻为进退。"

孟子指出所谓的赞誉与批评，未必都符合事实。

7·22　孟子曰："人之易[1]其言也，无责耳矣[2]。"

【注释】

[1]易：轻易。

[2]无责耳矣：无责，有三种解释，一种是没有遭到咎责，如赵岐和朱熹，赵岐《注》"人之轻易其言，不得失言之咎责也"；一种是没有言责，如赵岐《注》"人之轻易不肯谏正君者，以其不在言责之位也"；另一种是不足责备，如俞樾《孟子平议》"无责耳矣，乃言其不足责也"。

【解析】

赵岐《孟子章指》："言出于身，驷不及舌，不惟其责，则易之张。"

朱熹《孟子集注》："人之所以轻易其言者，以其未遭失言之责故耳。盖常人之情，无所惩于前，则无所警于后。非以为君子之学，必俟有责而后不敢易其言也。然此岂亦有为而言之与？"

本章孟子指出想要做到谨慎言辞，就要加强个人品德修养。

7·23　孟子曰："人之患在好为人师。"

【解析】

赵岐《注》："人之所患，患于不知己未有可师而好为人师者，乃惑也。"

朱熹《孟子集注》："王勉曰：'学问有余，人资于己，以不得已而应之可也。

若好为人师，则自足而不复有进矣，此人之大患也。'"

赵岐《孟子章指》："君子好谋而成，临事而惧，时然后言，畏失言也。故曰师哉师哉，桐子之命，不慎则有患矣。言君子之患，在好为人师也。"

本章孟子指出人的一个毛病就是"好为人师"。然而观察孟子的生平及活动，可以看出孟子自己的理想就是为帝王师。

7·24　乐正子[1]从于子敖[2]之齐。

乐正子见孟子。

孟子曰："子亦来见我乎？"

曰："先生何为此出言也？"

曰："子来几日矣？"

曰："昔者。"

曰："昔者[3]，则我出此言也，不亦宜乎？"

曰："舍馆[4]未定。"

曰："子闻之也，舍馆定，然后求见长者乎？"

曰："克有罪。"

【注释】

[1]乐正子：赵岐《注》："鲁人乐正克，孟子弟子也。"

[2]子敖：朱熹《集注》："王驩字。"赵岐于下章《注》云："齐之贵人右师王驩者也。"见《公孙丑下》（4·6）注释3。

[3]昔者：有两种解释，一种是赵岐《注》："往也，谓数日之间也"；一种是朱熹《集注》："前日也。"又，《公孙丑下》（4·2）"昔者辞以病"，赵岐和朱熹均注为"昔者，昨日也"。杨伯峻和金良年均注为"昨天"。

[4]舍馆：同义复词，即住宿的地方。赵岐《注》："馆，客舍。"

【解析】

赵岐《孟子章指》："尊师重道，敬贤事长，人之大纲。乐正子好善，故孟子讥之，责贤者备也。"

朱熹《孟子集注》："陈氏曰：'乐正子固不能无罪矣，然其勇于受责如此，非好善而笃信之,岂能若是乎?世有强辩饰非,闻谏愈甚者,又乐正子之罪人也。'"
本章孟子批评乐正子未能践行尊师之道。

7·25 孟子谓乐正子曰:"子之从于子敖来,徒[1]餔啜也。我不意子学古之道而以餔啜[2]也。"

【注释】

[1]徒:朱熹《集注》:"但也。"
[2]餔啜(bū chuò):吃喝,指饮食。朱熹《集注》:"餔,食也。啜,饮也。"

【解析】

赵岐《孟子章指》:"学优则仕,仕以行道,否则隐逸,餔啜沉浮,君子不与。是以孟子咨嗟乐正子者也。"

本章承接上章,孟子既说明了对乐正子生气的原因,又指出乐正子此次随同子敖出使仅仅为了混吃喝而已,而忘却了行道、行仁的根本,没有尽到一个臣子应尽的责任。孟子对乐正子的所作所为感到不满。因此,既婉转又严厉地对乐正子提出批评。

7·26 孟子曰:"不孝有三,无后为大[1]。舜不告而娶,为无后也,君子以为犹告也[2]。"

【注释】

[1]不孝有三,无后为大:赵岐《注》:"于礼有不孝者三事,谓阿意曲从,陷亲不义,一不孝也;家穷亲老,不为禄仕,二不孝也;不娶无子,绝先祖祀,三不孝也。三者之中,无后为大。"有学者认为"三"是虚指,多的意思,因为《离娄下》孟子就提到"五不孝","无后"则是指"没有尽到后代的责任"。笔者认为,赵岐等人的注是符合古人崇尚多子多福的观念的。

[2]舜不告而娶,为无后也,君子以为犹告也:赵岐《注》:"舜惧无后,故不告而娶。君子知舜告焉不得而娶,娶而告父母,礼也;舜不以告,权也;故曰犹告,与告同也。"

【解析】

赵岐《孟子章指》:"量其轻重,无后不可,是以大舜受尧二女,夫三不孝,蔽者所暗，至于大圣，卓然匪疑，所以垂法也。"

朱熹《孟子集注》："范氏曰：'天下之道，有正有权。正者万世之常，权者一时之用。常道人皆可守，权非体道者不能用也。盖权出于不得已者也，若父非瞽瞍，子非大舜，而欲不告而娶，则天下之罪人也。'"

本章孟子主要指出灵活性问题。舜的不告而娶，是一种变通的手段，因为舜如不娶妻子，便无后，无后则是最大的不孝。因此，舜的不告而娶是在坚守原则的前提下的一种变通。

7·27 孟子曰："仁之实，事亲是也；义之实，从兄是也[1]；智之实，知斯二者弗去是也；礼之实，节文[2]斯二者是也；乐之实，乐斯二者，乐则生矣；生则恶可已也，恶可已，则不知足之蹈之手之舞之。"

【注释】

[1]仁之实，事亲是也；义之实，从兄是也：赵岐《注》："事皆有实。事亲、从兄，仁、义之实也。知仁、义所用而不去之，则智之实也。"朱熹《集注》："仁主于爱，而爱莫切于事亲；义主于敬，而敬莫先于从兄。故仁义之道，其用至广，而其实不越于事亲从兄之间。盖良心之发，最为切近而精实者。有子以孝弟为为仁之本，其意亦犹此也。"

[2]节文：朱熹《集注》："谓品节文章。"杨伯峻和金良年均译为"调节、修饰"。

【解析】

赵岐《孟子章指》："仁义之本在于孝弟，孝弟之至通于神明，况于歌舞不能自知，盖有诸中、形于外也。"

孙奭《孟子注疏》："盖当时有夷子不知一本，告子以义为外，故孟子宜以是言之，而救当时之弊者也。"

朱熹《孟子集注》："此章言事亲从兄，良心真切，天下之道，皆原于此。然必知之明而守之固，然后节之密而乐之深也。"

本章内容似乎不难理解，但赵岐和朱熹的解释，反倒有些求之过深。孟子指出仁、义、智、礼、乐五者中，仁、义是核心和根本，其具体表现就是事亲、从兄。

7·28 孟子曰："天下大悦而将归己，视天下悦而归己犹草芥也，惟舜为然。不得乎亲，不可以为人；不顺乎亲，不可以为子。舜尽事亲之道而瞽瞍[1]厎豫，瞽瞍厎豫而天下化，瞽瞍厎豫[2]而天下之为父子者定，此之谓大孝。"

【注释】

[1]瞽瞍：舜的父亲。

[2]厎（dǐ）豫：变得快乐。赵岐《注》："厎，致也。豫，乐也。"厎，杨伯峻谓"闽本、监本、毛本作'厎'。"朱熹《集注》："厎，之尔反。"此读"dǐ"。

【解析】

赵岐《孟子章指》："以天下富贵为不若得意于亲，故能怀协顽嚚，厎豫而欣，天下化之，父子加亲，故称盛德者，必百世祀，无与比崇。"

朱熹《孟子集注》："李氏曰：'舜之所以能使瞽瞍厎豫者，尽事亲之道，其为子职，不见父母之非而已。'昔罗仲素①语此云：'只为天下无不是的父母。'了翁②闻而善之曰：'惟如此而后天下之为父子者定。彼臣弑其君、子弑其父者，常始于见其有不是处耳。'"

本章孟子认为舜通过自己的孝行使家庭和睦，通过自己的家庭和睦来教化天下，这才是"大孝"。

---

①罗仲素（1072—1135年），即罗从彦，字仲素，号豫章先生。南宋经学家、诗人，上承"二程"、杨时，下启李侗、朱熹，是闽学奠基人之一。著有《中庸说》《豫章文集》等。

②了翁（1178—1237年），即魏了翁，字华父，号鹤山。南宋著名理学家，蜀学集大成者。著有《九经要义》《鹤山集》等。

八、离娄下

8·1　孟子曰："舜生于诸冯,迁于负夏,卒于鸣条[1],东夷之人也。文王生于岐周[2],卒于毕郢[3],西夷之人也。地之相去也,千有余里;世之相后也,千有余岁。得志行乎中国,若合符节[4],先圣后圣,其揆一也[5]。"

【注释】

[1]生于诸冯、迁于负夏、卒于鸣条:赵岐《注》:"生,始。卒,终。记终始也。诸冯、负夏、鸣条,皆地名也。负海也,在东方夷服之地,故曰东夷之人也。"诸冯,相传在今山东省菏泽市南。负夏,约在今山东省兖州市以西。鸣条,故址不详,根据文义,当在东方。

[2]岐周:赵岐《注》:"岐周,地名也。岐山下周之旧邑,近畎夷。畎夷在西,故曰西夷之人也。《书》曰:'大子发上祭于毕,下至于盟津。'毕,文王墓,近于丰、镐之地。"岐,即岐山,在今陕西省岐山县东北。

[3]毕郢:毕郢,杨伯峻谓即《吕氏春秋·具备》之"毕程",位于在今陕西省咸阳市东。

[4]符节:杨伯峻《译注》:"符和节都是古代表示印信之物,原料有玉、角、铜、竹之不同,形状也有虎、龙、人之别,随用途而异。一般是可剖为两半,各执其一,相合无差,以代印信。"

[5]其揆一也:他们的准则是相同的。赵岐《注》:"揆,度也,言圣人之度量同也。"朱熹《集注》:"言度之而其道无不同也。"

【解析】

赵岐《孟子章指》:"圣人殊世而合其道,地虽不比,由通一轨,故可以为百王法也。"

朱熹《孟子集注》:"范氏曰:'言圣人之生,虽有先后远近之不同,然其道则一也。'"

本章孟子指出圣人虽然时代、出生地有所不同,但是他们的行为、准则是一致的。

因此他们可以为后世君王效法。

8·2　子产听[1]郑国[2]之政，以其乘舆[3]济人于溱洧[4]。孟子曰："惠而不知为政[5]。岁十一月[6]，徒杠[7]成；十二月，舆梁[8]成，民未病涉也。君子平其政[9]，行辟人[10]可也，焉得人人而济之？故为政者，每人而悦之，日亦不足矣。"

【注释】

[1]子产（？—前522年）：姬姓，公孙氏，名侨，字子产，一般称作公孙侨，历仕郑国简公、定公二君，为相长达22年，春秋贤相之一。听，赵岐《注》："为政，听讼也。"

[2]郑国：开国君主郑桓公为周宣王同母弟，一说为宣王子。前375年为韩所灭，享国432年。

[3]乘舆（chéng yú）：指子产所乘坐的车辆。

[4]溱洧（zhēn wěi）：古水名。溱发源于河南省新密市东北圣水峪，洧发源于河南省登封市东阳城山。孙奭《疏》："郑国水名。"

[5]惠而不知为政：赵岐《注》："以为子产有惠民之心，而不知为政，当以时修桥梁，民何由病苦涉水乎？"孙奭《疏》："孟子言子产虽有恩惠及人，而以陆地乘舆而济人于溱洧，然而不知行其不忍人之政而济人矣。"朱熹《集注》："惠，谓私恩小利。政，则有公平正大之体，纲纪法度之施焉。"

[6]岁十一月：赵岐《注》和孙奭《疏》均注解道："周十一月，夏十月。"而朱熹《集注》则注云："周十一月，夏九月也。"杨伯峻和金良年注解从朱熹说。

[7]徒杠（gāng）：指人行走的桥。孙奭《疏》："徒杠者，《说文》云：'石矼，石桥也，俗作杠，从木，所以整其徒步之石。'"朱熹《集注》："杠，音江。杠，方桥也。徒杠，可通徒行者。"清段玉裁《说文解字注》云："凡独木者曰杠，骈木者曰桥，大而为陂陀者曰桥。"金良年谓之"徒杠"为"简陋的独木便桥"。

[8]舆梁：指车通行的桥。孙奭《疏》："今云舆梁者，盖桥上横架之板，若车舆者，故谓之舆梁。"朱熹《集注》："梁，亦桥也。舆梁，可通车舆者。"有学者认为"'桥'作为渡河建筑的名称，始见于战国中期的晚些时候，在战国中期到秦朝时期的秦地文献中，'桥'完成了对'梁'的替代。这一替代可能与部分秦地方言转化

· 160 ·

为通语有关"。①

[9]平其政：赵岐《注》："平治政事刑法，使无违失其道。"

[10]行辟人：赵岐《注》："辟除人，使卑辟尊可为也。"朱熹《集注》："辟，辟除也。辟除行人，使之避己，亦不为过。"

【解析】

赵岐《孟子章指》："重民之道，平政为首。人君由天，天不家抚，是以子产渡人，孟子不取也。"

朱熹《孟子集注》："诸葛武侯尝言'治世以大德，不以小惠'，得孟子之意矣。"

本章孟子批评子产主持国政只懂得小恩小惠，却不懂得为政的根本是治理好国家，使民众安居乐业。

8·3　孟子告齐宣王曰："君之视臣如手足，则臣视君如腹心；君之视臣如犬马，则臣视君如国人[1]；君之视臣如土芥[2]，则臣视君如寇仇。"

王曰："礼，为旧君有服[3]，何如斯可为服矣？"

曰："谏行言听，膏泽下于民[4]。有故而去，则君使人导之出疆，又先于其所往；去三年不反，然后收其田里[5]。此之谓三有礼焉。如此，则为之服矣。今也为臣，谏则不行，言则不听，膏泽不下于民；有故而去，则君搏执[6]之，又极[7]之于其所往；去之日，遂收其田里。此之谓寇仇。寇仇，何服之有？"

【注释】

[1]国人：朱熹《集注》引孔氏曰："国人，犹言路人，言无怨无德也。"

[2]土芥：泥土和草芥，喻指微贱。赵岐《注》："芥，草芥。"孙奭《疏》："如土芥之贱。"朱熹《集注》："土芥，则践踏之而已矣，斩艾之而已矣，其贱恶之又甚矣。"

[3]为旧君有服：为服侍过的君主穿丧服。赵岐《注》："旧臣为旧君服丧服。"《仪礼·丧服》："以道去君，而未绝者，服齐衰三月。"

[4]膏泽下于民：赵岐《注》："惠泽加民。"孙奭《疏》："膏润之恩泽施之又

---

①赵岩：《从简牍文献看"桥""梁"的更替》，《文汇报》2017年2月3日第9版。

下泆于民。"

[5]收其田里：赵岐《注》："田，业也。里，居也。"朱熹《集注》："收其田禄里居。"

[6]搏执：拘捕。赵岐《注》："搏执其族亲也。"

[7]极：赵岐《注》："极者，恶而困之也。"朱熹《集注》："极，穷也。穷之于其所往之国，如晋锢栾盈也。"杨伯峻认为是使动用法，"使之穷困"之义。

【解析】

赵岐《孟子章指》："言君臣之道，以义为表，以恩为里，表里相应，犹若影响。旧君之服，盖有所兴，讽喻宣王，劝以仁也。"

朱熹《孟子集注》："潘兴嗣曰：'孟子告齐王之言，犹孔子对定公之意也；而其言有迹，不若孔子之浑然也。盖圣贤之别如此。'杨氏曰：'君臣以义合者也。故孟子为齐王深言报施之道，使知为君者不可不礼遇其臣耳。若君子之自处，则岂处其薄乎？孟子曰王庶几改之，予日望之，君子之言盖如此。'"

本章孟子指出君臣之间要以恩义以为表里，表里相应、恩义相合。劝诫齐宣王行仁道，否则会遭到臣子的离弃。

8·4 孟子曰："无罪而杀士，则大夫可以去；无罪而戮民，则士可以徙。"

【解析】

孟子说：没有罪名而处死士人，那么大夫便可以离去；没有罪名而杀戮民众，那么士人就可以搬走。

赵岐《注》："恶伤其类，视其下等，惧次及也。语曰：'鸢鹊蒙害，仁鸟增逝。'"①

赵岐《孟子章指》："言君子见几而作，故赵杀鸣犊，孔子临河而不济也，是上为下则也。"

朱熹《孟子集注》："言君子当见几而作，祸已迫，则不能去矣。"

本章与上一章相参读，孟子及先秦儒家不主张君子愚忠。孟子等指出如果君子在遇到国君无道的杀戮的时候，应明智地离开，不做无谓的牺牲。金良年说此章"带有一定程度人道民主色彩"。

---

①按："语曰"两句，孙奭引赵《注》云出自《史记》，误。此二句出自《汉书·梅福传》："夫鸢鹊遭害，则仁鸟增逝。"

八、离娄下

8·5 孟子曰:"君仁,莫不仁;君义,莫不义。"

【解析】

孟子说,国君若仁,便没有人不仁;国君若义,便没有人不义。

赵岐《注》:"君者,一国所瞻仰以为法,政必从之,是上为下则也。"

赵岐《孟子章指》:"君以仁义率众,孰不顺焉,上为下效也。"

孙奭《孟子注疏》:"如所谓君子之德风,小人之德草,草上之风必偃也。又荀卿所谓表正则影正,盘圆则水圆,孟方则水方,是其旨也。"

朱熹《孟子集注》:"张氏曰:'此章重出。然上篇主言人臣当以正君为急,此章直戒人君,义亦小异耳。'"

本章与《离娄上》(7·20)重出。

8·6 孟子曰:"非礼之礼[1],非义之义[2],大人[3]弗为。"

【注释】

[1]非礼之礼:似礼而非礼。赵岐《注》:"若礼而非礼,陈质娶妇而长拜之也。"
[2]非义之义:似义而非义。赵岐《注》:"若义而非义,借交报仇是也。"
[3]大人:杨伯峻注作"有德行的人",而金良年注作"君子"。

【解析】

赵岐《孟子章指》:"礼义,人之所以折中,履其正者,乃可为中,是以大人疑礼。"

朱熹《孟子集注》:"察理不精,故有二者之蔽。大人则随事而顺理,因时而处宜,岂为是哉?"

本章孟子指出礼、义,有真有假,有似是而非者。

8·7 孟子曰:"中也养不中,才也养不才[1],故人乐有贤父兄也。如中也弃不中,才也弃不才,则贤不肖之相去,其间不能以寸[2]。"

【注释】

[1]中也养不中,才也养不才:有德行的教养没有德行的,有才能的教养没有才能的。赵岐《注》:"中者,履中和之气所生,谓之贤。才者,是谓人之有俊才者。"

孙奭《疏》:"盖中者,性之德也。才,性之能也。"朱熹《集注》:"无过不及之谓中,足以有为之谓才。"养,赵岐《注》作"养育教诲",孙奭《疏》谓"教养"。而朱熹《集注》云:"养,谓涵育熏陶,俟其自化也。"

[2]其间不能以寸:贤能和不肖之间的距离比寸还小。赵岐《注》"何能分寸",朱熹《集注》:"相去之间,能几何哉?"杨伯峻《译注》谓"此句省略了动词,本为'不能以寸量'之意"。金良年《译注》云:"谓中间容不下一寸,言距离相近。"

【解析】

赵岐《孟子章指》:"言父兄之贤,子弟既顽,教而不改,乃归自然也。"

本章孟子指出有德行和才能的人,应去教化没有德行和才能的人,如果做不到这一点,其德行和才能就会打折扣了。

8·8 孟子曰:"人有不为也,而后可以有为。"

【解析】

孟子说:人要有所不为不为,然后才能有所作为。

赵岐《注》:"人不为苟得,乃能有让千乘之志也。"

孙奭《疏》:"孟子言人之有不为非义之事,然后可以有为其义矣。又所谓人皆有所不为,达之于其所为义也,亦是意也。以此推之,则仁也,礼也,智也,皆待是而裁成之矣。"

赵岐《孟子章指》:"贵贱廉耻,乃有不为,不为非义,义乃可由也。"

朱熹《孟子集注》:"程子曰:'有不为,知所择也。惟能有不为,是以可以有为。无所不为者,安能有所为邪?'"

本章颇具思辨色彩。孟子指出人应知道"不为"苟得,"不为"非义,才能真正"有为"。赵岐和孙奭强调"不为"的尺度或标准,而朱熹引程子的话则强调"为"的选择性,或者说人应该知道什么"不能为"。

8·9 孟子曰:"言人之不善,当如后患何?"

【解析】

孟子说:谈论别人的不好,后患来了,该怎么办呢?

赵岐《注》:"人之有恶,恶人言之。言之,当如后有患难及己乎。"

孙奭《疏》:"孟子谓人有好谈人之不善者,必有患难及之矣。故曰:'言人不善，当如后患何？'《庄子》云：'菑人者必反菑之。'《论语》云：'不忮不求，何用不臧？'亦与此同意。"

朱熹《集注》："此亦有为而言。"

赵岐《孟子章指》："好言人恶，殆非君子。故曰：'不忮不求，何用不臧？'"

本章孟子指出喜好谈论别人的不善，应该考虑它所带来的后果。这似乎是劝诫人们要慎言。但很有趣的是，孟子最大的特点就是喜欢谈论或批评他人特别是国君的不善。因此，孟子这句话或有所指。

8·10　孟子曰："仲尼不为已甚者。"

【解析】

赵岐《注》："仲尼弹邪以正，正斯可矣。故不欲为已甚泰过也。孟子所以讥逾墙拒门者也。"

孙奭《疏》："孟子言孔子凡所为，不为已甚太过者也，如《论语》云'疾之已甚，乱也'，同意。"赵岐《注》云："'孟子所以讥逾墙距门者'，盖谓如段干木逾垣而避文侯，泄柳闭门而拒缪公，是为已甚者。"

朱熹《集注》："已，犹太也。"

赵岐《孟子章指》："《论》曰：'疾之已甚，乱也。'故孟子所以讥逾墙拒门者也。"

朱熹《孟子集注》："杨氏曰：'言圣人所为，本分之外，不加毫末。非孟子真知孔子，不能以是称之。'"

本章孟子指出孔子不做过分的事情，每一件事都处置得恰如其分。因为，孔子懂得凡事如果过分，就会产生祸乱。

8·11　孟子曰："大人者，言不必信[1]，行不必果[2]，惟义所在。"

【注释】

[1]言不必信：赵岐《注》："大人仗义，义有不得必信其言，子为父隐也。"

[2]行不必果：赵岐《注》："果，能也。有不能得果行其所欲行者，若亲在不得以其身许友也。"

【解析】

孙奭《疏》:"孟子言大人者,其于言不必以信,所以行不必以果,惟义之所在,可以信则信,可以行则行耳。如言必信、行必果,则所谓硁硁然小人哉矣,岂大人肯如是邪?盖孔子与蒲人盟,不适卫而终适卫,是言不必信也。佛肸召,子欲往而终不往,是行不必果也。"

朱熹《集注》:"大人言行,不先期于信果,但义之所在,则必从之,卒亦未尝不信果也。"

赵岐《孟子章指》:"大人之行,行其重者,不信不果,所求合义也。"

朱熹《孟子集注》:"尹氏曰:'主于义,则信果在其中矣;主于信果,则未必合义。'王勉曰:'若不合于义而不信不果,则妄人尔。'"

本章可与《论语·子路》(13·20)参读。二者均强调君子言行一定要合于义。

8·12 孟子曰:"大人者,不失其赤子之心者也。"

【解析】

赵岐《注》:"大人谓君。国君视民当如赤子,不失其民心之谓也。一说曰:赤子,婴儿也。少小之子,专一未变化,人不能失其赤子时心,则为贞正大人也。"杨伯峻《译注》谓:"'大人'未必专指国君而言,因之前一说(指赵岐《注》——笔者注)未必可信。"故其译为"有德行的人"。金良年译为"君子"。

孙奭《疏》:"孟子言世之所谓为大人者,是其能不失去其婴儿之时心也,故谓之大人,如《老子》所谓'常德不离,复归于婴儿'之意同。"

朱熹《集注》:"大人之心,通达万变;赤子之心,则纯一无伪而已。然大人所以为大人,正以其不为物诱,而有以全其纯一无伪之本然。是以扩而充之,则无所不知,无所不能,而极其大也。"

赵岐《孟子章指》:"人之所爱,莫过赤子,视民则然,民怀之张。大人之行,不过是也。"

金良年谓:"成就了德行的君子,对问题的考虑自然更深、更全面,但却不应该失却纯朴之心。按照孟子的'性善论',修养德性这件事本身,就是保护先天的本性不受后天污染。"

8·13 孟子曰:"养生者不足以当大事,惟送死可以当大事。"

【解析】

赵岐《注》:"孝子事亲致养,未足以为大事,送终如礼,则能为奉大事也。"

孙奭《疏》:"孟子言人奉养父母于其生日,虽昏定晨省,冬温夏清,然以此之孝,亦不足以当其大事也。惟父母终,能躃踊哭泣,哀以送之,卜其宅兆,而安厝之,斯可以当之也。"

朱熹《集注》:"养,去声。事生固当爱敬,然亦人道之常耳;至于送死,则人道之大变。孝子之事亲,舍是无以用其力矣。故尤以为大事,而必诚必信,不使少有后日之悔也。"

赵岐《孟子章指》:"养生竭力,人情所勉。哀死送终,行之高者,事不违礼,可谓难矣,故谓之大事。"

本章孟子强调丧礼的重要性,认为相比于养活父母而言,为父母的送终才是大事。

8·14　孟子曰:"君子深造之以道[1],欲其自得之也。自得之,则居之安;居之安[2],则资之深;资[3]之深,则取之左右逢其原,故君子欲其自得之也。"

【注释】

[1]深造之以道:赵岐《注》:"造,致也。言君子学问之法,欲深致极竟之以知道意。"朱熹《集注》:"造,诣也。深造之者,进而不已之意。道,则其进为之方也。"

[2]居之安:赵岐《注》:"若己所自有也。"

[3]资:有三种解释,一说指"夺取",如赵岐《注》"资,取也。取之深,则得其根也";一说指"凭借",如朱熹《集注》"资,犹借也",金良年译文从之;一说指"蓄积",如杨伯峻引《说文解字》段玉裁《注》"资者,积也"。

【解析】

赵岐《孟子章指》:"学必根源,如性自得,物来能名,事来不惑,君子好之,朝益暮习,道所以臻也。"

孙奭《孟子注疏》:"故君子所以学道,欲其自得之也。如庄生所谓黄帝遗其玄珠,使智索之不得,使离朱索之不得,使喫诟索之不得,乃使象罔得之。盖玄珠譬则道也;智有待于思,言思之亦不能得其道也;离朱有待于明,言以明求之亦不能得道也;喫诟有待于言,以言求之亦不能得其道也;象罔则无所待矣,唯无所待,故能得其道,是其所谓自得也。"

朱熹《孟子集注》："程子曰：'学不言而自得者，乃自得也。有安排布置者，皆非自得也。然必潜心积虑，优游餍饫于其间，然后可以有得。若急迫求之，则是私己而已，终不足以得之也。'"

本章孟子的教人学道之法，是自得而通透的，后来的禅宗或许受此影响。孟子的这种观点对于现在的教育教学也有启发。

8·15 孟子曰："博学而详说[1]之，将以反说约[2]也。"

【注释】

[1]详说：赵岐《注》："详，悉也。广学悉其微言而说之者。"孙奭《疏》："详悉其微言而辩说之。"朱熹《集注》："详说其理者。"

[2]说约：赵岐《注》："将以约说其要，意不尽知，则不能要言之也。"孙奭《疏》："说其至要者。"朱熹《集注》"说到至约之地"。

【解析】

赵岐《孟子章指》："广寻道意，详说其事，要约至义，还反于朴，说之美者也。"

朱熹《孟子集注》："盖承上章之意而言，学非欲其徒博，而亦不可以径约也。"

本章孟子或为申说《论语·雍也》（6·27）："君子博学于文，约之以礼，亦可以弗畔矣夫。"孟子认为博学是为了加深理解，说约则是在理解的基础上抓住要点。博是约的基础，约是博的提升。由博返约，是治学的最高境界。

8·16 孟子曰："以善服人[1]者，未有能服人者也；以善养人[2]，然后能服天下。天下不心服而王者，未之有也。"

【注释】

[1]以善服人：拿善来使人折服。赵岐《注》"以善服人之道治世，谓以威力服人者"。孙奭《疏》"以善政而屈服人"。朱熹《集注》"服人者，欲以取胜于人"。杨伯峻《译注》谓："善，孟子本意自然是指仁义礼智诸端而言，但以不具体译出为妥。如译为'真理'，亦未尝不可。"

[2]以善养人：拿善来熏陶、教养人。赵岐《注》："养之以仁恩，然后心服矣。"孙奭《疏》"以善教而养人"。朱熹《集注》："养人者，欲其同归于善。"金良年谓："养，在此是影响、教育之意。"

【解析】

赵岐《孟子章指》:"五霸服人,三王服心,其服一也,功则不同也。上论尧舜,其是违乎!"

朱熹《孟子集注》:"盖心之公私小异,而人心向背顿殊,学者于此不可以不审也。"

本章孟子强调为政者要取得民心,要使民众从心里折服,要通过熏陶教化,而不是靠强制。按照朱熹的说法,"以善养人"就是"公心",是真善;"以善服人"就是私心,是伪善。

8·17　孟子曰:"言无实不祥[1]。不祥之实,蔽贤者当之[2]。"

【注释】

[1] 言无实不祥:意思是说话不真实或没有根据就是不好的。赵岐《注》:"祥,善。凡言皆有实,孝子之实,养亲是也。善之实,仁义是也。"孙奭《疏》:"孟子谓人之言,无其实本者,乃虚妄之言也。以虚妄之言言之,则或掩人之善,或饰人之恶,为人所恶者也,故其为不祥莫大焉,不祥则祸是矣。"按照赵岐和孙奭的注解,这里的"实"与"虚"相对,指真实或事实。

[2] 蔽贤者当之:妨碍贤者进用一样。赵岐《注》:"当,直也。不善之实何等也,蔽贤之人直于不善之实也。"孙奭《疏》:"不祥之实者,乃蔽贤直也。所谓蔽贤,则掩人之善是矣。如臧文仲知柳下惠而不举,虞丘知叔敖之贤而不进,凡此之类,是为蔽贤者也。"朱熹《集注》:"或曰:'天下之言无有实不祥者,惟蔽贤为不祥之实。'或曰:'言无实者不祥,故蔽贤为不祥之实。'二说不同,未知孰是,疑或有阙文焉。"笔者认为,"不祥之实"与"蔽贤者当之"是同义反复句。"当",杨伯峻和金良年二先生均译为"承当",恐不妥。赵岐和孙奭注解为"直"是正确的。这句话的意思是"不祥之实"就相当于"蔽贤",行"不祥之实"的人,就是"蔽贤者"。

【解析】

赵岐《孟子章指》:"进贤受上赏,蔽贤蒙显戮,故谓之不祥也。"

本章应与《离娄上》(7·22)"人之易其言也,无责耳矣"相参读。孟子在此提出"言实"的概念,即语言要充实,有质量;要真实,不虚伪。否则其后果就是"蔽贤",即孙奭所谓"或掩人之善,或饰人之恶"。

本章孟子批评对贤者的埋没。认为说话空洞无物的祸患和妨碍贤者进用一样。

8·18　徐子[1]曰："仲尼亟称于水[2]，曰：'水哉，水哉！'何取于水也？"

孟子曰："源泉混混[3]，不舍昼夜[4]。盈科而后进[5]，放乎四海[6]。有本者如是，是之取尔[7]。苟为无本[8]，七八月[9]之间雨集，沟浍[10]皆盈；其涸也，可立而待也。故声闻过情[11]，君子耻之。"

【注释】

[1]徐子：赵岐《注》"徐辟也"，即《滕文公上》（5·5章）之"徐辟"。

[2]仲尼亟称于水：孔子多次称道水。赵岐《注》："仲尼何取于水而称之也。"孙奭《疏》："谓孔子数数称道于水。"朱熹《集注》"亟，数也。"

[3]源泉混混：孙奭《疏》："有本源之泉水，混混滚势而流。"朱熹《集注》："源泉，有源之水也。混混，涌出之貌。"混，《说文》段《注》谓"古音读如衮，俗字作滚"。

[4]不舍昼夜：赵岐《注》："言水不舍昼夜而进。"孙奭《疏》："是流之不竭。"朱熹《集注》："言常出不竭也。"

[5]盈科而后进：赵岐《注》："盈，满。科，坎。"孙奭《疏》："有坎科则必待盈满后流进。"朱熹《集注》："言其进以渐也。"

[6]放乎四海：赵岐《注》："放，至也。至于四海者，有原本也。"孙奭《疏》"至于四海之中"。

[7]是之取尔：杨伯峻《译注》："即'取是尔'之倒装句，'尔'同'耳'。"

[8]苟无为本：赵岐《注》"苟，诚也。诚令无本"。孙奭《疏》"苟为无本之水"。

[9]七八月：赵岐《注》："周七、八月，夏五、六月。"

[10]沟浍（kuài）：沟渠，或谓田间水道。孙奭《疏》引《周礼·遂人》郑《注》云："遂、沟、洫、浍，皆所以通水于川也。遂广深各二尺；沟倍之，是广深各四尺也；洫又倍之，是洫广深各八尺也；浍、广二寻，深二寻。"朱熹《集注》："浍，古外反。田间水道也。"

[11]声闻过情：赵岐《注》"人无本，行暴得善声，令闻过其情，若源水不能久也"。孙奭《疏》"言如声誉名闻，有或过于情实"。朱熹《集注》："声闻，名誉也。情，实也。"

【解析】

赵岐《孟子章指》：有本不竭，无本则涸，虚声过实，君子耻诸，是以仲尼在川上曰'逝者如斯'。"

孙奭《孟子注疏》："孟子答徐辟以此者，非特言'源泉混混，不舍昼夜，盈科而后进，放乎四海'而已矣，盖有为而言之也，以其'源泉混混'，则譬君子之德性；'不舍昼夜'，则譬君子之学问；'盈科而后进'，则譬君子之成章；'放乎四海'，则譬君子于是造乎道也。"

朱熹《孟子集注》："林氏曰：'徐子之为人，必有躐等干誉之病，故孟子以是答之。'邹氏曰：'孔子之称水，其旨微矣。孟子独取此者，自徐子之所急者言之也。孔子尝以闻达告子张矣，达者有本之谓也。闻则无本之谓也。然则学者其可以不务本乎？'"

本章徐氏问得好，孟子解得妙。孟子批评那些丧失根本而暴得声名的人，脱离实际，如同无本之水，就像夏季的暴雨过后的沟渠，虽然一时充满，但不久就会干涸。孟子借君子之口指出名过其实是让人不齿的。

8·19　孟子曰："人之所以异于禽兽[1]者几希[2]，庶民去之，君子存之。舜明于庶物[3]，察于人伦[4]，由仁义行，非行仁义也[5]。"

【注释】

[1]异于禽兽：相关论述亦见于《荀子》《列子》等。①赵岐《注》："知义与不知义之间耳。"孙奭《疏》："小人去其异于禽兽之心，所以为小人也；君子知其存异于禽兽之心，所以为君子也。所谓异于禽兽之心者，即仁义是也。禽兽俱不知仁义，所以为禽兽。"朱熹《集注》："其不同者，独人于其间得形气之正，而能有以全其性，为少异耳。"

[2]几希：赵岐《注》："无几也。"朱熹《集注》："少也。"

[3]舜明于庶物：赵岐《注》："舜明庶物之情。"孙奭《疏》："舜能明于庶物之无知，而存乎异于禽兽之心。"朱熹《集注》："物，事物也。明，则有以识其理也。"金良年《译注》："庶物，与庶民的含义相近，指万物。庶在此是众的意思。"

[4]察于人伦：赵岐《注》："察，识也。伦，序。识人事之序。"孙奭《疏》："详察人伦之类。"朱熹《集注》："察，则有以尽其理之详也。物理固非度外，而人伦尤切于身，故其知之有详略之异。"

---

①《荀子·王制》云："水火有气而无生，草木有生而无知，禽兽有知而无义。人有气有生有知，亦且有义，故最为天下贵也。"《列子·说符》云："人而无义，唯食而已，是鸡狗也；强食靡角，胜者为制，是禽兽也。"而《滕文公上》（5·4）亦云："人之有道也，饱食、暖衣、逸居而无教，则近于禽兽。"

[5]由仁义行，非行仁义也：赵岐《注》："仁义生于内，由其中而行，非强力行仁义也。"孙奭《疏》："然舜既由其仁义而行之，非所谓行仁义而得之人也，是由仁义而行以得之天性也。"朱熹《集注》："由仁义行，非行仁义，则仁义已根于心，而所行皆从此出。非以仁义为美，而后勉强行之，所谓安而行之也。"

【解析】

赵岐《孟子章指》："言禽兽，俱含天气，就利避害，其间不希。众人皆然，君子则否。圣人超绝，识仁义之生于己也。"

孙奭《孟子注疏》："孟子以此言之其有异于禽兽者，皆舜之徒也。曰舜亦人也，我亦人也，有为者亦若是，但当存其异于禽兽之心耳，如扬雄'由于礼义，入自仁门，由于情欲，入自禽门'，①斯其旨欤？"

朱熹《孟子集注》："此则圣人之事，不待存之，而无不存矣。尹氏曰：'存之者，君子也；存者，圣人也。君子所存，存天理也。由仁义行，存者能之。'"

本章孟子提出一个人与禽兽之辨的标准——仁义。仁义原本是人人具有的，但人之所以有圣贤、君子和庶民之别，是因为圣贤和君子保留了它，其标杆性人物就是舜；并着重强调"由仁义行"，即自觉地依从仁义行事，而不是带有功利心去"行仁义"。

8·20 孟子曰："禹恶旨酒而好善言[1]。汤执中[2]，立贤无方[3]。文王视民如伤[4]，望道而未之见[5]。武王不泄迩，不忘远[6]。周公思兼三王[7]，以施四事[8]；有其不合[9]者，仰而思之，夜以继日；幸而得之，坐以待旦。"

【注释】

[1]禹恶旨酒而好善言：禹厌恶美酒却喜欢有价值的话。赵岐《注》："旨酒，美酒也。仪狄作酒，禹饮而甘之。遂疏仪狄，而绝旨酒。《书》曰：'禹拜昌言。'"孙奭《疏》："孟子言禹王恶疾其美酒，而乐好人之善言，以其酒甘而易溺，常情之所嗜者也，故禹王所以恶之。盖仪狄造酒，禹王饮而甘之，遂疏仪狄是也。善言谈而难人，常情之所厌者也，故禹王所以好之耳。盖闻皋陶昌言，禹受而拜之是也。"有关禹恶旨酒事迹见于《战国策·魏策》等书。

---

①按：孙奭所引出自扬雄《法言》卷三，文字、语序稍有差异。《法言》云："天下有三门：由于情欲，入于禽门；由于礼义，入自人门；由于独智，入自圣门。"

[2]执中：坚持中正之道。赵岐《注》"执中正之道"；孙奭《疏》："孟子言汤王执大中至正之道，使其贤者、智者得以俯而就，而不为狂者、愚者、不肖者得以跂而及，而不为狷者矣。未尝立骄亢崖异绝俗之道，而使人不可得而至也。所谓中道而立，能者从之，是其旨欤。《尚书》云'汤懋昭大德，建中于民'，是其事矣。"朱熹《集注》："执，谓守而不失。中者，无过不及之名。"

[3]立贤无方：举荐贤人不论身份。方，有三种解释，一种指出身、身份，解作"何方"或"一方"，如赵岐和孙奭，赵岐《注》："惟贤速立之，不问其从何方来。举伊尹以为相也。"孙奭《疏》："立其贤，则不以一方任之，但随其才而用之，以其人之材，固有长短小大，不可概以取之矣。《书》云'佑贤辅德，显忠遂良'，是其事矣。总以汤言之，则所谓常善救人，故无弃人，常善用人，故无遗贤，是其旨欤。"一种解作"类"，如朱熹《集注》"方，犹类也。立贤无方，惟贤则立之于位，不问其类也"；另一种解作"常"，常规，如杨伯峻引《礼记》郑《注》和焦循《正义》注解。曹操"唯才是举"或受"立贤无方"之启发。此处译句从赵岐《注》。

[4]视民如伤：看待老百姓如同他们受到伤害一样，去关心抚慰，而不去侵扰他们。赵岐《注》："视民如伤者，雍容不动扰也。"孙奭《疏》："孟子言文王常有恤民之心，故视下民常若有所伤，而不敢以横役而扰动之也。《尚书》曰'文王不敢侮鳏寡'，又曰'怀保小民'，是其事矣。"朱熹《集注》："民已安矣，而视之若有伤。"

[5]望道而未之见：对于这句话的理解，赵岐和孙奭均以文王不诛商纣的历史事件来解释，赵岐《注》："望道而未至，殷录未尽，尚有贤臣，道未得至，故望而不致诛于纣也。"孙奭《疏》："盖以望商之有贤，道未得至，故不敢诛于纣也，故曰未之见也。"而朱熹则侧重于文王的"爱民至深"的心理状态来解释，朱熹《集注》："而，读为如，古字通用""道已至矣，而望之犹若未见。圣人之爱民深，而求道切如此。不自满足，终日干干之心也。"

[6]武王不泄迩，不忘远：赵岐《注》："泄，狎。迩，近也。不泄狎近贤，不遗忘远善。近，谓朝臣。远，谓诸侯也。"孙奭《疏》："孟子言武王于在迩之臣，则常钦之而不泄狎；在远之臣，则常爱之而不遗忘。是所谓不泄迩，不忘远也。非特臣也，虽远迩之民，亦如是。《尚书》云'武王不宝远物，则远人格，所宝惟贤，则远人安'，又曰'华夏蛮貊，罔不率俾'，是其事矣。"朱熹《集注》："迩者人所易狎而不泄，远者人所易忘而不忘，德之盛，仁之至也。"

[7]三王：赵岐《注》："三代之王也。"孙奭《疏》："即禹、汤、文武之三代王也。"

[8]四事：赵岐《注》："禹、汤、文、武所行之事也。"孙奭《疏》："即恶旨酒好善言，汤执中立贤无方，与视民如伤望道而未之见，不泄迩不忘远，是四事也。"

[9]不合：赵岐《注》："己行有不合也。"孙奭《疏》："言周公施为，其有不合于此三王四事者。"

【解析】

赵岐《孟子章指》："周公能思三王之道，以辅成王，太平之隆，礼乐之备，盖由此也。"

朱熹《孟子集注》："此承上章言舜，因历叙群圣以继之，各举其一事，以见其忧勤惕励之意。盖天理之所以常存，而人心之所以不死也。程子曰：'孟子所称，各因其一事而言，非谓武王不能执中立贤，汤却泄迩忘远也。人谓各举其盛，亦非也，圣人亦无不盛。'"

本章孟子赞扬了五位前代圣贤的德行，是对上一章的补充。关于本章的含义说法不一，有人认为是孟子对前贤比较突出的优点来说的；有人认为是赞美周公能集前代圣贤之大成。

8·21　孟子曰："王者之迹熄而诗亡[1]，诗亡然后《春秋》作。晋之《乘》，楚之《梼杌》，鲁之《春秋》[2]，一也；其事[3]则齐桓、晋文，其文[3]则史。孔子曰：'其义则丘窃取之矣[4]。'"

【注释】

[1]王者之迹熄而诗亡：这句话旧注新解多有歧义。赵岐《注》："王者，谓圣王也。太平道衰，王迹止熄，颂声不作，故《诗》亡。"孙奭《疏》："孟子言自周之王者风化之迹熄灭而《诗》亡，歌咏于是乎衰亡。"朱熹《集注》："王者之迹熄，谓平王东迁，而政教号令不及于天下也。"以上三种代表性的古注，分别从"颂声不作""周之王者风化之迹"和"政教号令"等三个方面来解释"王者之迹熄"。其中，赵岐和朱熹的解释过于具体。相对而言，孙奭的注解更概括，更有高度性。王者：泛指前代圣王，具体而言是指上一章的"三王"，或"三王"及周公。迹：清朱骏声认为是"䢋"字之误，指采诗制度或活动。凡功业可见者曰迹，如《尚书·武成》"太王肇基王迹"；《汉书·王褒传》："索人求士，必树霸迹。"凡前人所留者曰迹，如《庄子·天运》："夫六经，先王之陈迹也。"凡有所遵循曰迹，如《尚书·蔡仲之命》"尔乃迈迹自身"，蔡沈《注》云："仲无所因，故曰迈迹。"凡有形可见者

· 174 ·

皆曰迹，《淮南子·说山训》："循迹者，非能生迹者也。"循实而考之亦曰迹，如《汉书·高惠高后文功臣表》云"迹汉功臣"。顾镇（1700—1771年）《虞东学诗·诗说》谓"洎乎东迁而天子不省方，诸侯不入觐，庆让不行，而陈诗之典废，所谓迹熄而诗亡也"。综合这些说法，"王者之迹"指圣人的功业事迹及其所制定的礼乐教化制度。或解释为"道"亦可。诗：指"王者之迹"这一历史记录的综合载体，而非诗歌或《诗经》，所以此处"诗"不加书名号。

[2]晋之《乘》，楚之《梼杌》，鲁之《春秋》：赵岐《注》："此三大国史记之异名。'乘'者，兴于田赋乘马之事，因以为名；'梼杌'者，嚣凶之类，兴于记恶之戒，因以为名；'春秋'以二始举四时，记万事之名。"孙奭《疏》："《春秋》其名有三，自晋国所记言之，则谓之《乘》，以其所载为田赋乘马之事，故以因名为《乘》也；自楚国所记而言之，则谓之《梼杌》，以其所载以记嚣凶之恶，故以因名为《梼杌》也；鲁以编年，举四时，记为事之名，故以因名为《春秋》也。"朱熹《集注》："乘，去声。梼，音逃。杌，音兀。乘，义未详。赵氏以为兴于田赋乘马之事。或曰：'取记载当时行事而名之也。'梼杌，恶兽名。古者因以为凶人之号，取记恶垂戒之义也。春秋者，记事者必表年以首事。年有四时，故错举以为所记之名也。古者列国皆有史官，掌记时事。此三者皆其所记册书之名也。"

[3]其事、其文：赵岐《注》："其事，则五霸所理也，桓、文，五霸之盛者，故举之。其文，史记之文也。"

[4]其义则丘窃取之矣：赵岐《注》："孔子自谓窃取之，以为素王也。孔子人臣，不受君命，私作之，故言窃，亦圣人之谦辞尔。"孙奭《疏》："盖《春秋》以义断之，则赏罚之意于是乎在，是天子之事也，故曰其义则丘窃取之矣。窃取之者，不敢显述也，故以赏罚之意寓之褒贬，而褒贬之意则寓于一言耳。"

【解析】

赵岐《孟子章指》："《诗》可以言，咏颂太平，时无所咏，《春秋》乃兴，假史记之文，孔子正之，以匡邪也。"

朱熹《孟子集注》："尹氏曰：'言孔子作《春秋》，亦以史之文载当时之事也，而其义则定天下之邪正，为百王之大法。'此又承上章历叙群圣，因以孔子之事继之；而孔子之事莫大于《春秋》，故特言之。"

本章孟子指出，"诗""王者之迹"和"春秋"，三位一体，都是圣王所制定的礼乐文明的记录。同时孟子也肯定了孔子作《春秋》寓褒贬、匡正邪的历史价值与意义。

孟子这段叙述，从一个侧面反映了钱钟书所谓的"古诗即史，古史即诗"这一中国古代文明所独有的"史韵诗心"的特点。

8·22　孟子曰："君子之泽[1]五世[2]而斩[3]，小人之泽五世而斩。予未得为孔子徒也，予[4]私淑诸人也[5]。"

【注释】

[1]泽：恩泽，可以理解为"影响"。赵岐《注》："泽者，滋润之泽。大德大凶，流及后世。"孙奭解作"余泽"。朱熹《集注》："泽，犹言流风余韵也。"

[2]世：朱熹《集注》："父子相继为一世，三十年亦为一世。"

[3]斩：朱熹《集注》："绝也。"孙奭《疏》："断也。"

[4]予：赵岐《注》："我也。"

[5]予私淑诸人也：我是私下里向诸多贤达的人学习的。唐代杜甫的诗句"转益多师是汝师"可谓其注脚。赵岐《注》："淑，善也。我私善之于贤人耳，盖恨其不得学于大圣人也。"孙奭《疏》："我但私有所善于己，未有善诸人人也。"朱熹《集注》："人，谓子思之徒也。自孔子卒至孟子游梁时，方百四十余年，而孟子已老。然则孟子之生，去孔子未百年也。故孟子言虽未得亲受业于孔子之门，然圣人之泽尚存，犹有能传其学者。故我得闻孔子之道于人，而私窃以善其身，盖推尊孔子而自谦之辞也。"杨伯峻引《说文》，谓"淑"为"叔"。在此，不难发现，赵岐和孙奭比较客观地指出孟子私善贤人或诸人，而朱熹则明确强调孟子是子思的门徒。

【解析】

赵岐《孟子章指》："五世一体，上下通流，君子小人，斩各有时，企以高山，跌以陷污，是以君子恨不及仲尼也。孟子恨以不及仲尼也。"

朱熹《孟子集注》："此又承上三章，历叙舜禹，至于周孔，而以是终之。其辞虽谦，然其所以自任之重，亦有不得而辞者矣。"

本章孟子在慨叹"君子之泽五世而斩"的同时，也道出自己虽然没能有幸成为孔子之徒，但是自己却是向诸多贤达之人学习的。孟子在谦虚和遗憾之际又充满对传承孔子之道的自负，这可与《公孙丑下》（4·13）相参读。

8·23　孟子曰："可以取，可以无取，取伤廉[1]；可以与，可以无与，与伤惠[2]；可以死，可以无死，死伤勇[3]。"

【注释】

[1]取伤廉：孙奭《疏》："如孟子受薛七十镒，是可以取则取之也；求也为聚敛而附益之，是可以无取而乃取之也。"

[2]与伤惠：孙奭《疏》："孔子与原思之粟，是可以与则与之也；冉子与子华之粟五秉，是可以无与而乃与之也。"

[3]死伤勇：孙奭《疏》："比干谏而死，是可以死则死也；荀息不能格君心之非，而终遽以死许，是可以无死而乃死之也。"

【解析】

赵岐《孟子章指》："廉、惠、勇，人之高行也，丧此三名，则士病诸，故设斯科以进能者也。"

朱熹《孟子集注》："林氏曰：'公西华受五秉之粟，是伤廉也；冉子与之，是伤惠也，子路之死于卫，是伤勇也。'"

本章孟子指出过度取会伤廉；过度与会伤惠；不当之死会伤勇。《集注》引林之奇所举事例很有代表性。孟子强调凡事都要有个度，即孔子所谓"过犹不及"。

8·24 逢蒙[1]学射于羿[2]，尽羿之道，思天下惟羿为愈己，于是杀羿。孟子曰："是亦羿有罪焉。"

公明仪曰："宜若无罪焉。"

曰："薄[3]乎云尔，恶得无罪？郑人使子濯孺子[4]侵卫，卫使庾公之斯[5]追之。子濯孺子曰：'今日我疾作，不可以执弓，吾死矣夫！'问其仆[6]曰：'追我者谁也？'其仆曰：'庾公之斯也。'曰：'吾生矣。'其仆曰：'庾公之斯，卫之善射者也，夫子曰吾生，何谓也？'曰：'庾公之斯学射于尹公之他，尹公之他[7]学射于我。夫尹公之他，端人[8]也，其取友必端矣。'庾公之斯至，曰：'夫子何为不执弓？'曰：'今日我疾作[9]，不可以执弓。'曰：'小人学射于尹公之他，尹公之他学射于夫子。我不忍以夫子之道反害夫子。虽然，今日之事，君事也，我不敢废。'抽矢，扣轮，去其金[10]，发乘[11]矢而后反。"

《孟子》注解

【注释】

[1]逄蒙：赵岐《注》："羿之家众也。"逄，或作逢、蓬、蜂。蒙，或作门。

[2]羿：赵岐、孙奭和朱熹都谓其为有穷国之后羿，杨伯峻从之。但金良年先生则认为是此处所说的羿是"神话中射日的英雄，他与篡夺夏政的后羿不是一个人"。

[3]薄：朱熹《集注》："言其罪差薄耳。"

[4]子濯孺子：赵岐《注》："孺子，郑大夫。"或谓"子濯"为复姓。

[5]庾公之斯：赵岐《注》："庾公，卫大夫。""之"是称呼时所加的虚词，尹公之他的"之"，亦同。

[6]仆：驾车的人。赵岐《注》："仆，御也。"

[7]尹公之他（tuō）：朱熹《集注》："尹公他，亦卫人也。"

[8]端人：孙奭《疏》："端正之人。"

[9]疾作：赵岐《注》"疾作疟疾"，孙奭《疏》从之。清焦循《正义》谓"暴疾"，指疾病突然发作，金良年从之。

[10]金：镞，箭镞，指锋利的箭头。

[11]乘（shèng）矢：四箭。赵岐《注》："乘，四也。《诗》云：'四矢反兮。'"

【解析】

赵岐《孟子章指》："求交取友，必得其人，得善以全，养凶获患，是故子濯济难，夷羿以残，可以鉴也。"

朱熹《孟子集注》："孟子言使羿如子濯孺子得尹公之他而教之，则必无逄蒙之祸。然夷羿篡弑之贼，蒙乃逆俦；庾斯虽全私恩，亦废公义。其事皆无足论者，孟子盖特以取友而言耳。"

本章孟子指出教授别人技艺的同时，更要注重对其品德的培养，否则难免会有祸患。文章先是引逄蒙和羿的反面事例，接着又叙述了庾斯没有加害子濯孺子的正面事例。

8·25　孟子曰："西子[1]蒙不洁[2]，则人皆掩鼻而过之；虽有恶人[3]，齐戒[4]沐浴，则可以祀上帝。"

【注释】

[1]西子：赵岐《注》："古之好女西施也。"孙奭《疏》："案《史记》①云：'西施，越之美女，越王勾践以献之，吴王夫差大幸之。每入市，人愿见者，先输金钱一文。'是西施也。"朱熹《集注》："西子，美妇人。"西子或西施，是先秦时期对美女的通称，后来逐渐演变为吴越争霸时期越国美女的名字。杨伯峻引清周柄中《孟子辨正》②云："似乎古有此美人，而后世相因，借以相美，如善射者皆称羿之类。"

[2]蒙不洁：身上沾染了不干净的东西。赵岐《注》："以不洁汗巾帽而蒙其头面。"朱熹《集注》："蒙，犹冒也。不洁，污秽之物也。"

[3]恶人：面貌丑陋的人。赵岐《注》："丑类者也。"朱熹《集注》："丑貌者也。"

[4]齐戒：即斋戒，齐，同"斋"。

【解析】

赵岐《孟子章指》："貌好行恶，西子蒙臭，丑人洁服，供事上帝，明当修饰，惟义为常也。"

孙奭《孟子注疏》："孟子之意，盖人能修洁其己，虽神犹享，而况于人乎？然知人修治其己，不可已也。"

朱熹《孟子集注》："尹氏曰：'此章戒人之丧善，而勉人以自新也。'"

本章孟子以西子和丑人为喻，指出就算像西子这样被人们所称赞的美女，只要有一点不善之处，就会失去人们的欢心；而即使相貌丑陋的人，只要洗心革面也能祭祀上帝。孟子告诫人们要修洁行义。

8·26 孟子曰："天下之言性也，则故而已矣。故者以利为本[1]。所恶于智者，为其凿也。如智者若禹之行水也，则无恶于智矣。禹之行水也，行其无所事也。如智者亦行其无所事，则智亦大矣。天之高也，星辰之远也，苟求其故[2]，千岁之日至[3]，可坐而致也。"

【注释】

[1]天下之言性也，则故而已矣。故者以利为本：赵岐《注》："今天下之言性，

---

①按：《史记》未有西子或西施的记载，恐为孙奭误记。
②按：《孟子辨正》即《四书典故辨正·孟子》。

则以故而已矣。以其言故者,以利为本耳。若(以)杞柳为杯棬,非杞柳之性也。"孙奭《疏》:"孟子言今夫天下之人有言其性也者,非性之谓也,则事而已矣。盖故者是也,如所谓故旧无大故之故同意。以其人生之初,万理已具于性矣,但由性而行,本乎自然,故不待于有为则可也,是则为性矣。今天下之人,皆以待于有为为性,是行其性也,非本乎自然而为性者耳,是则为事矣。事者必以利为本,是人所行事必择其利然后行之矣,是谓'故者以利为本'矣。"朱熹《集注》:"性者,人物所得以生之理也。故者,其已然之迹,若所谓天下之故者也。利,犹顺也,语其自然之势也。言事物之理,虽若无形而难知;然其发见之已然,则必有迹而易见。故天下之言性者,但言其故而理自明,犹所谓善言天者必有验于人也。然其所谓故者,又必本其自然之势;如人之善、水之下,非有所矫揉造作而然者也。若人之为恶、水之在山,则非自然之故矣。"故:《说文》:"使为之也,从攴古声。"一说指"故常",如赵岐和孙奭,赵岐《注》"诚能推求其故常";孙奭《疏》:"诚能但推求其故常。……此所以明其前所谓故为'事故'之'故',终于此云故乃'故常'之'故',盖'故'义亦训'常',所谓'必循其故'之'故'同";一说指"已然之际"或"以往之事"如朱熹和焦循,朱熹《集注》:"故者,其已然之迹,若所谓天下之故者也。"焦循《正义》:"故,谓以往之事。"其实后两种说法也是源自"故常"说,也理解为行为的本原。利:一说指有利、利于,如赵岐、孙奭和焦循释;一说指"顺",如朱熹《集注》:"利,犹顺也。"朱熹的训解更顺畅。

[2]苟求其故:故,赵岐和孙奭均解作"故常",赵岐《注》"诚能推求其故常"。孙奭《疏》:"诚能但推求其故常。……此所以明其前所谓故为'事故'之'故',终于此云故乃'故常'之'故',盖'故'义亦训'常',所谓'必循其故'之'故'同。"

[3]日至:朱熹《集注》:"必言日至者,造历者以上古十一月甲子朔夜半冬至为历元也。"杨伯峻《译注》:"孟子两言'日至','至于日至之时皆熟矣'(11·7)则谓夏至,这个'日至',当指冬至,因为周正以冬至之月为元月。" 也有人认为指冬夏二至。

【解析】

赵岐《孟子章指》:"能修性守故,天道可知,妄智改常,必与道乖,性命之指也。"

朱熹《孟子集注》:"程子曰:'此章专为智而发。'愚谓事物之理,莫非自然。循而顺之,则为大智。若用小智而凿以自私,则害于性而反为不智。程子之言,可谓深得此章之旨矣。"

本章被认为是《孟子》一书中最难以解释的一章。主要有两个疑难点:一是"天下之言性也,则故而已矣"所表达的含义;一是对"故"和"利"的训解。古注中,

· 180 ·

赵岐、孙奭、朱熹三家具有代表性，其中赵岐《章指》最为精当，可以认为最接近《孟子》原义。孙奭以为是孟子评说当时人的观点，而朱熹则认为是孟子本人所持观点。今人的解释，杨伯峻的译文通畅，便于现代人的阅读和理解；梁涛援引出土竹简《性自命出》来解释《孟子》本章；丁四新总结归纳了古今各家对本章的训解，并援引竹简《性自命出》对本章进行重译。①

首先孟子指出，普天下所谈论的人性，不过是故常即行为的本原罢了。称其为故常就是因为它是以顺乎自然为原则的。接着举例，如我们之所以厌恶那些耍聪明的，就是因为他们穿凿附会。如果聪明像大禹疏导水流那样，就不会厌恶他们的聪明了。大禹疏导水流，就是让它顺其自然流行，如果聪明人也能使自己顺其自然行事，就是大智慧了。再比如说，天如此之高，星辰如此之远，如果善于寻求其运行的故常即行为的本原，那么千年后的冬至日也是可以推算出来的。

本章似乎应属于《告子上》（11·7）的章节。

8·27　公行子有子之丧[1]，右师[2]往吊。入门，有进而与右师言者，有就右师之位而与右师言者。孟子不与右师言，右师不悦曰："诸君子皆与驩言，孟子独不与驩言，是简驩也。"

孟子闻之，曰："礼，朝廷不历位而相与言[3]，不逾阶而相揖也。我欲行礼，子敖以我为简[4]，不亦异乎？"

【注释】

[1]公行子有子之丧：公行子，赵岐《注》："齐大夫也。"根据《仪礼》，父为长子斩衰三年，因此此句应指公行子死了长子。

[2]右师：《公孙丑下》（4·6）的王驩。赵岐《注》："齐之贵臣王驩，字子敖者。"孙奭《疏》："古者天子之卿，尊者谓之大师，卑者谓之少师。诸侯之卿，尊者谓之左师，卑者谓之右师故也。"

[3]朝廷不历位而相与言：礼仪规定，在朝廷上不能越过位次相交谈。历位与逾阶，指越过位次、跨过台阶。

[4]简：赵岐《注》"简异"，孙奭和朱熹训为"简略"。杨伯峻和金良年译为"简慢"。

---

①梁涛：《竹简〈性自命出〉与〈孟子〉"天下之言性"章》，《中国哲学史》2004年第4期。丁四新：《〈孟子〉"天下之言性也"章研究与检讨——从朱陆异解到〈性自命出〉"实性者故也"》，《现代哲学》2020年第3期。

【解析】

赵岐《孟子章指》:"循理而动,不合时人,阿意事贵,胁肩所尊,俗之情也。是以万物皆流,而金石独止。"

本章中右师的傲慢、时人的趋附和孟子的"心恶子敖,而外顺其辞"的态度跃然纸上。孟子意在强调行事要遵循礼仪,要注重尊卑次序,不能"历位"。因此,孟子对子敖傲慢的态度提出了批评。

8·28 孟子曰:"君子所以异于人者,以其存心也[1]。君子以仁存心,以礼存心。仁者爱人,有礼者敬人。爱人者,人恒爱之;敬人者,人恒敬之。有人于此,其待我以横逆[2],则君子必自反也:我必不仁也,必无礼也,此物奚宜至哉[3]? 其自反而仁矣,自反而有礼矣,其横逆由是[4]也,君子必自反也:我必不忠。自反而忠矣,其横逆由是也,君子曰:'此亦妄人[5]也已矣。如此,则与禽兽奚择[6]哉?于禽兽又何难焉[7]?'是故君子有终身之忧,无一朝之患也。乃若所忧则有之:舜,人也;我,亦人也。舜为法于天下,可传于后世,我由未免为乡人[8]也,是则可忧也。忧之如何?如舜而已矣。若夫君子所患则亡矣。非仁无为也,非礼无行也。如有一朝之患,则君子不患矣。"

【注释】

[1]以其存心也:指仁爱、礼义存在于心。赵岐《注》:"存,在也。君子之在心者,仁与礼也。"孙奭《疏》:"以其存心与众人别也。"

[2]横逆:赵岐《注》:"横逆者,以暴虐之道来加我也。"朱熹《集注》:"横,去声。下同。横逆,谓强暴不顺理也。"

[3]此物奚宜至哉:这种事怎么会发生在我身上?赵岐《注》:"物,事也。推此人何为以此事来加于我也。"孙奭《疏》:"言此人何为以此横逆加我哉?"

[4]由是:孙奭《疏》"由此";朱熹《集注》:"由与犹同,下放此。"金良年《译注》:"犹言依然如此。"

[5]妄人:赵岐《注》:"妄作之人。"

[6]奚择:有什么区别?赵岐《注》"何择异",朱熹《集注》"何异也"。

[7]何难焉：有什么可责难或计较的呢？难，孙奭《疏》"责难"，朱熹《集注》："言不足与之校也。"

[8]乡人：朱熹《集注》："乡里之常人也。"

【解析】

赵岐《孟子章指》："君子责己，小人不改，比之禽兽，不足难矣，蹈仁行礼，不患其患，惟不若舜，可能忧也。"

孙奭《孟子注疏》："孟子言之，是亦欲人以仁、礼存心，其有横逆加己，又当反己，故无患及耳。"

本章孟子强调君子和常人的不同首先在于其仁、礼存于其心，不合乎仁和礼的事情不会去做，而且这是君子所终身忧虑的；其次，君子遇到了蛮横的态度或无理之事时，马上应该反躬自省自己在仁、礼、忠等方面做得是不是不够好。

8·29 禹、稷当平世[1]，三过其门而不入[2]，孔子贤之；颜子当乱世[3]，居于陋巷，一箪食，一瓢饮。人不堪其忧，颜子不改其乐，孔子贤之。孟子曰："禹、稷、颜回同道。禹思天下有溺者，由己溺之也；稷思天下有饥者，由己饥之也，是以如是其急也。禹、稷、颜子[4]易地则皆然。今有同室之人斗者，救之，虽被发缨冠[5]而救之，可也。乡邻[6]有斗者，被发缨冠而往救之，则惑也；虽闭户可也[7]。"

【注释】

[1]平世：孙奭《疏》："平治之世。"

[2]三过其门而不入：杨伯峻引杨树达《汉文文言修辞学·私名连及例》①："三过不入，本禹事而亦称稷。"

[3]乱世：孙奭《疏》："危乱之世。"

[4]颜子：即颜回，居于陋巷等句，见于《论语·雍也》（6·11）。

[5]被发缨冠：被，同"披"。缨，本指系帽子的丝带，用作动词。古时士大夫戴冠不结发是反常和失礼的，文中孟子所言急着劝解同室之人相斗，属于可以理解的紧急特殊情况。赵岐《注》："冠缨者，以冠缨贯头也。"朱熹《集注》："不暇束发，

---

①按：杨树达《汉文文言修辞学》原名为《中国修辞学》。

而结缨往救，言急也。"

[6]乡邻：赵岐《注》："同乡也。"

[7]虽闭户可也：赵岐《注》："颜子所以闭户而高枕也。"孙奭《疏》："虽闭户而勿救之可也。"

【解析】

赵岐《孟子章指》："上贤之士，得圣一概，颜子之心，有同禹、稷，时行则行，时止则止，失期节则惑矣。"

朱熹《孟子集注》："此章言圣贤心无不同，事则所遭或异。然处之各当其理，是乃所以为同也。尹氏曰：'当其可之谓时，前圣后圣，其心一也，故所遇皆尽善。'"

本章孟子指出前代圣贤虽然时代、地位和行为均不尽相同，但其准则是一致的。因此，孟子认为禹、稷、颜子都是值得被称道的贤人。

8·30　公都子曰："匡章[1]，通国[2]皆称不孝焉。夫子与之游，又从而礼貌之[3]，敢问何也？"

孟子曰："世俗所谓不孝者五：惰其四支，不顾父母之养，一不孝也；博弈[4]好饮酒，不顾父母之养，二不孝也；好货财，私妻子，不顾父母之养，三不孝也；从[5]耳目之欲，以为父母戮[6]，四不孝也；好勇斗很[7]，以危父母，五不孝也。章子有一于是乎？夫章子，子父责善而不相遇[8]也。责善，朋友之道也；父子责善，贼恩之大者。夫章子，岂不欲有夫妻子母之属哉？为得罪于父，不得近，出妻屏[9]子，终身不养焉。其设心以为不若是，是则罪之大者，是则章子而已矣。"

【注释】

[1]匡章：见《滕文公下》（6·10）注释1。

[2]通国：举国、全国。赵岐《注》"一国"；孙奭《疏》"遍国"；朱熹《集注》："尽一国之人也。"

[3]又从而礼貌之：赵岐《注》"又礼之以颜色喜悦之貌"，孙奭《疏》"又从而敬悦之"；朱熹《集注》："礼貌，敬之也。"

[4]博弈：古代一种游戏。博，《说文》作"簙"，解作"局戏也，六箸十二棊也"。

段玉裁《注》:"古戏,今不得其实。"钱穆:"博,即六博,似后代之双陆。"弈,孙奭《疏》作"奕",围棋。

[5]从:同"纵",放纵。

[6]戮:孙奭解作"辱"。朱熹《集注》:"羞辱也。"

[7]很:今作"狠","很"是本字。

[8]责善而不相遇:遇,有两种解释,一种解作"得",如赵岐《注》和孙奭《疏》,"不相遇"即不融洽;一种解作"合",如朱熹《集注》,"不相遇",即不投合。可参照《战国策·齐策》所载齐威王之言来理解这句话。

[9]屏(bǐng):屏退、疏远。赵岐《注》"屏远",孙奭《疏》"屏逐",朱熹《集注》"屏,必井反"。

【解析】

赵岐《孟子章指》:"匡章得罪,出妻屏子,上不得养,下以责己,众曰不孝,其实则否,是以孟子以为礼貌之也。"

朱熹《孟子集注》:"此章之旨,于众所恶而必察焉,可以见圣贤至公至仁之心矣。杨氏曰:'章子之行,孟子非取之也,特哀其志而不与之绝耳。'"

本章表面上是孟子和公都子辩论匡章的"不孝"问题,但实际孟子还是在思考和申说自孔子以来儒家对"孝"的理解与践行。

8·31　曾子[1]居武城[2],有越寇[3]。或曰:"寇至,盍去诸[4]?"曰:"无寓[5]人于我室,毁伤其薪木。"寇退,则曰:"修我墙屋,我将反。"寇退,曾子反。左右[6]曰:"待先生如此其忠且敬也,寇至,则先去以为民望[7];寇退,则反,殆于[8]不可。"沈犹行[9]曰:"是非汝所知也。昔沈犹有负刍之祸[10],从先生者七十人,未有与焉。"

子思[11]居于卫,有齐寇。或曰:"寇至,盍去诸?"子思曰:"如伋去,君谁与守?"

孟子曰:"曾子、子思同道。曾子,师也,父兄也;子思,臣也,微[12]也。曾子、子思易地则皆然。"

【注释】

[1]曾子：孙奭《疏》："案《史记弟子传》：'曾子名参，字子舆，武城人。少孔子四十六岁，孔子以为能通孝道，故授之业，作《孝经》，死于鲁国。'"

[2]武城：朱熹《集注》"鲁邑名"，在今山东省费县西南。《论语·雍也》（6·14）记载孔子弟子子游做过武城宰。

[3]有越寇：赵岐《注》："有越寇将来。"孙奭《疏》"有南越寇贼兴"。据《左传·哀公·二十一年》载，越灭吴后，费县西南一带与越国毗邻，故能直接入侵鲁国。

[4]盍去诸：何不离开呢？赵岐《注》："盍，何不也。曾子居武城，有越寇将来，人曰寇方至，何不去之？"

[5]寓：寄寓，即借住。赵岐《注》"寄也"。

[6]左右：朱熹《集注》"曾子门人也"。

[7]为民望：赵岐《注》："使百姓瞻望而效之。"孙奭《疏》："以使民瞻望而效之。"朱熹《集注》："言使民望而效之。"

[8]殆于：恐怕。

[9]沈犹行：复姓沈犹，名行。赵岐《注》："曾子弟子也。"朱熹《集注》："弟子姓名也。"

[10]有负刍之祸：负刍，有两种理解：一种认为是人名，如赵岐《注》"时有作乱者曰负刍，来攻沈犹氏"，杨伯峻和金良年从之；一种认为是背草的人，如孙奭和朱熹，孙奭《疏》："自负其刍草来攻我室。"朱熹《集注》"时有负刍者作乱"。

[11]子思：孙奭《疏》："案《世家》云：'子思名伋，字子思，伯鱼之子，孔子之孙也。六十二，尝困于宋。子思作《中庸》，没于卫。'"

[12]微：赵岐《注》和孙奭《疏》解作"微少"，而朱熹《集注》云："微，犹贱也。"

【解析】

赵岐《孟子章指》："臣当营君，师在余裕，二人处义，非殊者也。是故孟子纪之，谓得其同。"

朱熹《孟子集注》："尹氏曰：'或远害，或死难，其事不同者，所处之地不同也。君子之心，不系于利害，惟其是而已，故易地则皆能为之。'孔氏曰：'古之圣贤，言行不同，事业亦异，而其道未始不同也。学者知此，则因所遇而应之；若权衡之称物，低昂屡变，而不害其为同也。'"

本章孟子以曾子离开武城和子思守护卫国的事例说明圣贤的行为虽然各自不同，但同时又有各自所坚持的原则。

8·32　储子[1]曰:"王使人䁙[2]夫子,果[3]有以异于人乎?"

孟子曰:"何以异于人哉[4]?尧舜与人同耳。"

【注释】

[1]储子:齐人,具体是谁,说法不一。赵岐《注》:"齐人也。"据《告子下》(12·5),此人曾担任过齐国的相。或谓即《战国策·燕策》所言及的"储子"。

[2]䁙(jiàn):观察、窥视。赵岐《注》:"视也。"朱熹《集注》:"窃视也。"杨伯峻谓"或本作'瞰',窥也"。

[3]果:赵岐《注》:"能也。"

[4]何以异于人哉:赵岐《注》:"人生同受法于天地之形,我当何以异于人哉?且尧舜之貌与凡人同耳。其所以异,乃以仁义之道,在于内也。"

【解析】

赵岐《孟子章指》:"人以道殊,贤愚体别,头员足方,善恶如一。储子之言,齐王之不达也。"

孙奭《孟子注疏》:"孟子言此,则知齐王是为不达者也。盖古之人善观人者,不索人于形骸之外,而索之于形骸之内。今齐王乃索孟子于形骸之外,宜其过也。"

本章孟子说从行为上来看尧、舜与常人是没有什么区别,其内在的德行与见识不同于常人。意在强调观察和判断一个人是不能光看外表的,要看其内在的。

8·33　齐人有一妻一妾而处室者,其良人出,则必餍酒肉而后反[1]。其妻问所与饮食者,则尽富贵也。其妻告其妾曰:"良人[2]出,则必餍酒肉而后反;问其与饮食者,尽富贵也,而未尝有显者来,吾将䁙良人之所之也。"

蚤[3]起,施[4]从良人之所之,遍国[5]中无与立谈者。卒之东郭墦[6]间,之祭者,乞其余;不足,又顾而之他,此其为餍足之道也。

其妻归,告其妾,曰:"良人者,所仰望[7]而终身也,今若此!"与其妾讪[8]其良人,而相泣于中庭[9],而良人未之知也,施施[10]从外来,骄其妻妾。

《孟子》注解

　　由君子观之[11]，则人之所以求富贵利达者，其妻妾不羞也，而不相泣者，几希矣[12]。

【注释】

　　[1]齐人句：朱熹《集注》："首章当有'孟子曰'字，阙文也。"
　　[2]良人：赵岐《注》："夫也。"《仪礼·士昏礼》："媵衽良席在东。"郑玄《注》："妇人称夫曰良。"
　　[3]蚤：同"早"。
　　[4]施：赵岐《注》："施者，邪施而行，不欲使良人觉也。"朱熹《集注》："施，音迤，又音易。"
　　[5]国：城。
　　[6]墦（fán）间：赵岐《注》："郭外冢间也。"
　　[7]仰望：仰赖、指望。
　　[8]讪：赵岐《注》："谤毁。"朱熹《集注》："怨詈也。"
　　[9]相泣于中庭：相，相与，共同。中庭，即庭中，堂阶前。
　　[10]施施：赵岐《注》："犹扁扁，喜悦之貌。"朱熹《集注》："喜悦自得之貌。"
　　[11]由君子观之：赵岐《注》："由，用也。用君子之道观之。"孙奭《疏》："由此齐人观之。"朱熹《集注》："自君子而观。"
　　[12]"则人之所以求"至"几希矣"：赵岐《注》："今求富贵者，皆以枉曲之道，昏夜乞哀而求之，以骄人于白日。此良人为妻妾所羞而泣伤也。几希者，言今苟求富贵，妻妾虽不羞泣者，与此良人妻妾何异也。"

【解析】

　　赵岐《孟子章指》："小人苟得，谓不见知，君子观之，与正道乖。妻妾犹羞，况于国人。著以为戒，耻之甚焉。"
　　孙奭《孟子注疏》："盖孟子之言，每每及此者，所以救时之弊，不得不如已矣。"
　　本章孟子通过一则寓言，揭露和讽刺那些以枉曲之道而求富贵利达者，孟子认为他们和乞丐在本质上没有什么差别。

九、万章上

9·1　万章曰："舜往于田[1]，号泣[2]于旻天[3]，何为其号泣也？"

孟子曰："怨慕[4]也。"

万章曰："'父母爱之，喜而不忘；父母恶之，劳而不怨。'[5]然则舜怨乎？"

曰："长息问于公明高[6]曰：'舜往于田，则吾既得闻命矣；号泣于旻天，于父母，则吾不知也。'公明高曰：'是非尔所知也。'夫公明高以孝子之心，为不若是恝[7]，我竭力耕田，共[8]为子职而已矣，父母之不我爱，于我何哉[9]？帝使其子九男二女[10]，百官[11]牛羊仓廪备，以事舜于畎亩[12]之中，天下之士多就之[13]者，帝将胥[14]天下而迁之[15]焉。为不顺于父母[16]，如穷人无所归。天下之士悦之，人之所欲也，而不足以解忧；好色，人之所欲，妻帝之二女，而不足以解忧；富，人之所欲，富有天下，而不足以解忧；贵，人之所欲，贵为天子，而不足以解忧。人悦之、好色、富贵，无足以解忧者，惟顺于父母可以解忧。人少，则慕父母；知好色，则慕少艾[17]；有妻子，则慕妻子；仕则慕君，不得于君则热中[18]。大孝终身慕父母。五十而慕者[19]，予于大舜见之矣。"

【注释】

[1]舜往于田：赵岐《注》："谓耕于历山之时然也。"往于田，就是干庄稼活的意思。

[2]号（háo）泣：《说文》："号，痛声也。无声出涕曰泣。"王力《古汉语字典》谓"有声有泪叫哭，无声有泪叫泣，哭而有言叫号"①。

[3]旻（mín）天：孙奭《疏》："旻天，秋天也。"朱熹《集注》："仁覆闵下，

---

①王力：《古汉语字典》，中华书局，2004，第119页。

谓之旻天。"旻天即苍天。

[4]怨慕：赵岐《注》："言舜自怨遭父母见恶之厄而思慕也。"朱熹《集注》："怨己之不得其亲而思慕也。"杨伯峻《译注》："此'慕'字即下文'大孝终身慕父母'之'慕'，对父母的依恋古人常单用一个'慕'字，如《礼记·檀弓上》：'其往也如慕，其反也如疑。'郑玄《注》云：'慕谓小儿随父母啼呼。'"

[5]"父母爱之"四句：出自《礼记·祭义》和《大戴礼记·曾子大孝》，为曾子语。忘，杨伯峻译作"懈怠"。劳：忧也。

[6]长息问于公明高：赵岐《注》："长息，公明高弟子。公明高，曾子弟子。"公明高，或谓春秋家公羊高，或谓《说苑·修文》之公孟子高。

[7]恝（jiá）：淡然。赵岐《注》："无愁之貌。"

[8]共：孙奭《疏》作"供"，金良年《译注》谓"同'供'，与今言供职之'供'同义"。杨伯峻谓"当读为'恭'"。

[9]于我何哉：赵岐《注》："于我之身独有何罪哉？自求责于己而悲感焉。"孙奭《疏》、朱熹《集注》同。杨伯峻谓若如此理解，则"为若是恝"便无着落了。杨伯峻认为"于我何哉"和《论语》的"于我有何哉"相近，意为"和我有什么关系呢"？

[10]九男二女：尧将二女嫁给舜为妻的事，记载于《尚书·尧典》。使九男事舜之事不详，赵岐以为《尚书》逸书所载。

[11]百官：众官。杨伯峻指出，或谓"宫室"，但其译文仍从旧解。

[12]畎亩：即田地。《国语·周语下》"或在畎亩"，韦昭《注》："下曰畎，高曰亩。亩，垄也。"

[13]天下之士多就之：赵岐《注》："天下之善士，多就舜而悦之。"《史记·五帝本纪》记载舜在历山耕田，很多人都来归附，"一年而所居成聚，二年城邑，三年成都"。

[14]胥：赵岐《注》："胥，须也。尧须天下悉治，将迁位而禅之。"朱熹《集注》："胥，相视也。"杨伯峻和金良年均引《尔雅·释诂》："胥，皆也。"谓"胥天下"即整个天下。

[15]迁之：朱熹《集注》："移以与之也。"意思是移交给他。

[16]为不顺于父母：赵岐《注》"顺，爱也。为不爱于父母，其为忧愁"。

[17]少艾：年轻美貌之人。赵岐《注》："人少，年少也。艾，美好也。"朱熹《集注》："《楚辞》《战国策》所谓'幼艾'，义与此同。"

[18]热中：赵岐《注》："心热恐惧也。"朱熹《集注》："躁急心热也。"

[19]五十而慕者：孙奭《疏》："然则孟子言至于五十之岁者而思慕父母而不敢忘者。"朱熹《集注》："言五十者，舜摄政时年五十也。五十而慕，则其终身慕可知矣。"

【解析】

赵岐《孟子章指》:"夫孝,百行之本,无物以先之,虽富有天下,而不能取悦于其父母,莫有可也。孝道明著则六合归仁矣。"

朱熹《孟子集注》:"此章言舜不以得众人之所欲为己乐,而以不顺乎亲之心为己忧。非圣人之尽性,其孰能之?"

本章孟子以舜为例,叙述其虽富有天下,却依然恭恭敬敬地尽其作为子女的本分,践行"终身慕父母"的大孝之道。

9·2 万章问曰:"《诗》云[1]:'娶妻如之何?必告父母。'信斯言也,宜莫如舜。舜之不告而娶,何也?"

孟子曰:"告则不得娶。男女居室,人之大伦也。如告,则废人之大伦,以怼[2]父母,是以不告也。"

万章曰:"舜之不告而娶,则吾既得闻命矣;帝之妻舜而不告[3],何也?"

曰:"帝亦知告焉则不得妻也。"

万章曰:"父母使舜完廪[4],捐阶[5],瞽瞍焚廪。使浚井[6],出[7],从而揜[8]之。象[9]曰:'谟盖都君咸我绩[10],牛羊父母,仓廪父母,干戈朕[11],琴朕[12],弤朕[13],二嫂使治朕栖[14]。'象往入舜宫,舜在床琴[15]。象曰:'郁陶思君尔[16]。'忸怩[17]。舜曰:'惟兹臣庶[18],汝其于予治[19]。'不识舜不知象之将杀己与?"

曰:"奚而[20]不知也?象忧亦忧,象喜亦喜。"

曰:"然则舜伪喜者与?"

曰:"否。昔者有馈生鱼于郑子产,子产使校人[21]畜之池。校人烹之,反命曰:'始舍之,圉圉[22]焉;少则洋洋[23]焉;攸然而逝[24]。'子产曰:'得其所哉!得其所哉!'校人出,曰:'孰谓子产智?予既烹而食之,曰:得其所哉,得其所哉。'故君子可欺以其方[25],难罔以非其道。彼以爱兄之道来,故诚信而喜之,奚伪焉?"

【注释】

[1]"《诗》云"句：出自《诗经·齐风·南山》。

[2]怼（duì）：《说文》："怼，怨也。"赵岐《注》"舜父顽母嚚，常欲害舜。告则不听其娶，是废人之大伦，以怨怼于父母也"。朱熹《集注》："怼，直类反。仇怨也。"

[3]帝之妻舜而不告：赵岐《注》："礼，娶须五礼，父母先答以辞，是相告也。帝，谓尧。"

[4]完廪：修缮谷仓。赵岐《注》："完，治。廪，仓。"

[5]捐阶：根据赵岐《注》，有两种理解：一种是指撤去梯子，朱熹等大多数从此说；一种是指舜马上从梯子上下来，孙奭从之，孙奭《疏》："云捐去其阶焚舜之说，不若旋阶之说通也。"赵岐《注》："阶，梯也。使舜登屋廪，而捐去其阶，焚烧其廪也。一说捐阶，舜即旋从阶下。"朱熹《集注》："捐，去也。阶，梯也。"

[6]浚井：淘井。

[7]出：有两种理解，一种说是舜从井中出来，如赵岐等；一种说是瞽瞍等人出来，如杨伯峻。

[8]掩：同"掩"，掩盖。朱熹《集注》："掩，盖也。"按，《说文》"掩、掩"的解释存在差别："掩，覆也。掩，敛也。"

[9]象：赵岐《注》："舜异母弟也。"

[10]谟盖都君咸我绩：盖，有两种解释，一种是训为"覆"，如赵岐《注》等；一种认为是"害"的通假字，如杨伯峻引阮元《释盖》说。都，也有两种解释，一说训为"于"，如赵岐；一说是"都君"指称舜，如孙奭和朱熹等。赵岐《注》："谟，谋。盖，覆也。都，于也。君，舜也。舜有牛羊仓廪之奉，故谓之君。咸，皆。绩，功。象言谋覆于君而杀之者，皆我之功。欲与父母分舜之有，去其善者，故引为己之功也。"孙奭《疏》："谋掩盖而杀都君者，皆我之功也。都君，即象称舜也。然谓之都君者，盖以舜在侧微之时，渔雷泽，一年所居成聚，二年城邑，三年成都，故以此遂因为之都君矣。注曰'都，于也'，其说亦通。"

[11]干戈朕：赵岐《注》："干，楯。戈，戟也。"孙奭《疏》："干戈留我。"

[12]琴朕：赵岐《注》："琴，舜所弹五弦琴也。"孙奭《疏》："琴亦留我。"

[13]弤（dǐ）朕：赵岐《注》："弤，雕弓也。天子曰雕弓，尧禅舜天下，故赐之雕弓也。"孙奭《疏》："弤亦留我。"

[14]二嫂使治朕栖：赵岐《注》："二嫂，娥皇、女英。栖，床也。使治床，欲以为妻也。"孙奭《疏》："二嫂使治我之床以为我妻。"

[15]舜在床琴：赵岐《注》："舜在床鼓琴。"孙奭《疏》："遇舜又在床而鼓五弦之琴。"朱熹《集注》："见舜坐在床弹琴。"

[16]郁陶思君尔：朱熹《集注》："郁陶，思之甚而气不得伸也。象言已思君之甚，故来见尔。"杨伯峻引《楚辞·九辨》"岂不郁陶而思君兮"，谓"郁陶"为思念之貌。

[17]忸怩（niǔ ní）：赵岐《注》："忸怩而惭。"孙奭《疏》："遂忸怩其颜，而乃惭耻形于面容也。"朱熹《集注》："忸怩，惭色也。"

[18]惟兹臣庶：赵岐《注》："惟念此臣众。"孙奭《疏》："念此臣之众。"朱熹《集注》："臣庶，谓其百官也。"

[19]汝其于予治：于，为，帮助。赵岐《注》："汝故助我治事。"孙奭《疏》："汝其来助我治耳。"

[20]奚而：即奚为，如何，怎么。

[21]校（jiào）人：赵岐《注》："主池沼小吏也。"

[22]圉圉（yǔ yǔ）：赵岐《注》："鱼在水羸劣之貌。"孙奭《疏》："鱼尚羸乏圉圉之。"朱熹《集注》："困而未纾之貌。"

[23]洋洋：赵岐《注》："舒缓摇尾之貌。"

[24]攸然而逝：赵岐《注》："攸然，迅走水趣深处也。"朱熹《集注》："攸然而逝者，自得而远去也。"

[25]欺以其方：赵岐《注》："方，类也。君子可以事类欺。"孙奭《疏》："故君子者可欺伪以其方类。""所谓方类者，以其在疑似之间故也。"朱熹《集注》："方，亦道也。""欺以其方，谓诳之以理之所有。"赵岐和孙奭认为君子可以在事物的类似或疑似上被欺骗，而朱熹理解为君子可以被合乎道理或情理的事情欺骗。

【解析】

赵岐《孟子章指》："仁圣所存者大，舍小从大，达权之义也，不告而娶，守正道也。"

朱熹《孟子集注》："此章又言舜遭人伦之变，而不失天理之常也。"

本章孟子以舜为例，讲述舜的孝行。他认为舜相信了其父亲和弟弟的解释。因为君子不在所谓的真假上做过多的纠缠，即《论语·雍也》所言"（君子）可欺也，不可罔也。"君子恪守正道，可能会被欺骗，但始终都离不开他所坚守的道。至于亲人之间，如果什么事情都弄得明明白白，就不是亲情了，既不可能也没必要。

9·3 万章问曰："象日以杀舜为事，立为天子则放[1]之，何也？"

孟子曰："封之也；或曰，放焉。"

万章曰[2]："舜流共工于幽州，放驩兜于崇山[3]，杀三苗于三危[4]，殛鲧于羽山[5]，四罪而天下咸服，诛不仁也。象至不仁，封之有庳[6]。有庳之人奚罪焉？仁人固如是乎？在他人则诛之，在弟则封之？"

曰："仁人之于弟也，不藏怒焉，不宿怨[7]焉，亲爱之而已矣。亲之，欲其贵也；爱之，欲其富也。封之有庳，富贵之也。身为天子，弟为匹夫，可谓亲爱之乎？"

"敢问或曰放者，何谓也？"

曰："象不得有为于其国，天子使吏治其国而纳其贡税焉，故谓之放[8]。岂得暴彼民哉？虽然，欲常常而见之，故源源而来[9]，'不及贡[10]，以政接于有庳。'此之谓也。"

【注释】

[1]放：朱熹《集注》："放，犹置也。置之于此，使不得去也。"金良年《译注》："放：放逐，犹如后来的充军。"

[2]万章曰："万章曰"以下"流共工于幽州"至"四罪而天下咸服"亦见于《尚书·舜典》。共工，朱熹《集注》："官名。"《史记集解》引郑《注》云："水官名。"幽州，约在今北京市密云区东北。

[3]放驩兜于崇山：驩兜，朱熹《集注》："人名。"崇山，据孙星衍《尚书今古文注疏》引《荆州记》谓崇山"在澧阳县南七十五里"。

[4]杀三苗于三危：杀，《尚书》作"窜"，《史记》作"迁"。焦循《正义》谓"窜、杀为同音假借"。三苗，朱熹《集注》"国名"；一说为古三凶（浑敦、穷奇、饕餮）的后裔。三危，西部边远之地（马融说）。

[5]殛（jí）鲧（gǔn）于羽山：殛，有两种解释，一种解作"流放"，与前面的"流""放""窜"同义，如焦循《正义》谓"殛"通"极"，亦放逐之义；一种解作"诛杀"，如朱熹《集注》："殛，诛也。"鲧，朱熹《集注》："禹父名，方命圮族，治水无功。"羽山，一说在今江苏省连云港市赣榆区（《汉书·地理志》）；一说在今山东省连云港市蓬莱区东南三十里（《太平寰宇记》）。

[6]有庳（bì）：或作"有鼻"。孙奭《疏》："国之名号也。"朱熹《集注》"地名"，或谓故址在今湖南道县，阎若璩《四书释地续》有疑。

[7]宿怨：朱熹《集注》："谓留蓄其怨。"

[8]故谓之放：赵岐《注》："象不得施教于其国，天子使吏代其治，而纳贡赋与之，比诸见放也。"朱熹《集注》谓"有似于放，故或者以为放也"。

[9]源源而来：源源，如同流水一样不断，今言源源不断。赵岐《注》"如流水之与源通"，朱熹《集注》"若水之相继也"。来，朱熹《集注》："谓来朝觐也。"

[10]不及贡，以政接于有庳：赵岐《注》："不及贡者，不待朝贡诸侯常礼乃来也。其间岁岁自至京师，谓若天子以政事接见有庳之君者，实亲亲之恩也。"朱熹《集注》："谓不待及诸侯朝贡之期，而以政事接见有庳之君。"又，赵岐谓"此'常常'以下，皆《尚书》逸篇之辞"。

【解析】

赵岐《孟子章指》："恳诚于内者，则外发于事，仁人之心也。象为无道极矣，友于之性，忘其悖逆，况其仁贤乎。"

朱熹《孟子集注》："吴氏曰：'言圣人不以公义废私恩，亦不以私恩害公义。舜之于象，仁之至，义之尽也。'"

本章孟子指出舜既没有因为做了天子而忘掉兄弟情义，也没有因为手足之情而放弃原则。

9·4 咸丘蒙[1]问曰："语云[2]：'盛德之士，君不得而臣，父不得而子。'舜南面而立[3]，尧帅诸侯北面而朝之，瞽瞍亦北面而朝之。舜见瞽瞍，其容有蹙[4]。孔子曰[5]：'于斯时也，天下殆哉，岌岌乎[6]！'不识此语诚然乎哉？"

孟子曰："否；此非君子之言，齐东野人[7]之语也。尧老而舜摄也。《尧典》曰[8]：'二十有八载，放勋[9]乃徂落[10]，百姓如丧考妣[11]，三年，四海遏密八音[12]。'孔子曰[13]：'天无二日，民无二王。'舜既为天子矣，又帅天下诸侯以为尧三年丧，是二天子矣。"

咸丘蒙曰："舜之不臣尧，则吾既得闻命矣。《诗》云[14]：'普天之下，莫非王土；率土之滨，莫非王臣。'而舜既为天子矣，敢问瞽瞍之非臣，如何？"

曰："是诗也，非是之谓也。劳于王事而不得养父母也。曰：'此莫非王事，我独贤劳[15]也。'故说诗者，不以文害辞[16]，不以辞害志。以意逆志[17]，是为得之。如以辞而已矣，《云汉》之诗曰：'周余黎民，靡有孑遗[18]。'信斯言也，是周无遗民也。孝子之至，莫大乎尊亲；尊亲之至，莫大乎以天下养。为天子父，尊之至也；以天下养，养之至也。《诗》曰：'永言孝思，孝思维则[19]。'此之谓也。《书》曰[20]：'祗载见瞽瞍，夔夔齐栗，瞽瞍亦允若。'是为父不得而子也。"

【注释】

[1]咸丘蒙：赵岐《注》："孟子弟子。"孙奭《疏》："云为孟子弟子齐人也者，他经传未详。今按《春秋》桓公七年有'焚咸丘'，杜预云：'咸丘，鲁地。'以此推之，则此所谓咸丘蒙者，岂咸丘之人，有以蒙为名者邪？是未可知也。《注》乃云'齐人也'者，盖鲁国，孟子时为齐之所侵，故咸丘之地乃为齐之地故也。有所问于孟子，即为弟子矣。"

[2]语云：赵岐《注》："语者，谚语也。"朱熹《集注》："语者，古语也。"此处的"语"，理解为"古谚语""古语"及"语书"都可以，但杨伯峻先生译为"俗语"就值得商榷了，因为后面的话很难让人相信是俗语。20世纪70年代以来随着实物史料的不断出土，有很多学者认为"语"是先秦时期常见的一种文体，主要用于记述古人的言行。①

[3]舜南面而立：孙奭《疏》："舜向南面而立为天子。"《易·说卦》："圣人南面而听天下，向明而治。"

[4]其容有蹙（cù）：赵岐《注》："其容有蹙蹐不自安也。"朱熹《集注》："蹙，颦蹙不自安也。"杨伯峻谓"'有'为词头，无义。蹙，不安貌"。

[5]"孔子曰"句：亦见于《墨子·非儒》《韩非子·忠孝》。

[6]天下殆哉，岌岌乎：杨伯峻谓"此为'天下岌岌乎殆哉'之倒装。古人常以'岌'作状语，表示危殆"。赵岐《注》："岌岌乎，不安貌也。"

[7]齐东野人：赵岐《注》："东野，东作田野之人所言耳。咸丘蒙，齐人也，故闻齐野人之言。《书》曰'平秩东作'，谓治农事也。"孙奭《正义》："'平秩东作'，孔安国《传》云：'平均次序东作之事，以务农也。'"朱熹《集注》："齐东，齐国之东鄙也。"清代阎若璩和焦循都赞许赵岐释"东"为"劳作"，即治农事

---

①参见金良年：《孟子译注》，上海古籍出版社，2004，第113页。王青：《古代"语"文体的起源与发展——上博简〈曹沫之陈〉篇题的启示》，《史学集刊》2010年第2期。

的注解。野人，《论语·先进》朱熹《论语集注》云："野人，郊外之民。"故王恩田先生认为："'齐东野人'中的'野人'与'东'字结合组成固定词组，就只能理解为从事耕作的农民或居住在郊野之人，而不能再作他解。"①

[8]"《尧典》曰"数句：实为今《尚书·舜典》文。朱熹《集注》："尧典，虞书篇名。今此文乃见于舜典，盖古书二篇，或合为一耳。"陆德明《经典释文·叙录》谓"齐明帝建武（494—498年）中，吴兴姚方兴采马（融）、王（肃）之注，造孔传《舜典》一篇，云'于大桁头买得之'"，开头增二十八字。明代郑晓则认为该篇并非姚方兴作伪，而是隋代人托名姚方兴作伪。②

[9]放勋：赵岐《注》："放勋，尧名。"陆德明《经典释文》引马融《注》云："放勋，尧名。"宋蔡沈（1167—1230年）《书集传》云："放，至也。勋，功也。言尧之功大而无所不至也。"孙奭《疏》："放勋，尧之号也。"朱熹《集注》："放勋，尧名。"杨伯峻和金良年均注解为"尧的称号"。

[10]徂落：赵岐《注》："死也。"孙奭《疏》："魂气往为徂，体魄殒为落，大抵则死也。"朱熹《集注》："徂，升也。落，降也。人死则魂升而魄降，故古者谓死为徂落。"

[11]百姓如丧考妣：百姓，《尚书·尧典》"平章百姓"，孔《传》："百姓，百官。"阎若璩《四书释地又续》谓有二义：一指"百官"，一指"小民"。这里是指"百官"。金良年《译注》："此指各姓的贵族。"考妣：指父母。孙奭《疏》："《礼记》曰：'生曰父曰母，死曰考曰妣。'郑《注》云：'考，成也，言其德行之成也。妣之言媲也，媲于考故也。'"郭沫若《释祖妣》一文认为，"考妣"连用当出自战国时期。《尧典》此句当是伪托。

[12]四海遏密八音：四海，杨伯峻引江声《尚书集注音疏》谓指民间。赵岐《注》："遏，止也。密，无声也。八音不作，哀思甚也。"孙奭《疏》："八音，金、石、丝、竹、匏、土、革、木是也。"朱熹《集注》："遏，止也。密，静也。"

[13]"孔子曰"句：亦见于《礼记·坊记》和《曾子问》。

[14]"《诗》云"以下诸句：出自《诗经·小雅·北山》。赵岐《注》："普，遍。率，循也。遍天下循土之滨，无有非王者之臣。"王引之《经义述闻》训"率"为"自"，杨伯峻以为"恐非"。

[15]贤劳：一种理解为一个联合词组，如赵岐《注》、孙奭《疏》和朱熹《集注》

---

①王恩田：《"齐东野人"正解》，《管子学刊》1992年第2期。
②参见姜广辉：《〈尚书〉今古文真伪新证》，载姜广辉《中国经学思想史》，中国社会科学出版社，2003，第186-195页。

均释为"贤才而劳苦",谓"何为独使我以贤才而劳苦"。一种则理解为是一个词,但又有两种解释:一指劳苦,毛《传》训"贤"为"劳";一指多劳,宋翔凤《孟子赵注补正》引《小尔雅》训"贤"为"多"。(参见杨伯峻《译注》)

[16]不以文害辞:赵岐《注》:"文,诗之文章所引以兴事也。辞,诗人所歌咏之辞。""孟子言说诗者当本之,不可以文害其辞,文不显乃反显也。"孙奭《疏》:"不以文逆害其辞。"朱熹《集注》"文,字也。辞,语也","不可以一字而害一句之义"。

[17]以意逆志:这句话在近世被看作是孟子重要的诗论观。志,赵岐《注》:"诗人志所欲之事。" 意,赵岐《注》:"学者之心意也。" 逆,赵岐《注》"逆求。人情不远,以己之意逆诗人之志";朱熹《集注》:"逆,迎也。当以己之意迎取作者之志。"杨伯峻谓"逆"为"揣测之意",译为"用自己切身的体会去推测作者的本意"。金良年译为"要用自己的心去推求诗意"。

[18]周余黎民,靡有孑(jié)遗:出自《诗经·大雅·云汉》。赵岐《注》:"辞曰'周余黎民,靡有孑遗',志在忧旱灾,民无孑然遗脱不遭旱灾者,非无民也。"孙奭《疏》:"孑,单也。"朱熹《集注》:"孑,独立貌。遗,脱也。"笔者认为,赵岐和孙奭的注解更合理一些,朱熹《集注》,或者训"孑"为"余"等解释不通。

[19]永言孝思,孝思维则:出自《诗经·大雅·下武》。赵岐《注》:"周武王所以长言孝道,欲以为天下法则。"孙奭《疏》:"武王长言孝心之所思,所思者,维则法大王、王季、文王三后之所行耳。"朱熹《集注》:"言人能长言孝思而不忘,则可以为天下法则也。"

[20]"《书》曰"句:赵岐《注》:"《书》,《尚书》逸篇。只,敬。载,事也。夔夔斋栗,敬慎战惧貌。舜既为天子,敬事严父,战栗以见瞽瞍。瞍亦信知舜之大孝,若是为父不得而子也,以此解咸丘蒙之疑。"孙奭《疏》引孔安国《注》云:"允,信。若,顺也。"朱熹《集注》:"孟子引此而言瞽瞍不能以不善及其子,而反见化于其子,则是所谓父不得而子者,而非如咸丘蒙之说也。"

【解析】

赵岐《孟子章指》:"孝莫大于严父而尊之矣,行莫过于蒸蒸而执子之政者也。此圣人轨道,无有加焉。"

本章孟子和咸丘蒙两人谈论的是君臣和父子关系的问题,特别是在舜的身上,他是有双重身份的。这实际上是孟子或者说以孟子为首的儒家在阐述君臣和父子关系时,以舜为例罢了。孟子强调二者不可偏废,也就是承袭孔子的君君、臣臣、父父、子子的思想。

本章孟子对《诗》的理解和评论，成为后世学者研究《诗经》的重要参考。

9·5　万章曰："尧以天下与舜，有诸？"

孟子曰："否，天子不能以天下与人。"

"然则舜有天下也，孰与之？"

曰："天与之。"

"天与之者，谆谆然命之乎[1]？"

曰："否；天不言[2]，以行与事示之而已矣。"

曰："以行与事示之者，如之何？"

曰："天子能荐人于天，不能使天与之天下；诸侯能荐人于天子，不能使天子与之诸侯；大夫能荐人于诸侯，不能使诸侯与之大夫。昔者，尧荐舜于天，而天受之；暴之于民，而民受之；故曰，天不言，以行与事示之而已矣。"

曰："敢问荐之于天，而天受之；暴之于民[3]，而民受之，如何？"

曰："使之主祭，而百神享之，是天受之；使之主事，而事治，百姓安之，是民受之也。天与之，人与之，故曰，天子不能以天下与人。舜相尧二十有八载，非人之所能为也，天也。尧崩，三年之丧毕，舜避尧之子于南河之南[4]，天下诸侯朝觐者，不之尧之子而之舜；讼狱[5]者，不之尧之子而之舜；讴歌者，不讴歌尧之子而讴歌舜，故曰，天也。夫然后之中国[6]，践天子位焉。而居尧之宫[7]，逼尧之子，是篡也，非天与也。《太誓》曰[8]：'天视自我民视，天听自我民听。'此之谓也。"

【注释】

[1]谆谆然命之乎：赵岐《注》："万章言天有声音命与之乎？"孙奭《疏》："天有声音，谆谆然命与之乎？"又云"天不以言语谆谆然命之也"。也就是说，赵岐和孙奭所谓的"有声音"即指言语。故朱熹《集注》云："谆谆，详语貌。"

[2]天不言：《论语·阳货》（17·19）有近似的话："天何言哉？四时行焉，百

物生焉，天何言哉？"

[3]暴（pù）之于民：把他公开在民众面前。朱熹《集注》："暴，步卜反，显也。"杨伯峻译为"公开介绍给百姓"，金良年译作"向民众亮相"。

[4]南河之南：赵岐《注》："远地南夷也。"孙奭《疏》引裴骃注云："刘熙曰：'南河之南，九河之最南者是也。是知为南夷也。'"金良年谓"潼关以下西东流向一段为南河"。

[5]讼狱：打官司。赵岐《注》："狱不决其罪，故讼之。"杨伯峻《译注》："经传多作'狱讼'，如《周礼·地官·大司徒》云：'凡民之不服教而有狱讼者。'此作'讼狱'，与'狱讼'同为同义复词。赵岐《注》云：'讼狱，狱不能决罪，故讼之。'以'讼狱'为动宾结构，实误。"

[6]中国：国都。孙奭《正义》引裴骃云："所谓中国，刘熙云'帝王所都为中，故曰中国'。"

[7]而居尧之宫：而，王引之《经传释词》解作"如"，如果。

[8]"《太誓》曰"句：赵岐《注》："《太誓》，《尚书》篇名。自，从也。言天之视听，从人所欲也。"朱熹《集注》："天无形，其视听皆从于民之视听。民之归舜如此，则天与之可知矣。"

【解析】

赵岐《孟子章指》："德合于天，则天爵归之；行归于仁，则天下与之。天命不常，此之谓也。"

本章孟子将天命和民意联系在一起，这种思想是很了不起的。用今天的话讲，既有理论认识的高度，又有现实的指导意义，而民意的核心就是赵岐所概括的"合德"与"行仁"。

9·6 万章曰："人有言：'至于禹而德衰，不传于贤，而传于子[1]。'有诸？"

孟子曰："否，不然也；天与贤，则与贤；天与子，则与子。昔者，舜荐禹于天，十有七年，舜崩，三年之丧毕，禹避舜之子于阳城[2]，天下之民从之，若尧崩之后不从尧之子而从舜也。禹荐益于天，七年，禹崩，三年之丧毕，益避禹之子于箕山之阴[3]。朝觐讼狱者不之益而之启[4]，曰：'吾君之子也。'讴歌者不讴歌益而讴歌启，曰：'吾君之子也。'丹朱[5]之不肖，舜之子亦不肖。舜之相尧、禹与之相舜也，历年多，施泽于民久。启贤，能敬承继禹之道。益之相禹也，历年少，施泽于民未久。舜、禹、益相去久远[6]，其子之贤不肖，皆天也，非人之所能为也。莫之为而为者，天也[7]；莫之致而至者，命也[8]。匹夫而有天下者，德必若舜禹，而又有天子荐之者，故仲尼不有天下。继世以有天下，天之所废，必若桀纣者也，故益、伊尹、周公不有天下。伊尹相汤以王于天下，汤崩，太丁未立，外丙[9]二年，仲壬[9]四年，太甲颠覆汤之典刑[10]，伊尹放之于桐[11]，三年，太甲悔过[12]，自怨自艾[13]，于桐处仁迁义[14]，三年，以听伊尹之训己也，复归于亳。周公之不有天下，犹益之于夏、伊尹之于殷也。孔子曰：'唐虞禅，夏后殷周继，其义一也[15]。'"

【注释】

[1]"人有言"至"传于子"：翟灏《四书考异》谓即《新序·节士》"禹问伯成子高"和《韩非子·外储说》"潘寿对燕王曰"等言语。杨伯峻指出"《晋书·束晳传》引《竹书纪年》云：'益干启位，启杀之。'此又一异说"。

[2]阳城：山名，位于今河南登封市以北。赵岐《注》："阳城、箕山之阴，皆嵩山下深谷之中以藏处也。"

[3]箕山之阴：箕山，位于今河南登封市东南。阴，《史记·夏本纪》作"阳"。山北曰阴，山南曰阳。

[4]启：朱熹《集注》："禹之子也。"《山海经》等作"开"。《楚辞》《墨子》《竹书纪年》和《山海经》等书举其恶，而孟子称其贤，皮锡瑞以为"为世立教耳"。

[5]丹朱：尧之子，名朱，因封于丹渊，又被称为丹朱。

[6]舜、禹、益相去久远：杨伯峻《译注》："意谓三人之相距有久有不久，此'久远'包括'暂短'而言。原意本谓舜相尧二十八年，禹相舜十七年，皆久远者；益相禹则只七年而禹死，比之舜、禹，则短暂矣。"金良年谓"久远，犹今言长短"。

[7]莫之为而为者，天也：赵岐《注》："莫，无也。人无所欲为而横为之者，天使为也。"孙奭《疏》"人莫之为然而为然者，故曰天使然也"。

[8]莫之致而至者，命也：赵岐《注》："人无欲致此事而此事自至者，是其命而已矣。故曰命也。"朱熹《集注》"盖以理言之谓之天，自人言之谓之命"。

[9]外丙、仲壬：太丁的两个弟弟。《竹书纪年》："外丙，名胜。仲壬，名庸。"

杨伯峻谓"卜辞作'卜丙''中壬'"。赵岐《注》："外丙立二年,仲壬立四年,皆太丁之弟也。"孙奭《正义》："然《史记》云'外丙即位三年',今《孟子》云'外丙二年',盖《史记》不稽《孟子》之过也。"朱熹《集注》引赵岐《注》后,又云:"程子曰:'古人谓岁为年,汤崩时,外丙方二岁,仲壬方四岁,惟太甲差长,故立之也。'二说未知孰是。"

[10]太甲颠覆汤之典刑:太甲,子姓,名至。商汤嫡长孙,太丁之子,外丙、仲壬之侄。《竹书纪年》:"太甲,名至。"赵岐《注》:"太甲,太丁子也。伊尹以其颠覆典刑,放之于桐邑。"朱熹《集注》:"颠覆,坏乱也。典刑,常法也。"

[11]桐:太甲流放之地。有两种理解,一种认为是地名,如赵岐《注》"桐邑";一种认为是庐墓、墓地,如孙奭《疏》"桐宫",朱熹《集注》"汤墓所在"。后一种说法认为伊尹将太甲流放到汤的墓地是为了让他对照先王进行反省。

[12]太甲悔过:《尚书·太甲》和《史记·殷本纪》等文献记载与本章记述无甚差别,但古本《竹书纪年》则谓"元年辛巳,王即位,居亳,命卿士伊尹。伊尹放太甲于桐,乃自立。七年,王潜出自桐,杀伊尹。天大雾三日,乃立其子伊陟、伊奋,命复其父之田宅而中分之"。

[13]自怨自艾(yì):赵岐《注》:"自怨其恶行。艾,治也。治而改过。"孙奭《疏》:"而怨其己恶,遂治身于桐宫。"朱熹《集注》:"艾,治也。《说文》云:'艾草也。'盖斩绝自新之意。"

[14]处仁迁义:赵岐《注》:"处,居也。迁,徙也。居仁徙义。"

[15]唐虞禅,夏后殷周继,其义一也:后,指帝王。《尔雅·释诂》:"后,君也。"孙奭《疏》:"孔子曰:唐、虞二帝,禅让其位,夏禹、殷汤、周武继父之位,其义则一,更无二也。谓其义则一而无二者,盖唐、虞与贤,夏后、殷、周与子,天与贤则与贤,天与子则与子,其为顺天则一而已,故曰其义则一也。云禅者,盖唐、虞禅祭而告传位,故曰禅也。"朱熹《集注》:"禅,音擅。禅,受也。或禅或继,皆天命也。"

【解析】

赵岐《孟子章指》:"笃志于仁,则四海宅心;守正不足,则贤位莫继。丹朱、商均是也。是以圣人孜孜于仁德也。"

本章孟子对唐、虞禅让和夏后、殷、周继位的理解承袭了孔子的观点——"其义一也",并对此反复申说。孟子认为传位与贤、与子均不过是"处仁迁义"罢了,即赵岐所谓的"笃仁守正"。批评者认为孟子完全是站在君主的立场上为其统治辩护,是对夏商周时期的政治的一种理想化的想象。但另一方面我们又不得不承认除了这一解说外，似乎没有更为恰当的具有历史和现实意义的解释了。

9·7 万章问曰："人有言，'伊尹以割烹要汤[1]'，有诸？"

孟子曰："否，不然；伊尹耕于有莘[2]之野，而乐尧舜之道焉。非其义也，非其道也，禄之以天下，弗顾也；系马千驷，弗视也。非其义也，为其道也，一介[3]不以与人，一介不以取诸人。汤使人以币[4]聘之，嚣嚣然[5]曰：'我何以汤之聘币为哉？我岂若处畎亩之中，由是以乐尧舜之道哉？'汤三使往聘之，既而幡然[6]改曰：'与我处畎亩之中[7]，由是以乐尧舜之道，吾岂若使是君为尧舜之君哉？吾岂若使是民为尧舜之民哉？吾岂若于吾身亲见之哉？天之生此民也，使先知觉后知[8]，使先觉觉后觉也。予，天民之先觉者也；予将以斯道觉斯民也。非予觉之，而谁也？'思天下之民匹夫匹妇有不被尧舜之泽者，若己推而内[9]之沟中。其自任以天下之重如此，故就汤而说[10]之以伐夏救民。吾未闻枉己而正人者也，况辱己以正天下者乎？圣人之行不同也，或远，或近；或去，或不去；归洁其身而已矣。吾闻其以尧舜之道要汤，未闻以割烹也。《伊训》曰：'天诛造攻自牧宫，朕载自亳[11]。'"

【注释】

[1]以割烹要汤：金良年《译注》："谓伊尹因无法接近汤，所以通过烹饪之道来进身。要，是干求、邀结的意思。"其事《墨子·尚贤》《吕氏春秋·本味》和《史记·殷本纪》均有记载。

[2]有莘（shēn）：《吕氏春秋·本味》作"有侁"。赵岐《注》："有莘，国名。伊尹初隐时，耕于有莘之国。"金良年谓"当时的莘国约在今河南开封东南，一说在今山东曹县以北"。

[3]一介：指细小的、微不足道的，犹言一丝一毫。赵岐《注》"一介草"，孙奭《疏》"一草介"，朱熹《集注》："介与'草芥'之'芥'同。言其辞受取与，无大无细，一以道义而不苟也。"王引之《经义述闻》训"介"为"个"。杨伯峻谓"'一介''一芥'犹言一点点小东西"。金良年谓"'介'同'芥'，细小之意"。

[4]币：赵岐《注》"玄纁之币帛"，孙奭《疏》"币帛之物"。古指赠劳宾客和

聘享之物，俗称见面礼。

[5]嚣嚣然：赵岐《注》："自得之志，无欲之貌也。"杨伯峻谓"嚣嚣，闲暇貌"。

[6]幡然：赵岐《注》："幡，反也。"朱熹《集注》："幡然，变动之貌。"《荀子·大略》："君子之学如蜕，幡然迁之。"唐杨倞注云："幡，与翻同。"杨伯峻和金良年从之。

[7]与我处畎亩之中：孙奭《疏》："与我居处有莘之畎亩之中。"与，杨伯峻释为"与其"，译为"我与其住在田野之中"。金良年译为"与其栖身在这耕田中间"。

[8]先知觉后知：赵岐《注》："觉，悟也。"孙奭《疏》"是使为先知以觉悟后知者也"。朱熹《集注》："知，谓识其事之所当然。觉，谓悟其理之所以然。"

[9]内：朱熹《集注》："音纳。"杨伯峻和金良年均注作："同纳。"

[10]说：朱熹《集注》："音税。"杨伯峻《译注》："音（shuì），游说。"

[11]"《伊训》曰"句：赵岐《注》："《伊训》，《尚书》逸篇名。牧宫，桀宫。朕，我也，谓汤也。载，始也。亳，殷都也。言意欲诛伐桀造作可攻讦之罪者，从牧宫桀起自取之也。汤曰我始与伊尹谋之于亳，遂顺天而诛之也。"孙奭《疏》："故《尚书·伊训》之篇有云：'天行诛伐，始攻之罪者，自桀宫起也。汤言我始与伊尹谋之，自亳地也。'以此详之，则知伊尹非事割烹之污而要汤伐桀者也。伊尹或远而不仕，谓在有莘之野是也；或近而仕，谓汤三聘而往见之是也；去亳适夏，所谓或去是也；既丑有夏，复归于亳，所谓或不去是也。"朱熹《集注》："今书'牧宫'作'鸣条'。伊尹言始攻桀无道，由我始其事于亳也。"杨伯峻《译注》引任启运《四书约旨》云："牧宫，汤祖庙。汤为牧伯，故祖庙称牧宫。古者大征伐必告庙而出，反亦必告庙。此'造攻自牧宫'是告而出。"

【解析】

赵岐《孟子章指》："贤达之理世务也，推正以济时物，守己直行，不枉道以取容，期于益治而已矣。"

本章孟子指出了一般人对伊尹以切割、烹饪之道来接近和讨好成汤的错误认识，强调他们君臣之间是互相理解与尊重，并互相成就的。因为如果没有君主成汤的"三使往聘"（"三"为概数，几次、多次的意思），可能伊尹也很难走出有莘之野为其出谋划策，辅佐成汤成为尧、舜一样的君王。

9·8 万章问曰："或谓孔子于卫主痈疽[1]，于齐主侍人瘠环[2]，有诸乎？"

孟子曰："否，不然也；好事者为之也。于卫主颜雠由[3]。弥子[4]之妻与子路之妻，兄弟也。弥子谓子路曰：'孔子主我，卫卿可得也。'子路以告。孔子曰：'有命。'孔子进以礼，退以义，得之不得曰'有命'。而主痈疽与侍人瘠环，是无义无命也。孔子不悦于鲁卫[5]，遭宋桓司马将要而杀之[6]，微服[7]而过宋。是时孔子当陁，主司城贞子[8]，为陈侯周[9]臣。吾闻观近臣[10]，以其所为主；观远臣[10]，以其所主。若孔子主痈疽与侍人瘠环，何以为孔子？"

【注释】

[1]主痈疽：主，朱熹《集注》："主，谓舍于其家，以之为主人也。"痈疽，有两种解释：一种指治痈疽的医生，如赵岐《注》"痈疽之医者也"，朱熹《集注》"疡医也"；一种指宦官名，如《史记·孔子世家》作"雍渠"，《韩非子·难四》作"雍锄"，《说苑·至公》作"雍雎"，翟灏《四书考异》谓"均以声同通借耳"。杨伯峻从宦官名说。

[2]侍人瘠环：宦官瘠环。赵岐《注》："瘠，姓。环，名。侍人也。齐君之所近狎人也。"侍人，《说苑·至公篇》作"寺人"。朱熹《集注》："侍人，奄人也。"

[3]颜雠由：卫国贤大夫。赵岐《注》："卫贤大夫。"孙奭《疏》谓即《史记·孔子世家》之"颜浊邹"。朱熹《集注》："雠（chóu），如字，又音雔（chōu）。颜雠由，卫之贤大夫也，《史记》作'颜浊邹'。"

[4]弥子：即卫灵公宠臣弥子瑕。赵岐《注》："弥子瑕也。"朱熹《集注》："弥子，卫灵公幸臣弥子瑕也。"《吕氏春秋》和《淮南子》记载孔子与弥子瑕交往之事。毕沅及杨伯峻等认为是当时人制造的谣言。

[5]孔子不悦于鲁卫：朱熹《集注》："不悦，不乐居其国也。"杨伯峻《译注》："'不悦于鲁'指'齐人馈女乐，季桓子受之'事；'不悦于卫'指'招摇市过之'事。俱详《孔子世家》。"

[6]遭宋桓司马将要而杀之：要，同"邀"，中途拦截。孙奭《疏》"是时宋国司马桓魋将要求孔子而杀之"，朱熹《集注》："要，平声。桓司马，宋大夫向魋也。"相关记载亦见于《史记·孔子世家》和《论语·述而》（7·23）。

[7]微服：孙奭《疏》"变更微服"。《说文》："微，隐行也。"意思是更换平常服装以避人耳目。

[8]司城贞子：赵岐《注》："宋卿也，虽非大贤，亦无谄恶之罪，故谥为贞子。"

《史记·孔子世家》说其为"陈人",朱亦栋《孟子札记》谓即《左传·哀公十五年》之公孙贞子。杨伯峻谓赵岐《注》"宋卿"恐非。孙奭《疏》:"盖司城者,今以宋六卿考之,则司城在司寇之上,右师、左师、司马、司徒之下,其位则六卿之中也。古有司空之官,无司城之名,特宋有之者,按《左传·鲁桓公六年》'宋以武公废司空'。杜预曰:'武公名司空,遂变为司城也。'"

[9]陈侯周:赵岐《注》:"陈怀公子也,为楚所灭,故无谥,但曰陈侯周。"朱熹《集注》:"陈侯,名周。"孙奭《疏》引《史记·陈杞世家》和《湣公年表》谓"陈怀公之子名越者,乃为湣公。……今孟子乃云为陈侯周臣,是陈侯周即湣也。"杨伯峻引全祖望《经史问答》云:"《左传》《史记》《世本》诸家所载诸侯之名,异同甚多,安在陈侯名周,不又各有所本?"杨伯峻谓"此说得之。明人郝敬不识此理,训'周'为'忠',实谬"。

[10]近臣、远臣:赵岐《注》:"近臣,当为远方来贤者为主。远臣,自远而至,当主于在朝之贤臣者。"朱熹《集注》:"近臣,在朝之臣。远臣,远方来仕者。"

【解析】

赵岐《孟子章指》:"君子大居正,以礼进退,屈伸达节,不违贞信。故孟子辩之,正其大义者也。"

本章孟子为孔子的行为辩解,认为孔子之所以是孔子,就在于他不论什么时候都不会违背基本的礼义准则。也就是《论语·里仁》(4·5)中孔子所说的"君子无终食之间违仁,造次必于是,颠沛必于是"。

9·9 万章问曰:"或曰:'百里奚[1]自鬻于秦养牲者,五羊之皮[1],食牛[2],以要秦穆公。'信乎?"

孟子曰:"否,不然;好事者为之也。百里奚,虞人也[3]。晋人以垂棘之璧[4]与屈产之乘[5],假道于虞以伐虢[6]。宫之奇谏[7],百里奚不谏。知虞公之不可谏而去之秦,年已七十矣;曾[8]不知以食牛干秦穆公之为污也,可谓智乎?不可谏而不谏,可谓不智乎?知虞公之将亡而先去之,不可谓不智也。时举于秦,知穆公之可与有行[9]也而相之,可谓不智乎?相秦而显其君于天下,可传于后世,不贤而能之乎?自鬻以成其君,乡党自好者[10]不为,而谓贤者为之乎?"

九、万章上

【注释】

[1]百里奚、五羊之皮：百里氏，名奚。五羊之皮，或谓其赎金，如《史记》；或谓其卖价，如《战国策》《韩诗外传》《说苑》及《孟子》本章。

[2]食牛：赵岐《注》："为人养牛。"

[3]虞人也：孙奭《疏》："虞国之大夫也。"

[4]垂棘之璧：垂棘，赵岐《注》："美玉所出地名。"朱熹《集注》："垂棘之地所出之璧也。"

[5]屈产之乘：赵岐《注》："屈产，地，良马所生。"朱熹《集注》："屈地所生之良马也。乘，四匹也。"

[6]虢：周初所封诸侯国名。

[7]宫之奇谏：赵岐《注》："宫之奇，虞之贤臣，谏之不欲令虞公受璧、马而假晋道。"孙奭《疏》："虞之大夫宫之奇谏之，令虞公无受璧与马以借与道也。"

[8]曾：竟然、居然。杨伯峻《译注》："乃也，竟也。"

[9]有行：有所作为。杨伯峻《译注》："与'有为'同。"金良年《译注》："犹言有所作为。"

[10]自好者：赵岐《注》："自喜好名者。"朱熹《集注》："自爱其身之人也。"杨伯峻和金良年译文从朱熹《集注》。笔者认为，赵岐的解释更准确。

【解析】

赵岐《孟子章指》："君子时行则行，时舍则舍，故能显君明道，不为苟合，而为正者也。"

朱熹《孟子集注》："范氏曰：'古之圣贤未遇之时，鄙贱之事，不耻为之。如百里奚为人养牛，无足怪也。惟是人君不致敬尽礼，则不可得而见。岂有先自污辱以要其君哉？庄周曰：百里奚爵禄不入于心，故饭牛而牛肥，使穆公忘其贱而与之政。亦可谓知百里奚矣。伊尹、百里奚之事，皆圣贤出处之大节，故孟子不得不辩。'尹氏曰：'当时好事者之论，大率类此。盖以其不正之心度圣贤也。'"

本章孟子为百里奚的行为辩解，认为不能仅观察人表象的"智"或"不智"，而应观其行为是否有损大节。

十、万章下

10·1 孟子曰:"伯夷,目不视恶色[1],耳不听恶声[2];非其君,不事;非其民,不使。治则进,退则乱。横政[3]之所出,横民之所止,不忍居也。思与乡人处,如以朝衣朝冠坐于涂炭也。当纣之时,居北海之滨,以待天下之清也。故闻伯夷之风者,顽夫[4]廉,懦夫有立志。伊尹曰:'何事非君?何使非民?'治亦进,乱亦进,曰:'天之生斯民也,使先知觉后知,使先觉觉后觉。予,天民之先觉者也。予将以此道觉此民也。'思天下之民匹夫匹妇有不与被尧舜之泽者,若己推而内之沟中,其自任以天下之重也。柳下惠不羞污君,不辞小官,进不隐贤,必以其道。遗佚而不怨,厄穷而不悯。与乡人处,由由然不忍去也。'尔为尔,我为我,虽袒裼裸裎于我侧,尔焉能浼我哉?'故闻柳下惠之风者,鄙夫宽[5],薄夫敦[6]。孔子之去齐,接淅而行[7];去鲁,曰:'迟迟吾行也,去父母国之道也。'可以速而速,可以久而久,可以处而处,可以仕而仕,孔子也。"

孟子曰[8]:"伯夷,圣之清者也;伊尹,圣之任者也;柳下惠,圣之和者也;孔子,圣之时者也。孔子之谓集大成[9]。集大成也者,金声而玉振[10]之也。金声也者,始条理也;玉振之也者,终条理也。始条理者,智之事也;终条理[11]者,圣之事也。智,譬则巧也;圣,譬则力也。由[12]射于百步之外也,其至,尔力也;其中,非尔力也。"

【注释】

[1]恶色:赵岐《注》:"谓行不正而有美色者,若夏姬之比也。"
[2]恶声:赵岐《注》:"谓郑声也。"
[3]横政:朱熹《集注》:"横,去声。横,谓不循法度。"

[4]顽夫：赵岐《注》："顽贪之夫。"杨伯峻《译注》引清代毛奇龄《四书剩言》与臧琳《经义杂记》谓"《孟子》'顽夫廉'，'顽'字，皆是'贪'字"。

[5]鄙夫宽：赵岐《注》："鄙狭者更宽优。"朱熹《集注》："鄙，狭陋也。"

[6]薄夫敦：赵岐《注》："薄浅者更深厚。"朱熹《集注》："敦，厚也。"

[7]接淅而行：赵岐《注》："淅，渍米也。不及炊，避恶亟也。""接"一作"滰"。《说文解字·水部》："滰，浚干渍米也。从水，竟声。《孟子》曰：'夫子去齐，滰淅而行。'"孙奭《疏》："言孔子之去齐急速，但渍米不及炊而即行。"朱熹《集注》："淅，先历反。接，犹承也。淅，渍米水也。渍米将炊，而欲去之速，故以手承水取米而行，不及炊也。"孟蓬生谓从事理和词义两方面来看，朱熹对"接"字的说法是可疑的，"接"应当读为"湆"，训为"漉干"。①

[8]"孟子曰"三句：赵岐《注》"伯夷清、伊尹任、柳下惠和，皆得圣人之道也"。孙奭《疏》："伯夷之行，为圣人之清者也，是其不以物污其己，而成其行于清也；伊尹之行，为圣人之任者也，是其乐于自为，而以天下之重自任也；柳下惠之行，为圣人之和者也，是其不以己异于物，而无有所择也。"朱熹《集注》："张子曰：'无所杂者清之极，无所异者和之极。勉而清，非圣人之清；冕而和，非圣人之和。所谓圣者，不勉不思而至焉者也。'孔氏曰：'任者，以天下为己责也。'"

[9]孔子之谓集大成：赵岐《注》："孔子时行则行，时止则止，孔子集先圣之大道，以成己之圣德者也，故能金声而玉振之。"孙奭《疏》："唯孔子者，独为圣人之时者也，是其所行之行，惟时适变，可以清则清，可以任则任，可以和则和，不特倚于一偏也，故谓之孔子为集其大成、得纯全之行者也。"②朱熹《集注》："此言孔子集三圣之事，而为一大圣之事。犹作乐者，集众音之小成，而为一大成也。成者，乐之终，《书》所谓'箫韶九成'是也。"

[10]金声而玉振：赵岐《注》："振，扬也。故如金音之有杀，振扬玉音终始如一也。"朱熹《集注》："金，钟属。声，宣也，如声罪致讨之声。玉，磬也。振，收也，如'振河海而不泄'之'振'。……八音之中，金石为重，故特为众音之纲纪。又金始震而玉终诎然也，故并奏八音，则于其未作，而先击镈钟以宣其声；俟其既阕，而后击特磬以收其韵。宣以始之，收以终之。"

[11]条理：孙奭《疏》："盖条理者，条则有数而不紊，理则有分而不可易也。"朱熹《集注》："犹言脉络。"焦循《正义》谓"节奏次第"。

---

①孟蓬生：《〈孟子〉"接淅而行"音释——谈鱼通转例说之三》，http://www.bsm.org.cn/?chujian/5491.html，访问日期：2022年1月25日。

②按：孙奭对此注解凡五百余言，将孔子与三者反复对照并举例说明。

[12]由：同"犹"。

【解析】

赵岐《孟子章指》："圣人由力，力有常也。贤者由巧，巧可增也。仲尼天高不可阶。他人丘陵犹可逾。所谓小同而大异者也。"

朱熹《孟子集注》："此章言三子之行，各极其一偏；孔子之道，兼全于众理。所以偏者，由其蔽于始，是以缺于终；所以全者，由其知之至，是以行之尽。三子犹春夏秋冬之各一其时，孔子则大和元气之流行于四时也。"

本章孟子将伯夷、伊尹和柳下惠三人与孔子比较，认为三个人各偏重一个方面，而"孔子之谓集大成"，并用金声玉振和终始条理来阐释孔子的"集大成"。

结构上，本章用了递进的方法，由三人引出孔子，犹如剥竹笋；修辞上，用排比、对比和比喻，特别是结尾部分的射箭之喻尤为精妙。

10·2　北宫锜[1]问曰："周室班[2]爵禄也，如之何？"

孟子曰："其详不可得闻也，诸侯恶其害己也，而皆去其籍[3]；然而轲[4]也尝闻其略[5]也。天子一位，公一位，侯一位，伯一位，子、男[6]同一位，凡五等也。君一位，卿一位，大夫一位，上士一位，中士一位，下士一位，凡六等。天子之制，地方千里，公侯皆方百里，伯七十里，子、男五十里，凡四等。不能[7]五十里，不达于天子，附于诸侯，曰附庸[8]。天子之卿受地视[9]侯，大夫受地视伯，元士[10]受地视子、男。大国地方百里，君十卿禄，大夫倍上士，上士倍中士，中士倍下士，下士与庶人在官者同禄，禄足以代其耕也。次国地方七十里，君十卿禄，卿禄三大夫，大夫倍上士，上士倍中士，中士倍下士，下士与庶人在官者同禄，禄足以代其耕也。小国地方五十里，君十卿禄，卿禄二大夫，大夫倍上士，上士倍中士，中士倍下士，下士与庶人在官者同禄，禄足以代其耕也。耕者之所获，一夫百亩，百亩之粪[11]，上农夫食九人，上次食八人，中食七人，中次食六人，下食五人。庶人在官者，其禄以是为差[12]。"

十、万章下

【注释】

[1]北宫锜(qí)：赵岐《注》："卫人。"朱熹《集注》："锜，鱼绮反。北宫，姓；锜，名。"

[2]班：排列。赵岐《注》："列也。"杨伯峻谓指用作动词，"规定等级之义"。

[3]籍：赵岐《注》："典籍。"金良年谓"指有关的文书档案"。

[4]轲：赵岐《注》："孟子名也。"

[5]略：粗略、大略。赵岐《注》："粗也。"

[6]天子、公、侯、伯、子、男：孙奭《疏》："盖父天母地，而为之子者，天子也；爵位盛大，以无私为德者，公也；斥候于外，以君人为德者，侯也；体仁足以长人者，伯也；子，字也，字，养也，而其德足以养人者，故曰子也；男，任也，任，安也，而其德足以安人者，故曰男也。"

[7]不能：不足、不到。朱熹《集注》："犹不足也。"或本于《淮南子·修务训》"不能被德承泽"，高诱《注》云："能，犹及也。"但杨伯峻认为，"朱熹以及高诱盖皆望文为训，似不足据，故译文仍以如字释之，原文不过'能'下省'有'字，这是古书常有的手法"。

[8]附庸：赵岐《注》："小者不能特达于天子，因大国以名通，曰附庸也。"孙奭《正义》引《礼记·王制》郑玄《注》云："附庸者，小城曰附庸，附庸者以国事附于大国，未能以其名通也。"杨伯峻《译注》："卫湜《礼记集说》云：'王莽封诸侯置附城，则汉人以城解庸也。古文庸即墉，后人加土别之。'"

[9]视：比照。赵岐《注》："比也。"

[10]元士：孙奭《疏》："元士者即上士也。"

[11]百亩之粪：粪，动词，施肥耕种。赵岐《注》："百亩之田加之以粪。"

[12]差：等级。赵岐《注》："等差。"

【解析】

赵岐《孟子章指》："圣人制禄，上下差叙，贵有常尊，贱有等威。诸侯僭越，灭籍从私。孟子略托言其大纲，以答北宫锜之问。"

朱熹《孟子集注》："愚按：此章之说，与《周礼》《王制》不同，盖不可考，阙之可也。程子曰：'孟子之时，去先王未远，载籍未经秦火，然而班爵禄之制已不闻其详。今之礼书，皆掇拾于煨烬之余，而多出于汉儒一时之附会，奈何欲尽信而句为之解乎？然则其事固不可一一追复矣。'"

本章孟子叙述了有关周代的班爵禄制度，即爵位等级以及相应的俸禄等，对其意义赵岐做出了比较概括的回答。孟子所述制度与《周礼》和《礼记·王制》的记载不同，因此本章具有重要的史料价值。

10·3 万章问曰："敢问友。"

孟子曰："不挟长，不挟贵[1]，不挟兄弟[2]而友。友也者，友其德也，不可以有挟也。孟献子[3]，百乘之家也，有友五人[4]焉：乐正裘，牧仲，其三人，则予忘之矣。献子之与此五人者友也，无献子之家者也。此五人者，亦有献子之家，则不与之友矣。非惟百乘之家为然也，虽小国之君亦有之。费惠公[5]曰：'吾于子思，则师之矣；吾于颜般[6]，则友之矣。王顺[6]、长息则事我者也。'非惟小国之君为然也，虽大国之君亦有之。晋平公[7]之于亥唐[8]也，入云则入，坐云则坐，食云则食；虽蔬食[9]菜羹，未尝不饱，盖不敢不饱也。然终于此而已矣。弗与共天位[10]也，弗与治天职[10]也，弗与食天禄[10]也；士之尊贤者也，非王公之尊贤也。舜尚[11]见帝，帝馆甥于贰室[12]，亦飨舜，迭为宾主，是天子而友匹夫也。用下敬上[13]，谓之贵贵；用上敬下，谓之尊贤。贵贵尊贤，其义一也。"

【注释】

[1]不挟长，不挟贵：赵岐《注》："长，年长。贵，贵势。"挟，倚仗、倚恃。孙奭《疏》："挟戴。"朱熹《集注》："挟者，兼有而恃之之称。"

[2]兄弟：有三种说法，一种是指兄弟中富贵的，如赵岐《注》"兄弟有富贵者"；另外两种说法为焦循《正义》所录异说两则：其一指结为婚姻关系的，如江永《群经补议》谓"古人以婚姻为兄弟"；其二是指同辈人称呼，如赵佑《四书温故录》谓"兄弟，等夷之称"。

[3]孟献子：赵岐《注》："献子，鲁卿，孟氏也。"朱熹《集注》："孟献子，鲁之贤大夫仲孙蔑也。"

[4]有友五人：焦循《正义》云："《国语·晋语》'赵简子曰：鲁孟献子有斗臣五人'。注云：'斗臣，捍难之士。'未知即此五人否？"

[5]费（bì）惠公：赵岐《注》："小国之君，若费惠公者也。"孙奭《疏》："费

· 212 ·

惠公乃小国之君也。"朱熹《集注》:"费,音秘(bì)。惠公,费邑之君也。"据文献记载,费,有三个名称:其一费城,滑国国都,今河南省洛阳市偃师区附近;其二费国,夏代古国名;其三费邑,鲁国季孙氏采邑。

[6]颜般、王顺:朱熹《集注》:"般,音班。"钱穆《先秦诸子系年考辨》:"《汉书·古今人表》费惠公、颜敢、王慎、长息同列四等,'敢''般'形近而误。'慎''顺'字通。"

[7]晋平公:晋悼公之子,名彪,前557—前532年在位。

[8]亥唐:赵岐《注》:"晋贤人也,隐居陋巷,晋平公常往造之,亥唐言入,平公乃入,言坐乃坐,言食乃食也。"《孟子》本章"入云、坐云、食云"乃"云入""云坐""云食"倒文。杨伯峻谓《太平御览》引《高士传》有关亥唐一段记载,"盖本《孟子》而演绎为之,未必另有所据也"。

[9]蔬食:粗糙的饭食。蔬,同"疏"。赵岐《注》:"粝食也。"

[10]天位、天职、天禄:赵岐《注》:"位、职、禄,皆天之所以授贤者。"孙奭《疏》:"且职、位、禄皆云天者,盖此三者皆天之所以授于人也。故云国君之位必曰天位,云职必曰天职,云禄必曰天禄。"朱熹《集注》:"范氏曰:'位曰天位,职曰天职,禄曰天禄。言天所以待贤人,使治天民,非人君所得专者也。'"

[11]尚:赵岐《注》:"尚,上也。"杨伯峻谓"以匹夫而晋谒天子,故云'上'"。

[12]帝馆甥于贰室:甥,赵岐《注》:"礼谓妻父曰外舅,谓我舅者吾谓之甥。尧以女妻舜,故谓舜甥。"贰室,赵岐《注》:"副宫也。"

[13]用下敬上:用,杨伯峻谓"以也"。

【解析】

赵岐《孟子章指》:"匹夫友贤,下之以德,王公友贤,授之以爵,大圣之行,千载为法者也。"

朱熹《孟子集注》:"此(章)言朋友人伦之一,所以辅仁,故以天子友匹夫而不为诎,以匹夫而友天子不为僭。此尧舜所以为人伦之至,而孟子言必称之也。"

本章孟子提出了"友德不友势"这一交友之道,或者说是其交友的基本观点,并以孟献子、小国之君、大国之君、尧、舜为例,一步步举证,其说理令人信服。同时,孟子认为因其品德而去结交朋友,可以辅助自己的德行,这也是尧舜成为圣贤的原因之一。

10·4 万章问曰:"敢问交际[1]何心也?"

孟子曰："恭也。"

曰："却之[2]却之为不恭，何哉？"

曰："尊者[3]赐之，曰：'其所取之者义乎，不义乎？'而后受之，以是为不恭，故弗却也。"

曰："请无以辞却之，以心却之，曰[4]：'其取诸民之不义也。'而以他辞[5]无受，不可乎？"

曰："其交也以道，其接也以礼，斯孔子受之矣。"

万章曰："今有御人[6]于国门之外[7]者，其交也以道，其馈也以礼，斯可受御与？"

曰："不可；《康诰》曰：'杀越人于货，闵不畏死，凡民罔不譈[8]。'是不待教而诛者也。殷受夏，周受殷，所不辞也；于今为烈[9]，如之何其受之？"

曰："今之诸侯取之于民也，犹御也。苟善其礼际矣，斯君子受之，敢问何说也？"

曰："子以为有王者作，将比今之诸侯[10]而诛之乎，其教之不改而后诛之乎？夫谓非有而取之者盗也，充类至义之尽也[11]。孔子之仕于鲁也，鲁人猎较，孔子亦猎较。猎较[12]犹可，而况受其赐乎？"

曰："然则孔子之仕也，非事道与？"

曰："事道[13]也。"

"事道奚猎较也？"

曰："孔子先簿正祭器，不以四方之食供簿正[14]。"

曰："奚不去也？"

曰："为之兆[15]也。兆足以行矣，而不行，而后去，是以未尝有所终三年淹[16]也。孔子有见行可之仕，有际可之仕，有公养之仕。于季桓子，见行可[17]之仕也；于卫灵公，际可之仕也；于卫孝公[18]，公养[19]之仕也。"

【注释】

[1]交际：交接、交往。赵岐《注》："际，接也。"朱熹《集注》："交际，谓人以礼仪币帛相交接也。"杨伯峻谓朱熹的注解过于狭窄。

[2]却之：推辞不接受。孙奭《疏》"却去之"。朱熹《集注》："却，不受而还之也。再言之，未详。"

[3]尊者：地位尊贵者。

[4]曰：金良年先生谓"此处是自己认为之意"。杨伯峻译为"心里说"。

[5]他辞：金良年谓"犹今言找借口"。

[6]御人：抢劫者。赵岐《注》"以兵御人而夺之货"。朱熹《集注》："御，止也。止人而杀之，且夺其货也。"

[7]国门之外：朱熹《集注》："无人之处也。"杨伯峻译为"国都郊野"，金良年译为"都城郊外"。

[8]杀越人于货，闵不畏死，凡民罔不譈：赵岐《注》："越，于，皆於也。杀於人，取於货，闵然不知畏死者。譈，杀也，凡民无不得杀之者也。"朱熹《集注》："譈，《书》作'憝'，徒对反。越，颠越也。今《书》'闵'作'暋'，无'凡民'二字。譈，怨也。言杀人而颠越之，因取其货，闵然不知畏死，凡民无不怨之。"今本《尚书·康诰》作："杀越人于货，暋不畏死，罔弗憝。"

[9]"殷受夏"至"为烈"十四字：不辞，赵岐《注》："不须辞问也。"烈，赵岐《注》谓"明法"，金良年谓"功业"。朱熹《集注》："语意不伦，李氏以为此必有断简或阙文者近之，而愚意其直为衍字耳。然不可考，姑阙之可也。"这句话的意思是对待杀人越货者的惩罚，夏商周都是一样，即"不待教而诛"，不用教化，直接判死刑杀掉。

[10]将比今之诸侯：比，赵岐《注》"比地"，朱熹《集注》："比，去声。比，连也。"杨伯峻《译注》："《礼记·乐记》郑《注》云：'比犹同也。'故译为'一例看待。'"

[11]充类至义之尽也：赵岐《注》："充，满。至，甚也。满其类大过至者，但义尽耳，未为盗也。"杨伯峻谓"以'充类至'为一读者，误"。

[12]猎较：赵岐《注》："猎较者，田猎相较，夺禽兽得之以祭，时俗所尚，以为吉祥。"朱熹《集注》："较，音角。"朱熹《集注》引赵岐注后又说"张氏以为猎而较所获之多少也。二说未知孰是"。

[13]事道：赵岐《注》："事行其道。"杨伯峻谓"犹言'为道而事'，古文常有

此语法",其译为"为着行道",而金良年译为"施行道义"。

[14]先簿正祭器,不以四方之食供簿正:赵岐《注》:"先为簿书以正其宗庙祭祀之器,即用其旧礼,取备于国中,不以四方珍食供其所簿正之器,度珍食难常有,乏绝则为不敬,故猎较以祭也。"朱熹《集注》谓"先簿正祭器,不详",引徐氏对赵岐《注》的申说后又强调"未知是否也"。金良年谓"前人对此各有所释,大体谓孔子猎较是权宜之计,而簿正祭器乃是正本,仍觉不甚妥帖"。笔者认为,赵岐的解释基本清楚。

[15]兆:赵岐《注》:"始也。"朱熹《集注》:"兆,犹卜之兆,盖事之端也。"

[16]淹:赵岐《注》"淹留"。

[17]行可:赵岐《注》:"冀可行道也。"朱熹《集注》:"见行可,见其道之可行也。"

[18]卫孝公:孙奭《疏》引《春秋年表》《孔子世家》谓指"卫灵公";朱熹《集注》:"孝公,《春秋》《史记》皆无之,疑出公辄也。"杨伯峻从之,谓"一人而二谥,本有此例"。

[19]际可、公养:赵岐《注》:"际,接也。卫灵公接遇孔子以礼,故见之也。卫孝公以国君养贤者之礼养孔子,孔子故留宿以答之也。"朱熹《集注》:"际可,接遇以礼也。公养,国君养贤之礼也。"杨伯峻谓"两者似乎相同,但'际可'为'独对某一人之礼遇','公养'则可能如稷下贤者之例,对当时一般人之礼待。"

【解析】

赵岐《孟子章指》:"圣人忧民,乐行其道,苟善辞命,不忍逆距,不合则去,亦不淹久。盖仲尼行止之节者也。"

朱熹《孟子集注》:"尹氏曰:'不闻孟子之义,则自好者为于陵仲子而已。圣贤辞受进退,惟义所在。'愚按:此章文义多不可晓,不必强为之说。"

本章孟子与万章进行了一场颇为精彩的辩论。万章步步紧逼,孟子稳扎稳打。

首先,万章问孟子,人与人交往应该心存什么样的态度?孟子回答说是恭敬之心;接着,万章又问,一再拒绝别人的馈赠是不恭敬的,这是为什么呢?孟子回答道,如果尊者赐予礼物,自己却一心想"他所得到的这个东西是不是合于义的",这么想就不恭敬了,因此不便拒绝。万章马上又问,不明说,找个借口推辞不可以吗?孟子说,人家和我的交往符合道,对我的接待也符合礼,这样的话,连孔子都会接受的。

万章又问,那么我们不管他的财富怎么来的吗?比如那是一个杀人越货的人呢?孟子回答,不可以。并引用《尚书·康诰》一段话,指出夏、商、周以来对待这种人都是一个办法——"不待教而诛",不用教化直接杀掉。

万章继续追问，那么对待窃位诸侯的礼遇，该怎么办呢。这也是本章的核心问题。

对于弟子这么尖锐的问题，孟子没有回避，而是毫不避讳地承认了战国时代不乏窃国之君这一事实。但他接着反问，假如有这样一个王者，会不会把这些诸侯一例看待呢？接着孟子澄清一个问题："夫谓非其有而取之者盗也，充类至义之尽也。"孟子认为不是自己的东西而去取得（例如，交换或者购买的物品）都称之为"盗"。在这里，孟子是把"盗"的含义夸大到极限了。

最后，孟子举出了孔子所说的三种出仕的例子，即"行可之仕""际可之仕""公养之仕"，回到了问题的核心，即出仕的正义性与否，不在于国君是否为窃国之君，而在于其行为和执政是否符合礼，符合道义。

10·5 孟子曰："仕非为贫也[1]，而有时乎为贫；娶妻非为养也，而有时乎为养。为贫者，辞尊居卑，辞富居贫[2]，辞尊居卑，辞富居贫，恶乎宜乎[3]？抱关击柝[4]。孔子尝为委吏[5]矣，曰：'会计当而已矣。'尝为乘田[6]矣，曰：'牛羊茁[7]壮长而已矣。'位卑而言高，罪也；立乎人之本朝[8]，而道不行，耻也。"

【注释】

[1]仕非为贫也：赵岐《注》"仕本为行道济民也"；孙奭《疏》："孟子言为仕者，志在欲行其道，以济生民，非为家贫乏财，故为仕也。"

[2]尊、卑、富、贫：指职位的高低和俸禄的多少。

[3]恶乎宜乎：做什么才适宜呢？赵岐《注》："安所宜乎？"

[4]抱关击柝（tuò）：指门卒和巡夜人。赵岐《注》："抱关击柝监门之职也。柝，门关之木也。击，椎之也。或曰柝，行夜所击木也。"朱熹《集注》："柝，音托。"《荀子·荣辱》杨倞《注》云："抱关，门卒也。"

[5]委吏：管理仓库的官吏。赵岐《注》："主委积仓庾之吏也。"

[6]乘田：管理牲畜的官吏。赵岐《注》："苑囿之吏也，主六畜之刍牧者也。"

[7]茁：赵岐《注》："生长貌也。"

[8]立乎人之本朝：在他人朝堂上。孙奭《疏》"如立乎人之朝"。

【解析】

赵岐《孟子章指》："国有道则能者处卿相，国无道则圣人居乘田。量时安卑，不受言责，独善其身者也。"

朱熹《孟子集注》："尹氏曰：'言为贫者不可以居尊，居尊者必欲以行道。'"

本章孟子开宗明义"仕非为贫"，但同时又进一步指出，如果只想借此谋生的话，千万注意"辞尊居卑，辞富居贫"，不要贪恋高官厚禄；如果已经在朝堂之上，还不行道的话，就是耻辱了。

10·6 万章曰："士之不托诸侯[1]，何也？"

孟子曰："不敢也。诸侯失国，而后托于诸侯，礼也；士之托于诸侯，非礼也。"

万章曰："君馈之粟，则受之乎？"

曰："受之。"

"受之何义也？"

曰："君之于氓[2]也，固周[3]之。"

曰："周之则受，赐之则不受，何也？"

曰："不敢也。"

曰："敢问其不敢何也？"

曰："抱关击柝者，皆有常职以食于上。无常职而赐[4]于上者，以为不恭也。"

曰："君馈之，则受之，不识可常继乎？"

曰："缪公之于子思也，亟问[5]，亟馈鼎肉[6]。子思不悦。于卒[7]也，摽[8]使者出诸大门之外，北面稽首再拜[9]而不受，曰：'今而后知君之犬马畜伋[10]。'盖自是台无馈也[11]。悦贤不能举[12]，又不能养也，可谓悦贤乎？"

曰："敢问国君欲养君子，如何斯可谓养矣？"

曰："以君命将之[13]，再拜稽首而受。其后廪人[14]继粟，庖人[14]继肉，不以君命将之。子思以为鼎肉使己仆仆[15]尔亟拜也，非养君子之道也。尧之于舜也，使其子九男事之，二女女焉，百官牛羊仓廪备，以养舜于畎亩之中，后举而加诸上位[16]，故曰，王公之尊贤者也。"

【注释】

[1]士之不托诸侯：士人不依靠诸侯。托，《说文》："寄也。"赵岐《注》："托，寄也。谓若寄公食禄于所托之国也。"孙奭《疏》："托，寄也，谓若寄公。"朱熹《集注》："托，寄也，谓不仕而食其禄也。古者诸侯出奔他国，食其廪饩，谓之寄公。"杨伯峻《译注》引《礼记·郊特牲》"诸侯不臣寓公"之"寓公"，将此句译作"士不像寓公那样靠诸侯生活"，谓"'寓公'近代的意义是客居他乡不工作的人。在古代则指丧失国家寄居别国的诸侯"。

[2]氓：赵岐《注》："民也。"焦循《正义》谓"不言'君之于民'，而言'氓'者，'氓'是自他国至此国之民，与寄之义合"。

[3]周：周济、接济。赵岐《注》："周者，谓周急廪贫民之常料也。"朱熹《集注》："周，救也。视其空乏，则周恤之，无常数，君待民之礼也。"杨伯峻引《礼记·月令》郑玄《注》"周谓给不足也"。

[4]赐：赏赐。朱熹《集注》："谓予之禄，有常数，君所以待臣之礼也。"

[5]亟问：亟，数，屡次、多次。问，杨伯峻《译注》："当读如《诗·女曰鸡鸣》'杂佩以问之'之'问'，盖古人于人有所问讯或问候，多以物相赠而表意，'亟问'与'亟馈鼎肉'，乃一事而分言之。"

[6]鼎肉：朱熹《集注》："熟肉也。"

[7]于卒：赵岐《注》："于卒者，末后复来时也。"朱熹《集注》："卒，末也。"金良年谓"犹今言最后"。

[8]摽（biāo）：挥手让人离开，挥赶、驱赶。赵岐《注》："麾也。"

[9]稽首再拜：杨伯峻《译注》："拜头至地谓之稽首；既跪而拱手，而头俯至于手，与心平，谓之拜。再拜，拜两次。'再拜稽首'，谓之吉拜，表示接受礼物；'稽首再拜'，谓之凶拜，此处表示拒绝礼物。说详阎若璩《释地又续》及段玉裁《经韵楼集·释拜》。"

[10]犬马畜伋：像犬马一样地畜养我孔伋。赵岐《注》："伋，子思名也。"朱熹《集注》："言不以人礼待己也。"

[11]自是台无馈也：台，有两种解释，一种解释为传达命令的贱官，如赵岐《注》"贱官，主使令者"；一种认为读为"始"，如杨树达《积微居小学金石论丛·孟子台无馈解》："台当读为始，'盖自是台无馈'，谓鲁缪公自是始不馈子思也。《说

文》云：'始，女之初也。从女，台声。'"

[12]悦贤不能举：欣赏贤人可是不能重用他。朱熹《集注》："举，用也。"

[13]以君命将之：将，赵岐《注》："将者，行也。"杨伯峻和金良年均引《尔雅》："将，送也。"意为以国君的名义送给他。

[14]廪人、庖人：分别指掌管仓库和膳食的官员。

[15]仆仆：劳顿、烦扰的样子。。赵岐《注》："仆仆，烦猥貌。"

[16]加诸上位：加，杨伯峻谓"与'天子加齐之卿相'（3·2）的'加'同义，同'居'"。

【解析】

赵岐《孟子章指》："知贤之道，举之为上，养之为次。不举不养，贤恶肯归？是以孟子上陈尧、舜之大法，下刺缪公之不弘者也。"

本章孟子要求士人既不能依附于诸侯，成为"寄公"或"寓公"，要保持人格的独立性；同时孟子也希望国君和诸侯要从人格上尊重士人，不仅"养贤"，更要尊贤、用贤，并以尧举荐和支持舜为例加以强调。

10·7 万章问："敢问不见诸侯，何义也？"

孟子曰："在国曰市井之臣，在野曰草莽之臣，皆谓庶人。庶人不传质[1]为臣，不敢见于诸侯，礼也。"

万章曰："庶人，召之役，则往役；君欲见之，召之，则不往见之，何也？"

曰："往役，义也；往见，不义也。且君之欲见之也，何为也哉？"

曰："为其多闻也，为其贤也。"

曰："为其多闻也，则天子不召师，而况诸侯乎？为其贤也，则吾未闻欲见贤而召之也。缪公亟见于子思[2]，曰：'古千乘之国以友士，何如？'子思不悦，曰：'古之人有言曰，事之云乎，岂曰友之云乎[3]？'子思之不悦也，岂不曰：'以位，则子，君也；我，臣也；何敢与君友也？以德，则子事我者也，奚可以与我友？'千乘之君求与之友而不可得也，而况可召与？齐景公田，招虞人以旌，不至，将杀之。志士不忘在沟壑，勇士不忘丧其元。孔子奚取焉？取非其招不往也[4]。"

曰："敢问招虞人何以？"

曰："以皮冠[5]，庶人以旃[6]，士以旂[7]，大夫以旌。以大夫之招招虞人，虞人死不敢往；以士之招招庶人，庶人岂敢往哉？况乎以不贤人之招招贤人乎？欲见贤人而不以其道，犹欲其入而闭之门也。夫义，路也；礼，门也。惟君子能由是路，出入是门也。《诗》云[8]：'周道如底，其直如矢；君子所履，小人所视。'"

万章曰："孔子，君命召，不俟驾而行[9]；然则孔子非与？"

曰："孔子当仕有官职，而以其官召之也。"

【注释】

[1]传质：赵岐《注》："传，执也。见君之质，执雉之属也。"孙奭《疏》："传质者，所执其物以见君也。如公执桓圭，侯执信圭，伯执躬圭，子执穀璧，男执蒲璧。又诸侯世子执缥，孤执玄，附庸之君执黄，卿执羔，大夫执雁，士执雉，是所以为贽也。"朱熹《集注》："质，与贽同。传，通也。质者，士执雉，庶人执鹜，相见以自通者也。"

[2]见于子思：意指（鲁缪公屡次）去见子思。杨伯峻谓与"（庄）暴见于王"（2·1）和"他日见于王"（4·4）的句法一样，"知此是缪公往见子思，为子思所接见"。

[3]云乎：句末语气词，无实义。《公羊传·庄公·二十四年》："然则曷用？枣栗云乎？服修云乎？"何休《注》云："云乎，辞也。"

[4]"齐景公田"至"取其非招不往也"：亦见于《滕文公下》（6·1）。

[5]皮冠：赵岐《注》："弁也。"朱熹《集注》："田猎之冠。"周柄中《孟子辨证》："皮冠盖加于礼冠之上，田猎以御尘，亦以御雨雪。"

[6]旃（zhān）：赵岐《注》："通帛也，因章曰旃。"《说文》："旗曲柄也，所以表士众。《周礼》曰：'通帛为旃。'"

[7]旂（qí）：赵岐《注》："旌有铃者。"《说文》："旗有众铃以令众也。"

[8]"《诗》云"四句：出自《诗经·小雅·大东》。底，赵岐《注》："底，平。"朱熹《集注》："之履反。《诗》作'砥'，砺石也，言其平也。"矢，赵岐《注》："矢，直。"朱熹《集注》："言其直也。"视，赵岐《注》："视，比也。"朱熹《集注》："视以为法也。"杨伯峻谓"与'天子之卿受地视侯'（10·2）之'视'

字意义相近。《广雅·释诂》：'视，效也。'"金良年则云："注视。按此语是双关语，表面上是说小人看着君子在大道上往来，实际是说君子的一言一行对小人都有影响，是小人效法、关注的对象。"对此四句诗的解释，赵岐《注》"周道平直，君子履直道，小人比而则之。以喻虞人能效君子守死善道也"。孙奭《疏》："有云周道平直如砥之平箭之直也，君子亦所常履行此平直之道，而为小人所常视而则法之矣。然以此证之者，盖谓贤人所以不往见于诸侯者，是所守以义，而为众人所矜式耳。"朱熹《集注》谓"引此以证上文'能由是路'之义"。

[9]君命召，不俟驾而行：《论语·乡党》（10·18）云："君命召，不俟驾行矣。"

【解析】

赵岐《孟子章指》："君子之志，志于行道，不得其礼，亦不苟往。于礼之可，伊尹三聘而后就汤。道之为洽，沮溺耦耕，接舆佯狂，岂可见也？"

朱熹《孟子集注》："此章言不见诸侯义，最为详悉，更合陈代、公孙丑所问者而观之，其说乃尽。"

本章孟子阐述了士庶与君王相见之礼。指出以义为路，以礼为门是士人与国君相见的根本。孟子再次强调"志士不忘在沟壑，勇士不忘丧其元"的坚守与自持。

10·8　孟子谓万章曰："一乡之善士斯友一乡之善士，一国之善士斯友一国之善士，天下之善士斯友天下之善士。以友天下之善士为未足，又尚论古之人[1]。颂其诗[2]，读其书[3]，不知其人，可乎[4]？是以论其世[5]也。是尚友也。"

【注释】

[1]尚论古之人：赵岐《注》："尚，上也。乃复上论古之人。"

[2]颂其诗：赵岐《注》："诗歌国近故曰颂。"孙奭《疏》"颂歌其诗"。朱熹《集注》："颂，诵通。"

[3]读其书：赵岐《注》："读其书者，犹恐未知古人高下，故论其世以别之也。"孙奭《疏》："看读其书。"杨伯峻先生将"读"解释为"研究"，似求之过深。

[4]不知其人，可乎：孙奭《疏》："不知其如是之人可以友也乎？然犹未知其人之可友也？"

[5]论其世：孙奭《疏》："抑又当论其人所居之世如何耳？"朱熹《集注》："论其当世行事之迹也。"

【解析】

赵岐《孟子章指》:"好高慕远,君子之道,虽各有伦,乐其崇茂,是以仲尼曰'毋友不如己者',高山仰止,景行行止。"

孙奭《孟子注疏》:"孟子所以谓之以此者,盖欲教当时之人尚友也。孔子云'无友不如己者',与其《诗》云'高山仰止,景行行止',亦其意与。"

本章孟子和万章谈论与古人结交之道,从现实中的乡、国到天下的"善士",再到古之"善士",从诗歌、书籍等典籍中体会古人的生活背景和行为举止,注意学习古人优秀的思想、道德。

值得注意的是,孟子提出的"知人论世"的主张,后来演变成文学评论的一个重要理论方法。

10·9 齐宣王问卿。孟子曰:"王何卿之问也?"

王曰:"卿不同乎?"

曰:"不同,有贵戚之卿[1],有异姓之卿。"

王曰:"请问贵戚之卿。"

曰:"君有大过[2]则谏,反覆之而不听,则易位[3]。"

王勃然变乎色。

曰:"王勿异也。王问臣,臣不敢不以正对[4]。"

王色定,然后请问异姓之卿。

曰:"君有过则谏,反覆之而不听,则去。"

【注释】

[1]贵戚之卿:与"异姓之卿"相对,指王室同姓之卿。
[2]大过:朱熹《集注》:"谓足以亡其国者。"
[3]易位:赵岐《注》:"易君之位,更立亲戚之贵者。"
[4]以正对:赵岐《注》:"以其正义对。"孙奭《疏》:"以正义对王也。"杨伯峻训作"诚",诚实。

【解析】

赵岐《孟子章指》:"国须贤臣,必择忠良,亲近贵戚,或遭殃祸。伊发有莘,为殷兴道，故云成汤立贤无方也。"

朱熹《孟子集注》："此章言大臣之义，亲疏不同，守经行权，各有其分。贵戚之卿，小过非不谏也，但必大过而不听，乃可易位。异姓之卿，大过非不谏也，虽小过而不听，已可去矣。然三仁贵戚，不能行之于纣。而霍光异姓，乃能行之于昌邑。此又委任权力之不同，不可执一论也。"

本章孟子指出卿相因其出身不同，分为"贵戚之卿"和"异姓之卿"，前者属于王室成员，国君有大过，自己不能去国，所以只好让国君"易位"，更立他人；而"异姓之卿"对国君进行反复劝谏，如果国君不听，就离开这个国家。

十一、告子上

11·1　告子曰："性，犹杞柳[1]也；义，犹桮棬[2]也。以人性为仁义，犹以杞柳为桮棬。"

孟子曰："子能顺杞柳之性而以为桮棬乎？将戕贼杞柳而后以为桮棬也？如将戕贼杞柳而以为桮棬，则亦将戕贼人以为仁义与？率天下之人而祸仁义者，必子之言夫。"

【注释】

[1]杞柳：赵岐《注》："柜柳也。一曰杞，木名也。"赵岐所谓"柜柳"，即榉柳，杨伯峻对此有疑问。而孙奭《正义》则引《说文》谓"'杞，枸杞'；'柳，少杨也'"。

[2]桮棬（bēi quān）：桮，同"杯"。赵岐《注》"杯素也"，即杨伯峻所谓"杯盘之胎，未加工者"。《大戴礼记·曾子事父母》卢辩《注》云："桮，盘、盎、盆、盏之总名也。盖桮为总名，其未雕未饰时，名其质为棬，因为桮器之不雕不饰者，即通名为棬也。"《礼记·玉藻》："母没而杯圈不能饮焉。"郑玄《注》云："圈，屈木所为，谓卮匜之属。"

【解析】

赵岐《孟子章指》："养性长义，顺夫自然，残木为器，变而后成。告子道偏，见有不纯，仁内义外，违人之端。孟子拂之，不假以言也。"

本章开篇告子就以杞柳、桮棬为喻，指出如同杞柳既可以做桮棬，也可做其他器具一样，仁义是外在的、中性的、后天形成的。孟子以设问的方式回答道：到底是顺着杞柳之性为桮棬呢，还是戕贼杞柳之性为桮棬呢？所谓以仁义为人性之说，既不是戕贼人性的结果，也不是通过戕贼人性来实现的，而恰恰是顺乎人的本性——是人之本性的自然展现或自然流露。仁义是发自内心的，不是后天形成的。此即"性善论"。

11·2　告子曰："性犹湍[1]水也，决诸东方则东流，决诸西方则西流。人性之无分于善不善也，犹水之无分于东西也。"

孟子曰："水信[2]无分于东西，无分于上下乎？人性之善也，犹水之就下也。人无有不善，水无有不下。今夫水，搏[3]而跃之，可使过颡[4]；激而行之，可使在山。是岂水之性哉？其势则然也。人之可使为不善，其性亦犹是也。"

【注释】

[1]湍：急流水。赵岐《注》："湍者，圜也，谓湍水湍萦水也。"孙奭《疏》："湍，圜，萦回之势也。"《说文》："湍，急濑水。"

[2]信：的确、确实。《说文》："信，诚也。"

[3]搏：拍击、拍打。朱熹《集注》："击也。"

[4]颡（sǎng）：额头。赵岐《注》："额也。"

【解析】

赵岐《孟子章指》："人之欲善，犹水好下，迫势激跃，失其素真，是以守正性为君子，随曲折为小人者也。"

朱熹《孟子集注》："此章言性本善，故顺之而无不善；本无恶，故反之而后为恶，非本无定体，而可以无所不为也。"

本章直承上段，告子与孟子继续前边的思路，进一步阐释各自的主张。告子视人性为材料，认为人性是中性的，即无分于善恶。孟子既不将人性视为材料，也不认为它是中性的，但坚持人性是趋于善的，外界的干扰或影响才导致其不善。

11·3 告子曰："生[1]之谓性。"

孟子曰："生之谓性[2]也，犹白之谓白与？"

曰："然。"

"白羽之白也，犹白雪之白；白雪之白犹白玉之白与？"

曰："然。"

"然则犬之性犹牛之性，牛之性犹人之性与？"

【注释】

[1]生：《说文》："生，进也。象艸木出生土上。"朱熹《集注》："生，指人物之所以知觉运动者而言。"《尚书·君陈》："惟民生厚，因物有迁。"生，通"性"。

[2]生之谓性：这是告子提出的重要命题，意为个体存在时所具有的自然之质（种种自然特性），即被名之曰"性"。赵岐《注》："凡物生同类者皆同性。"孙奭《疏》："告子以为凡物生同谓之性。"朱熹《集注》："凡有生者同是一性矣。"《荀子·正名》："生之所以然者谓之性。"董仲舒《春秋繁露·深察名号》："性之名非生与？如其生之自然之资谓之性。"王充《论衡·初禀》："性，生而然者也。"宋代陈普《孟子·生之谓性》诗云："理气虽然不可无，形而上下有精粗。概将动作名为性，天地同为牛马区。"张岱《四书遇》云："读《告子篇》当知'生之谓性'一句，此告子论性之宗旨也。杞柳之喻本此，湍水之喻本此，食色仁内义外之论亦本于此，未尝少变其说。于尔，然后写出告子不得于言，勿求于心光景。"

【解析】

赵岐《孟子章指》："物虽有性，性各殊异，惟人之性，与善俱生，赤子入井，以发其诚，告子一之，知其粗矣，孟子精之，是在其中。"

朱熹《孟子集注》："愚按：性者，人之所得于天之理也；生者，人之所得于天之气也。性，形而上者也；气，形而下者也。人物之生，莫不有是性，亦莫不有是气。然以气言之，则知觉运动，人与物若不异也；以理言之，则仁义礼智之禀，岂物之所得而全哉？此人之性所以无不善，而为万物之灵也。告子不知性之为理，而以所谓气者当之，是以杞柳湍水之喻，食色无善无不善之说，纵横缪戾，纷纭舛错，而此章之误乃其本根。所以然者，盖徒知知觉运动之蠢然者，人与物同；而不知仁义礼智之粹然者，人与物异也。孟子以是折之，其义精矣。"

本章文字虽较为简短，但却极富文学性、逻辑性、哲理性。孟子以层层推进的逻辑，从人之为人的角度对告子"生之谓性"的命题进行反驳。孟子认为告子对"性"的定义过于宽泛。

根据赵岐和朱熹的观点，孟子显然清楚告子的"性"是"性各殊异"千差万别的"物性"，而孟子强调的"与善俱生"之"人性"，具体表现为仁、义、礼、智，是只有人才能具备的"人性"。

11·4 告子曰："食色，性也[1]。仁，内也，非外也；义，外也，非内也。"

孟子曰："何以谓仁内义外也？"

曰："彼长而我长之，非有长于我也；犹彼白而我白之，从其白于外也，故谓之外也。"

曰："异于白马之白也，无以异于白人之白也[3]；不识长马之长也，无以异于长人之长与？且谓长者义乎？长之者义乎？"

曰："吾弟则爱之，秦人之弟则不爱也，是以我为悦者也，故谓之内。长楚人之长，亦长吾之长，是以长为悦者也，故谓之外也。"

曰："耆秦人之炙，无以异于耆吾炙，夫物则亦有然者也，然则耆[4]炙亦有外与？"

【注释】

[1]食色，性也：赵岐《注》："人之甘食、悦色者，人之性也。"孙奭《疏》："告子言人之嗜其甘食，悦其好色，是人之性也。"朱熹《集注》："告子以人之知觉运动者为性，故言人之甘食悦色者即其性。"告子这句话与《礼记·礼运》"饮食男女，人之大欲存焉"相似。

[2]仁内义外：类似表述亦见于《管子·戒篇》"仁从中出，义由外作"和《墨子·经说下》"爱，仁也；义，利也。爱利，此也；所爱所利，彼也。爱利不相为内外"。台湾王礼卿教授认为告子为此说创始者。1993年出土的郭店竹简中有大量关于"仁内义外"的论述，学者梁涛据此认为："仁内义外曾经是儒家学者普遍接受的观点，只不过其强调的是仁内与义外的统一，而告子则指出了仁内与义外可能存在的矛盾和对立，迫使孟子放弃了儒家早期的仁内义外说，而主张仁义内在说。"①

[3]异于白马之白也，无以异于白人之白也：此段文字，朱熹《集注》引张氏说谓起首的"异于"二字"疑衍"。金良年先生引俞樾《古书疑义举例》谓当从"异于白"断，全句读作"异于白，白马之白也无以异于白人之白也"，此为又一说。

[4]耆：朱熹《集注》："与嗜同。"

【解析】

赵岐《孟子章指》："事者虽由外，行其事者，皆发于中。明仁、义由内，所以晓告子之惑者也。"

---

①梁涛：《回到"子思"去——儒家道统论检讨与重构》，《学术月刊》2009年第2期。

朱熹《孟子集注》："林氏曰：'告子以食色为性，故因其所明者而通之。'自篇首至此四章，告子之辩屡屈，而屡变其说以求胜，卒不闻其能自反而有所疑也。此正其所谓不得于言勿求于心者，所以卒于卤莽而不得其正也。"

本章文字开头一句"食色，性也"，后人耳熟能详，却多做曲解。其实，这里告子与孟子主要是针对仁、义的主客观性进行辩论。告子从实在论的角度出发，主张"仁"发自内，"义"来自外。而孟子依然立足于道德的角度认为仁与义皆是内发。需要指出的是，孟子将仁、义对言是继承和发展了孔子的仁、知对言。[①]告子的"仁内"说，是单纯强调情感层面而非道德层面。

11·5　孟季子[1]问公都子曰："何以谓义内也？"

曰："行吾敬，故谓之内也。"

"乡人长于伯兄一岁，则谁敬？"

曰："敬兄。"

"酌则谁先？"

曰："先酌乡人。"

"所敬在此，所长在彼，果在外，非由内也。"

公都子不能答，以告孟子。

孟子曰："敬叔父乎？敬弟乎？彼将曰'敬叔父'。曰：'弟为尸[2]，则谁敬？'彼将曰：'敬弟。'子曰：'恶在其敬叔父也？'彼将曰：'在位故也。'子亦曰：'在位故也。庸[3]敬在兄，斯须[4]之敬在乡人。'"

季子闻之，曰："敬叔父则敬，敬弟则敬，果在外，非由内也。"

公都子曰："冬日则饮汤[5]，夏日则饮水，然则饮食亦在外也？"

[①]如《论语·里仁》："择不处仁，焉得知？""仁者安仁，知者利仁。"《论语·雍也》："敬鬼神而远之，可谓知矣。……仁者先难而后获，可谓仁矣。""知者乐水，仁者乐山；知者动，仁者静；知者乐，仁者寿。"《论语·子罕》："知者不惑，仁者不忧。"《论语·颜渊》："樊迟问仁复问知。"《论语·宪问》："仁者不忧，知者不惑。"《论语·卫灵公》三次"知""仁"对举。

【注释】

[1]孟季子：赵岐《注》以"季子"称之，孙奭《疏》："季子，即下卷所谓'季任'，为任处守者。"朱熹《集注》："孟季子，疑孟仲子之弟也。盖闻孟子之言而未达，故私论之。"翟灏《四书考异》谓原本无"孟"字，此"季子"即为下章提及的"季任"。

[2]尸：朱熹《集注》："祭祀所主以象神，虽子弟为之，然敬之当如祖考也。"杨伯峻《译注》："古代祭祀不用牌位或者神主，更无画像，而用男女儿童为受祭代理人，便叫之为'尸'。尸，主也。"

[3]庸：平常。朱熹《集注》："常也。"

[4]斯须：朱熹《集注》："暂时也。"

[5]汤：《说文》："热水也。"

【解析】

赵岐《孟子章指》："凡人随形，不本其原，贤者达情，知所以然。季子信之，犹若告子，公都受命，然后乃理。"

朱熹《孟子集注》："范氏曰：'二章问答，大指略同，皆反复譬喻以晓当世，使明仁义之在内，则知人之性善，而皆可以为尧舜矣。'"

本章的核心"仁义内在"，不好理解，表面看起来孟子似乎也不理解，也同意仁义是外在的。三个人的谈话都围绕一个点出发，那就是"伦常"，而它恰恰是最基本的道德，是发自内心的。孟子首主仁义在内，一如西方的康德所主张的道德自律。法国学者弗朗索瓦·于连（Francois Jullien）的《道德奠基：孟子与启蒙哲人的对话》就是围绕"道德奠基"（主要是孟子的"不忍之心""恻隐之心"与卢梭的"怜悯心"），将孟子与欧洲启蒙时代的哲人（主要是康德和卢梭）置于对话平台上。认为孟子关于"道德之天然性"的阐述已达精妙之境。①

11·6 公都子曰："告子曰：'性无善无不善[1]也。'或曰：'性可以为善，可以为不善[2]；是故文武兴，则民好善；幽厉兴，则民好暴。'或曰：'有性善，有性不善[3]；是故以尧为君而有象，以瞽瞍为父而有舜，以纣为兄之子，且以为君，而有微子启、王子比干。'今曰'性善'，

---

①弗朗索瓦·于连：《道德奠基：孟子与启蒙哲人的对话》，宋刚译，北京大学出版社，2002。

然则彼皆非与？"

　　孟子曰："乃若[4]其情，则可以为善矣，乃所谓善也。若夫为不善，非才之罪也[5]。恻隐之心，人皆有之；羞恶之心，人皆有之；恭敬之心，人皆有之。是非之心，人皆有之；恻隐之心，仁也；羞恶之心，义也；恭敬之心，礼也；是非之心，智也。仁、义、礼、智，非由外铄[6]我也，我固有之也，弗思耳矣。故曰：'求则得之，舍则失之。'或相倍蓰而无算[7]者，不能尽其才者也。《诗》曰[8]：'天生蒸民，有物有则。民之秉夷，好是懿德。'孔子曰：'为此《诗》者，其知道乎！故有物必有则[9]，民之秉彝也，故好是懿德。'"

【注释】

　　[1]性无善无不善：赵岐《注》："公都子道告子以为人性在化，无本善不善也。"朱熹《集注》："此亦'生之谓性，食色性也'之意，近世苏氏、胡氏之说盖如此。"

　　[2]或曰：性可以为善，可以为不善：王充《论衡·本性》云："周人世硕以为人性有善有恶，举人之善性养而致之，则善长；恶性养而致之，则恶长。故世子作《养书》一篇。宓子贱、漆雕开、公孙尼子之徒，亦论性情，与世子相出入。"孔广森《经学卮言》："公都子此问，即其说也。"《汉书·艺文志》有《世子》二十一篇。原注云："名硕，陈人，七十子之弟子。"《韩非子》"八儒"有漆雕氏之儒，世子或其徒与？盖或入二说，皆原于圣门，而各得其一偏。"可以为善，可以为不善"，所谓"性相近习相远"也。①

　　[3]或曰：有性善，有性不善：杨伯峻《译注》："《汉书·古今人表序》云：孔子曰'唯上智与下愚不移'。《传》曰：'譬如尧、舜、禹、稷、契与之为善，则行；鲧、䥫兜欲与为恶，则诛。可与为善，不可以为恶，是谓上智。桀、纣、龙逢、比干欲与之为善，则诛；于莘、崇侯与之为恶，则行。可与为恶，不可与为善，是谓下愚。'可谓与此说相类似。"

　　[4]乃若：赵岐《注》："若，顺也。"朱熹《集注》："乃若，发语辞。"程瑶田《通艺录·论学小记》云："乃若，转语也。"杨伯峻谓"按相当于'若夫''至于'诸词"。

---

①张秉楠：《稷下钩沉》，上海古籍出版社，1991，第191-192页。

[5]乃若其情，则可以为善矣，乃所谓善也。若夫为不善，非才之罪也：赵岐《注》："性与情相为表里，性善胜情，情则从之。《孝经》云'此哀戚之情'，情从性也。能顺此情，使之善者，真所谓善也。若随人而强作善者，非善者之善也。若为不善者，非所受天才之罪，物动之故也。"孙奭《疏》："孟子言人之乃顺其情，则皆可以为善矣，是所谓性善也。若夫人为不善者，非天之降才尔殊也，其所以为不善者，乃自汨丧之耳，故言非禀天才之罪也。且情、性、才三者，合而言之，则一物耳；分而言之，则有三名，故曰性，曰情，曰才。盖人之性，本则善之，而欲为善者，非性也，以其情然也；情之能为善者，非情然也，以其才。是则性之动则为情，而情者未尝不好善而恶恶者也，其不欲为善者乎？而才者乃性之用也，而才者上有以达乎天，下有以达乎地，中有以贯乎人，其有不能为善者乎？此孟子所以曰'乃若其情，则可以为善矣，乃所谓善也。若夫为不善，非才之罪也。'"朱熹《集注》："情者，性之动也。人之情，本但可以为善而不可以为恶，则性之本善可知矣。夫，音扶。才，犹材质，人之能也。人有是性，则有是才，性既善则才亦善。人之为不善，乃物欲陷溺而然，非其才之罪也。"杨伯峻《译注》："情、才，皆谓质性。戴震《孟子字义疏证》云：'情犹素也，实也。'《说文》：'才，草木初生也。'草木之初曰才，人初生之性亦可曰才。"

[6]铄：赵岐《注》："销铄。"朱熹《集注》："铄，以火销金之名，自外以至内也。"杨伯峻和金良年各译为"给与"和"注入"。

[7]无算：指无数倍。朱熹《集注》："算，数也。"

[8]"《诗》曰"句：出自《诗经•大雅•烝民》。赵岐《注》："言天生蒸民，有物则有所法则，人法天也。民之秉夷，夷，常也。常好美德。"孙奭《疏》："上天之生众民，有物则有所法，则民之秉执其常善，故好是美德而已。所谓常即善也，所谓善即美德也，谓美德者，即仁、义、礼、智是也。"朱熹《集注》："烝，《诗》作'烝'，众也。物，事也。则，法也。夷，《诗》作'彝'，常也。懿，美也。"

[9]故有物必有则：孙奭《疏》："然所谓物者，即自人之四肢、五脏、六腑、九窍，达之于君臣、父子、夫妇、兄弟、朋友，无非物也；所谓则者，即仁之于父子，义之于君臣，礼之于夫妇、兄弟，信之于朋友也：是无非有物则有则也。由此观之，孟子所以言至此者，岂非人性皆善者邪？故有物必有则，是谓之性善也；能秉其彝，是谓才也；好是懿德，是谓情也。'有物有则，民之秉彝，好是懿德'，是能顺其情以为善而才从之者也。"

【解析】

赵岐《孟子章指》："天生之人，皆有善性，引而趋之，善恶异衢，高下自悬，贤愚舛殊，寻其本者，乃能一诸。"

朱熹《孟子集注》："程子曰：'性即理也，理则尧舜至于涂人，一也。才禀于气，气有清浊，禀其清者为贤，禀其浊者为愚。学而知之，则气无清浊，皆可至于善而复性之本，汤武身之是也。孔子所言下愚不移者，则自暴自弃之人也。'又曰：'论性不论气，不备；论气不论性，不明。二之则不是。'张子曰：'形而后有气质之性，善反之则天地之性存焉。故气质之性，君子有弗性者焉。'愚按：程子此说才字，与《孟子》文本小异。盖孟子专指其发于性者言之，故以为才无不善；程子兼指其禀于气者言之，则人之才固有昏明强弱之不同矣，张子所谓气质之性是也。二说虽殊，各有所当，然以事理考之，程子为密。盖气质所禀虽有不善，而不害性之本善；性虽本善，而不可以无省察矫揉之功，学者所当深玩也。"

本章公都子抛出了当时另外两种观点——"性可以为善，可以为不善"与"有性善，有性不善"，并举出历史上的事例加以说明。孟子首先就指出"乃若其情，则可以为善矣，乃所谓善也。若夫为不善，非才之罪也"，并再次以人皆有之的"四端"及其相对应的仁、义、礼、智加以申说，指出"非由外铄我也，我固有之也，弗思耳矣"。最后孟子又以《诗经·大雅·烝民》开篇四句诗进行总结和概括，认为这就是"能顺其情，以为善而才从之者"，再次论证其观点。

关于性、情、才的解释，孙奭的解释是比较清楚而令人信服的，牟宗三所引陆象山的"情性心才都只是一般物事，言偶不同耳"，可视为对孙说的简括和延伸。

11·7 孟子曰："富岁，子弟多赖[1]；凶岁，子弟多暴，非天之降才尔殊也[2]，其所以陷溺其心者然也。今夫麰麦[3]，播种而耰[4]之，其地同，树之时又同，浡然而生，至于日至之时[5]，皆熟矣。虽有不同，则地有肥硗[6]、雨露之养、人事之不齐也。故凡同类者，举相似也，何独至于人而疑之？圣人，与我同类者。故龙子[7]曰：'不知足而为屦，我知其不为蒉[8]也。'屦之相似，天下之足同也。口之于味，有同耆也；易牙[9]，先得我口之所耆者也。如使口之于味也，其性与人殊[10]，若犬马之与我不同类也，则天下何耆皆从易牙之于味也？至于味，天下期于易牙，是天下之口相似也。惟耳[11]亦然。至于声，天下期于师旷，是天下之耳相似也。惟目[11]亦然。至于子都，天下莫不知其姣也。不知子都[12]之姣者，无目者也。故曰，口之于味也，有同耆焉；耳之

• 233 •

声也，有同听焉；目之于色也，有同美焉。至于心，独无所同然乎？心之所同然者何也？谓理也，义也。圣人先得我心之所同然耳。故理义之悦我心，犹刍豢[13]之悦我口。"

【注释】

[1]富岁，子弟多赖：赵岐《注》："富岁，丰年也。子弟，凡人之子弟也。赖，善。"孙奭《疏》："赖，善也。"朱熹《集注》："赖，借也。丰年衣食饶足，故有所顾借而为善。"焦循《正义》引阮元注云："赖，即'懒'。"

[2]非天之降才尔殊也：赵岐《注》："非天降下才性与之异也。"

[3]麰（móu）麦：赵岐《注》："大麦也。《诗》云：'贻我来麰。'"孙奭《正义》："大麦也，又短粒麦也。"

[4]耰：孙奭《疏》："耰锄。"朱熹《集注》："覆种也。"现在一般都读为yōu，而李零则读作nòu，认为是"一种叫耰的农具，耕种之后，覆土盖种"。①此为又一说。

[5]日至之时：孙奭《疏》："日至可以收割之时。"朱熹《集注》："谓当成熟之期也。"杨伯峻《译注》："此指'夏至'，古或谓之'长至''日南至'。"

[6]硗（qiāo）：土地贫瘠。赵岐《注》："薄也。"朱熹《集注》："瘠薄也。"

[7]龙子：赵岐《注》："古贤人也。"

[8]蒉（kuì）：草编的土筐。赵岐《注》："草器也。"

[9]易牙：孙奭《正义》："案《左传》云：'易牙，齐桓公大夫也。淄、渑二水为食，易牙亦知二水之味。桓公不信，数试始验。是易牙为知味者也。'"

[10]与人殊：杨伯峻《译注》："意盖谓人人不同。此宜云'人与人殊'，原文盖省一'人'字。"

[11]惟耳、惟目：惟，杨伯峻谓"语首词，无义"。

[12]子都：赵岐《注》："古之姣好者也。"朱熹《集注》："古之美人也。"

[13]刍豢（chú huàn）：孙奭《正义》："《说文》云：'牛、马曰刍，犬、豕曰豢。'是其解也。"朱熹《集注》："草食曰刍，牛羊是也；谷食曰豢，犬豕是也。"

【解析】

赵岐《孟子章指》："言人禀性，俱有好憎，耳目口心，所悦者同。或为君子，或为小人，犹麰麦不齐，雨露使然者也。"

朱熹《孟子集注》："程子曰：'在物为理，处物为义，体用之谓也。孟子言人

---

①李零：《丧家狗——我读〈论语〉》，山西人民出版社，2011，第315页。

心无不悦理义者,但圣人则先知先觉乎此耳,非有以异于人也。'程子又曰:'理义之悦我心,犹刍豢之悦我口,此语亲切有味。须实体察得理义之悦心,真犹刍豢之悦口,始得。'"

本章开篇孟子就指出人因后天的环境而有种种恶劣表现,皆是由于"陷溺其心"。接着孟子由口有同味、耳有同听、目有同美引出"心有所同",即理义。需要明确的是,口、耳、目三者之"同",不具有严格的普遍性。但"心之所同然者"(即理与义)的普遍性则是严格的普遍性,而心之"同然之"的普遍性,即此心觉本身之同能作此肯定之肯定活动活动之普遍性,也是严格的普遍性。此种心觉当然是超越的义理之心,即纯理性的心;而其所肯定的义理亦不由外至,而是自内出,即此超越的义理之心所自发者。①根据孟子的这一观点,陆象山提出"心即理",王阳明提出"良知之天理"等理论。

11·8 孟子曰:"牛山[1]之木尝美矣,以其郊[2]于大国[3]也,斧斤伐之,可以为美乎?是其日夜之所息[4],雨露之所润,非无萌蘖[5]之生焉,牛羊又从而牧之[6],是以若彼濯濯[7]也。人见其濯濯也,以为未尝有材焉,此岂山之性也哉?虽存乎人者,岂无仁义之心哉?其所以放其良心[8]者,亦犹斧斤之于木也,旦旦而伐之,可以为美乎?其日夜之所息,平旦之气[9],其好恶与人相近也者几希[10],则其旦昼[11]之所为,有梏亡之矣。梏[12]之反覆,则其夜气不足以存;夜气不足以存,则其违禽兽不远矣。人见其禽兽也,而以为未尝有才焉者,是岂人之情也哉?故苟得其养,无物不长;苟失其养,无物不消。孔子曰:'操则存,舍则亡;出入无时,莫知其乡[13]。'惟心之谓与?"

【注释】

[1]牛山:山名。齐国的国都临淄,在今山东临淄南部。赵岐《注》:"齐之东南山也。"

[2]郊:赵岐《注》:"邑外谓之郊。"杨伯峻和金良年谓作动词用,前者译为"长在大都市的郊外",后者译作"邻近大都市"。

---

①牟宗三:《圆善论》,台湾学生书局,1995,第30页,转引自谢遐龄:《直感判断力:理解儒学的心之能力》,《复旦学报(社会科学版)》2007年第5期。

[3]大国：杨伯峻《译注》："谓临淄，不但为齐国之首都，亦为当时大都市之一。"

[4]息：滋生、生长。赵岐《注》："长也。"朱熹《集注》："生长也。"

[5]萌蘖：朱熹《集注》："萌，芽也。蘖，芽之旁出者也。"

[6]牛羊又从而牧之：杨伯峻《译注》："此句为'又从而牧牛羊焉（之）'之变式。"

[7]濯濯：赵岐《注》："无草木之貌。"朱熹《集注》："光洁之貌。"

[8]良心：朱熹《集注》："良心者，本然之善心，即所谓仁义之心也。"

[9]平旦之气：朱熹《集注》："谓未与物接之时，清明之气也。"

[10]几希：赵岐《注》："几，岂也。岂希，言不远也。"杨伯峻谓"古书未见此用法"。朱熹《集注》："几希，不多也。"。

[11]旦昼：赵岐《注》："日昼也。"孙奭《疏》："平旦则未至于昼，旦昼所以为日之中矣。"杨伯峻引焦循《正义》云："旦昼，犹云明日。"

[12]梏（gù）：禁锢、束缚。孙奭《疏》："梏，手械也。利欲之制善，使不得为，犹梏之制手也。"

[13]操则存，舍则亡；出入无时，莫知其乡：乡，赵岐《注》："乡犹里，以喻居也。"焦循《正义》："近读乡为向。"杨伯峻谓"两说皆可通，而后义较胜"。全句的意思是把握住，它就存在；放弃了，它就消失；来来去去都没有固定的时候，也不知道它去往何方。

【解析】

赵岐《孟子章指》："秉心持正，使邪不干，犹止斧斤，不伐牛山，山则木茂，人则称仁也。"

本章呼应前面的"乃若其情"一段文字，孟子郑重宣告人皆有仁义之心，但必须培养使其呈现，故最后即归于培养之重要，且引孔子的话来证明。

孔子"言操存"（按：孔子此语不见于《论语》），孟子言培养。此待培养之心，即是纯以理而言的仁义之心。

11·9 孟子曰："无或[1]乎王之不智也。虽有天下易生之物也，一日暴之，十日寒之，未有能生者也。吾见亦罕矣，吾退而寒之者至矣，吾如有萌焉何哉？今夫弈[2]之为数[3]，小数也；不专心致志，则不得也。弈秋，通国之善弈者也。使弈秋诲二人弈，其一人专心致志，惟弈秋[4]

· 236 ·

之为听。一人虽听之，一心以为有鸿鹄[5]将至，思援弓缴[6]而射之，虽与之俱学，弗若之矣。为是其智弗若与？曰：非然也。"

【注释】

[1]或：赵岐《注》："怪也。"杨伯峻和金良年谓"同'惑'"。

[2]弈：赵岐《注》："博也，或曰围棋。《论语》曰：'不有博弈者乎？'"

[3]数：技巧、技艺。赵岐《注》："技也。"

[4]弈秋：赵岐《注》："有人名秋，通一国皆谓之善弈，曰弈秋。"

[5]鸿鹄：朱骏声《说文通训定声》云："凡鸿鹄连文者，即鹄也。"杨伯峻谓"鹄，今名天鹅"。

[6]缴（zhuó）：《说文》："生丝缕也。"朱熹《集注》："以绳系矢而射也。"

【解析】

赵岐《孟子章指》："弈为小数，不精不能，一人善之，十人恶之，虽竭其道，何由智哉。《诗》云'济济多士，文王以宁'，此之谓也。"

朱熹《孟子集注》："范氏曰：'人君之心，惟在所养。君子养之以善则智，小人养之以恶则愚。然贤人易疏，小人易亲，是以寡不能胜众，正不能胜邪。自古国家治日常少，而乱日常多，盖以此也。'"

本章两个成语"一曝十寒""专心致志"即养护善性的核心词，孟子强调人一时的警觉（偶尔良心发现）不算什么，最终还是昏聩，行事不免不明智。故人必须亲师近友，精进不息，使其本心易于呈现。本心呈现，义理作主，则人始终有较高一层之价值，不徒以感性之愉悦为标准，亦不徒以利害之计较为标准。

11·10 孟子曰："鱼[1]，我所欲也，熊掌[1]亦我所欲也；二者不可得兼，舍鱼而取熊掌者也。生亦我所欲也。义亦我所欲也；二者不可得兼，舍生而取义者也。生亦我所欲，所欲有甚于生者[2]，故不为苟得也；死亦我所恶，所恶有甚于死者[2]，故患有所不辟也。如使人之所欲莫甚于生，则凡可以得生者，何不用也？使人之所恶莫甚于死者，则凡可以辟患者，何不为也？由是则生而有不用也，由是则可以辟患而有不为也，是故所欲有甚于生者，所恶有甚于死者。非独贤者有是心也，人皆有之，贤者能勿丧耳。一箪[3]食，一豆[4]羹，得之则生，弗得则死。嘑尔而与之[5]，行道之人[6]弗受；蹴尔而与之[7]，乞人不屑也。万钟则不辨礼仪而受之。万钟于我何加焉？为宫室之美、妻妾之奉，所识穷乏者得我与？乡[8]为身死而不受，今为宫室之美为之；乡为身死而不受，今为妻妾之奉为之；乡为身死而不受，今为所识穷乏者得我而为之，是亦不可以已乎？此之谓失其本心[9]。"

【注释】

[1]熊掌、鱼：赵岐《注》："熊掌，熊蹯也，以喻义。鱼以喻生也。"

[2]有甚于生者、有甚于死者：赵岐《注》："有甚于生者，谓义也，义者不可苟得也。有甚于死者，谓无义也。"

[3]箪：《说文》："箪，笥也。从竹，单声。"古代盛食物的圆形竹器。

[4]豆：《说文》："豆，古食肉器也。"朱熹《集注》："豆，木器也。"俎豆，先秦时期的食器和礼器。形似高脚盘，或有盖。本用来祭祀时盛放黍、稷等谷物，后用来盛放腌菜、肉酱等调味品。

[5]嘑尔而与之：赵岐《注》："嘑尔，犹呼尔，咄啐之貌也。"孙奭《疏》："嘑尔叱咄而与之。"

[6]行道之人：赵岐《注》"凡人"，孙奭《疏》："行道涂之中凡人。"朱熹《集注》："路中凡人也。"

[7]蹴尔而与之：赵岐《注》："蹴，蹋也。以足践蹋与之。"朱熹《集注》："蹴，践踏也。"

[8]乡：同"向"，以往，从前。

[9]本心：孙奭《疏》："本心即义也。"朱熹《集注》："谓羞恶之心。"

【解析】

赵岐《孟子章指》："舍生取义，义之大者也。箪食、万钟，用有轻重，纵彼纳此，盖违其本，凡人皆然，君子则否，所以殊也。"

朱熹《孟子集注》："此章言羞恶之心，人所固有。或能决死生于危迫之际，而不免计丰约于宴安之时，是以君子不可顷刻而不省察于斯焉。"

本章是千古传诵的名篇，在各种古文读本中为必选篇目，通常被冠以《鱼我所欲也》的标题。孟子在这里明确指出，"所欲有甚于生者"生命（生存）的维持不是所欲的最高界限,"所恶有甚于死者"生命的结束(死亡)也不是所恶的最高界限。孟子强调"人皆有之"只不过"贤者能勿丧耳"。

舍生取义(也即仁义之心),主动放弃生命追求富有理性的道义,也是人禽之辨的一个重要标准。换言之,就是人富有理性的光辉。

本章还为我们揭示了一个主旨,人的一生常常要面临各种选择或抉择,比如升学、就业、交友、婚姻等,但这些都离不开最基本的仁义。

11·11 孟子曰:"仁,人心也;义,人路也。舍其路而弗由,放其心而不知求,哀哉!人有鸡犬放,则知求之;有放心而不知求[1]。学问之道无他,求其放心[2]而已矣。"

【注释】

[1]有放心而不知求:而,杨伯峻引俞樾《孟子平义》谓"用法同'则'"。

[2]求放心:这里的"心"是孟子所谓的"本心""善心""四端",即恻隐之心、羞恶之心、辞让之心、是非之心等先天的道德。求放心,就是(通过修养)把先天的道德找回来。它既是做学问的目的,也是做学问的过程。朱熹则将其视为研究学问的"道理",视其为一种方法、一种前提。

【解析】

赵岐《孟子章指》:"由路求心,为得其本,追逐鸡狗,务其末也。学以求之详矣。"

朱熹《孟子集注》:"学问之事,固非一端,然其道则在于求其放心而已。盖能如是则志气清明,义理昭著,而可以上达;不然则昏昧放逸,虽曰从事于学,而终不能有所发明矣。故程子曰:'圣贤千言万语,只是欲人将已放之心约之,使反复入身来,自能寻向上去,下学而上达也。'此乃孟子开示切要之言,程子又发明之,曲尽其指,学者宜服膺而勿失也。"

本章是孟子对孔子"仁"之学说的发扬[①],明确指出"仁"是基于内心的、先天的、超越感性的,是为人处世、安身立命的道德;"义"同样也是源自内心的道德实践所经由的正路或大路。孟子强调学问之道就是通过加强自身的修养,把那种先天的道德找回来。

---

①据笔者统计,《论语》中"仁"字出现了108次。

11·12　孟子曰:"今有无名之指[1],屈而不信,非疾痛害事也,如有能信[2]之者,则不远秦、楚之路,为指之不若人也。指不若人,则知恶之;心不若人,则不知恶:此之谓不知类[3]也。"

【注释】

[1]无名之指:赵岐《注》:"手之第四指也,盖以其余指皆有名。"
[2]信:朱熹《集注》:"与伸同。"
[3]不知类:赵岐《注》:"类,事也。"朱熹《集注》:"不知类,言其不知轻重之等也。"

【解析】

赵岐《孟子章指》:"舍大恶小,不知其要,忧指忘心,不向于道,是以君子恶之也。"

本章论说依然延续前面的近取诸身的譬喻,以"指不若人"则知恶,甚至"不远秦、楚之路"而求"能信(伸)之者"。但是,"心不若人"则反而不知恶,不知事情根本的荒谬举动。

11·13　孟子曰:"拱把[1]之桐、梓,人苟欲生之,皆知所以养之者。至于身[2],而不知所以养之者,岂爱身不若桐、梓哉?弗思甚也!"

【注释】

[1]拱把:赵岐《注》:"拱,合两手也。把,以一手把之也。"此言树木细小。
[2]身:赵岐《注》:"养身之道。"古汉语的"身"兼摄身体(四肢百骸)与心灵(仁义之心)两方面而言。

【解析】

赵岐《孟子章指》:"莫知养身而养其树木,失事违务,不得所急,所以诫未达者也。"

本章孟子以拱把之桐、梓作比喻,意在强调人要培养其本心。

11·14　孟子曰:"人之于身也,兼所爱。兼所爱,则兼所养也。

无尺寸之肤不爱焉，则无尺寸之肤不养也。所以考其善不善者，岂有他哉？于己取之而已矣。体有贵贱，有小大[1]。无以小害大，无以贱害贵。养其小者为小人，养其大者为大人。今有场师[2]，舍其梧槚[3]，养其樲棘[4]，则为贱场师焉。养其一指而失其肩背，而不知也，则为狼疾[5]人也。饮食之人，则人贱之矣，为其养小以失大也。饮食之人无有失也，则口腹岂适[6]为尺寸之肤哉？"

【注释】

[1]贵贱、小大：赵岐《注》："小，口腹也。大，心志也。头颈，贵者也。指拇，贱者也，不可舍贵养贱也。"

[2]场师：管理场圃的人。赵岐《注》："治场圃者。"或谓之场人，《周礼·地官·场人》："场人掌国之场圃，而树之果蓏珍异之物，以时敛而藏之。"

[3]梧槚（jiǎ）：梧桐和楸树，二者皆良木，喻指良才。孙奭《疏》："梧，桐也。槚，山楸也。梧、槚可以为琴瑟材，是良木。"

[4]樲（èr）棘：酸枣和荆棘。古注"樲棘"为"小枣"，但清钱大昕《十驾斋养新录》云："《尔雅》：'樲，酸枣。'不闻'樲棘'为小枣。梧槚二物，则樲棘必非一物。樲即酸枣，棘即荆棘之棘也。"

[5]狼疾：赵岐《注》读作"狼藉"，谓"则为狼疾人也"为"此为狼藉乱不知治疾之人也"。朱熹《集注》："狼善顾，疾则不能。"焦循《正义》："狼藉犹纷乱，害而不知，此医之昏聩瞀乱者矣。"杨伯峻和金良年从之，均译为"糊涂透顶"。

[6]适：同"啻"，但，仅仅。赵岐《注》为"但"。王引之《经传释词》卷九："适与啻同。"

【解析】

赵岐《孟子章指》："养其行、治其正，俱用智力，善恶相厉，是以君子居处思义，饮食思礼者也。"

本章依然采用近取诸身的譬喻，梧槚与樲棘、一指与肩背借指形躯与仁义，提醒人们不要养小失大，若只知饮食以养小体，而失却本心（仁义之心）之大，则为不善养（狼疾人），人则贱视之。

本章末句，孟子再次强调饮食不只是为了长养尺寸之肤，而是在维持生存的基础上让仁义之心更好地体现。

11·15　公都子问曰："钧[1]是人也，或为大人，或为小人，何也？"

孟子曰："从[2]其大体[3]为大人，从其小体[3]为小人。"

曰："钧是人也，或从其大体，或从其小体，何也？"

曰："耳目之官[4]不思，而蔽于物。物交物，则引之而已矣[5]。心之官则思，思则得之[6]，不思则不得也。此天之所与我者[7]，先立乎其大者[8]，则其小者[8]弗能夺也。此为大人而已矣。"

【注释】

[1]钧：赵岐《注》："钧，同也。"

[2]从：朱熹《集注》："随也。"

[3]大体、小体：赵岐《注》："大体，心思礼义。小体，纵恣情欲。"朱熹《集注》："大体，心也。小体，耳目之类也。"

[4]官：赵岐《注》："官，精神所在也，谓人有五官六腑。"朱熹《集注》："官之为言司也。"

[5]耳目之官，不思，而蔽于物。物交物，则引之而已矣：赵岐《注》："有人耳目之官，不思，故为物所蔽。物，事也。利欲之事来交引其精神，心官不思善，故失其道而陷为小人也。"孙奭《疏》："人有耳目之官，不以心思主之，而遂蔽于嗜欲之物，既蔽于物，则己亦已失矣。己已失，则是亦为物而已。是则物交接其物，终为物引之，丧其所得矣。"朱熹《集注》："耳司听，目司视，各有所职而不能思，是以蔽于外物。既不能思而蔽于外物，则亦一物而已。又以外物交于此物，其引之而去不难矣。"

[6]思则得之：赵岐和孙奭都没有明确说明"之"的具体所指，朱熹谓"理"，杨伯峻先生谓指第六章的"仁义礼智"的"才"。而金良年先生谓"泛指思索后的心得"或朱熹所谓的"事物之理"。

[7]此天之所与我者：此，朱熹《集注》："旧本多作'比'，而赵岐《注》亦以'比方'释之。今本既多作'此'，而注亦作'此'，乃未详孰是。但作'比'字，于义为短，姑且从今本云。"①王引之《经传释词》训"比"为"皆"，谓"耳目心思皆天之所与我者"，杨伯峻以为"亦不可信"，谓"今仍作'此'，盖独指'心'

---

①按：今本赵岐《注》未见以"比方"释之。

而言"。

[8]大者、小者：大者，赵岐《注》："谓生而有善性也。小者，情欲也。"孙奭《疏》："大者，则心是也。小者，则耳目是也。"

【解析】

赵岐《孟子章指》："天与人性，先立其大，心官思之，邪不乖越，故谓之大人者也。"

本章孟子提出君子与小人之分别，君子之所以成为君子，是因为其具有依据义理而言的仁义之心。

11·16　孟子曰："有天爵[1]者，有人爵[1]者。仁义忠信，乐善不倦，此天爵也；公卿大夫，此人爵也。古之人修其天爵，而人爵从之。今之人修其天爵，以要[2]人爵；既得人爵，而弃其天爵，则惑之甚者也，终亦必亡而已矣。"

【注释】

[1]天爵、人爵：爵，指政治上的一种贵位，有公位、卿位、大夫位等。天爵：即仁义忠信之德，乐于行善而不倦怠。人爵：天子所赐封的公位、卿位、大夫位等。赵岐《注》："天爵以德，人爵以禄。"朱熹《集注》："天爵者，德义可尊，自然之贵也。"

[2]要：赵岐《注》："求也。"朱熹《集注》："音邀。"

【解析】

赵岐《孟子章指》："古修天爵，自乐之也；今要人爵，以诱时也。得人弃天，道之忌也；惑以招亡，小人之事也。"

本章孟子指出"人爵"即人世的禄位是依附于"仁义忠信"这一"天爵"而存在的，强调只有"修天爵"，"人爵"才能从之。孟子在此劝诫今人不要本末倒置，更不能得到"人爵"后抛弃"天爵"，否则最终连"人爵"也会丧失掉。

11·17　孟子曰："欲贵者，人之同心也。人人有贵于己者，弗思耳。人之所贵者，非良贵也。赵孟[1]之所贵，赵孟能贱之。《诗》云[2]：

'既醉以酒，既饱以德。'言饱乎仁义也，所以[3]不愿[4]人之膏粱[5]之味也；令闻[6]广誉[7]施于身，所以不愿人之文绣[8]也。"

【注释】

[1]赵孟：赵岐《注》："晋卿之贵者也。"孙奭《疏》："此孟子所以引而喻也，以其赵孟者，即晋襄公之臣赵盾者是也，是为晋卿。然入为晋卿，出则为盟主，是谓贵矣，奈何其贤不及赵襄，其良则不及宣子，则所贵特人爵之贵耳，如此得无贱耶？故曰'赵孟之所贵，赵孟能贱之也。'"南宋孙奕《示儿编》"晋有三赵孟"，即赵朔之子赵武、赵武之孙赵鞅、赵鞅之子赵无恤。杨伯峻谓"晋国正卿赵盾字孟，因而其子孙都称赵孟"。

[2]"《诗》云"句：出自《诗经·大雅·既醉》。

[3]所以：杨伯峻《译注》："直译为'的原因'（译文用意译法），与今日的'所以'用法不同，《马氏文通》以下诸语法书都认为同于今日的'所以'，误。"

[4]愿：朱熹《集注》："愿，欲也。"杨伯峻引《礼记·祭义》郑玄《注》："愿，羡也。"《荀子·荣辱》杨倞《注》："愿，犹慕也。"译作"羡慕"。金良年从朱熹注，译为"乞羡"。

[5]膏粱：珍馐美味。赵岐《注》："细粮如膏者也。"孙奭《疏》："膏粱，味之至珍者也。"朱熹《集注》："膏，肥肉。粱，美谷。"

[6]令闻：孙奭《疏》："令，誉令，善也。闻，名声，而人之所闻也。"朱熹《集注》："令，善也。闻，亦誉也。"

[7]广誉：孙奭《疏》："广，远大也。誉，美称也。"

[8]文绣：带有图案或刺绣的衣裳，通常为有爵位的人所穿。赵岐《注》："绣衣服也。"①朱熹《集注》："衣之美者也。"

【解析】

赵岐《孟子章指》："所贵在身，人不知求，膏粱文绣，己之所优，赵孟所贵，何能比之。是以君子贫而乐也。"

朱熹《孟子集注》："仁义充足而闻誉彰著，皆所谓良贵也。尹氏曰：'言在我者重，则外物轻。'"

本章孟子引述《诗经》的诗句，再次强调人之所贵"饱乎仁义"，即仁义之德的富足，而不是美服和美味。

---

①按：疑"绣"前阙"文"字。

11·18　孟子曰："仁之胜不仁也，犹水胜火。今之为仁者，犹以一杯水救一车薪之火也；不熄，则谓之水不胜火，此又与[1]于不仁之甚者也。亦终必亡[2]而已矣。"

【注释】

[1]与：朱熹《集注》："助也。"金良年从之，译作"这又相当厉害地助长了不仁"。杨伯峻谓"同也"，译为"这些人又和很不仁的人相同了"。

[2]亡：赵岐《注》："亡犹无也，亦终必亡仁矣。"

【解析】

赵岐《孟子章指》："为仁不至，不反诸己，谓水胜火，熄而后已；不仁之甚，终必亡矣；为道不卒，无益于贤也。"

本章孟子首先强调"仁胜不仁"就像水胜火，是不用怀疑的。但是有时行仁的人不能战胜不仁的人，因为力量对比的强弱，但不能因为这种情况而怀疑仁本身的力量。

11·19　孟子曰："五谷[1]者，种之美者也；苟为不熟，不如荑稗[2]。夫仁，亦在乎熟之而已矣。"

【注释】

[1]五谷：见《滕文公上》（5·4）注释21。

[2]荑稗（tí bài）：朱熹《集注》："荑，音蹄。稗，蒲卖反。荑稗，草之似谷者，其实亦可食，然不能如五谷之美也。"孙奭《疏》："即禾中之莠草也。"荑，稗类，结实如小米，现在一般用作家畜饲料，古人亦以备凶年。

【解析】

赵岐《孟子章指》："功毁几成，人在慎终，五谷不熟，荑稗是胜，是以为仁以其成也。"

朱熹《孟子集注》："是以为仁必贵乎熟，而不可徒恃其种之美，又不可以仁之难熟，而甘为他道之有成也。尹氏曰：'日新而不已则熟。'"

本章以五谷、荑稗作比，指出"仁在乎熟"的践行意义，激励人们要坚定为仁的信念而不动摇。

11·20　孟子曰:"羿之教人射,必志于彀[1];学[2]者亦必志于彀。大匠[3]诲人必以规矩[4],学者亦必以规矩。"

【注释】

[1]必志于彀(gòu):赵岐《注》:"彀,张弩付的者,用思要时也。"孙奭《疏》:"其教人射,必志在于彀。彀者,张弓也,张弓以其力分之所至处也。"朱熹《集注》:"志,犹期也。彀,弓满也。"

[2]学:朱熹《集注》:"谓学射。"

[3]大匠:赵岐《注》:"攻木之工。"朱熹《集注》:"工师也。"

[4]规矩:赵岐《注》:"规所以为圆也。矩所以为方也。"孙奭《疏》:"规所以为圆之度,矩所以为方之度。以其规矩为法度之至者也。"朱熹《集注》:"规矩,匠之法也。"

【解析】

赵岐《孟子章指》:"事各有本,道有所隆,彀张规矩,以喻为仁;学不为仁,犹是二教,失其法而行之者也。"

朱熹《孟子集注》:"此章言事必有法,然后可成,师舍是则无以教,弟子舍是则无以学。曲艺且然,况圣人之道乎?"

本章孟子指出学习必须高标准、严要求,即有"规矩"。不仅如此,孟子指出学习是践行"仁"的根本前提,如同有名的木匠教导人"学以规矩",正如赵岐注解"学者以仁义为法式,亦犹大匠以规矩者也"。

需要注意的是,朱熹强调的是"满",而赵岐和孙奭则强调的是"度"。

十二、告子下

12·1　任人[1]有问屋庐子[2]曰："礼与食孰重？"

曰："礼重。"

"色与礼孰重？"

曰："礼重。"

曰："以礼食，则饥而死；不以礼食，则得食，必以礼乎？亲迎，则不得妻；不亲迎[3]，则得妻，必亲迎乎？"

屋庐子不能对，明日之邹[4]以告孟子。

孟子曰："於！答是也，何有[5]？不揣[6]其本[7]，而齐其末[7]，方寸之木可使高于岑楼[8]。金重于羽者，岂谓一钩金[9]与一舆羽之谓哉？取食之重者与礼之轻者而比之，奚翅食重？取色之重者与礼之轻者而比之，奚翅[10]色重？往应之曰：'紾[11]兄之臂而夺之食，则得食；不紾，则不得食，则将紾之乎？逾东家墙而搂[12]其处子[13]，则得妻；不搂，则不得妻。则将搂之乎？'"

【注释】

[1]任人：赵岐《注》："任国之人"。朱熹《集注》："任，国名。"孙奭《正义》："任，薛同姓之国，在齐、楚之间。"阎若璩《释地》谓"任，国名。太皞之后，风姓"。其故址在今山东济宁市。

[2]屋庐子：赵岐《注》："孟子弟子屋庐连。"朱熹《集注》："名连，孟子弟子也。"

[3]亲迎：古代华夏婚姻礼仪"六礼"之一，今称迎亲，即新郎亲迎新妇。也指正式婚礼。孙奭《疏》："所谓亲迎者，又案《礼》云：夏氏迎于庭，商人迎于室，周人迎于户，凡此是也。"

[4]邹：详见《滕文公上》（1·7）注释41。杨伯峻谓其在今山东邹城东南，与任

《孟子》注解

国相距约百里。

[5]於！答是也，何有：赵岐《注》："於，音乌，叹辞也。何有为不可答也。"又朱熹《集注》："於，如字。"今从赵岐《注》。孙奭《疏》："孟子见庐子不能答此言，乃而叹之曰：答此之言，何有难乎？"朱熹《集注》："何有，不难也。"

[6]揣：赵岐《注》"揣量"。杨伯峻和金良年引《方言》："度高为揣。"

[7]本、末：指基底和顶端。朱熹《集注》："本，谓下。末，谓上。"

[8]岑楼：赵岐《注》："山之锐岭者。"孙奭《疏》："山之锐峰也。"朱熹《集注》："楼之高锐似山者。"杨伯峻指出，岑，有"高"和"锐"二义，如"岑鼎""岑石"，谓朱熹注可从。

[9]一钩金：大约三分之一两重量的金子。钩，带钩，连系腰带的饰件。

[10]奚翅：孙奭《疏》："何啻。"朱熹《集注》："翅，与啻同，古字通用，施智反。奚翅，犹言何但。"

[11]紾（zhěn）：扭转。赵岐《注》："戾也。"

[12]搂：赵岐《注》："牵也。"杨伯峻谓此宜训"抱持"，后文"五霸者，搂诸侯以伐诸侯者也"（12·7）之"搂"宜训"挟持"。

[13]处子：赵岐《注》："处女也。"孙奭《正义》："未嫁者也。"

【解析】

赵岐《孟子章指》："临事量宜，权其轻重，以礼为先，食、色为后，若有偏殊，从其大者。屋庐子未达，故譬楼、紾也。"

朱熹《孟子集注》："此章言义理事物，其轻重固有大分，然于其中，又各自有轻重之别。圣贤于此，错综斟酌，毫发不差，故不肯枉尺而直寻，亦未尝胶柱而调瑟，所以断之，一视于理之当然而已矣。"

本章孟子用譬喻，告诫人们遇事要善于思考，要权衡其轻重、大小、长短，如《梁惠王上》所言"权，然后知轻重；度，然后知大小。"但同时也要注意对比的方法，不能"不揣其本，而齐其末"，更不能"一钩金"和"一舆羽"那样不分对象和类别地进行比较。这其实对今天所进行的比较研究是个很好的启示。

最后，孟子强调不论怎样取舍和选择，都不能丢弃一个根本——"礼重"，即礼仪的重要性。

12·2 曹交[1]问曰："人皆可以为尧舜，有诸？"

孟子曰："然。"

"交闻文王十尺[2]，汤九尺。今交九尺四寸以长，食粟而已，如何则可？"

曰："奚有于是？亦为之而已矣。有人于此，力不能胜一匹雏[3]，则为无力人矣；今曰举百钧，则为有力人矣。然则举乌获[4]之任，是亦为乌获而已矣。夫人岂以不胜为患哉？弗为耳。徐行后长者谓之弟，疾行先长者谓之不弟。夫徐行者，岂人所不能哉？所不为也。尧舜之道，孝弟而已矣。子服尧之服，诵尧之言，行尧之行，是尧而已矣。子服桀之服，诵桀之言，行桀之行，是桀而已矣。"

曰："交得见于邹君，可以假馆，愿留而受业于门。"

曰："夫道若大路然，岂难知哉？人病不求耳。子归而求之，有余师[5]。"

【注释】

[1]曹交：赵岐《注》："曹君之弟，交，名也。"金良年《译注》："按，曹国于前487年为宋所灭，去孟子活动年代已久，孟子似不可能与曹君之弟相遇，赵说不知何据。前人对此大致有二说，一说曹在灭后又复国，一说曹交乃邹君之族人（邾亦姓曹）。"

[2]尺：据出土文物，商代的尺，其长度合今约16至17厘米，秦统一前尺长合今约23厘米。此后有增无减，至清代达32至35厘米。

[3]一匹雏：即一只雏，一只小鸡。朱熹《集注》："匹字本作'鴄'，鸭也，从省作匹。《礼记》说'匹为鹜'是也。"又，焦循《正义》引张氏说"匹雏"指"一对小鸡"。

[4]乌获：赵岐《注》："古之有力人也，能移举千钧。"

[5]有余师：赵岐《注》："师不少也。"

【解析】

赵岐《孟子章指》："天下大道，人病由之，病于不为，不患不能，是以曹交请学，孟子辞焉，盖《诗》三百，一言以蔽之。"

朱熹《孟子集注》："曹交事长之礼既不至，求道之心又不笃，故孟子教之以孝弟，而不容其受业。盖孔子余力学文之意，亦不屑之教诲也。"

本章孟子认可"人皆可以为尧舜",这显然是基于其"性善论"的观点,并指出人们不是不能,而是不去做。但正如朱熹指出的,曹交想要受业于其门,但其对孟子缺乏礼数,求学的意愿又不强烈,因此被孟子拒绝。

12·3　公孙丑问曰:"高子[1]曰:'《小弁》[2],小人之诗也。'"

孟子曰:"何以言之?"

曰:"怨。"

曰:"固[3]哉,高叟[4]之为诗也!有人于此,越人关弓[5]而射之,则己谈笑而道之;无他,疏之也。其兄关弓而射之,则己垂涕泣而道之;无他,戚之也[6]。《小弁》之怨,亲亲也。亲亲,仁也。固矣夫,高叟之为诗也!"

曰:"《凯风》[7]何以不怨?"

曰:"《凯风》,亲之过小者也;《小弁》,亲之过大者也。亲之过大而不怨,是愈疏也;亲之过小而怨,是不可矶[8]也。愈疏,不孝也;不可矶,亦不孝也。孔子曰:'舜其至孝矣,五十而慕。'"

【注释】

[1]高子:赵岐《注》:"高子,齐人也。"根据本章称谓,此人年长于孟子。

[2]《小弁(pán)》:赵岐《注》:"《小雅》之篇,伯奇之诗也。怨者,怨亲之过,故谓之小人。"《诗经·小雅》篇名,毛诗谓刺幽王,太子宜臼之傅作。三家《诗》则以为周宣王名臣尹吉甫之子伯奇遭后母之谗而作。从孟子下文"亲之过大者"来看,是取后说,赵岐《注》亦是,而孙奭《疏》和朱熹注均从前说。

[3]固:固执浅薄。赵岐《注》:"陋也。"朱熹《集注》:"谓执滞不通也。"杨伯峻译为"太机械了",金良年译作"真呆板啊"。

[4]高叟:孙奭《疏》:"高子老,孟子称曰叟,盖叟,长老之称也。"

[5]关弓:孙奭《疏》"弯弓"。朱熹《集注》:"关,与'弯'同。"

[6]戚之也:赵岐《注》:"戚,亲也,亲其兄。"孙奭《疏》:"是与兄为亲也。"

[7]《凯风》:《诗经·邶风》中的诗篇,凡四章,为自责慰母之辞。

[8]不可矶(jī):矶,意为受到细小的刺激而大怒。赵岐《注》:"矶,激也。"

孙奭《疏》："盖矶，激也，若微切以感激之，以几谏者也，譬如石之激水，顺其流而激之耳。"朱熹《集注》："矶，音机。矶，水激石也。不可矶，言微激之而遽怒也。"

【解析】

赵岐《孟子章指》："生之膝下，一体而分，喘息呼吸，气通于亲，当亲而疏，怨慕号天，是以《小弁》之怨，未足以为怨也。"

本章孟子是在阐发其仁义与孝道思想，而不是在单纯地谈论或评价《诗经》中的某一篇作品。

孟子指出《小弁》所表达的怨恨，正是源于其对亲人的热爱，"亲亲，仁也"，而这种带有某种怨恨程度的热爱，也是符合仁义的。同样，"不可矶"意近乎孔子的"色难"，是对孝道的精微阐发。本章也体现了孟子本人所倡导的"不以文害辞，不以辞害志，以意逆志"的治《诗》方法。

12·4　宋牼[1]将之楚，孟子遇于石丘[2]，曰："先生[3]将何之？"

曰："吾闻秦、楚构兵，我将见楚王说而罢之。楚王不悦，我将见秦王说而罢之。二王我将有所遇焉[4]。"

曰："牼也请无问其详，愿闻其指。说之将何如？"

曰："我将言其不利也。"

曰："先生之志则大矣[5]，先生之号[6]则不可。先生以利说秦、楚之王，秦、楚之王悦于利，以罢三军之师，是三军之士乐罢而悦于利也。为人臣者怀利以事其君，为人子者怀利以事其父，为人弟者怀利以事其兄，是君臣、父子、兄弟终去仁义[7]，怀利以相接，然而不亡者，未之有也。先生以仁义说秦、楚之王，秦、楚之王悦于仁义，而罢三军之师，是三军之士乐罢而悦于仁义也。为人臣者怀仁义以事其君，为人子者怀仁义以事其父，为人弟者怀仁义以事其兄，是君臣、父子、兄弟去利，怀仁义以相接也，然而不王者，未之有也。何必曰利？"

【注释】

[1]宋牼（kēng）：又名宋钘、宋荣。宋人，与尹文俱游稷下。在齐国历威、宣二世，是稷下学宫中最有影响力的学者之一。《汉书·艺文志》著录《宋子》十八篇，已佚。马国翰《玉函山房辑佚书》有辑本《宋子》一卷。其思想主张，属道家学派而兼采儒、墨。他在理论上的重要贡献是改造了老子的"道"的学说，提出了"精气"的观念，认为气或精气是构成物质世界的基本要素，是生命和智慧的源泉。①

[2]石丘：赵岐《注》："地名也。"孙奭《疏》："孟子（与宋牼）相逢于石丘之地，石丘则宋国地也。"杨伯峻《译注》："伪孙奭《疏》以为宋国地名，《一统志》以为在今河南旧卫辉府，未必有据。"金良年谓"今地未详"。

[3]先生：赵岐《注》："学士年长者，故谓之先生。"杨伯峻引某氏（笔者按：指钱穆）谓"先生自是稷下学士先辈之通称"。

[4]有所遇焉：遇，朱熹《集注》："合也。"

[5]先生之志则大矣：大，古注均作"弘大"解，杨伯峻训作"善"。

[6]号：赵岐《注》谓"所称名号"。杨伯峻《译注》："意谓所用的提法。"金良年《译注》："犹今言提法、说法。"

[7]终去仁义：终，杨伯峻训作"尽"。

【解析】

赵岐《孟子章指》："上之所欲，下以为俗，俗化于善，久而致平；俗化于恶，久而致倾。是以君子创业，慎其所以为名也。"

孙奭《孟子注疏》："此孟子所以持仁义之道教宋牼事其秦、楚，讥其欲以利说秦、楚也。"

朱熹《孟子集注》："此章言休兵息民，为事则一，然其心有义利之殊，而其效有兴亡之异，学者所当深察而明辨之也。"

本章孟子强调行为动机的纯正性，即君臣、父子、兄弟要"怀仁义以相接"，不能"怀利以事"。

12·5 孟子居邹，季任[1]为任处守，以币交，受之而不报。处于平陆[2]，储子[3]为相，以币交，受之而不报。他日，由邹之任，见季子；由平陆之齐，不见储子。屋庐子喜曰："连得间[4]矣。"问曰："夫子之

---

①参见张秉楠：《稷下钩沉》，上海古籍出版社，1991，第33页。

任，见季子；之齐，不见储子，为其为相与？"

曰："非也；《书》曰[5]：'享多仪，仪不及物曰不享，惟不役[6]志于享。'为其不成享也。"

屋庐子悦。或问之。屋庐子曰："季子不得之邹，储子得之平陆。"

【注释】

[1]季任：赵岐《注》："任君季弟也。"朱熹《集注》："任君之弟。"

[2]平陆：赵岐《注》："齐下邑也。"杨伯峻引阎若璩《释地续》谓平陆去齐都临淄凡六百里，"是当日国相皆得周行其境之内，非令所禁，故曰'储子得之平陆'"。

[3]储子：齐国宰相。赵岐《注》："齐相也。"

[4]得间：古注为"间隙"。金良年谓"此处'间'，犹'读书得间'之'间'。盖屋庐子以为从孟子的行为中悟到了道理，故喜"。

[5]"《书》曰"句：出自《尚书·洛诰》。赵岐《注》："'享多仪'，言享见之礼多仪法也。物，事也。仪不及事，谓有阙也，故曰不成享礼。"孙奭《疏》："如仪不及享献之物，是曰不享。"朱熹《集注》："仪，礼也。物，币也。"

[6]不役：孙奭《疏》"不役使下"；朱熹《集注》："役，用也。"

【解析】

赵岐《孟子章指》："君子交接，动不违礼，享见之仪，允答不差，是以孟子或见或否，各以其宜者也。"

本章孟子阐述了享见之仪：亲自拜见比送礼物更重要，尤其是在可以亲临却借口不到场的时候。同时孟子也是在以自己的言行教育弟子。

12·6 淳于髡曰："先名实者，为人也；后名实者，自为也[1]。夫子在三卿[2]之中，名实未加于上下而去之，仁者固如此乎？"

孟子曰："居下，不以贤事不肖者，伯夷也；五就汤，五就桀者，伊尹也；不恶污君，不辞小官者，柳下惠也。三子者不同道，其趋一也。一者何也？曰：仁也。君子亦仁而已矣，何必同？"

曰："鲁缪公之时，公仪子[3]为政，子柳[4]、子思为臣，鲁之削也滋甚[5]。若是乎，贤者之无益于国也。"

《孟子》注解

曰:"虞不用百里奚而亡,秦穆公用之而霸。不用贤则亡,削何可得与?"

曰:"昔者王豹[6]处于淇,而河西[7]善讴;绵驹处于高唐[8],而齐右善歌;华周、杞梁[9]之妻善哭其夫而变国俗。有诸内,必形诸外。为其事而无其功者,髡未尝睹之也。是故无贤者也,有则髡必识之。"

曰:"孔子为鲁司寇,不用[10],从而祭,燔肉不至[11],不税冕[12]而行。不知者以为为肉也,其知者以为为无礼也。乃孔子则欲以微罪行[13],不欲为苟去。君子之所为,众人固不识也。"

【注释】

[1]先名实者,为人也;后名实者,自为也:赵岐《注》:"名者,有道德之名。实者,治国惠民之功实也。"孙奭《疏》:"言名生于实也,有功利之实,斯有功利之名,进而治国济民,则名利在所先,故先名实者为人;退而独善其身,则功利在所后,故后名实者为自为。"朱熹《集注》:"名,声誉也。实,事功也。言以名实为先而为之者,是有志于救民也;以名实为后而不为者,是欲独善其身者也。"

[2]三卿:赵岐《注》:"齐,大国,有三卿,谓孟子尝处此三卿之中矣。"杨伯峻《译注》引全祖望《经史问答》云:"孟子之世,七国官制尤草草。大抵三卿者,指上卿、亚卿、下卿而言。乐毅初入燕乃亚卿,是其证也。或曰,一卿是相,一卿是将,其一为客卿,而上下本无定员,亦通。"

[3]公仪子:即才学优异、遵奉法度、讲究原则的鲁国国相公仪休。《史记·循吏列传》:"公仪休者,鲁博士也,以高弟为鲁相。奉法循理,无所变更,百官自正。"

[4]子柳:赵岐《注》:"泄柳也。"《公孙丑下》(4·11)、《滕文公下》(6·7)等言及。

[5]鲁之削也滋甚:淳于髡是说鲁国在缪公时期多次战败于齐国,土地一再被削夺。杨伯峻先生举《史记·六国年表》以证之。

[6]王豹:赵岐《注》:"卫之善讴者。"杨伯峻谓郑珍(1806—1864年)《巢经巢文集》引《左传·哀公六年》文,以为王豹是齐人。

[7]河西:赵岐《注》:"卫地滨于淇水,在北流河之西。"孙奭《疏》谓"河西"与"淇水、高唐、齐右,皆地名也"。

[8]绵驹处于高唐:赵岐《注》:"绵驹,善歌者也。高唐,齐西邑。"杨伯峻引

《韩诗外传》"淳于髡曰：不然。昔者、揖封生高商，齐人好歌"，谓"高商盖即高唐，揖封盖即绵驹"。

[9]华周、杞梁：赵岐《注》："华周，华旋也。杞梁，杞殖也。二人，齐大夫，死于戎事者，其妻哭之哀，城为之崩，国俗化之，则效其哭。"华周，《说苑·善说》作"华舟"。

[10]不用：赵岐《注》："不能用其道也。"杨伯峻译作"不被信任"。金良年译为"不被信用"。

[11]燔（fán）肉不至：祭肉没有分送到。孙奭《疏》："从鲁君祭于宗庙，当赐大夫以胙燔肉，且不至孔子。"燔，亦作"膰"，即祭肉，或曰胙（zuò）、脤（shèn）、福肉，厘肉。古礼，宗庙社稷诸祭结束后，必分赐祭肉给同姓之国及相关人员。

[12]不税冕：没有解下祭冕（就走了）。朱熹《集注》："税，音脱。"冕，祭祀时所戴礼帽。杨伯峻谓"不税冕，言其匆忙"。

[13]以微罪行：有两种理解，一种是指孔子给自己背负一点小罪名而走，如赵岐、朱熹、阎若璩、杨伯峻等；一种是说孔子找个（国君）微小的过错走开，如孙奭和金良年。

【解析】

赵岐《孟子章指》："见机而作，不俟终日，孔子将行，冕不及税。庸人不识，课以功实。淳于虽辨，终亦屈服，正者胜也。"

朱熹《孟子集注》："尹氏曰：'淳于髡未尝知仁，亦未尝识贤也。宜乎其言若是。'"

本章孟子与淳于髡的辩论，在一定程度上反映了当时乃至今天仍旧存在的疑惑，即所谓的贤者对于治国到底有多大作用或益处。

淳于髡对此直指孟子在齐国的任职经历，十分尖锐。孟子则以伯夷、伊尹和柳下惠三人为例，指出三人虽做法不同，但目标趋向一致，即仁。

接着淳于髡再次发难，鲁缪公时期公仪子主持国政，泄柳和子思都在位，可是多次战败于齐，土地一再被削夺。

孟子则以虞国不用百里奚而亡，秦穆公用百里奚而称霸来反驳，意思是说鲁缪公没有真正重用贤人。

于是，淳于髡又以王豹、绵驹、华周及杞梁妻的影响为例，认为贤人自身的才能还是没有发挥出来，因为从事某种工作，就应该显示出一定的功绩，要不就是没有贤人。

最后，孟子以孔子为例，说他做鲁国司寇，不被信任，并没有离开。后来，在某次随从祭祀结束后,没有解下祭冕就走了。一般人认为孔子是因为没有被送分祭肉而生气才走开的。其实孔子是不想让鲁国受到为君无礼的指责,宁愿自己背负这样一点小罪名。

从淳于髡和孟子的答问来看,孟子认为在仁、贤的问题上,要看大节,君子的某些做法,不是常人所理解的。

12·7 孟子曰:"五霸[1]者,三王[2]之罪人也;今之诸侯,五霸之罪人也;今之大夫,今之诸侯之罪人也。天子适诸侯曰巡狩,诸侯朝于天子曰述职。春省耕而补不足,秋省敛而助不给。入其疆,土地辟,田野治,养老尊贤,俊杰在位,则有庆;庆[3]以地。入其疆,土地荒芜,遗老失贤,掊克在位[4],则有让[5]。一不朝,则贬其爵;再不朝,则削其地;三不朝,则六师移之[6]。是故天子讨[7]而不伐[7],诸侯伐而不讨。五霸者,搂诸侯[8]以伐诸侯者也,故曰,五霸者,三王之罪人也。五霸,桓公为盛。葵丘之会[9],诸侯束牲载书[10]而不歃血[11]。初命曰,诛不孝,无易树子[12],无以妾为妻。再命曰,尊贤育才,以彰有德。三命曰,敬老慈幼,无忘宾旅[13]。四命曰,士无世官[14],官事无摄[15],取士必得[16],无专杀大夫[17]。五命曰,无曲防[18],无遏籴[19],无有封而不告[20]。曰,凡我同盟之人,既盟之后,言归于好。今之诸侯皆犯此五禁,故曰,今之诸侯,五霸之罪人也。长君之恶[21]其罪小,逢君之恶其罪大。今之大夫皆逢[22]君之恶,故曰,今之大夫,今之诸侯之罪人也。"

【注释】

[1]五霸:共有四种说法。赵岐《注》:"五霸者,大国秉直道以率诸侯,齐桓、晋文、秦缪、宋襄、楚庄是也。"朱熹《集注》引赵岐《注》后又云:"丁氏曰:'夏昆吾,商大彭、豕韦,周齐桓、晋文,谓之五霸。'"按,朱熹所引丁氏说当出自《白虎通义》卷一《号篇》。《号篇》共提出三种说法,除此之外,一种与赵岐《注》同;一种是指齐桓公、晋文公、秦穆公、楚庄王、吴王阖闾。而《荀子·王霸篇》认为指齐桓公、晋文公、楚庄王、吴王阖闾、越王勾践。

[2]三王:夏禹、商汤、周文王、周武王。

[3]庆：奖赏。赵岐《注》："赏也。"

[4]掊（póu）克在位：赵岐《注》："掊克不良之人在位。"孙奭《疏》："掊克多取聚敛之臣在其位。"朱熹《集注》："掊克，聚敛也。"

[5]则有让：赵岐《注》："则责让之。"孙奭《疏》："则有责让。"朱熹《集注》："让，责也。"

[6]六师移之：六师，这里指天子军队。《周礼·夏官》："凡制军，万有二千五百人为军，王六军，大国三军，次国二军，小国一军，军将皆命卿。千二有五百人为师，师帅皆中大夫。"赵岐《注》："移之，就之也。"孙奭《疏》："则命六师以移易其位也。"朱熹《集注》："移之者，诛其人而变置之也。"

[7]讨、伐：赵岐《注》："讨者，上讨下也。伐者，敌国相征伐也。"朱熹《集注》："讨者，出命以讨其罪，而使方伯连帅帅诸侯以伐之也。伐者，奉天子之命，声其罪而伐之也。"

[8]搂诸侯：意思是挟持（一部分）诸侯。赵岐《注》"强搂牵诸侯"；孙奭《疏》："特牵率诸侯。"朱熹《集注》："搂，牵也。"

[9]葵丘之会：前651年齐桓公邀集鲁、宋、卫、郑、许、曹等诸侯国国君举行的一次会盟。一般认为这是齐国霸主地位确立的标志性事件。葵丘，春秋宋地古邑，故址在今河南兰考，一说民权，一说山东东明。孙奭《正义》："案鲁僖公九年《左传》云：'夏，会诸侯于葵丘，寻盟，且修好，礼也。秋，齐桓盟诸侯于葵丘。'"《春秋公羊传·鲁僖公九年》："夏，公会宰周公、齐侯、宋子、卫侯、郑伯、许男、曹伯于葵丘。""九月，戊辰，诸侯盟于葵丘。"

[10]束牲载书：束牲，指将牺牲（诸侯用牛）捆绑起来，但不宰杀。载书，杨伯峻谓"古代盟约谓之载书，但此'载书'不是一个词。'载'是动词，加也。'书'即指盟辞"。赵岐《注》："束缚其牲，但加载书。"朱熹《集注》："陈牲而不杀，读书加于牲上。"

[11]歃（shà）血：古代诸侯会盟时，微饮牲血，或含于口中，或涂于口旁，以示信守誓言。孙奭《疏》："歃血，歠（chuò）血也。"

[12]无易树子：赵岐《注》："树，立也。已立世子，不得擅易也。"

[13]无忘宾旅：赵岐《注》："客羁旅勿忘忽也。"孙奭《疏》："无忘忽其宾客羁旅。"朱熹《集注》："宾，宾客也。旅，行旅也。皆当有以待之，不可忽忘也。"

[14]士无世官：赵岐《注》："仕为大臣，不得世官，贤臣乃得世禄也。"朱熹《集注》："士世禄而不世官，恐其未必贤也。"

[15]官事无摄：孙奭《疏》："不得兼摄其职也，以其一官不专，则一事不举也。"

[16]取士必得：选用士定要贤人或贤才。得，应指得贤或得人，而不是"得当"。

《孟子》注解

赵岐《注》："取士必得贤也，立贤无方也。"孙奭《疏》："言所取之士，必得其贤，不得使之群小榖乱之也。"朱熹《集注》："取士必得，必得其人也。"

[17]无专杀大夫：不得独断专行地杀戮大夫。赵岐《注》："不得以私怒行戮也。"孙奭《疏》："言大夫有罪者，当皆请命于天子，而诸侯不得专杀之也。"朱熹《集注》："有罪则请命于天子而后杀之也。"

[18]无曲防：不遍筑堤防。赵岐《注》"无敢违王法而以己意设防禁也"；孙奭《疏》："言不得曲防其水，以专利也，当通水利而放郭之而已。"朱熹《集注》："不得曲为堤防，壅泉激水，以专小利，病邻国也。"《管子·大匡》及《霸形》均作"无曲隄"，《榖梁传》僖公九年作"毋壅泉"。杨伯峻谓"盖当时诸侯各筑堤防，大水则以邻国为壑，旱则专擅水利，使邻国受灾"；杨氏又谓"曲，是副词。有'无''遍'之义"。

[19]无遏籴（dí）：不禁止邻国采购粮食。赵岐《注》："无遏止谷籴不通邻国也。"朱熹《集注》："邻国凶荒，不得闭籴也。"

[20]无有封而不告：告知的对象，有两种解释：一指盟主，如赵岐《注》"无以私恩擅有封赏而不告盟主也"；一指天子，如孙奭《疏》"言不得有私自封赏而不告于天子也"。朱熹《集注》："不得专封国邑而不告天子也。"不论是会盟的历史还是此处语境，还是孟子要指出的问题，显然告知的对象是盟主。孙奭《疏》和朱熹《集注》的解释有回护天子之意。

[21]长君之恶：长，赵岐《注》"长大而宣之"，孙奭《疏》"长益而宣布之"，均读作"张"，"声张"。杨伯峻谓"稽之古训既不合，亦未见同样句例，故不取"。朱熹《集注》"长，上声。君有过不能谏，又顺之者，长君之恶也"，意为"助长"。杨伯峻、金良年译文从之。

[22]逢：赵岐《注》："迎也。"逢迎，逢迎君主的恶行。

【解析】

赵岐《孟子章指》："王道浸衰，转为罪人，孟子伤之，是以博思古法，匡时君也。"

朱熹《孟子集注》："林氏曰：邵子有言：'治春秋者，不先治五霸之功罪，则事无统理，而不得圣人之心。春秋之间，有功者未有大于五霸，有过者亦有未大于五霸。故五霸者，功之首，罪之魁也。'孟子此章之义，其若此也与？然五霸得罪于三王，今之诸侯得罪于五霸，皆出于异世，故得以逃其罪。至于今之大夫，其得罪于今之诸侯，则同时矣；而诸侯非惟莫之罪也，乃反以为良臣而厚礼之。不以为罪而反以为功，何其谬哉！"

本章孟子对春秋五霸及葵丘会盟进行了回顾与评价，指出"长君之恶其罪小，逢君之恶其罪大"。

值得注意的是，本章所记述的葵丘会盟的五条盟约具有很高的史料价值。

12·8　鲁欲使慎子[1]为将军。孟子曰："不教民而用之，谓之殃民[2]。殃民者，不容于尧舜之世。一战胜齐，遂有南阳[3]，然且不可[4]。"

慎子勃然不悦曰："此则滑釐所不识也。"

曰："吾告明子。天子之地[5]方千里；不千里，不足以待诸侯。诸侯之地方百里；不百里，不足以守宗庙之典籍[6]。周公之封于鲁，为方百里也；地非不足，而俭于百里[7]。太公之封于齐也，亦为方百里也；地非不足也，而俭于百里。今鲁方百里者五，子以为有王者作，则鲁在所损乎，在所益乎？徒[8]取诸彼以与此，然且仁者不为，况于杀人以求之乎？君子之事君也，务引其君以当道[9]，志于仁而已。"

【注释】

[1]慎子：赵岐《注》："慎子，善用兵者。"据文献记载，有三位慎子，除此处所提到的慎子外，其他两位，一位是赵人慎到，稷下学者，其学说见于《庄子·天下篇》《荀子·解蔽》《天论》《非十二子》及《韩非子·难势》《史记·孟子荀卿列传》；另一位是楚太傅，见于《战国策·楚策》。

[2]不教民而用之，谓之殃民：赵岐《注》："不教民以仁义而用之战斗，是使民有殃祸也。"孙奭《疏》："不教民以仁义之道，而用之战斗，是谓殃祸以残害民也。"杨伯峻谓《论语·子路》（13·30）"以不教民战，是谓弃之"，与此同意。

[3]南阳：赵岐《注》："山南曰阳，岱山之南，谓之南阳也。"杨伯峻《译注》："即汶阳，在泰山之西南，汶水之北。春秋之世为齐鲁所争之地，本属鲁，其后逐渐为齐所侵夺。详说全祖望《经史问答》。"

[4]然且不可：杨伯峻谓"此句未完，因慎子勃然不悦，抢着说去"。

[5]天子之地：毛奇龄《四书剩言》谓"地"即指"田"。杨伯峻以为"毛说失之拘"。

[6]典籍：赵岐《注》："谓先祖常籍法度之文也。"

[7]俭于百里：将近一百里。赵岐《注》："俭而不足也。"朱熹《集注》："俭，

止而不过之意也。"

[8]徒：赵岐《注》"但"。朱熹《集注》："徒，空也，言不杀人而取之也。"

[9]务引其君以当道：赵岐《注》："牵引其君以当正道者，仁也。"朱熹《集注》："当道，谓事合于理。"

【解析】

赵岐《孟子章指》："招携怀远，贵以德礼，既其用兵，庙胜为上，战胜为下，明贱战者也。"

本章孟子在劝解和引导慎子事君"务引其君以当道"，辅君以仁。本章作为一种仁政思想的阐述文本，是没有问题的。但慎子即将担任鲁国将军，其身份和职责决定了他必然要主张以武力来开疆拓土保卫国家。因此，孟子的言说和主张似乎有些不分对象。

12·9　孟子曰："今之事君者皆曰：'我能为君辟土地，充府库[1]。'今之所谓良臣，古之所谓民贼[2]也。君不乡道[3]，不志于仁，而求富之，是富桀也。'我能为君约与国，战必克。'[4]今之所谓良臣，古之所谓民贼也。君不乡道，不志于仁，而求为之强战，是辅桀也。由今之道[5]，无变今之俗，虽与之天下，不能一朝居也。"

【注释】

[1]辟土地，充府库：赵岐《注》："辟土地，侵小国也。充府库，重赋敛也。"

[2]民贼：赵岐《注》："伤民，故谓之贼也。"

[3]君不乡道：孙奭《疏》："不趋向慕于道。"朱熹《集注》："乡，与'向'同。"杨伯峻引焦循《正义》"道为道德之道"，译为"不向往道德"。金良年译作"不向往大道"。笔者认为，此句的"道"与下句的"仁"互文，指"仁道"。

[4]我能为君约与国，战必克：按，此句赵岐《注》不明确，谓"连诸侯以战，求必胜之也"。孙奭《疏》："我能为君期与敌国战斗，必能胜。"朱熹《集注》："约，要结也。与国，和好相与之国也。"笔者认为，孙奭《疏》较胜。

[5]由今之道：用现在的不善之道。由，用。赵岐《注》："今之道非善道。"孙奭《疏》："若犹用今之不善之道。"笔者认为，焦循《正义》训"道"为"行"，亦失之于拘。此"道"与"仁道"相对，为"不善之道"，赵岐《注》为是。

【解析】

赵岐《孟子章指》："善为国者，必藏于民，贼民以往，其余何观，变俗移风，非乐不化，以乱齐民，不知其善也。"

本章是承接上章，孟子指出"辟土地、充府库"的今之事君者，在古时看来，就是"民贼"，即伤害老百姓的人，再次强调要志于仁，向仁道，藏于民，才能变俗移风。

12·10　白圭[1]曰："吾欲二十而取一，何如？"

孟子曰："子之道，貉[2]道也。万室之国，一人陶，则可乎？"

曰："不可，器不足用也。"

曰："夫貉，五谷不生，惟黍[3]生之。无城郭、宫室、宗庙、祭祀之礼，无诸侯币帛饔飧[4]，无百官有司，故二十取一而足也。今居中国，去人伦，无君子[5]，如之何其可也？陶以寡，且不可以为国，况无君子乎？欲轻之于尧舜之道者，大貉、小貉[6]也；欲重之于尧舜之道者，大桀、小桀[6]也。"

【注释】

[1]白圭：赵岐《注》："周人也。"朱熹《集注》："名丹，周人也。"《战国策·魏策》作"白珪"。《韩非子·内储说下》："白圭相魏。"《史记·货殖列传》："白圭乐观时变，故人弃我取，人取我与。""盖天下治生祖白圭。"

[2]貉（mò）：赵岐《注》："貉。夷貉之人，在荒服者也。貉之税二十而取一。"朱熹《集注》："貉，音陌。北方夷狄之国名也。"

[3]黍：五谷之一，《说文》："禾属而黏者也，以大暑而种，故谓之黍。"黍分为有黏性（北方俗称黄米）和无黏性（俗称小米）两种。无黏性者称之为"穄"（即糜子），适于干旱、雨季短、土地瘠薄的地区生长，其伴生杂草为稂（粟的伴生杂草为莠）。明徐光启《农政全书》："古所谓黍，今亦称黍，或称黄米。"

[4]饔飧（yōng sūn）：孙奭《疏》："朝食曰饔，夕食曰飧。"朱熹《集注》："以饮食馈客之礼也。"

[5]去人伦，无君子：赵岐《注》"而欲效夷貉无人伦之叙，无君子之道"。孙奭《疏》："如去人伦之叙，使无君子之道。"朱熹《集注》："无君臣、祭祀、交际

之礼,是去人伦。无百官有司,是无君人。"

[6]大貉小貉、大桀小桀:赵岐《注》:"今欲轻之,二十而税一者,夷貉为大貉,子为小貉也。欲重之,过什一,则是夏桀为大桀,而子为小桀也。"朱熹《集注》:"十一而税,尧舜之道也。多则桀,寡则貉。今欲轻重之,则是小貉、小桀而已。"

【解析】

赵岐《孟子章指》:"先王典礼,万世可遵,什一供贡,下富上尊。裔土简惰,二十而税,夷狄有君,不足为贵。圭欲法之,孟子斥之以王制者也。"

本章孟子驳斥了白圭以个别代替普遍的观点,"二十而税一"是生产力不足,没有城邦,缺少根本的宗庙祭祀礼仪,以及没有百官和诸侯往来的、偏远不发达地区的税收政策。而尧舜以来所制定的"什一而税"是恰当的;相反,过高或过低,不是使百姓利益受到损害,就是导致国家缺少基本收入而无法具备应有的礼仪,即"不可以为国"。

12·11 白圭曰:"丹之治水[1]也愈于禹。"

孟子曰:"子过矣。禹之治水,水之道[2]也,是故禹以四海为壑[3]。今吾子以邻国为壑。水逆行谓之洚水,洚水者,洪水也。仁人之所恶也。吾子过矣。"

【注释】

[1]丹之治水:赵岐《注》:"丹,名。圭,字也。当诸侯之时有小水,白圭为治除之。"据《韩非子·喻老》云:"白圭之行堤也,塞其穴,是以白圭无水难。"可知,白圭仅筑堤防,不顾他国,故下文孟子讥之为"以邻国为壑"。

[2]水之道:孙奭《疏》:"因水道而疏通归于海也。"朱熹《集注》:"顺水之性也。"

[3]壑(hè):《说文》:"壑,沟也。"朱熹《集注》:"受水处也。"杨伯峻谓此为词义扩大,故朱熹如此释之。

【解析】

赵岐《孟子章指》:"君子除害,普为人也,白圭壑邻,亦以狭矣。是故贤者志其大者、远者也。"

本章孟子批评白圭治水是"以邻国为壑",没有顺水之道。这也可以看成是孟子对治国的譬喻：治国有治国之道，如果仅仅着眼于当下的问题，而没有长远的战略眼光，显然是不够的。

12·12 孟子曰："君子不亮[1]，恶乎执[2]？"

【注释】

[1]亮：赵岐《注》："亮，信也。"孙奭《疏》："然言亮而不言信者，盖亮之为义，其体在信，其用在明。君子之道，惟明为能，明善在信，为能诚身，不明乎善，不能诚其身矣。"朱熹《集注》："亮，信也，与'谅'同。"

[2]恶乎执：赵岐《注》："舍信将安所执之邪？"朱熹《集注》："言凡事苟且，无所执持也。"杨伯峻译为"如何能有操守？"金良年译作"去把握什么呢？"

【解析】

赵岐《孟子章指》："《论语》曰：'自古皆有死，民无信不立。'重信之至者也。"本章孟子指出君子如果没有诚信，就没有操守。

因为这是《孟子》一书最简短的一章，且没有语境，所以含义不明。

但需要注意的是孟子是不太主张"信"的，"四端"为仁、义、礼、智。《离娄下》（8·11）云："大人者，言不必信，行不必果，惟义所在。"

12·13 鲁欲使乐正子[1]为政。孟子曰："吾闻之，喜[2]而不寐。"

公孙丑曰："乐正子强乎？"

曰："否。"

"有知虑乎？"

曰："否。"

"多闻识乎？"

曰："否。"

"然则奚为喜而不寐？"

曰："其为人也好善[3]。"

"好善足乎？"

曰："好善优于天下[4]，而况鲁国乎？夫苟好善，则四海之内皆将轻[5]千里而来告之以善；夫苟不好善，则人将曰：'訑訑[6]，予既[7]已知之矣。'訑訑之声音颜色距[8]人于千里之外。士止于千里之外，则谗谄面谀之人至矣。与谗谄面谀之人[9]居，国欲治，可得乎？"

【注释】

[1]乐正子：见《梁惠王下》（2·16）注释7，《离娄上》（7·24）注释1。

[2]喜：赵岐《注》"喜其人道德得行"。孙奭《疏》："以其乐正子将得行其道也。"

[3]好善：赵岐《注》："乐闻善言，是采用之也。"

[4]优于天下：赵岐《注》："以此治天下，可以优之，舜是也。"①孙奭《疏》："优为于天下也。"朱熹《集注》："优，有余裕也。言虽治天下，尚有余力也。"

[5]轻：赵岐《注》谓"轻行"。朱熹《集注》："轻，易也，言不以千里为难也。"

[6]訑訑（yí yí）：赵岐《注》："訑訑者，自足其智，不嗜善言之貌。"

[7]既：赵岐《注》谓"皆"。杨伯峻《译注》："尽也。"

[8]距：赵岐《注》谓"止"。杨伯峻和金良年均注为"同'拒'"。

[9]谗谄面谀之人：孙奭《疏》"谗恶谄佞面从之人"，"《庄子》云：'好言人之恶以为谗，希意导言以为谄，不择是非而言以为谀。'"。杨伯峻《译注》："说小话是谗，谄是揣度别人心意而说逢迎之言。译文把'谄'包括在'说奉承话'之中。"

【解析】

赵岐《孟子章指》："好善从人，圣人一概，禹闻谠言，答之而拜。訑訑吐之，善人亦逝，善去恶来，道若合符。《诗》曰'雨雪瀌瀌，见晛聿消'此之谓也。"

朱熹《孟子集注》："此章言为政，不在于用一己之长，而贵于有以来天下之善。"

本章孟子以乐正子为例，认为单凭能力和见识是不能够治理好国家的，只有拥有真正的好善的作风，才能起到很好的导向作用。否则，整个国家充斥的都是谗谄面谀之人。

---

①按，金良年引赵岐此注为："以此治天下，可以优之虞舜。"见金良年：《孟子译注》，上海古籍出版社，2004，第151页。

12·14　陈子[1]曰:"古之君子何如则仕?"

孟子曰:"所就三[2],所去三。迎之致敬以有礼;言,将行其言也,则就之。礼貌未衰,言弗行也,则去之。其次,虽未行其言也,迎之致敬以有礼,则就之。礼貌[3]衰,则去之。其下,朝不食,夕不食,饥饿不能出门户,君闻之,曰:'吾大者不能行其道[4],又不能从其言也,使饥饿于我土地,吾耻之。'周之[5],亦可受也,免死而已矣。"

【注释】

[1]陈子:赵岐《注》谓"陈臻",即《公孙丑下》(4·3与4·10)的孟子弟子陈臻。

[2]所就三:即三就,朱熹《集注》引《万章下》(10·4)孔子"见行可之仕""际可之仕"和"公养之仕"解之。

[3]礼貌:赵岐《注》:"礼者,接之以礼也;貌者,颜色和顺,有乐贤之容。礼衰,不敬也;貌衰,不悦也。"杨伯峻谓:"当看为一词,正和'笑貌'(7·17)相似。又可以作动词用,如'又从而礼貌之'(8·30)。赵岐《注》谓'礼衰,不敬也;貌衰,不悦也。'分'礼'与'貌'为二,实误。"金良年谓"此指礼仪、态度,非今通常所言之礼貌"。

[4]吾大者不能行其道:孙奭《疏》"吾大为之君者,不能使之得行其道"。

[5]周之:周济他。孙奭《疏》:"周赐之。"

【解析】

赵岐《孟子章指》:"士虽正道,亦有量宜,听言为上,礼貌次之,困而免死,斯为下矣。备此三科,亦无疑也。"

本章孟子指出有三种情况可以出仕,即赵岐所概括的"听言为上""礼貌次之"和"困而免死",或者朱熹所理解的"见行可之仕""际可之仕"和"公养之仕",都有一个根本的操守或底线。

12·15　孟子曰:"舜发于畎亩之中[1],傅说举于版筑之间[2],胶鬲举于鱼盐之中[3],管夷吾举于士[4],孙叔敖举于海[5],百里奚举于市。故天将降大任[6]于是人也[7],必先苦其心志,劳其筋骨,饿其体肤,空乏其身[8]，行拂乱其所为[9]，所以动心忍性[10]，曾益其所不能[11]。人恒过[12]，然后能改；困于心[13]，衡于虑[14]，而后作[15]；征于色[16]，发于声，而后喻。入则无法家拂士，出则无敌国外患者[17]，国恒亡。然后知生于忧患而死于安乐也。"

【注释】

[1]舜发于畎亩之中：舜耕于历山，见《万章上》（9·1）。

[2]傅说举于版筑之间：傅说（yuè），商王武丁的国相。相传曾在傅岩筑墙。版筑，即筑土墙。把土夹在两块木板之间，用杵夯实，即成为墙。赵岐《注》："傅说筑傅岩，武丁举以为相。"

[3]胶鬲举于鱼盐之中：胶鬲，赵岐《注》："殷之贤臣，遭纣之乱，隐遁为商。"亦见于《公孙丑上》（3·1）。举于鱼盐，赵岐《注》"文王于鬻贩鱼盐之中得其人"。孙奭《疏》："胶鬲鬻贩于鱼盐之中而商。"

[4]管夷吾举于士：管夷吾，即管仲，名夷吾，字仲。士，指士师，即狱官。管仲原辅佐公子纠，齐桓公杀死纠后，管仲被拘押，后经鲍叔牙举荐，被释放并被重用，故称"举于士"。赵岐《注》："士，狱官也。管仲自鲁囚执于士官，桓公举以为相国。"

[5]孙叔敖举于海：孙叔敖，芈姓，蒍氏，名敖，字孙叔。春秋时楚国令尹（宰相）。赵岐《注》："孙叔敖隐处耕于海滨，楚庄王举之以为令尹。"

[6]降大任：赵岐《注》："言天将降下大事以任圣贤。"朱熹《集注》："使之任大事也。"

[7]于是人也：孙奭《疏》："与之卿相之位于此六人也。"朱熹《集注》："若舜以下是也。"

[8]空乏其身：赵岐《注》："使其身乏资绝粮。"孙奭《疏》："使其身空乏无资财。"朱熹《集注》："空，穷也。乏，绝也。"

[9]行拂乱其所为：赵岐《注》："所行不从，拂戾而乱之者。"孙奭《疏》："所行不遂，而拂戾其所为。"朱熹《集注》："拂，戾也，言使之所为不遂，多背戾也。"

[10]动心忍性：赵岐《注》："所以动惊其心，坚忍其性，使不违仁，困而知勤。"朱熹《集注》："竦动其心，坚忍其性也。然所谓性，亦指气禀食色而言耳。"

[11]曾益其所不能：赵岐《注》"增益其素所以不能行之者也"。朱熹《集注》："曾，与'增'同。"

[12]人恒过：赵岐《注》："人常以有谬思过行，不得福。"朱熹《集注》："恒，

常也。犹言大率也。"

[13]困于心：赵岐《注》："困瘁于心。"孙奭《疏》："困瘁于心而无所通，则其操心也危。"

[14]衡于虑：赵岐《注》："衡，横也，横塞其虑于胸中。"朱熹《集注》："衡，与'横'同。横，不顺也。"

[15]而后作：赵岐《注》："而后作为奇计异策、愤激之说也。"

[16]征于色：赵岐《注》："征验于颜色，若屈原憔悴，渔父见而怪之。"孙奭《疏》："其大憔悴枯槁之容而验于色。"

[17]入则无法家拂士，出则无敌国外患者：赵岐《注》"入，谓国内也。无法度大臣之家、辅弼之士。出，谓国外也。无敌国可难，无外患可忧"。朱熹《集注》："拂，与弼同。此言国亦然也。法家，法度之世臣也。拂士，辅弼之贤士也。"

【解析】

赵岐《孟子章指》："言圣贤困穷，天坚其志。次贤感激，乃奋其虑。凡人佚乐，以丧知能。贤愚之叙也。"

朱熹《孟子集注》："尹氏曰：'言困穷拂郁，能坚人之志，而熟人之仁，以安乐失之者多矣。'"

本章是《孟子》中的名篇，是千古传诵的佳作，激励了无数身处困境、逆境之中的人们。本章中的一些句子被后人引以为座右铭，勉励自己在逆境中奋起。历史上许多著名人物大多有一段在艰难中奋斗的经历，并从中磨炼了意志，吸取了教训，为以后的成功奠定了基础。

12·16　孟子曰："教亦多术[1]矣，予不屑[2]之教诲也者，是亦教诲之而已矣。"

【注释】

[1]教亦多术：赵岐《注》："教人之道多术。"孙奭《疏》："有君子之五教，或三隅不反，则不复也；或叩两端而竭；于鄙夫或渎则不告；或谓子之归求有余师；或为挟贵而不答：是教之多术矣。"朱熹《集注》："多术，言非一端也。"

[2]屑：赵岐《注》："屑，洁也。不以其人为洁而拒绝之，所谓不屑之教诲也。"

【解析】

赵岐《孟子章指》："学而见贱，耻之大者，激而厉之，能者以改，教诲之方，或折或引，同归殊途，成之而已。"

朱熹《孟子集注》："尹氏曰：'言或抑或扬，或与或不与，各因其材而笃之，无非教也。'"

从本章可以看出孟子的善辩。他说，教育有很多种方式、方法，我看不惯他的行为，所以就不教诲他，这也是一种教诲。其实这是一句实话，教育是因人而异的，即孔子的"因材施教"。

十三、尽心上

13·1 孟子曰："尽其心者，知其性也[1]。知其性，则知天矣[2]。存其心，养其性，所以事天也[3]。殀寿不贰，修身以俟之，所以立命也[4]。"

【注释】

[1]尽其心者，知其性也：赵岐《注》："性有仁、义、礼、智之端，心以制之，惟心为正。人能尽其心，以思行善，则可谓知其性矣。"朱熹《集注》："以《大学》之序言之，知性则物格之谓，尽心则知至之谓也。"

[2]则知天矣：赵岐《注》："则知天道之贵善者也。"天，赵岐《注》和孙奭《疏》均训作"天道"。杨伯峻将文中的两个"天"都译为"天命"，金良年则均译作"上天"。

[3]存其心，养其性，所以事天也：赵岐《注》："能存其心，养育其正性，可谓仁人。天道好生，仁人亦好生。天道无亲，惟仁是与。行与天合，故曰所以事天也。"孙奭《疏》："知存其心，养育其性，此所以能承事其天者也。以其天之赋性，而性者人所以得于天也，然而心者又生于性，性则湛然自得，而心者又得以主之也。盖仁、义、礼、智根于心，是性本固有而为天所赋也。尽恻隐、羞恶、恭敬、是非之心，则是知仁、义、礼、智之性。知吾性固有此者，则知天实赋之者也。如存此恻隐、羞恶、恭敬、是非之心，以长育仁、义、礼、智之性，是所以事天者也，是性即天也。故存心养性，是为事天矣。"朱熹《集注》："存，谓操而不舍；养，谓顺而不害。事，则奉承而不违也。"

[4]殀寿不贰，修身以俟之，所以立命也：殀，同"夭"。赵岐《注》："贰，二也。仁人之行，一度而已。虽见前人或夭或寿，终无二心改易其道。夭若颜渊，寿若邵公，皆归之命。修正其身，以待天命，此所以立命之本。"孙奭《疏》："人之于命，虽有或夭或寿，但操执其心而不仁也。既夭寿不二，而修其身以待其在天者如何耳，如是所以为能立命之本也。以其夭寿皆定于未形有分之初，亦此而不二也，不可徼求之矣，但修其在我以待之，是为立命也。如于夭寿而二其心，以废其所以修其在我者，则非所以立命者也。《商书》云'我生不有命在天'，是其意也。"朱熹《集注》："殀寿，命之短长也。贰，疑也。不贰者，知天之至，修身以俟死，则事天以终身也。立命，谓全其天之所付，不以人为害之。"

【解析】

赵岐《孟子章指》:"尽心竭性,足以承天,夭寿祸福,秉心不违,立命之道,惟是为珍者也。"

朱熹《孟子集注》:"程子曰:'心也、性也、天也,一理也。自理而言谓之天,自禀受而言谓之性,自存诸人而言谓之心。'张子曰:'由太虚,有天之名;有气化,有道之名;合虚与气,有性之名;合性与知觉,有心之名。'愚谓尽心知性而知天,所以造其理也;存心养性以事天,所以履其事也。不知其理,故不能履其事。然徒造其理而不履其事,则亦无以有诸己矣。知天而不以殀寿贰其心,智之尽也;事天而能修身以俟死,仁之至也。智有不尽,固不知所以为仁;然智而不仁,则亦将流荡不法,而不足以为智矣。"

本章虽然简短,但极具思辨性。相比而言,程子、张载及朱熹三人的注解,虽各有偏重,然均以"天理"统摄之。赵岐《孟子章指》基本依从文章意思进行表达和概括。

尽心,尽极其心,指彻底地思考与反思。

知性,认知人的善良本性,即仁、义、礼、智之四端。

知天,知晓天道的贵善。

存心,保存、保持本心。

养性,养育正性。

事天,奉承天道(天命)。

修身,修正自身。

立命,立正命,修身尽道。

孟子与孔子不同的是,他并非消极地等待命运的安排,而是强调以个体的道德自律来"立命",即李泽厚在《中国古代思想史论·孔子再评价》中所说的"极大地突出了个体的人格价值及其所负的道德责任和历史使命"。

13·2 孟子曰:"莫非命[1]也,顺受其正。是故知命者不立乎岩墙[2]之下。尽其道[3]而死者,正命也;桎梏死者,非正命也[4]。"

【注释】

[1]莫非命:赵岐《注》:"莫,无也。人之终,无非命也。命有三名,行善得善曰受命,行善得恶曰遭命,行恶得恶曰随命。惟顺受命为受其正也已。"孙奭《疏》:"孟子言人之死,无非是命也,然当顺受其正,尽道以生死也。《书》云'惠迪吉',

是其顺受其正之旨也。"孙奭《正义》举舜、伯牛和舜之四凶为例，论证"受命""遭命"和"随命"。朱熹《集注》："人物之生，吉凶祸福，皆天所命。然惟莫之致而至者，乃为正命。故君子修身以俟之，所以顺受乎此也。"

[2]岩墙：即将倒塌的危墙。朱熹《集注》："墙之将覆者。"

[3]尽其道：赵岐《注》谓："尽修身之道。"

[4]桎梏死者，非正命也：赵岐《注》："畏、压、溺死，礼所不吊，故曰非正命也。"孙奭《疏》："陷于刑狱，为桎梏而死者，非受正命而死也，以其不能尽修身之道而顺受其命而死也。桎，足械也。梏，手械也。"

【解析】

赵岐《孟子章指》："人必趋命，贵受其正，岩墙之疑，君子远之也。"

朱熹《孟子集注》："此章与上章盖一时之言，所以发其末句未尽之意。"

本章承接上一章，继续讲修身尽道，立"正命"。《论语》最后一篇《尧曰》（20·3）云："孔子曰：'不知命，无以为君子也。'"郭店楚简《性自命出》："性自命出，命自天降。"（简2·3）。李零指出，命有两种：一是死生寿夭，即性命之命，"死生有命"的"命"；二是穷达祸福，即命运之命，"富贵在天"的"命"。孔子敬畏天命，认为不知命，不能做君子。①李泽厚认为，"命"是偶然性的，他解释孔子这句话为不懂得、不认识外在力量的非可掌握的偶然性（及其重要性），不足以为"君子"。就人生总体来讲，总被偶然性影响着支配着的现代社会更是如此。如何注意、懂得、认识、重视偶然性，与偶然性抗争，从而从偶然性中建立起属于自己的"必然"，这就是"立命""造命"。因此，不是盲目顺从、无所作为、畏惧以至崇拜偶然性，而是要抓紧、了解和主动适应偶然性。《孟子》这两章便是这个意思。人可以自己"立命""正命""造命"，这才显示出人的主体性的崇高强大。②

13·3　孟子曰："求则得之，舍则失之[1]，是求有益于得也，求在我者也[2]。求之有道[3]，得之有命[4]，是求无益于得也，求在外者[5]也。"

【注释】

[1]得之、失之：孙奭《疏》谓"仁、义、礼、智，性之所有"。

[2]求有益于得也，求在我者也：赵岐《注》："谓修行仁义，事在于我。我求则

---

①李零：《丧家狗——我读〈论语〉》，山西人民出版社，2007，第336页。
②李泽厚：《论语今读》，安徽文艺出版社，1998，第454页。

《孟子》注解

得，我舍则失，故求有益于得也。"孙奭《疏》："是则仁、义、礼、智，求之有益于得者也，是求之在我者也。"朱熹《集注》："在我者，谓仁义礼智，凡性之所有者。"

[3]求之有道：赵岐《注》："谓贤者修其天爵而人爵从之，故曰求之有道也。"朱熹《集注》："有道，言不可妄求。"

[4]得之有命：赵岐《注》："修天爵者，或得或否，故曰得之有命也。"朱熹《集注》："有命，则不可必得。"

[5]在外者：朱熹《集注》："谓富贵利达，凡外物皆是。"

【解析】

赵岐《孟子章指》："为仁由己，富贵在天，故孔子曰：'如不可求，从吾所好。'"

本章孟子指出仁、义、礼、智，对于每个人来说，求索就能获得，放弃便会失掉，这种求索是有益于收获的探求，因为求索的是自身内在的东西。求索有道不可妄求，得到与否却要听从天命，这种求索是无益于收获的探求，因为求索的是外在的富贵权势的东西。

概言之，孟子强调个体的人性完善和提高是能够也应该做到的。

13·4　孟子曰："万物皆备于我矣[1]。反身而诚，乐莫大焉[2]。强恕而行，求仁莫近焉[3]。"

【注释】

[1]万物皆备于我矣：赵岐《注》："物，事也。我，身也。普谓人为成人已往，皆备知天下万物，常有所行矣。"孙奭《疏》："孟子言人之生也，万物皆备足于我矣"。朱熹《集注》："此言理之本然也。大则君臣父子，小则事物细微，其当然之理，无一不具于性分之内也。"性分，有学者谓指事物的本质和本原。

[2]反身而诚，乐莫大焉：赵岐《注》："诚者，实也。反自思其身所施行，能皆实而无虚，则乐莫大焉。"孙奭《疏》："但能反己思之以诚，不为物之丧己，是有得于内矣，有得于内，则为乐亦莫大焉。以其外物为乐，则所乐在物，不在于我，故为乐也小。以内为乐，则所乐在己，不在物，其为乐也大。"朱熹《集注》："言反诸身，而所备之理，皆如恶恶臭、好好色之实然，则其行之不待勉强而无不利矣，其为乐孰大于是。"

[3]强恕而行，求仁莫近焉：赵岐《注》："当自勉强以忠恕之道，求仁之术，此最为近也。"朱熹《集注》："强，勉强也。恕，推己及人也。反身而诚则仁矣，其

有未诚，则是犹有私意之隔，而理未纯也。古当凡事勉强，推己及人，庶几心公理得而仁不远也。"

【解析】

赵岐《孟子章指》："每必以诚，恕己而行，乐在其中，仁之至也。"

朱熹《孟子集注》："此章言万物之理具于吾身，体之而实，则道在我而乐有余。行之以恕，则私不容而仁可得。"

本章孟子强调"万事万物之理须通过自身体认才算踏实，只有这样才能体察'道'之所在，并对于'道'做到心领神会，而乐在其中；而在行为中贯彻'恕'的精神，那么就可以屏除私欲而彰显'仁'的真正意义"。[1]

13·5 孟子曰："行之而不著[1]焉，习矣而不察[2]焉，终身由[3]之而不知其道者，众[4]也。"

【注释】

[1]著：赵岐《注》谓"著明"。朱熹《集注》："知之明。"
[2]察：赵岐《注》谓"察知"。朱熹《集注》："识之精。"
[3]由：赵岐《注》"由，用也，终身用之"。
[4]众：赵岐《注》谓"此众庶之人也"。

【解析】

赵岐《孟子章指》："人有仁端，达之为道，凡人用之，不知其为实也。"

本章孟子指出大多数人对于自己的行为、习惯不知其所以然，更不知道自己这样做就是在践行着仁义之道。即"百姓日用而不知。"

13·6 孟子曰："人不可以无耻[1]，无耻之耻，无耻矣[2]。"

【注释】

[1]人不可以无耻：赵岐《注》："人不可以无所羞耻也。《论语》曰：'行己有耻。'"孙奭《疏》："孟子言人之不可无其羞耻也。"

---

①姚江暮初：《解读〈孟子〉的"万物皆备于我"》，http://blog.sina.com.cn/s/blog_51a53bc90102yv9n.html，访问日期：2022年1月28日。

《孟子》注解

[2]无耻之耻，无耻矣：赵岐《注》："人能耻己之所无耻，是为改行从善之人，终身无复有耻辱之累也。"孙奭《疏》："人能无耻而尚有羞耻，是为迁善远罪之人，终身无复有耻辱之累矣。"

【解析】

赵岐《孟子章指》："耻身无分，独无所耻，斯必远辱，不为忧矣。"

孙奭《孟子注疏》："按《礼》云：'君子有五耻：朝不坐，燕不善，君子耻之；居其位，无其言，君子耻之；有其言，无其行，君子耻之；既得之，又失之，君子耻之；地有余而民不足，君子耻之。'如此，则人可以无耻乎？此孟子所以有此言，而救时之弊与。"

本章孟子指出如果一个人对无耻感到羞耻，也就是说人能感觉或体察到自己所做的一些无耻言行，并且为此感到羞耻，他就是一个改过从善或迁善远罪的人。那么，他也就终身没有羞耻的负累了。

概言之，本章是对《告子下》（12·15）"人恒过，然后能改"的补充。

13·7 孟子曰："耻之于人大矣[1]。为机变之巧者[2]，无所用耻焉[3]。不耻不若人，何若人有[4]？"

【注释】

[1]耻之于人大矣：朱熹《集注》："耻者，吾所固有羞恶之心也。存之则进于圣贤，失之则入于禽兽，故所系为甚大。"

[2]为机变之巧者：赵岐《注》："今造机变阱陷之巧以攻战者，非古之正道也。"朱熹《集注》"为机械变诈之巧者"；杨伯峻引《淮南子·原道训》"故机械之心藏于胸中"。高诱《注》云："机械，巧诈也。"正可解释"机变"一词。

[3]无所用耻焉：朱熹《集注》："无所用其愧耻之心。"

[4]不耻不若人，何若人有：赵岐《注》："不耻不如古之圣人，何有如贤人之名也？"朱熹《集注》："但无耻一事不如人，则事事不如人矣。"

【解析】

赵岐《孟子章指》："不慕大人，何能有耻。是以隰朋愧不及黄帝，佐桓公以有勋；颜渊慕虞舜，孔子叹庶几之云。"

朱熹《孟子集注》："程子曰：'耻其不能而为之可也，耻其不能而掩藏之不可也。'"

· 274 ·

本章孟子指出羞耻之心对人来说至关重要。至于那种耍弄机谋巧诈的人，别人都感到羞耻的，他却自以为得计，因此他也不会有羞耻之心，不耻之心也不如他人，何谈在其他方面赶上他人呢？

13·8　孟子曰："古之贤王好善而忘势[1]，古之贤士何独不然[2]？乐其道而忘人之势[3]，故王公不致敬尽礼，则不得亟见之。见且由不得亟[4]，而况得而臣之乎？"

【注释】

[1]忘势：忘记自己的富贵权势。孙奭《疏》"忘己之势"。

[2]何独不然：赵岐《注》："何独不有所乐有所忘也。"

[3]忘人之势：赵岐《注》："乐道守志，若许由洗耳，可谓忘人之势矣。"孙奭《疏》："以其能乐己之乐而忘人之贵势也。"

[4]亟（qì）：多次。赵岐《注》："数也。"

【解析】

赵岐《孟子章指》："王公尊贤，以贵下贱之义也；乐道忘势，不以富贵动心之分也。各崇所尚，则义不亏矣。"

朱熹《孟子集注》："言君当屈己以下贤，士不枉道而求利。二者势若相反，而实则相成，盖亦各尽其道而已。"

本章孟子指出古之贤王能够乐于善言善行，屈己尊贤，忘己之势。同样，古之贤士也能乐道守志，忘其富贵权势，不枉道求利。正如朱熹所言，贤王与贤士，二者相反相成，各尽其道。

13·9　孟子谓宋句践[1]曰："子好游乎[2]？吾语子游。人知之，亦嚣嚣[3]；人不知，亦嚣嚣。"

曰："何如斯可以嚣嚣矣？"

曰："尊德乐义[4]，则可以嚣嚣矣。故士穷不失义，达不离道。穷不失义，故士得己[5]焉；达不离道[6]，故民不失望焉。古之人，得志，泽加于民；不得志[7]，修身见于世[8]。穷则独善其身，达[9]则兼善天下。"

【注释】

[1]宋句践：赵岐《注》："宋，姓也。句践，名也。好以道德游，欲行其道者。"孙奭《疏》："宋人，姓宋名句践。"朱熹《集注》："句，音钩。"杨伯峻谓"其人姓名不见于其他古籍，已不可知"。金良年谓："名句践，其生平无考。据其此处的言谈来看，似是纵横家流。"

[2]子好游乎：孙奭《疏》："好逸游乎？"朱熹《集注》："游，游说也。"杨伯峻和金良年均从朱熹注。按，依赵岐"好以道德游，欲行其道"的解释，游，似乎指以道德游说他人。但据赵岐《章指》"句践好游，未得其要"，孙奭解释为"逸游"也很恰当。

[3]嚣嚣：赵岐《注》："自得无欲之貌也。"

[4]尊德乐义：赵岐《注》："尊，贵也。孟子曰：'能贵德而履之，乐义而行之，则可以嚣嚣无欲矣。'"孙奭《疏》："尊贵其德，所乐以义。以此则嚣嚣然自得矣。盖德有所得于内，义有所不为于外。既所贵在德，而尽性于内；所乐在义，而穷理于外：是以乐天知命，故人知不知，斯嚣嚣然自得矣。"朱熹《集注》："德，谓所得之善。尊之，则有以自重，而不慕乎人爵之荣。义，谓所守之正。乐之，则有以自安，而不殉乎外物之诱矣。"

[5]得己：赵岐《注》"得己之本性"。朱熹《集注》："言不失己也。"杨伯峻以为二注不确，谓"犹言'自得'"。笔者认为，杨伯峻先生注解为"自得"及对"自得其乐"的翻译，倒是值得商榷的。因为此句就是指得到或保有自己的本性，或者说是不失去自己的本性。

[6]达不离道：赵岐《注》谓："思利民之道。"孙奭《疏》："达而在上，则不离道，而常思利民。"

[7]不得志：赵岐《注》："谓贤者不遭遇也。"

[8]见于世：立于世间。赵岐《注》："见，立也。"朱熹《集注》："见，音现。见，谓名实之显著也。"

[9]达：赵岐《注》："谓行得其道。"

【解析】

赵岐《孟子章指》："内定常满，嚣嚣无忧，可出可处，故云以游，修身立世，贱不失道，达善天下，乃用其宝。句践好游，未得其要，孟子言之，然后乃喻。"

朱熹《孟子集注》："此章言内重而外轻，则无往而不善。"

本章孟子强调士"穷不失义，达不离道"。得志与否，都要有所持守，即"穷则独善其身，达则兼善天下"，这句运用互文修辞法，意思是穷达都要独善其身，穷达都要兼善天下，因此清代顾炎武疾呼"天下兴亡匹夫有责"。

13·10 孟子曰："待文王而后兴[1]者，凡民[2]也。若夫豪杰[3]之士，虽无文王犹兴。"

【注释】

[1]兴：赵岐《注》谓"兴起"。朱熹《集注》："兴者，感动奋发之意。"
[2]凡民：赵岐《注》"无自知者也"。朱熹《集注》："庸常之人也。"
[3]豪杰：朱熹《集注》："有过人之才智者。"

【解析】

赵岐《孟子章指》："小人待化，乃不邪僻；君子特立，不为俗移，故谓豪杰自兴也。"

本章孟子说无自知的庸常之人总是等待有像周文王那样的领导的指引才能奋起；相反，豪杰之士却能够正立其身，自强从善。

13·11 孟子曰："附[1]之以韩、魏[2]之家，如其自视欿然[3]，则过人远矣。"

【注释】

[1]附：增益。赵岐《注》："益也。"
[2]韩、魏：赵岐《注》"晋六卿之富者也"，此指代财富。
[3]欿（kǎn）然：朱熹《集注》："不自满之意。"

【解析】

赵岐《孟子章指》："人情富盛，莫不骄矜，若能欿然，谓不如人，非但免过，卓绝乎凡也。"

朱熹《孟子集注》："尹氏曰：'言有过人之识，则不以富贵为事。'"

本章孟子说一个人假如给他增加韩、魏两大豪族的财产，他也并不骄傲自满，那这人就远远超出一般人了，即"富贵不能淫"的注脚。

13·12　孟子曰："以佚道使民[1]，虽劳不怨。以生道杀民[2]，虽死不怨杀者。"

【注释】

[1]佚道使民：赵岐《注》："谓教民趋农，役有常时，不使失业，当其虽劳，后获其利，则佚矣，若'亟其乘屋'之类也，故曰不怨。"

[2]生道杀民：即以杀生其民之意。赵岐《注》："谓杀大辟之罪者，以坐杀人故也。杀此罪人者，其意欲生民也。"孙奭《疏》："言国君杀戮其罪人者，以其恐有害于民，故杀之，而意有在于欲生其民也。"

【解析】

赵岐《孟子章指》："劳人欲以佚之，杀人欲以生之，则民不怨者也。"

本章孟子告诫统治者在驱使民众时要顾及民众自身的利益，如果是为了老百姓的利益，那么他们即使劳累、死去都不会有怨恨的。

13·13　孟子曰："霸者之民欢虞如也[1]，王者之民皞皞如也[2]。杀之而不怨，利之而不庸[3]，民日迁善而不知为之者。夫君子[4]所过者化，所存者神[5]，上下与天地同流，岂曰小补之哉？"

【注释】

[1]霸者之民欢虞如也：赵岐《注》："霸者行善恤民，恩泽暴见易知，故民欢虞乐之也。"孙奭《疏》："孟子言霸者行善政以及民，以其恩泽暴见，故民欢而乐也。"欢虞，赵岐《注》谓"欢虞乐之也"，孙奭《疏》："盖虞之为乐，必待虞度无患，然后为欢，则其乐浅。"朱熹《集注》："与'欢娱'同。"

[2]王者之民皞皞如也：赵岐《注》："王者道大法天，浩浩而德难见也。"孙奭《疏》："王者道大，故若天浩浩而难知难见者也，故民皞皞然自得而已。"皞皞（hào hào），赵岐《注》谓"浩浩"，孙奭《疏》："皞皞如也，以其使民舒通太平，自得而已，故于欢虞又有以间矣。"朱熹《集注》："广大自得之貌。"

[3]庸：功劳，此指酬功。赵岐《注》："功也。"杨伯峻谓"当读为'车服以庸'（《尚书·舜典》《左传》僖公二十七年）之'庸'，酬功之意"。

[4]君子：杨伯峻《译注》："这一'君子'的意义和一般有德谓之君子以及有位者谓之君子的意义不同，故朱熹《集注》云：'君子，圣人之通称也。'不但指'王

者',可能也指非王者之'圣人',如孔子等,所以此处不用'王者'字样而改用'君子'两字。"

[5]所过者化,所存者神:这两句《荀子》一书凡三见,顺序与此恰好相反,朱熹《朱子语类》谓"过化存神"为古语。①赵岐《注》:"君子通于圣人,圣人如天。过此世能化之,存在此国,其化如神。"孙奭《疏》:"自迹观之,则君子过之而不拘守其一,自妙道观之,则其所感而遂天下之故者也未尝不有存焉,故曰'君子所过者化,所存者神'。今夫天地之化者,始乎春而终乎冬,而万物皆得以移易者也;天地之神者,始乎震而终乎艮,而阴阳不可测之者是也。然则王者之于民,所过者以化,所存者以神,宜美于天地上下同流而无间也。则是天地之化,以神而存之,岂曰使万物知其有小补益哉!王者之化,亦存以神,又岂曰使民知其有小补益哉!"翟奎凤认为,"孙奭的解释富有哲学意味,从天地自然的神化说到王者的神化,有着天人合一的思想架构"。②朱熹《集注》:"所过者化,身所经历之处,即人无不化,如舜之耕历山而田者逊畔,陶河滨而器不苦窳也。所存者神,心所存主处便神妙不测,如孔子之立斯立、道斯行、绥斯来、动斯和,莫知其所以然而然也。是其德业之盛,乃与天地之化同运并行,举一世而甄陶之,非如霸者但小小补塞其罅漏而已。此则王道之所以为大,而学者所当尽心也。"翟奎凤认为,"朱熹以'感应''响应'来论'存神',这是程颐'心所主'所没有的义涵,而且这样一来的话,似乎也模糊了'过化'与'存神'的区别"。③

【解析】

赵岐《孟子章指》:"王政浩浩,与天地同道;霸者德小,民人速睹:是以贤者志其大者也。"

本章孟子再次阐述王道的精微:"民日迁善而不知""所过者化,所存者神""与天地同流"。同时阐明了王道、霸道的不同之处,肯定了王道的广大深远。

13·14 孟子曰:"仁言[1]不如仁声[2]之入人深也,善政不如善教之得民也[3]。善政,民畏之[4];善教,民爱之[4]。善政得民财,善教得民心。"

---

①朱熹:《朱子语类》第四册,中华书局,1986,第1441页。
②翟奎凤:《"存神过化"与儒道"存神"工夫考论》,《中国哲学史》2015年第1期。
③同上。

【注释】

[1]仁言：赵岐《注》："政教法度之言也。"朱熹《集注》引程子曰："仁言，谓以仁厚之言加于民。"

[2]仁声：赵岐《注》："仁声，乐声《雅》《颂》也。"朱熹《集注》："仁声，谓仁闻，谓有仁之实而为众所称道者也。"杨伯峻谓《孟子》一书中"声"有"音乐"和"名誉"二义。而赵岐和朱熹各自分别择取了这两种意思，杨伯峻译文采纳赵岐《注》，金良年译文则从朱熹。

[3]善政不如善教之得民也：赵岐《注》："善政使民不违上，善教使民尚仁义，心易得也。"朱熹《集注》："政，谓法度禁令，所以制其外也。教，谓道德齐礼，所以格其心也。"孙奭《疏》以《周礼·天官冢宰·大宰》之"九职"与"九两"释"善政"。

[4]畏之、爱之：赵岐《注》："畏之，不遑息，故赋役举而财聚于一家也。爱之，乐风化而上下亲。故欢心可得也。"

【解析】

赵岐《孟子章指》："明法审令，民趋君命，崇宽务化，民爱君德，故曰移风易俗，莫善于乐。"

本章孟子指出"仁言"不如"仁声"，"善政"不如"善教"。概言之，就是告诫统治者要得民心。

13·15 孟子曰："人之所不学而能[1]者，其良能[2]也；所不虑而知者，其良知[2]也。孩提[3]之童无不知爱其亲者，及其长也，无不知敬其兄也。亲亲，仁也；敬长，义也；无他，达[4]之天下也。"

【注释】

[1]不学而能：赵岐《注》："性所自能。"

[2]良能、良知：赵岐《注》："良，甚也。是人之所能甚也。知亦犹是能也。"朱熹《集注》："良者，本然之善也。程子曰：'良知良能，皆无所由；乃出于天，不系于人。'"

[3]孩提：赵岐《注》："二三岁之间，在襁褓，知孩笑可提抱者也。"

[4]达：赵岐《注》："通也。"

【解析】

赵岐《孟子章指》："本性良能，仁义是也，达之天下，恕乎己也。"

本章孟子说人不用学习就能做到的，就是"良能"；不用思考就知道的，就是"良知"。比如亲爱父母，就是仁；尊敬兄长，就是义。这是通达天下的道理，没有其他原因。

13·16　孟子曰："舜之居深山之中，与木石居，与鹿豕游[1]，其所以异于深山之野人者几希[2]；及其闻一善言，见一善行，若决江河，沛然莫之能御也。"

【注释】

[1]与鹿豕游：赵岐《注》："鹿豕近人，若与人游也。"

[2]希：赵岐《注》："远也。当此之时，舜与野人相去岂远哉。"

【解析】

赵岐《孟子章指》："言圣人潜隐，辟若神龙，亦能飞天，亦能潜藏，舜之谓也。"①

朱熹《孟子集注》："盖圣人之心，至虚至明，浑然之中，万理毕具。一有感触，则其应甚速，而无所不通，非孟子造道之深，不能形容至此也。"

本章孟子称舜隐居深山中与草野之人没什么不同，但是舜一听到善言，见到善行，内心就好像决堤的江河，汹涌奔腾。孟子的言外之意是批评一般人对善言、善行不是听不懂和看不见，而是根本就不去听、不去看，更不主动去做。

赵岐和朱熹的解释对舜过于神化。

13·17　孟子曰："无为其所不为，无欲其所不欲[1]，如此而已矣。"

【注释】

[1]无为其所不为，无欲其所不欲：赵岐《注》："无使人为己所不欲为者，无使人欲己之所不欲者，每一身先之如此，则人足道也。"杨伯峻谓赵岐《注》"增字为释，恐非孟子本意"。孙奭《疏》："孟子言人无为其所不为，以其所不为者不义也。

---

① 按：孙奭《孟子注疏》谓前两句是赵岐引《周易·乾卦》之文。

无欲其所不欲者，以其不欲为不善也。人能无为不义，又不欲其所不善，则人道于是足矣，故曰如此也。"朱熹《集注》："李氏曰：'有所不为不欲，人皆有是心也。至于私意一萌，而不能以礼义制之，则为所不为、欲所不欲者多矣。能反是心，则所谓扩充其羞恶之心者，而义不可胜用矣，故曰如此而已矣。'"

【解析】

赵岐《孟子章指》："己所不欲，勿施于人，仲尼之道也。"

本章孟子说不做不该做的，不要不该要的，这样就可以了。孟子简简单单地指出了最基本的做人道理。

13·18 孟子曰："人之有德慧术知[1]者，恒存乎疢疾[2]。独孤臣孽子[3]，其操心也危[4]，其虑患也深，故达[5]。"

【注释】

[1]德慧术知：赵岐《注》谓"德行、智慧、道术、才知"，杨伯峻译文从之。孙奭《疏》"盖有得于己谓之德，述而行之谓之术，然德又以慧连，术又以智连之者，以其得以明慧，术以智释耳"。朱熹《集注》"德慧者，德之慧。术知者，术之知"，金良年译文从之。

[2]恒存乎疢（chèn）疾：常在于有灾患。疢疾，孙奭《疏》："人之有小疾，常沾在身不去者，是为疢疾也。"朱熹《集注》："疢疾，犹灾患也。"

[3]孽子：指非嫡妻所生之子，又称庶子，地位卑贱。朱熹《集注》："孽子，庶子，皆不得于君亲，而常有疢疾者也。"

[4]危：赵岐《注》谓"危殆"。杨伯峻谓"危"为"不安"，与《论语·宪问篇》"危言危行"之"危"同义。恐未当。

[5]达：朱熹《集注》："谓达于事理，即所谓德慧术知也。"

【解析】

赵岐《孟子章指》："孤孽自危，故能显达，膏粱难正，多用沉溺，是故在上不骄，以戒诸侯也。"

孙奭《孟子注疏》："此孟子所以有是言之，而戒当时之人也。"

本章孟子说人之所以有道德、智慧、本领、才能，常常是因于他有灾患。唯有那些被孤立疏远的臣子和孽子，才会时常提高警惕；劳神危殆，忧灾虑患也深，因此才能通达事理。

本章可与《告子下》（12·15）相参读，意在告诫人们不要屈服于艰难困苦。

13·19　孟子曰："有事君[1]人者，事是君则为容悦[2]者也；有安社稷臣者，以安社稷为悦者也；有天民[3]者，达可行于天下而后行之者也；有大人[4]者，正己而物正者也。"

【注释】

[1]事君：赵岐《注》："求君之意，为苟容以悦君者也。"
[2]容悦：朱熹《集注》："阿殉以为容，逢迎以为悦，此鄙夫之事、妾妇之道也。"
[3]天民：赵岐《注》："知道者也。可行而行，可止而止。"朱熹《集注》："民者，无位之称。以其全尽天理，乃天之民，故谓之天民。"
[4]大人：赵岐《注》"大丈夫不为利害动移者也"。朱熹《集注》："德盛而上下化之，所谓'见龙在田，天下文明'者。"

【解析】

赵岐《孟子章指》："为悦凡臣，社稷股肱，天民行道，大人正身。凡此四科，优劣之差。"

朱熹《孟子集注》："此章言人品不同，略有四等。容悦佞臣不足言。安社稷则忠矣，然犹一国之士也。天民则非一国之士矣，然犹有意也。无意无必，惟其所在而物无不化，惟圣者能之。"

本章孟子指出人品有不同的区别：有事奉君主的"事君主者"、安邦定国的"安社稷者"、知道行道的"天民"、不为利诱的"大人"。孟子显然赞同并欣赏"天民"和"大人"。

13·20　孟子曰："君子有三乐，而王天下不与存焉。父母俱存，兄弟无故[1]，一乐也；仰不愧于天，俯不怍[2]于人，二乐也；得天下英才而教育之，三乐也。君子有三乐，而王天下不与存焉。"

【注释】

[1]无故：赵岐《注》："无他故。"孙奭《疏》"兄弟无有他故者，以其无嫌隙之事也"。杨伯峻引《礼记·曲礼》"君无故，玉不去身"，郑玄《注》："故，灾

患丧病也。"谓今言"事故"之"故"即此"故"字。

[2]怍：惭愧。孙奭《疏》："惭怍。"

【解析】

赵岐《孟子章指》："保亲之养，兄弟无他，诚不愧天，育养英才，贤人能之，乐过万乘，孟子重焉，一章再云也。"

朱熹《孟子集注》："林氏曰：'此三乐者，一系于天，一系于人。其可以自致者，惟不愧不怍而已，学者可不勉哉？'"

本章孟子说人有三种乐趣，即父母健康、兄弟俱在的天伦之乐，无愧于天地的修养之乐，以及培养天下英才的教育之乐。

13·21 孟子曰："广土众民[1]，君子欲之，所乐不存[2]焉；中天下而立[3]，定四海之民，君子乐之，所性不存[4]焉。君子所性，虽大行[5]不加焉，虽穷居不损焉，分定故也。君子所性，仁、义、礼、智。根于心，其生色也，睟然[6]见于面①，盎[7]于背，施于四体[8]，四体不言而喻。"

【注释】

[1]广土众民：赵岐《注》："大国诸侯也。"孙奭《疏》"广土地之大，众人民之多，以为大国之诸侯"。

[2]所乐不存：赵岐《注》："欲行礼也。"孙奭《疏》："然其所乐不在此也。"

[3]中天下而立：赵岐《注》："谓王者。"孙奭《疏》"中天下之中而立，以安四海之民，是为之王"。

[4]所性不存：赵岐《注》："乃所谓性于仁义者也。"孙奭《疏》："然而禀天性不在此焉。"

[5]大行：赵岐《注》："行之于天下。"孙奭《疏》："大而行道于天下。"

[6]睟（suì）然：清和润泽的样子。赵岐《注》："润泽之貌也。"朱熹《集注》："音粹，清和润泽之貌。"

[7]盎：充盈。朱熹《集注》："丰厚盈溢之意。"

[8]施于四体：朱熹《集注》："谓见于动作威仪之间也。"施，延及。

---

①按：杨伯峻《译注》从周广业《孟子逸文考》的读法，将此句标点为"其生色也睟然，见于面"。

【解析】

赵岐《孟子章指》:"临莅天下,君国子民,君子之乐,尚不与存。仁义内充,身体履方,四支不言,蟠辟用张,心邪意溺,进退无容,于是之际,知其所不同也。"

朱熹《孟子集注》:"此章言君子固欲其道之大行,然其所得于天者,则不以是而有所加损也。"

本章孟子说君子是希望广土众民、天下立、四海定,但君子的乐趣不在此。君子的本性不因贤达而增加,也不因穷困而减少,这都是因为其本分已经固定。君子的本性是仁、义、礼、智,根植于内心,显现于外表则温润和顺。它表现于颜面,充溢于肩背,实行于肢体,肢体的动作不用言说就能使人了解。孟子在此提出了"本性"与"行道"的联系与区别。也就是说本性是与生俱来的,行道是本性的显现和发扬。

13·22 孟子曰:"伯夷辟纣,居北海之滨,闻文王作,兴曰:'盍归乎来?吾闻西伯善养老者。'太公辟纣,居东海之滨,闻文王作,兴曰:'盍归乎来?吾闻西伯善养老者。'天下有善养老,则仁人以为己归[1]矣。五亩之宅,树墙下以桑,匹妇蚕之,则老者足以衣帛矣。五母鸡,二母彘[2],无失其时,则老者足以无失肉矣。百亩之田,匹夫耕之,八口之家足以无饥矣。所谓西伯善养老者,制其田里[3],教之树畜[4],导其妻子,使其养老。五十非帛不暖,七十非肉不饱。不暖不饱,谓之冻馁。文王之民无冻馁之老者,此之谓也。"

【注释】

[1]仁人以为己归:赵岐《注》:"仁人呼复归之矣。"朱熹《集注》:"己归,谓己之所归。"杨伯峻译为"那仁人便把他作自己的依靠了"。金良年译作"那么仁人便以之作为自己的归依了"。

[2]五母鸡,二母彘:赵岐《注》:"五鸡、二彘,八口之家畜之,足以为畜产之本也。"朱熹《集注》:"此文王之政也。一家养母鸡五,母彘二也。"

[3]田里:朱熹《集注》:"田,谓百亩之田。里,谓五亩之宅。"

[4]树畜:朱熹《集注》:"树,谓耕桑。畜,谓鸡彘也。"

【解析】

赵岐《孟子章指》："王政普大，教其常业，各养其老，使不馁之。二老闻之，归身自托，众鸟不罗，翔凤来集，亦斯类也。"

本章孟子叙述周文王"善养老者"之举措，就是朱熹《孟子集注》所引赵岐的注解"教导之使可以养其老耳，非家赐而人益之也"。这是孟子所倡导的"仁政"，也是孟子所主张的理想世界。

13·23　孟子曰："易其田畴[1]，薄其税敛，民可使富也。食之以时，用之以礼，财不可胜用也。民非水火不生活，昏暮扣人之门户求水火，无弗与者，至足矣[2]。圣人治天下，使有菽粟如水火。菽粟如水火，而民焉有不仁者乎？"

【注释】

[1]田畴：赵岐《注》"易，治也。畴，一井也。教民治其田畴"。孙奭《正义》："《说文》云：'为耕治之田也。'不知'一井'何据。"杨伯峻《译注》："《一切经音义》引《国语》贾氏《注》云：'一井为畴，九夫为一井。'《史记·天官书》如淳引蔡邕云：'麻田为畴。'按'田畴'无妨作一词看，犹言'田地'。"

[2]至足矣：赵岐《注》："至饶足故也。"杨伯峻《译注》："此'矣'字用法同'也'，'至足矣'为解释句，说明上句的原因。'矣'字这种用法很少见，（一般古书，'也'与'矣'用法分别很清，故《淮南子·说林训》云：'也'之与'矣'，相去千里。）前代传抄是否有误，不得而知。"

【解析】

赵岐《孟子章指》："教民之道，富而节用，蓄积有余，焉有不仁，故曰仓廪实知礼节也。"

朱熹《孟子集注》："尹氏曰：'言礼义生于富足，民无常产，则无常心矣。'"

本章孟子指出整治耕地，减轻税收，是百姓富足的根本；此外，按时令饮食，依礼仪消费，财物也会用之不尽。最后孟子指出，如果圣人治理天下，使百姓的粮食像水火那样充足，百姓哪有不仁爱的呢？孟子的言外之意是说，百姓富庶则社会安定，社会安定则百姓不会产生动乱与犯罪之心。可见其治国理念的首要目标是使百姓富足。

这也是孟子所强调的民"无恒产，而无恒心"，见《梁惠王上》（1·7）与《滕文公上》（5·3）。所以，赵岐引用《管子》的"仓廪实而知礼节"来总结，朱熹引用尹氏的"礼仪生于富足，民无常产，则无常心"来概括。

13·24　孟子曰："孔子登东山[1]而小鲁，登泰山而小天下，故观于海者难为水，游于圣人之门者难为言。观水有术，必观其澜[2]。日月有明，容光[3]必照焉。流水之为物也，不盈科[4]不行；君子之志于道也，不成章[5]不达。"

【注释】

[1]东山：朱熹《集注》："盖鲁城东之高山。"杨伯峻谓即今山东蒙山。

[2]澜：赵岐《注》："澜，水中大波也。"朱熹《集注》："澜，水之湍急处也。""观水之澜，则知其源有本矣。"

[3]容光：赵岐《注》："小郤也。言大明照幽微也。"

[4]盈科：赵岐《注》："盈，满也。科，坎也。流水满坎乃行，以喻君子之学必至成章，乃仕进者也。"

[5]成章：《说文》："乐竟为一章。"引申为事物形成一定规模，达到一定阶段。

【解析】

赵岐《孟子章指》："弘大明者无不照，包圣道者成其仁。是故贤者志大，宜为君子。"

朱熹《孟子集注》："此章言圣人之道大而有本，学之者必以其渐，乃能至也。"

本章孟子以登高山、观流水为喻，指出君子之学志在于道，不成章则不能通达。就是说圣人之道虽然"弘大"但也不是"空中楼阁"，必须有所根基，学者必须循序渐进，才能逐步通达。

13·25　孟子曰："鸡鸣而起，孳孳[1]为善者，舜之徒也；鸡鸣而起，孳孳为利者，跖[2]之徒也。欲知舜与跖之分，无他，利与善之间也。"

【注释】

[1]孳孳：朱熹《集注》："勤勉之意。"

[2]跖：赵岐《注》："盗跖也。"春秋时的大盗。

【解析】

赵岐《孟子章指》:"好善从舜,好利从跖,明明求之,常若不足,君子、小人,各一趣也。"

本章孟子指出圣人与常人的不同之处就在于其是"为善",还是"为利"。

13·26 孟子曰:"杨子[1]取[2]为我,拔一毛而利天下,不为也。墨子兼爱,摩顶放踵[3]利天下,为之。子莫[4]执中。执中为近之。执中无权,犹执一也。所恶执一者,为其贼道也,举一而废百也。"

【注释】

[1]杨子:即杨朱,见《滕文公下》(6·9)。

[2]取:杨伯峻引《老子》诸"取"字,谓《孟子》此"取"字亦当训"治",故译为"主张"。

[3]摩顶放踵:赵岐《注》:"摩突其顶下至于踵。"杨伯峻谓赵岐《注》以"至"训"放",恐不确,认为此为当日成语,以难以求其确诂。杨伯峻将其译为"摩突头顶,走破脚跟"。

[4]子莫:赵岐《注》:"鲁之贤人也。"罗根泽谓即《说苑·修文》之颛孙子莫,钱穆从之,并谓"核其年世,疑即子张之子申详其人也"。

【解析】

赵岐《孟子章指》:"杨、墨放荡,子莫执一,圣人量时,不取此术,孔子行止,惟义所在。"

本章孟子批判杨朱学说的极端利己和墨子学说的无原则的利他,认为子莫的"执中"比较可取。但同时孟子也指出,"执中"若不知道权衡、变通,也就成了"执一",即损害了道,因为只抓住一点而不及其余。

13·27 孟子曰:"饥者甘食,渴者甘饮,是未得饮食之正也,饥渴害之也。岂惟口腹有饥渴之害?人心亦皆有害。人能无以饥渴之害为心害,则不及人不为忧矣。"

【解析】

赵岐《孟子章指》："饥不妄食，忍情节欲，贱不失道，不为苟求。能无心害，夫将何忧。"

本章孟子指出不仅口腹有饥渴之害，人心或本性也容易受到饥渴之类的妨害。所以，赵岐解释道"贱不失道，不为苟求"。孟子认为人的本性会受到外界条件的影响，尤其是在条件比较恶劣的情况下更是如此。只有认清这一点，人在自身修养时才会注意护持。

13·28 孟子曰："柳下惠不以三公[1]易其介[2]。"

【注释】

[1]三公：孙奭《疏》："今夫三公者，乃百僚之师师也，人臣之位极者也，衣则服衮，圭则执桓圭，而世之所谓富贵崇显者，无以过也。"

[2]介：赵岐《注》："大也。"孙奭《疏》谓"大志"。朱熹《集注》："介，有分辨之意。"焦循《正义》引《文选》刘熙注："介，操也。"杨伯峻、金良年从之。

【解析】

赵岐《孟子章指》："柳下惠不恭，用志大也，无可无否，以贱为贵也。"

朱熹《孟子集注》："此章言柳下惠和而不流，与孔子论夷齐不念旧恶意正相类，皆圣贤微显阐幽之意也。"

本章孟子称赞柳下惠不受外物（富贵显达）影响而改变其本性的高尚德行。

13·29 孟子曰："有为[1]者辟[2]若掘井，掘井九轫[3]而不及泉，犹为弃井也。"

【注释】

[1]有为：赵岐《注》："为仁义也。"

[2]辟：朱熹《集注》："读作'譬'。"

[3]轫：赵岐《注》："八尺也。"孙奭《疏》："按释云：'七尺曰轫。'"朱熹《集注》："轫，音刃，与'仞'同。八尺为仞。"焦循《正义》引程瑶田《通艺录》："'轫'同'仞'，等于七尺。"杨伯峻、金良年从之。金良年谓"九轫，犹

言很深，九是多的意思"。

【解析】

赵岐《孟子章指》："为仁由己，必在究之，九轫而辍，无益成功。《论》之一篑，义与此同。"

朱熹《孟子集注》："吕侍讲曰：'仁不如尧，孝不如舜，学不如孔子，终未入于圣人之域，终未至于天道，未免为半途而废、自弃前功也。'"

本章孟子指出为仁义如同掘井，掘到很深也不见水，就如同一口废井一样。孟子勉励人们做事情要坚持到底，要有所成就，不能半途而废。

13·30 孟子曰："尧舜，性之[1]也；汤武，身之[2]也；五霸，假之[3]也。久假而不归，恶知其非有也[4]。"

【注释】

[1] 性之：赵岐《注》："性好仁，自然也。"

[2] 身之：赵岐《注》："体之行仁，视之若身也。"

[3] 假之：赵岐《注》："假仁以正诸侯也。"朱熹《集注》："五霸则假借仁义之名，以求济其贪欲之私耳。"

[4] 久假不归，恶知其非有也：有两种不同的解释，一种认为五霸虽然假借了仁义，假借久了而不归还，怎么能知道到他们本来是没有仁义。如赵岐和孙奭，赵岐《注》："五霸而能久假仁义，譬如假物久而不归，安知其不真有也。"孙奭《疏》："然而久假而行之，而不归止，安知其非真有也。杨子曰：'假儒衣书服而读之，三月不归，孰曰非儒也。'亦同其旨。"另一种则认为五霸假借或窃取了仁义的名声罢了，但他们自己却不知其不是真有仁义。如朱熹，朱熹《集注》："恶，平声。归，还也。有，实有也。言窃其名以终身，而不自知其非真有。或曰：'盖叹世人莫觉其伪者。'亦通。旧说，久假不归，即为真有。则误矣。"

【解析】

赵岐《孟子章指》："仁在性体，其次假借，用而不已，实何以易，在其勉之也。"

本章孟子说在实行仁义上，尧舜是"性之"，本性自然的；汤武是"身之"，身体力行的；五霸是"假之"，借来运用的。《离娄下》（8·19）谓舜"由仁义行，非行仁义也"。《公孙丑上》（3·3）云"以力假仁者霸"。

这一思维逻辑与《论语·季氏》（16·9）孔子所说的"生而知之""学而知之"

和"困而知之"相似。

13·31　公孙丑曰:"伊尹曰:'予不狎于不顺[1],放太甲于桐,民大悦。太甲贤,又反之,民大悦。'贤者之为人臣也,其君不贤,则固可放与?"

孟子曰:"有伊尹之志[2],则可;无伊尹之志,则篡也。"

【注释】

[1]予不狎于不顺:孙奭《疏》:"我不迩于顺己者。"朱熹《集注》:"《太甲篇》文。狎,习见也。不顺,言太甲所为,不顺义理也。"

[2]伊尹之志:朱熹《集注》:"公天下以为心而无一毫之私者也。"

【解析】

赵岐《孟子章指》:"忧国忘家,意在出身,志在宁君,放恶摄政,伊周有焉。凡人志异,则生篡心也。"

本章孟子回答公孙丑对伊尹"放太甲于桐"的疑问,指出放恶摄政要出于公心,即赵岐所谓的"忧国忘家",或者朱熹所言的"以天下为公心";否则,就是篡逆。

13·32　公孙丑曰:"《诗》曰:'不素餐兮[1]。'君子之不耕而食,何也?"

孟子曰:"君子居是国也,其君用之[2],则安富尊荣[3];其子弟从之,则孝悌忠信。'不素餐兮',孰大于是?"

【注释】

[1]不素餐兮:出自《诗经·魏风·伐檀》。赵岐《注》:"无功而食,则谓之素餐。"

[2]其君用之:赵岐《注》"君子能使人化其道德,移其习俗"。

[3]安富尊荣:赵岐《注》:"身安国富而保其尊荣。"

【解析】

赵岐《孟子章指》:"君子正己,以立于世,世美其道,君臣是贵,所过者化,

· 291 ·

又何素餐之谓也。"

本章孟子回答了公孙丑对君子不耕而食的疑惑，指出君子自有其重要作用，即赵岐所谓"化其道德，移其习俗"的道德示范以及改变习俗的精神价值，具体来说就是年轻人的孝悌忠信。

对于《滕文公上》（5·4）的陈相和《滕文公下》（6·4）彭更的问题，孟子主要从社会分工的角度进行了解释。本章孟子则从君子对于社会和国家道德习俗的建设上进行了说明。

13·33 王子垫[1]问曰："士何事？"

孟子曰："尚志[2]。"

曰："何谓尚志？"

曰："仁义而已矣。杀一无罪非仁也，非其有而取之非义也。居恶在？仁是也；路[3]恶在？义是也。居仁由义[4]，大人[5]之事备矣。"

【注释】

[1]王子垫：赵岐《注》："齐王子，名垫也。"

[2]尚志：赵岐《注》："尚，贵也。士当贵上于用志也。"朱熹《集注》："尚，高尚也。志者，心之所之也。"

[3]路：孙奭《疏》谓"行"。

[4]居仁由义：赵岐《注》："所当居者仁为上，所由者义为贵。"孙奭《疏》"仁以为居，义以为行"。朱熹《集注》："所由所居，无不在于仁义。"

[5]大人：朱熹《集注》："谓公、卿、大夫。"

【解析】

赵岐《孟子章指》："人当尚志，志于善也，善之所由，仁与义也。欲使王子无过差者也。"

本章孟子说士人追求的就是"尚志"，即言行举止要符合仁义。孟子意在劝勉王子行无过。

13·34 孟子曰："仲子[1]，不义与之齐国而弗受，人皆信之，是舍箪食豆羹之义也。人莫大焉亡亲戚君臣上下[2]。以其小者信其大者，

· 292 ·

奚可哉？"

【注释】

[1]仲子：赵岐《注》："陈仲子，处于陵者。"

[2]人莫大焉亡亲戚君臣上下：人的罪过没有比不要亲戚君臣尊卑更大的了。赵岐《注》"人当以礼义为正，陈仲子辟兄离母，不知仁义亲戚上下之叙"。孙奭《疏》："是弃亲戚君臣上下之大分。"杨伯峻引王引之《经传释词》谓"焉，犹于也。亡，同无"。

【解析】

赵岐《孟子章指》："事有轻重，行有大小，以大包小可也，以小信大，未之闻者也。"

本章孟子以陈仲子为例，指出评价和判断一个人要看其根本大节，而不能被表面上的小节所迷惑。需要注意的是，孟子所述陈仲子"不义与之齐国而弗受"为设想之词，未必确有其事。

13·35 桃应[1]问曰："舜为天子，皋陶为士，瞽瞍杀人，则如之何？"

孟子曰："执之而已矣。"

"然则舜不禁与？"

曰："夫舜恶得而禁之？夫有所受之也[2]。"

"然则舜如之何？"

曰："舜视弃天下犹弃敝蹝[3]也。窃负而逃，遵[4]海滨而处，终身䜣[5]然，乐而忘天下。"

【注释】

[1]桃应：赵岐《注》："孟子弟子。"

[2]夫有所受之也：夫，指示代词，一种解释为指代天下，如赵岐，赵岐《注》"夫天下乃受之于尧，当为天理民，王法不曲，岂得禁之也"；一种解释为指皋陶或皋陶之法，如孙奭和朱熹，孙奭《疏》"夫以其法有所受之而已"，朱熹《集注》"皋陶

之法，有所传受，非所敢私，虽天子之命亦不得而废之也"。也有学者认为指代"舜"①，恐不确。受，也有两种解释，一种解释为接受或承受，如赵岐《注》和孙奭《疏》；另一种解释为传受，如朱熹。

[3]蹝（xǐ）：赵岐《注》："蹝，草履可蹝者也。"朱熹《集注》："蹝，音徙。蹝，草履也。"杨伯峻谓"亦作'屣'，没有脚跟的鞋子。一曰草鞋"。

[4]遵：孙奭《疏》谓"循"。朱熹《集注》："遵，循也。"

[5]䜣：朱熹《集注》："䜣，与欣同。"

【解析】

赵岐《孟子章指》："奉法承天，政不可枉，大孝荣父，遗弃天下，虞舜之道，趋将若此。孟子之言，揆圣意也。"

朱熹《孟子集注》："此章言为士者，但知有法，而不知天子父之为尊；为子者，但知有父，而不知天下之为大。盖其所以为心者，莫非天理之极，人伦之至。学者察此而有得焉，则不待较计论量，而天下无难处之事矣。"

本章孟子阐述了他对情与法两难的看法，既要遵守与维护法律，同时也要顾及父子亲情与人伦。应该说孟子的主张比孔子单纯强调"子为父隐，父为子隐"要进步得多。

13·36　孟子自范之齐[1]，望见齐王之子，喟然叹曰："居移气，养移体，大哉居乎！夫非尽人之子与？"

孟子曰："王子宫室、车马、衣服多与人同，而王子若彼者，其居使之然也；况居天下之广居者乎[2]？鲁君之宋，呼于垤泽[3]之门。守者[4]曰：'此非吾君也，何其声之似我君也？'此无他，居相似也。"

【注释】

[1]自范之齐：赵岐《注》："范，齐邑，王庶子所封食也。孟子之范，见王子之仪，声气高凉，不与人同。还至齐，谓诸弟子。"钱穆先生指出："赵氏此注，乃有二误。孟子自范之齐而见王子，注乃谓孟子之范见王子，而还至齐，明与正文相乖，误一也。详孟子之语，则王子乃嫡子，而注以为庶子。庶子固非甚贵，孟子何以云云，

---

①刘晓梅：《从〈孟子〉看"夫"的语法化》，《安庆师范学院学报（社会科学版）》2004年第2期。

而其后又以鲁君之宋相拟哉？误二也。"①范，自梁至齐所经要道。

[2]居天下之广居者乎：赵岐《注》："谓行仁义，仁义在身，不言而喻也。"孙奭《疏》"以仁义为居"。此句法亦见于《滕文公下》（6·2）。赵岐《注》和孙奭《疏》其实是遵循中国古人所强调的"德位相配"思想观念，即《易经·系辞传》所云："天地之大德曰生，圣人之大宝曰位，何以守位曰仁。"

[3]垤（dié）泽：赵岐《注》："宋城门名也。"杨伯峻谓"即《左传》襄公十七年之'泽门'，杜预《注》云：'宋东城南门也。'"

[4]守者：孙奭《疏》："监门之官也。"

【解析】

赵岐《孟子章指》："人性皆同，居使之异，君子居仁，小人处利，譬犹王子，殊于众品也。"

孙奭《孟子注疏》："此章宜与上章合而为一，不当分而为二也。"

本章赵岐分为两章，孙奭与朱熹以为合为一章为当。

本章的核心与其说是环境决定一个人的气质、言行，不如说是孟子在强调"德位相配"的传统观念，借以劝诫统治者行仁义。

13·37 孟子曰："食[1]而弗爱，豕交[2]之也；爱而不敬，兽畜[3]之也。恭敬者，币之未将[4]者也。恭敬而无实，君子不可虚拘[5]。"

【注释】

[1]食：孙奭《疏》谓"饮食"。朱熹《集注》："食，音嗣。"杨伯峻和金良年从之，均译为"养活"。

[2]交：朱熹《集注》："接也。"

[3]畜：朱熹《集注》："养也。"

[4]将：致送。《尔雅·释言》："将，送也。"《仪礼·少仪》郑玄《注》："将，犹奉也。"

[5]拘：拘限，束缚。朱熹《集注》："留也。"恐不确。《后汉书·王霸传》："捕击胡虏，无拘郡界。"李贤《注》云："拘，犹限也。"

---

①钱穆：《孟子自梁返齐考》，载钱穆《先秦诸子系年》，中华书局，1985，第358-359页。

【解析】

赵岐《孟子章指》："取人之道，必以恭敬，恭敬贵实，虚则不应。实者谓敬爱者也。"

本章孟子说人与人之间的交往和接待，只给饮食却不喜爱，就像是养猪；喜爱却不尊敬，像是在养牲畜。所谓的恭敬是行礼之前的内心修为。君子不能被表面的恭敬或礼品蒙蔽。

13·38　孟子曰："形色，天性也[1]；惟圣人然后可以践形[2]。"

【注释】

[1]形色，天性也：赵岐《注》："形，谓君子体貌尊严也，《尚书·洪范》'一曰貌'。色，谓妇人妖丽之容，《诗》云'颜如舜华'。此皆天假施于人也。"孙奭《疏》："盖形有道之象，色为道之容，人之生也，性出于天命，道又出于率性，是以形之与色皆为天性也。"朱熹《集注》："人之有形有色，无不各有自然之理，所谓天性也。"

[2]践形：赵岐《注》："践，履居之也。《易》曰：'黄中通理。'圣人内外文明，然后能以正道履居此美形，不言居色主名，尊阳抑阴之义也。"孙奭《疏》谓形指目、耳、肝、肺、心，"凡百骸、九窍、五脏之形，各有所践也"。孙奭又指出："何独践形而不践色，何耶？盖形则一定而不易者也，色则有喜怒哀乐之变，以其无常者也，不可以践之矣。亦以圣人吉凶与人同，何践之以为异哉！是又孟子之深意然也。"朱熹《集注》："践，如践言之践。盖众人有是形，而不能尽其理，故无以践其形；惟圣人有是形，而又能尽其理，然后可以践其形而无歉也。"

【解析】

赵岐《孟子章指》："体德正容，大人所履，有表无里，谓之柚梓，是以圣人乃堪践形也。"

本章孟子说人的形体容貌是天生的，只有圣人能通过它来展现尊严德行。本章可与13·36相参读。

13·39　齐宣王欲短丧[1]。公孙丑曰："为朞[2]之丧，犹愈于已乎？"

孟子曰："是犹或紾[3]其兄之臂，子谓之姑徐徐云尔，亦[4]教之孝悌而已矣。"

王子有其母死者，其傅为之请数月之丧[5]。公孙丑曰："若此者何如也？"

曰："是欲终之而不可得也。虽加一日愈于已，谓夫莫之禁而弗为者也。"

【注释】

[1]齐宣王欲短丧：赵岐《注》"齐宣王以三年之丧为太长久，欲减而短之"。孙奭《疏》："齐宣王欲短三年之丧。"

[2]朞（jī）：一年。孙奭《疏》："期年，十二月也。"

[3]紾（zhěn）：扭。赵岐《注》："戾也。"

[4]亦：孙奭《疏》谓"但"。

[5]其傅为之请数月之丧：按《仪礼·丧服记》的说法，王子的母亲死了，不但不能为母守孝三年，甚至无服，只穿麻衣，母亲埋葬以后就脱掉，因为父亲还健在。朱熹《集注》引陈氏曰："王子所生之母死，厌于嫡母而不敢终丧。"所以王子让他的师傅替他请求数月之丧。

【解析】

赵岐《孟子章指》："礼断三年，孝者欲益，富贵怠厌，思减其日，君子正言，不可阿情。丑欲期之，故譬以紾兄徐徐也。"

朱熹《孟子集注》："此章言三年通丧，天经地义，不容私意有所短长。示之至情，则不肖者有以企而及之矣。"

本章孟子严正地指出公孙丑回护齐宣王"守孝一年，也比不守孝强"的说辞，就如同劝说弟弟慢慢扭哥哥的胳膊，说这也是叫他们孝悌一样的荒谬。

但是，对于王子的师傅为其"请数月之丧"，孟子则予以充分的理解和支持，认为这种因客观原因不能把三年丧期服完的，哪怕多服孝一天也比不服孝好。同样也是针对没有人禁止他守孝却不愿意守孝的人说的。

13·40 孟子曰："君子之所以教者五[1]：有如时雨化之[2]者，有成德者[3]，有达财者[4]，有答问者[5]，有私淑艾者[6]。此五者，君子之所以教也。"

【注释】

[1]教者五：赵岐《注》："教民之道有五品。"

[2]时雨化之：赵岐《注》："教之渐渍而浃洽也。"孙奭《疏》："以其教人渐渍，恰如时雨之泽也，是其润之以德，渐之以仁，善有萌芽，则诱之使敷秀；性有其材，则养之使长茂：凡此因其大以成大，小以成小，是为有若时雨而教者也。"朱熹《集注》："时雨，及时之雨也。"

[3]有成德者：孙奭《疏》："以其因固有之德，但教而成之也，是其能仁不能反者，则教之以克己复礼；能勇不能怯者，则教之以临事而惧：是为有成德者也。"朱熹《集注》："成德，如孔子之于冉闵。"

[4]有达财者：财，同"材"。孙奭《疏》："以其有财之具而不能用者，则教而达之也，子贡问曰：'赐也何如？'子曰：'汝，器也。'曰：'何器也？'曰：'瑚琏也。'子谓子夏曰：'汝为君子儒，无为小人儒。'是为有达财之教者也。"朱熹《集注》："财，与材同。""达财，如孔子之于由赐。"

[5]有答问者：孙奭《疏》："以其在于答问之间也，不愤不启，不悱不发，举一隅不以三隅反则不复也，是为有答问之教也。"朱熹《集注》："就所问而答之，若孔孟之于樊迟、万章也。"

[6]有私淑艾者：赵岐《注》："私，独。淑，善。艾，治也。"孙奭《疏》："以其独善其身，使彼法之也。'子曰：我非生而知之者，好古敏以求之者也'，'子不语怪力乱神'，凡此之类，是有私淑艾之教也。"朱熹《集注》："艾，音义。私，窃也。人或不能及门受业，但闻君子之道于人，而窃以善治其身，是亦君子教诲之所及，若孔孟之于陈亢、夷之是也。孟子亦曰：'予未得为孔子徒也，予私淑诸人也。'"杨伯峻谓"'私淑艾'犹'私淑'也"。

【解析】

赵岐《孟子章指》："教人之术，莫善五者，养育英才，君子所珍，圣所不倦，其惟诲人者也。"

本章孟子认为君子的教育方式有像及时雨那样润泽万物的，有成全品德的，有培养才能的，有解答疑问的，有以流风余韵为后人所私自学习的。孟子指出君子教诲他人，是根据不同情况，因材施教。

13·41　公孙丑曰："道则高矣，美矣，宜若登天然，似不可及也；何不使彼为可几及而日孳孳也？"

孟子曰："大匠不为拙工改废绳墨，羿不为拙射变其彀率[1]。君子引而不发[2]，跃如也。中道而立[3]，能者从之。"

【注释】

[1]彀率：弓张开的限度。赵岐《注》："彀弩张向，表率之正体，望之极思，用巧之时，不可变也。"孙奭《疏》："彀率张弓向的，正体极思，用巧之时也。"朱熹《集注》："彀，古候反。率，音律。彀率，弯弓之限也。"

[2]引而不发：赵岐《注》："引彀弩而不发，以待彀偶也。"朱熹《集注》："引，引弓也。发，发矢也。"

[3]中道而立：赵岐《注》："于道则中，道德之中，不以学者不能故卑下其道，将以须于能者往取之也。"孙奭《疏》："是其不高不卑，但于中道而立教，使贤愚智者皆能从而学之也。"朱熹《集注》："中者，无过不及之谓。中道而立，言其非难非易。"笔者认为，赵岐的解释较为正确，孙奭和朱熹的解释似不确。

【解析】

赵岐《孟子章指》："曲高和寡，道大难追，然而履正者不枉，执德者不回，故曰人能弘道。丑欲下之，非也。"

朱熹《孟子集注》："此章言道有定体，教有成法；卑不可抗，高不可贬；语不能显，默不能藏。"

本章孟子强调"中道而立"，即立于中道，不能偏离道的准则，更不能因为学习者达不到就降低标准，使其变得卑下。赵岐的总结概括较为准确。

13·42 孟子曰："天下有道，以道殉身[1]；天下无道，以身殉道[2]；未闻以道殉乎人[3]者也。"

【注释】

[1]以道殉身：赵岐《注》："殉，从也。天下有道，得行王政，道从身施功实也。"孙奭《疏》："则当以道从身，以施其功实也。"朱熹《集注》"殉，如殉葬之殉，以死随物之名也。身出则道在必行"。杨伯峻谓"以道殉身"意思是"'道'为己所运用"。金良年谓"殉"是"相始终之意"。

[2]以身殉道：赵岐《注》："以身从道，守道而隐。"孙奭《疏》："则当以身从道，而卷藏守伏也。以其道藏则身伏也。"朱熹《集注》："道屈则身在必退，以

死相从而不离也。"

[3]以道殉乎人：赵岐《注》："不闻以正道从俗人也。"孙奭《疏》："以道从人，而饕富贵也。"朱熹《集注》："以道从人，妾妇之道。"殉乎人，杨伯峻谓"逢迎当世王侯"，金良年谓"言迁就他人"。笔者认为，杨氏注解过于坐实。

【解析】

赵岐《孟子章指》："穷达卷舒，屈伸异变，变流从顾，守者所慎，故曰金石独止，不徇人也者也。"

本章或为申说《论语》"天下有道则见，无道则隐"。孟子强调天下有道，就要将道实施转化为具体事功。天下无道，就要坚守住"道"，可以"守道而隐"，甚至"以死相从而不离"。但无论如何，都不能丧失掉"道"而去从俗，或者求富贵，或者逢迎、迁就他人。

13·43 公都子曰："滕更[1]之在门[2]也，若在所礼[3]，而不答，何也？"

孟子曰："挟[4]贵而问，挟贤而问，挟长而问，挟有勋劳而问，挟故[4]而问，皆所不答也。滕更有二[5]焉。"

【注释】

[1]滕更：赵岐《注》："滕君之弟，来学于孟子也。"
[2]在门：赵岐《注》和孙奭《疏》均释为"乐在门人中"。杨伯峻和金良年均解释为"在孟子门下"，似不确。
[3]若所在礼：赵岐《注》："宜答见礼。"孙奭《疏》："宜若在所礼敬之。"
[4]挟：赵岐《注》："接也。"在解释以下五个句子时，孙奭均以"挟"字疏解，但在全句后也标注了赵岐的注解。杨伯峻和金良年译为"倚仗"，较好。
[5]故：赵岐《注》谓"与师有故旧之好"。杨伯峻和金良年译为"老交情"。
[6]二：赵岐《注》："接贵接贤。"孙奭《疏》："恃己之贵势与恃贤才。"朱熹《集注》："二，谓挟贵挟贤也。"

【解析】

赵岐《孟子章指》："学尚虚己，师诲贵平，是以滕更恃二，孟子弗应。"
朱熹《孟子集注》："此言君子虽诲人不倦，又恶夫意之不诚者。"

本章孟子批评那些学不虚己，不诚心诚意者。

13·44 孟子曰："于不可已[1]而已者，无所不已。于所厚者薄，无所不薄也。其进锐者，其退速。"

【注释】

[1]已：赵岐《注》："弃也。"金良年从之。朱熹《集注》："止也。"杨伯峻从之。值得注意的是，赵岐指出了"不可已"的对象是"义"，"于义所不当弃而弃之，则不可"。

【解析】

赵岐《孟子章指》："赏僭及淫，刑滥伤善，不僭不滥，诗人所纪。是以季文三思，而后之有。"

朱熹《孟子集注》："三者之弊，理势必然，虽过不及之不同，然卒同归于废弛。"

本章孟子指出把不该抛弃的抛弃了，就没有什么不可以抛弃的了；该厚赏的，却薄待了，就没有什么不可以薄待的了。前进过猛的人后退得也快。

实际上孟子是在谈论大道是不当弃和不可薄的，失去了这个根本，大道虽速成却必失，即《诗经·商颂·殷武》所云"不僭不滥"。

13·45 孟子曰："君子之于物[1]也，爱[2]之而弗仁；于民也，仁之而弗亲。亲亲[3]而仁民，仁民而爱物。"

【注释】

[1]物：赵岐《注》："谓凡物可以养人者也。"朱熹《集注》："谓禽兽草木。"
[2]爱：赵岐《注》"爱育"。朱熹《集注》："谓取之有时，用之有节。"
[3]亲亲：赵岐《注》："先亲其亲戚。"

【解析】

赵岐《孟子章指》："君子布德，各有所施，事得其宜，故谓之义者也。"

朱熹《孟子集注》："程子曰：'仁，推己及人，如老吾老及人之老，于民则可，于物则不可。统而言之则皆仁，分而言之则有序。'杨氏曰：'其分不同，故所施不能无差等，所谓理一而分殊者也。'尹氏曰：'何以有是差等？一本故也，无

· 301 ·

伪也。'"

　　本章孟子指出君子对于养育人的万物，爱惜它却不用仁德来对待；对于百姓，用仁爱对待，却不亲近。君子先亲爱自己的亲人，然后仁爱百姓。

　　孟子这段话或许是对墨家"兼爱"即无差等的爱的反驳。

　　13·46　孟子曰："知者[1]无不知也，当务之为急；仁者[2]无不爱也，急亲贤之为务。尧舜之知而不遍物[3]，急先务也；尧舜之人不遍爱人，急亲贤也。不能三年之丧，而缌、小功[4]之察；放饭流歠[5]，而问[6]无齿决[7]，是之谓不知务。"

【注释】

[1]知者：赵岐《注》："知所务善也。"

[2]仁者，赵岐《注》："务爱其贤也。"

[3]尧舜之知而不遍物：赵岐《注》："物，事也。尧舜不遍知百工之事。"

[4]缌、小功：赵岐《注》："缌麻、小功之礼。"孙奭《疏》："盖缌麻，三月之服者；小功，五月之服者也。"朱熹《集注》："缌麻三月，小功五月，服之轻者也。"

[5]放饭流歠（chuò）：赵岐《注》："放饭，大饭也。流歠，长歠也。于尊者前赐食，大饭长歠，不敬之大者也。"放饭，《曲礼》郑玄《注》指把吃剩的或多余的饭放回食器。杨伯峻认为此说似不可信。流歠，指大口喝汤。放饭和流歠一个是不干净，一个是不文雅，两者都是失礼的行为。

[6]问：孙奭《疏》谓"责问"。朱熹《集注》："讲求之意。"

[7]齿决：赵岐《注》："断肉置其余也……小过耳。"朱熹《集注》："啮断干肉，不敬之小者也。"《礼记·曲礼》"濡肉齿决，干肉不齿决"，即湿肉可以用牙齿啃断，干肉不能咬断，只能用手折断。在长者前干肉齿决，是不礼貌的。

【解析】

　　赵岐《孟子章指》："振裘持领，正罗维纲，君子百行，先务其崇，是以尧、舜亲贤，大化以隆道为要者也。"

　　朱熹《孟子集注》："此章言君子之于道，识其全体，则心不狭；知所先后，则事有序。丰氏（丰稷——笔者注）曰：'智不急于先务，虽遍知人之所知、遍能人之所能，徒弊精神，而无益于天下之治矣。仁不急于亲贤，虽有仁民爱物之心，小人在位，无由下达，聪明日蔽于上，而恶政日加于下，此孟子所谓不知务也。'"

本章孟子强调实行大道要有一定的次序，应该把急切需要解决的问题放在首位。

十四、尽心下

14·1 孟子曰:"不仁哉梁惠王也[1]！仁者以[2]其所爱及其所不爱，不仁者以其所不爱及其所爱。"

公孙丑问曰:"何谓也？"

"梁惠王以土地之故，糜烂[3]其民而战之，大败，将复之，恐不能胜，故驱其所爱子弟以殉[4]之，是之谓以其所不爱及其所爱也。"

【注释】

[1]不仁哉梁惠王也：赵岐《注》:"惠王好战杀人，故孟子曰不仁哉。"孙奭《疏》:"孟子言世称不仁之人是梁惠王也。"

[2]以：赵岐《注》:"用也。"

[3]糜烂：朱熹《集注》:"使之战斗，糜烂其血肉也。"

[4]殉：赵岐《注》:"从也。"

【解析】

赵岐《孟子章指》:"发政施仁，一国被恩；好战轻民，灾及所亲。著此魏王，以戒人君者也。"

朱熹《孟子集注》:"此承前篇之末三章之意，言仁人之恩，自内及外；不仁之祸，由疏逮亲。"

本章孟子批评梁惠王穷兵黩武的不仁之举。

14·2 孟子曰:"春秋无义战[1]。彼善于此[2]，则有之矣。征[3]者，上伐下也，敌国[4]不相征也。"

【注释】

[1]春秋无义战：春秋，有两种解释，一种解释为历史著作，如赵岐和朱熹。赵岐《注》:"《春秋》所载战伐之事，无应王义者也。"朱熹《集注》:"《春秋》每

书诸侯战伐之事，必加讥贬，以着其擅兴之罪，无有以为合于义而许之者。"另一种解释为历史时期，如孙奭。孙奭《疏》："孟子言春秋之世，凡兵之所起，皆小役大、弱役强。或因怒兴师，或弃礼贪利，未尝有禁暴救乱之义也，是以春秋无义战。"

[2]彼善于此：此句同样有两种解释，一种解释为诸侯国一国的君主比另一国的君主好一点，如赵岐《注》"彼此相觉有善恶耳"；一种解释为虽然是不义之战，但一诸侯国发生战争的话，对另一诸侯国来说是好的事情，如孙奭《疏》"其彼国之战有善于此国"。

[3]征：朱熹《集注》："所以正人也。"

[4]敌国：相同等级的诸侯国。敌，匹敌，相等。

【解析】

赵岐《孟子章指》："春秋拨乱，时多争战，事实违礼，以文反正。诛讨征伐，不自王命，故曰无义战者也。"

本章孟子认为，春秋时代的战争都是不义的战争。本章可能是对《论语·季氏》（16·2）"天下有道，礼乐征伐自天子出；天下无道，则礼乐征伐自诸侯出"这一观点的申说。

14·3　孟子曰："尽信《书》[1]，则不如无《书》。吾于《武成》[2]，取二三策[3]而已矣。仁人无敌于天下，以至仁伐至不仁，而何其血之流杵[4]也？"

【注释】

[1]《书》：赵岐《注》："《尚书》。"现在大多理解为一切书籍或文字的记录。

[2]《武成》：赵岐《注》："逸《书》之篇名，言武王诛纣，战斗杀人，血流舂杵。"

[3]策：赵岐《注》谓"简策"。朱熹《集注》："竹简也。"

[4]杵：朱熹《集注》："舂杵也。或作卤，楯也。"

【解析】

赵岐《孟子章指》："文之有美过实，圣人不改，录其意也，非独《书》云，《诗》亦有言'崧高极天，则百斯男'，是故取于《武成》二三策而已。"

朱熹《孟子集注》："孟子言此则其不可信者。然《书》本意，乃谓商人自相杀，非谓武王杀之也。孟子之设是言，惧后世之惑，且长不仁之心耳。"

本章孟子指出，对于上古时期重要的档案文献选集《尚书》，不要因为其表面辞句而误解其中所蕴含的大义。

今天人们对孟子这段话多从治学的角度来进行理解，即治学应当善于思考，勇于质疑，独立思考。

14·4　孟子曰："有人曰：'我善为陈[1]，我善为战。'大罪也。国君好仁，天下无敌焉。南面而征，北狄[2]怨；东面而征，西夷怨，曰：'奚为后我？'武王之伐殷也，革车[3]三百两[4]，虎贲[5]三千人。王曰：'无畏！宁尔也，非敌百姓也。'若崩厥角[6]稽首。征之为言正也，各欲正己也，焉用战？"

【注释】

[1]陈：同"阵"。朱熹《集注》："陈，去声。制行伍曰陈。"

[2]北狄：一作"北夷"。

[3]革车：赵岐《注》："兵车也。"《孙子·作战》"凡用兵之法，驰车千驷，革车千乘，带甲十万"。梅尧臣注云："驰车，轻车也；革车，重车也。凡轻车一乘，甲士步卒二十五人。重车一乘，甲士步卒七十五人。"

[4]三百两：两，同"辆"。赵岐《注》："三百乘也。"

[5]虎贲（bēn）：赵岐《注》："武士为小臣者也。《书》云：'虎贲缀衣，趣马小尹。'"孙奭《疏》引《牧誓》孔安国《注》云："虎贲，勇士称也，若虎贲兽，言其猛也，皆百夫长也。"

[6]厥角：赵岐《注》："额角犀厥地。"朱熹《集注》："稽首至地，如角之崩也。"杨伯峻《译注》："厥，同'蹶'，顿也。《说文》云：'顿，下首也。'角，额角。'厥角'之意即'顿首'。"金良年《译注》："顿首，即今所谓的碰响头。"

【解析】

赵岐《孟子章指》："民思明君，若旱望雨，以仁伐暴，谁不欣喜。是以殷民厥角，周师歌舞，焉用善战，故云罪也。"

本章孟子再次强调"国君好仁，天下无敌"。

14·5　孟子曰:"梓匠轮舆能与人规矩,不能使人巧。"

【解析】

　　赵岐《孟子章指》:"规矩之法,喻若典礼,人不志仁,虽诵典宪,不能以善。善人修道,公输守绳,政成器美,惟度是应,得其理也。"

　　朱熹《孟子集注》:"尹氏(尹焞——笔者注)曰:'规矩,法度可告者也。巧则在其人,虽大匠亦未如之何也已。盖下学可以言传,上达必由心悟,庄周所论斫轮之意盖如此。'"

　　本章孟子以制作车轮、车厢的人能把制作的方法和规则传给他人,却无法使其心灵手巧为例,说明学习的基本技能是可以由老师传授的,但其更高境界需要学习者自己去钻研,即黄侃所谓"术由师授,学自己成"。

14·6　孟子曰:"舜之饭糗[1]茹草[2]也,若将终身焉;及其为天子也,被袗衣[3],鼓琴,二女果[4],若固有之。"

【注释】

　　[1]饭糗(qiǔ):吃干粮。赵岐《注》:"糗,饭干糒也。"孙奭《正义》:"糗,糒也。按《释名》云:'糗,饭干屑也。'"朱熹《集注》:"饭,食也。糗,干糒也。"

　　[2]茹草:吃野菜。茹,朱熹《集注》:"亦食也。"

　　[3]袗(zhěn)衣:赵岐《注》:"袗,画也。"朱熹《集注》:"袗,画衣也。"杨伯峻谓"赵氏此训于经传缺乏例证,恐不可信",并引《曲礼》注"袗,单也",将"袗衣"译为"麻葛单衣"。

　　[4]二女果:意思是尧的两个女儿侍候。赵岐《注》:"果,侍也。"孙奭《正义》:"云'果,侍也',按许慎谓'女侍曰婐',今释果为侍,谓二女之侍舜,是以有惑于许慎之说而遂误欤?盖木实曰果,云果者,取其实而言也。"朱熹《集注》:"《说文》作'婐',乌果反。""女侍也。"今有学者据历史文献和出土帛书对舜精通房中术的记载,认为"果"即"倮"(裸),赤身裸体之意。[1]此说也可参考。

【解析】

　　赵岐《孟子章指》:"厄穷不悯,贵而思降,凡人所难,虞舜独降圣德,所以殊

---

[1]高华平:《〈孟子·尽心下〉"二女果"试解》,《中国文化研究》2007年第3期。

朱熹《孟子集注》："言圣人之心，不以贫贱而有慕于外，不以富贵而有动于中，随遇而安，无预于己，所性分定故也。"

本章孟子说舜不论是在吃干粮嚼野菜的穷困之际，还是位居天子之时，都不改变自己的初衷。

孟子以舜为例，劝诫统治者身居高位也不要忘了自己的初心。

14·7 孟子曰："吾今而后知杀人亲之重也：杀人之父，人亦杀其父；杀人之兄[1]，人亦杀其兄。然则非自杀之也，一间[2]耳。"

【注释】

[1]杀父、杀兄：赵岐《注》："父仇不同于天，兄仇不同于国。"
[2]间：赵岐《注》："一间者，我往彼来间一人耳，与自杀其亲何异哉！"杨伯峻《译注》："间，去声，隔也，离也。一间言相距甚近。"

【解析】

赵岐《孟子章指》："恕以行仁，远祸之端，暴以残民，招咎之患。是以君子好生恶杀，反诸身也。"

朱熹《孟子集注》："范氏（范祖禹——笔者注）曰：'知此则爱敬人之亲，人亦爱敬其亲矣。'"

本章孟子反对人们之间互相仇杀，或是对当时的复仇之风有感而发。（金良年）

14·8 孟子曰："古之为关也，将以御暴；今之为关也，将以为暴。"

【解析】

赵岐《孟子章指》："言修理关梁，讥而不征，如以税敛，非其程式，惧将为暴，故讥之也。"

朱熹《孟子集注》："范氏曰：'古之耕者什一，后世或收大半之税，此以赋敛为暴也。文王之囿，与民同之；齐宣王之囿，为阱国中，此以园囿为暴也。后世为暴，不止于关，若使孟子用于诸侯，必行文王之政，凡此之类，皆不终日而改也。'"

本章孟子抨击当时设立关卡，不是为了抵御强暴，而是为了横征暴敛。

14·9　孟子曰:"身不行道[1],不行于妻子;使人不以道[2],不能行于妻子。"

【注释】

[1]身不行道:赵岐《注》:"身不自履行道德,而欲使人行道德。"朱熹《集注》:"身不行道者,以行言之。不行者,道不行也。"

[2]使人不以道:赵岐《注》:"使人不顺其道理。"孙奭《正义》"使人如不以道理"。朱熹《集注》:"使人不以道也者,以事言之。不能行者,令不行也。"

【解析】

赵岐《孟子章指》:"率人之道,躬行为首。《论语》曰:'其身不正,虽令不从。'"

孙奭《孟子注疏》:"荀况云:'有分义,则合天下而治;无分义,则一妻一妾而乱。'"

本章或为孟子讲说《论语·子路》(13·6)"其身正,不令而行;其身不正,虽令不从"。孟子强调君子要以身作则,即赵岐所谓的"率人之道,躬行为首"。

14·10　孟子曰:"周[1]于利者凶年不能杀[2],周于德者邪世不能乱。"

【注释】

[1]周:赵岐《注》谓"周达"。朱熹《集注》:"周,足也,言积之厚则用有余。"

[2]杀:金良年谓一说此处仍用本义,言荒年不致饿死。杨伯峻释为"缺乏",金良年训为"减杀",均指窘困之意。

【解析】

赵岐《孟子章指》:"务利蹈奸,务德蹈仁,舍生取义,其道不均者也。"

孙奭《孟子注疏》:"孟子言人积备其利物,以为周于利者,则所养常厚,故凶荒之年且不能杀死。喻人之能尽其性,以为周于德者,则所守弥笃,故奸邪之世不能乱其志。盖以战国之时,无富而教之之术,此孟子所以救之以此。"

本章句子结构与含义,赵岐视为并列句,并以"务利蹈奸,务德蹈仁"概括之。但孙奭则认为是一个句式,借前半句"一个人平时不断地储备丰厚的财物的话,凶年就不会把他饿杀死",喻指人不断培养和坚守德行,即使处在奸邪之世也不会心志迷乱。因此,孙奭最后总结说这是因为在战国时期,没有"富而教之"之术,所以孟子才说出这样的救世之语。

14·11 孟子曰："好名之人[1]能让千乘之国，苟非其人，箪食豆羹见[2]于色。"

【注释】

[1]好名之人：赵岐《注》"好不朽之名者"。
[2]见：朱熹《集注》："音现。"

【解析】

赵岐《孟子章指》："廉贪相殊，名亦卓异，故闻伯夷之风，懦夫有立志也。"
朱熹《孟子集注》："盖观人不于其所勉，而于其所忽，然后可以见其所安之实也。"
本章孟子说一个人的品性在一汤一饭上就能体现出来，真正喜好追求不朽之名的人，连千乘之国都能轻让给别人。这或许是赞美伯夷叔齐之类贤者。

14·12 孟子曰："不信仁贤，则国空虚[1]；无礼义[2]，则上下乱；无政事，则财用不足。"

【注释】

[1]空虚：指国内没有贤人。赵岐《注》："国无贤人，则曰空虚。"朱熹《集注》："言若无人然。"
[2]礼义：赵岐《注》谓"正尊卑"。朱熹《集注》："所以辨上下，定民志。"

【解析】

赵岐《孟子章指》："亲贤正礼，明其五教，为政之源，圣人以三者为急也。"
孙奭《孟子注疏》："盖礼义由贤者出，政事由贤者出，不信仁贤则礼义不兴，礼义不兴则政事不行，而国之财用于是乎不足。此孟子言之，亦其叙之然。"
朱熹《孟子集注》："尹氏（尹焞——笔者注）曰：'三者以仁贤为本。无仁贤，则礼义政事，处之皆不以其道矣。'"
本章孟子指出治政的根本在于"信仁贤"，即信任仁义的贤者。因为贤者是"正礼义""行政事"和"足财用"的推动者与执行者。

14·13　孟子曰："不仁而得国者，有之矣；不仁而得天下者，未之有也。"

【解析】

赵岐《孟子章指》："王者当天，然后处之，桀、纣、幽、厉，虽得犹失，不以善终，不能世祀，为得也。"

朱熹《孟子集注》："邹氏曰：'自秦以来，不仁而得天下者有之矣；然皆一再传而失之，犹不得也。所谓得天下者，必如三代而后可。'"

本章孟子指出，不仁者可能会侥幸获得国家的权力，但却得不到天下百姓的民心。

14·14　孟子曰："民为贵，社稷次之，君为轻。是故得乎丘[1]民而为天子，得乎天子为诸侯，得乎诸侯为大夫。诸侯危社稷[2]，则变置。牺牲既成，粢盛既洁，祭祀以时，然而旱干水溢，则变置社稷。"

【注释】

[1]丘：赵岐《注》："十六井也。"孙奭《疏》："案《司马法》云：'六尺为步，步百为亩，亩百为夫，夫三为屋，屋三为井，井十为通，通十为成。'是一丘为十六井，而一井为九夫之地也。今云十六井，盖有一万四千四百亩，为一百四十四夫所受者也。"朱熹《集注》："丘民，田野之民，至微贱也。"杨伯峻《译注》："丘，众也。或云：'丘'借为'区'，小也。"金良年《译注》："王念孙《广雅疏证》释'丘'为'众'，焦循《正义》云：'丘民犹言邑民、乡民、国民也。'"

[2]社稷：孙奭《疏》："云社稷者，盖先王立五土之神，祀以为社；立五谷之神，祀以为稷。以古推之，自颛帝以来，用句龙为社，柱为稷。及汤之旱，以弃易其柱。是以知社稷之变置，又有见于汤之时然。"

【解析】

赵岐《孟子章指》："得民为君，得君为臣，民为贵也。行黜诸侯，后毁社稷，君为轻也。重民敬祀，治之所先。"

朱熹《孟子集注》："盖国以民为本，社稷亦为民而立，而君之尊，又系于二者之存亡，故其轻重如此。"

本章是《孟子》一书中最具民本思想的一章。"民贵君轻"的名句历来被后人传诵,这句话或来自《尚书》:"民惟邦本,本固君宁。"是对春秋历史的清醒认识。如司马迁在《太史公自序》指出:"万物之聚散皆在春秋,春秋之中,弑君三十六,亡国五十二,诸侯奔走不得保其社稷者不可胜数。"孟子的这一观点带有"历史是人民创造的"的思想。

14·15 孟子曰:"圣人,百世之师也,伯夷、柳下惠是也。故闻伯夷之风者,顽[1]夫廉,懦[1]夫有立志;闻柳下惠之风者,薄夫敦,鄙[1]夫宽。奋乎百世[2]之上,百世之下,闻者莫不兴起[3]也。非圣人而能若是乎?而况于亲炙[4]之者乎?"

【注释】

[1]顽、懦、鄙:赵岐《注》:"顽,贪。懦,弱。鄙,狭也。"

[2]百世:赵岐《注》:"言其远也。"

[3]兴起:赵岐《注》:"志意兴起也。"朱熹《集注》:"感动奋发也。"

[4]亲炙:指直接受到熏陶。赵岐《注》"亲见而薰炙之"。朱熹《集注》:"亲近而熏炙之也。"

【解析】

赵岐《孟子章指》:"伯夷、柳下惠,变贪厉薄,千载闻之,犹有感激,谓之圣人,美其德也。"

本章孟子指出圣人之所以被称之"百世之师",在于他们的精神具有无比巨大的感召力和影响力。孟子希望人们向他们的精神学习,即孔子所谓的"见贤思齐"。

14·16 孟子曰:"仁也者,人也[1]。合而言之,道也[2]。"

【注释】

[1]仁也者,人也:古注有两种解释,一种解释为"人能亲爱施恩",如郑玄和赵岐。《礼记·表记》:"仁者,人也。"郑《注》:"人也,谓施以人仁恩也。"赵岐《注》:"能行仁恩者,人也。"另一种解释为"人之所以为人",如孙奭和朱熹。孙奭《疏》:"孟子言为仁者,所以尽人道也,此仁者所以为人也。盖人非仁不立,仁非人不行。"朱熹《集注》:"仁者,人之所以为人之理也。然仁,理也;人,物也。"又云:"或曰'外国本,人也之下,有义也者宜也,礼也者履也,智也者知也,

信也者实也，凡二十字。'今按如此，则理极分明，然未详其是否也。"①今人陈来教授在接受董仲舒观点的基础上，提出了第三种解释，即"人指他人说"，并指出"仁包含着他人优先的伦理意义"。②

[2]合而言之，道也：赵岐《注》："人与仁合而言之，可以谓之有道也。"孙奭《疏》："合仁与人而言之，则人道尽矣。扬子云：'仁以人同。'"朱熹《集注》："以仁之理，合于人之身而言之，乃所谓道者也。程子曰：'《中庸》所谓率性之谓道是也。'"

【解析】

赵岐《孟子章指》："仁恩须人，人能弘道也。"

本章文字简短，但古今学者对本章理解不一。前半句，至今概有三种说法，即"人能实行仁恩说""人之所以为人说"和"人之他人说"；后半句仁与人合而言之，同样有三种理解，赵岐以为是"有道"，孙奭以为是"尽道"，而朱熹以为将仁之理合于人身，才"叫作道"。

概言之，孟子强调真正的人，要怀仁心、行仁德、尽人道。

14·17　孟子曰："孔子之去鲁，曰：'迟迟吾行也，去父母国之道也。'去齐，接淅而行，去他国之道也。"

【解析】

赵岐《孟子章指》："孔子周流不遇，则之他国远逝。惟鲁斯恋，笃于父母之国也。"

本章与《万章下》（10·1）重出。

14·18　孟子曰："君子[1]之厄[2]于陈、蔡之间，无上下之交也。"

【注释】

[1]君子：赵岐《注》："孔子也。《论语》曰：'君子之道三，我无能焉。'孔子乃尚谦，不敢当君子之道，故可谓孔子为君子也。"

---

①按：朱熹所称"外国本"，指高丽本《孟子》。又《朱子语类》卷六十一云："问：'先生谓外国本下更有云云者，何所据？'曰：'向见尤延之说，高丽本如此。'"
②陈来：《"仁者人也"新解》，《道德与文明》2017年第1期。

[2]厄：赵岐《注》："孔子所以厄于陈、蔡之间者，其国君皆恶，上下无所交接，故厄也。" 厄，朱熹《集注》："与戹同。"孔子厄于陈、蔡之间，载于《论语·卫灵公》（15·2）、《史记·孔子世家》等。

【解析】

赵岐《孟子章指》："君子固穷，穷不变道。上下无交，无贤援也。"

本章孟子说孔子困于陈、蔡之间，只是因为与陈、蔡的君臣没有交往罢了，并不是他固守的大道遭到了困厄。

14·19 貉稽[1]曰："稽大不理于口[2]。"

孟子曰："无伤也。士憎兹多口[3]。《诗》云[4]：'忧心悄悄，愠于群小。'孔子也。'肆不殄厥愠，亦不殒厥问[5]。'文王也。"

【注释】

[1]貉稽：赵岐《注》："貉，姓。稽，名。仕者也。"孙奭《疏》："亦当世之士也。"朱熹《集注》："貉，音陌。"

[2]不理于口：赵岐《注》："为众口所讪。理，赖也。"孙奭《疏》"不能治人之口，使不讪其己者"。杨伯峻谓"此'理'字亦可训'顺'，则'不理于口'犹言'不顺于人口'"。

[3]士憎兹多口：憎，有两种解释，一种解释同"增"，如赵岐和孙奭，赵岐《注》"凡人而士者，亦益多口"；另一种解释为"厌恶""憎恶"，如杨伯峻、金良年等。

[4]"《诗》云"句：出自《诗经·邶风·柏舟》。赵岐《注》："'忧心悄悄'，忧在心也；'愠于群小'，怨小人聚而非议贤者也。孔子论此诗，孔子亦有武叔之口，故曰孔子之所苦也。"孙奭《疏》："言忧悄悄常在心，见怒于群小众小人也。以其孔子删此诗，亦不能免武叔之毁，故曰孔子尚如是憎多口也。""此篇盖言仁人不遇也。"朱熹《集注》："悄悄，忧貌。愠，怒也。本言卫之仁人见怒于群小。孟子以为孔子之事，可以当之。"按，《邶风·柏舟》一诗，有弃妇诗和仁人不遇诗两种理解。孟子、赵岐、孙奭《疏》和朱熹均将其视为后一种。

[5]"肆不殄"两句：出自《诗经·大雅·绵》。殒，朱熹《集注》作"陨"。赵岐《注》："殄，绝。愠，怒也。殒，失也。言文王不殄绝畎夷之愠怒，亦不能殒失文王之善声问也。"朱熹《集注》："肆，发语辞。陨，坠也。问，声问也。本言太王事昆夷，虽不能殄绝其愠怒，亦不自坠其声问之美。孟子以为文王之事，可以当之。"

【解析】

赵岐《孟子章指》:"正己信心,不患众口。众口喧哗,大圣所有,况于凡品之所能御?故答貉稽曰无伤也。"

朱熹《孟子集注》:"尹氏曰:'言人顾自处如何,尽其在我者而已。'"

本章尽显孟子的宽厚与仁爱。貉稽说自己口碑不太好,孟子温和地宽慰他说,俗人就愿意多嘴多舌,连孔子和文王都避免不了被诋毁,只要自问言行无愧于心,就不必理会那些多嘴多舌的人。

14·20 孟子曰:"贤者以其昭昭使人昭昭[1],今以其昏昏[2]使人昭昭。"

【注释】

[1]昭昭:朱熹《集注》:"明也。"赵岐《注》谓"贤者治国,法度昭明"。孙奭《疏》谓"明己之道德"。

[2]昏昏:朱熹《集注》:"暗也。"赵岐《注》谓"今之治国,法度昏昏"。孙奭《疏》谓"不能自明己之道德"。

【解析】

赵岐《孟子章指》:"以明昭暗,暗者以开,以暗责明,暗者愈迷,贤者可遵,讥今之非也。"

孙奭《孟子注疏》:"孟子言有诸己然后求诸人之道也。"

朱熹《孟子集注》:"尹氏曰:'大学之道,在自昭明德,而施于天下国家,其有不顺者寡矣。'"

对于本章含义的理解,歧义纷呈:赵岐以为是孟子在借古之贤者法度昭明,抨击今之治国者法度昏昏;而孙奭和朱熹则侧重于明德层面来理解本章。现在学者则多从教育的角度来理解这段话。

14·21 孟子谓高子[1]曰:"山径[2]之蹊[3]间,介然[4]用之[5]而成路。为间[6]不用,则茅塞之矣。今茅塞子之心矣。"

【注释】

[1]高子:赵岐《注》:"齐人也,尝学于孟子,乡道而未明,则学于他术。"

[2] 山径：赵岐《注》和孙奭《疏》均解释为"山岭"。朱熹《集注》："径，小路也。"杨伯峻谓"径同'陉'"，引《广雅·释丘》"陉，阪（山坡）也"。

[3] 蹊：朱熹《集注》："人行处也。"《说文》段《注》："凡始行之以待后行之径曰'蹊'。"

[4] 介然：赵岐《注》："山之岭有微蹊介然，人遂用不止，则蹊成为路。"孙奭《疏》："山岭有微蹊，其间之微小介然而已，如用而行之，则蹊成大路。"朱熹《集注》："介，音戛。介然，倏然之倾。"按，赵岐和孙奭释为空隙和界限，而朱熹则理解为短时间，以之属下读。金良年以为"'介然'系当时之成语，谓专一，言一直沿着小道行走就成为大路"。杨伯峻则以为"间介然"与《荀子·修身》"介然必以自好也"之"介然"同义，"都是意志专一而不旁骛之貌"。俞樾《古书疑义举例》则谓"间介"为双声词，"即'扞格'之转音。亦即'格奸'之倒文也。'间介'二字，形容山径障塞之形"。此从金良年说。

[5] 用之：用，朱熹《集注》："由也。"

[6] 为间：赵岐《注》"有间也。谓废而不用"。朱熹《集注》："少倾也。"

【解析】

赵岐《孟子章指》："圣人之道，学而时习，仁义在身常本常被服，舍而弗修，犹茅是塞，明为善之不可倦也。"

朱熹《孟子集注》："言理义之心，不可少有间断也。"

本章孟子以山径小路为譬喻，告诫高子为仁不可间断。韩愈名句"书山有路勤为径"，或本于此。

14·22 高子曰："禹之声尚文王之声[1]。"

孟子曰："何以言之？"

曰："以追蠡[2]。"

曰："是奚足哉？城门之轨[3]，两马[4]之力与？"

【注释】

[1] 禹之声尚文王之声：赵岐《注》："禹之尚声乐过于文王。"孙奭《疏》的解释与此相近，"尚"亦理解为"崇尚"。朱熹《集注》："尚，加尚也。"金良年谓"尚，同'上'，胜过"。杨伯峻译"尚"为"高于"。

[2] 追蠡（11）：指钟钮快要断的样子。赵岐《注》："追，钟钮也，钮磨啮处深

矣。蠡，欲绝之貌也。"赵岐《注》又云："先代之乐器，后王皆用之，禹在文王之前千有余岁，用钟日久，故追欲绝尔。"朱熹《集注》："追，音堆。蠡，音礼。丰氏曰：'追，钟纽也。《周礼》所谓旋虫是也。蠡者，啮木虫也。言禹时钟在者，钟纽如虫啮而欲绝，盖用之者多，而文王之钟不然，是以知禹之乐过于文王之乐也。'"

[3]轨：赵岐《注》谓"轨啮，其限切深者"。朱熹《集注》："车辙迹也。"

[4]两马：赵岐《注》："两马者，《春秋外传》曰'国马足以行关，公马足以称赋'，是两马也。"孙奭《疏》："两马即如注所谓《春秋外传》云'国马、公马'是也。"杨伯峻谓"'两'字不可拘泥"，就如同朱熹所云"此章文义本不可晓，旧说相承如此"。金良年谓"两"同"辆"。

【解析】

赵岐《孟子章指》："前圣后圣，所尚者同，三王一体，何得相逾。欲以追蠡，未达一隅。孟子言之，将以启其蒙。"

朱熹《孟子集注》："此章文义本不可晓，旧说相承如此，而丰氏差明白，故今存之，亦未知其是否也。"

本章孟子驳斥了高子仅仅以钟纽的磨损程度来判定大禹和文王两个时代谁更崇尚音乐或者雅乐的优劣。孟子认为夏禹早文王千余年，钟纽自然会磨损得更严重；孟子又以"城门之轨"为譬喻，说明量变会促成质变。

14·23 齐饥。陈臻曰："国人皆以夫子将复为发棠[1]，殆不可复。"

孟子曰："是为冯妇[2]也。晋人有冯妇者，善搏[3]虎，卒为善士[4]。则之野，有众逐虎，虎负嵎[5]，莫之敢撄[6]。望见冯妇，趋而迎之。冯妇攘臂下车。众皆悦之，其为士者笑之[7]。"

【注释】

[1]发棠：棠，赵岐《注》："齐邑也。"故址在今山东即墨县南。孟子曾劝齐王开此粮仓济民。赵岐《注》："孟子尝劝齐王发棠邑之仓，以赈贫穷，时人赖之。"

[2]冯妇：赵岐《注》："冯，姓。妇，名也。"

[3]搏：朱熹《集注》："手执曰搏。"

[4]卒为善士：赵岐《注》："卒，后也。善士者，以善搏虎有勇名也，故进以为士。"朱熹《集注》："卒为善士，后能改行为善也。"按，此句除此之外，目前还有三种断句方式，其中一种为："卒为善。士则之。野有众逐虎。"自宋代刘昌诗首

· 317 ·

《孟子》注解

倡后,影响较大,认同者较多,如上海大学杨逢彬教授。

[5]负嵎:朱熹《集注》:"负,依也。山曲曰嵎。"

[6]撄:赵岐《注》:"迫也。"朱熹《集注》:"触也。"

[7]笑之:朱熹《集注》:"笑其不知止也。"

【解析】

赵岐《孟子章指》:"可为则从,不可则凶,言善见用,得其时也。非时逆指,犹若冯妇,搏虎无已,必有害也。"

朱熹《孟子集注》:"疑此时齐王已不能用孟子,而孟子亦将去矣,故其言如此。"

本章孟子以"再为冯妇"为譬喻,委婉地告诉陈臻,实际是说给齐王,你不喜欢或不想接受我的建议,我当然也没必要像冯妇那样不自量力去再次搏虎,徒为世人讥笑。

14·24 孟子曰:"口之于味也,目之于色也,耳之于声也,鼻之于臭[1]也,四肢之于安佚也,性[2]也,有命[3]焉,君子不谓性也。仁之于父子也,义之于君臣也,礼之于宾主也,知之于贤者也,圣人之于天道也,命也,有性焉,君子不谓命也。"

【注释】

[1]臭(xiù):芳香。赵岐《注》:"臭,香也。《易》曰:'其臭如兰。'"味、色、声、臭,赵岐《注》谓"美味""美色""五音""芳香",孙奭《疏》谓"美味""好色""五声""芬芳"。

[2]性:赵岐《注》谓"人性之所欲"。

[3]命:赵岐《注》"命禄"。

【解析】

赵岐《孟子章指》:"尊德乐道,不任佚性,治性勤礼,不专委命。君子所能,小人所病。究言其事,以劝诫也。"

孙奭《孟子注疏》:"孟子言之,所以分别凡人、君子,以劝戒时人。"

朱熹《孟子集注》:"愚闻之师曰:'此二条者,皆性之所有而命于天者也。然世之人,以前五者为性,虽有不得,而必欲求之;以后五者为命,一有不至,则不复致力,故孟子各就其重处言之,以伸此而抑彼也。'张子所谓'养则付命于天,道则

· 318 ·

责成于己'。其言约而尽矣。"

本章孟子对于凡人与君子的差异分析得很精准,赵岐《章指》的概括和朱熹《集注》的引述都很到位。其实,命和性,是一个硬币的两个方面。天性和命禄是二合一的,看似天性的却包含着命禄的成分,而看似命禄的又与天性分不开,即《中庸》所谓"天命之谓性,率性之为道"。

概言之,孟子意在劝诫人们不要沉迷于耳目声色之欲,同时更不要懈怠对仁、义、礼、智的修行。

14·25 浩生不害[1]问曰:"乐正子何人也?"

孟子曰:"善人也,信人[2]也。"

"何谓善?何谓信?"

曰:"可欲之谓善[3],有诸己之谓信[4],充实之谓美[5],充实而有光辉之谓大,大而化之之谓圣,圣而不可知之之谓神。乐正子,二之中、四之下[6]也。"

【注释】

[1]浩生不害:赵岐《注》:"浩生,姓。不害,名。齐人也。"

[2]善人、信人:杨伯峻译为"好人""实在人"。金良年译作"有善之人""有信之人"。

[3]可欲之谓善:赵岐《注》:"己之可欲,乃使人欲之,是为善人。"孙奭《疏》:"曰己之可欲,使人欲之,是为善。"朱熹《集注》:"天下之理,其善者必可欲,其恶者必可恶。其为人也,可欲而不可恶,则可谓善人矣。"

[4]有诸己之谓信:赵岐《注》:"己所不欲,勿施于人也。有之于己,乃谓人有之,是为信人。不意不信也。"孙奭《疏》:"有是善于己,谓人亦有之,是谓之信。"朱熹《集注》:"凡所谓善,皆实有之,如恶恶臭,如好好色,是则可谓信人矣。张子曰:'志仁无恶之谓善,诚善于心之谓信。'"

[5]充实之谓美:赵岐《注》:"充实善信,使之不虚,是为美人。美人之德也。"孙奭《疏》:"充实其善,使之不虚,是为美人,故谓之美。"朱熹《集注》:"力行其善,至于充满而积实,则美在其中而无待于外矣。"

[6]乐正子,二之中、四之下:赵岐《注》:"人有是六等,乐正子能善能信,在二者之中,四者之下也。"孙奭《疏》:"乐正子能善能信,是在二之中,而在美、

大、圣、神四者之下也，但不能充实而至神也。"

【解析】

赵岐《孟子章指》："神圣以下，优劣异差，乐正好善，应下二科，是以孟子为之喜者也。"

本章孟子指出了人有善、信、美、大、圣、神，不断完善和提升道德人格的六个层次。主要还是在勉励人们要不断精进。

14·26 孟子曰："逃墨必归于杨，逃杨必归于儒[1]。归，斯受之而已矣。今之与杨、墨辩者，如追放豚[2]，既入其苙[3]，又从而招[4]之。"

【注释】

[1]逃墨必归于杨，逃杨必归于儒：赵岐《注》："墨翟之道，兼爱无亲疏之别，最为违礼。杨朱之道，为己爱身，虽违礼，尚得不敢毁伤之义。逃者，去也。去邪归正，故曰归。去墨归杨，去杨归儒，则当受而安之也。"孙奭《疏》："墨翟无亲疏之别，杨朱尚得父母生身不敢毁伤之义。儒者之道，幼学所以为己，壮而行之所以为人，故能兼爱。无亲疏之道，必归于杨朱为己，逃去杨朱为己之道，必归儒者之道也。然而归之儒道，则当斯受而安之矣。"

[2]放豚：赵岐《注》谓"放逸之豕豚"。

[3]苙（lì）：此指猪栏或猪圈。赵岐《注》："栏也。"朱熹《集注》："阑也。"

[4]招：赵岐《注》："罥也。"朱熹《集注》："罥也，羁其足也。"

【解析】

赵岐《孟子章指》："驱邪反正，正斯可矣，来者不绥，追其前罪，君子甚之，以为过也。"

朱熹《孟子集注》："此章见圣贤之于异端，距之甚严，而于其来归，待之甚恕。距之严，故人知彼说之为邪；待之恕，故人知此道之可反，仁之至，义之尽也。"

本章孟子提出了对杨、墨两家的态度，即对归向儒家的人要予以接纳，同时批评一些人在与杨、墨两家辩论中的错误做法。所以，赵岐《章指》说"追其前罪，君子甚之，以为过也"，朱熹《集注》则说"于其来归"要"待之甚恕"，这才是仁至义尽。

14·27　孟子曰："有布缕之征[1]，粟米之征，力役之征。君子用其一，缓其二。用其二而民有殍，用其三而父子离。"

【注释】

[1]征：赵岐《注》："赋也。国有军旅之事，则横兴此三赋也。"文中的"布缕"指军衣和缝制铠甲的丝线，"粟米"指军粮，"力役"指军队后勤保障工作。

【解析】

赵岐《孟子章指》："原心量力，政之善者；繇役并兴，以致离殍；养民轻敛，君之道也。"

孙奭《孟子注疏》："盖征之者义也，缓之者仁也，惟君子以仁是守，以义是行，然而充类之至而义之尽者，君子所不为也。此孟子不得不权时而救时之弊也。"

朱熹《孟子集注》："征赋之法，岁有常数，然布缕取之于夏，粟米取之于秋，力役取之于冬，当各以其时；若并取之，则民力有所不堪矣。今两税三限之法，亦此意也。尹氏曰：'言民为邦本，取之无度，则其国危矣。'"

本章孟子告诫统治者，民众是立国之本，不能对民众聚敛无度，否则会动摇国本。

14·28　孟子曰："诸侯之宝三：土地[1]、人民[2]、政事[3]。宝珠玉者，殃必及身[4]。"

【注释】

[1]土地：赵岐《注》："诸侯正其封疆，不侵邻国，邻国不犯，宝土地也。"

[2]人民：赵岐《注》："使民以时，居不离散，宝人民也。"

[3]政事：赵岐《注》："修其德教，布其惠政，宝政事也。"

[4]宝珠玉者，殃必及身：赵岐《注》："若宝珠玉，求索和氏之璧、隋氏之珠，与强国争之，强国加害，殃及身也。"

【解析】

赵岐《孟子章指》："宝此三者，以为国珍；宝于珍玩，以殃其身。诸侯如兹，永无患也。"

孙奭《孟子注疏》："此孟子见当时之君争城杀人，横赋重敛，不以土地、人民、政事为宝，所以有是言而救之耳。"

《孟子》注解

本章孟子提醒统治者要以土地、人民、政事为宝，否则殃身灭国。

14·29 盆成括[1]仕于齐，孟子曰："死矣盆成括！"

盆成括见杀，门人问曰："夫子何以知其将见杀？"

曰："其为人也小有才，未闻君子之大道[2]也，则足以杀其躯而已矣。"

【注释】

[1]盆成括：赵岐《注》："盆成，姓。括，名。尝欲学于孟子，问道未达而去，后仕于齐。"

[2]君子之大道：赵岐《注》"君子仁义谦顺之道"。

【解析】

赵岐《孟子章指》："小智自私，藏怨之府。大雅先人，福之所聚。劳谦终吉，君子道也。"

本章孟子以盆成括为例，劝诫人们要学习君子的大道。因为大道才是人们的立身之本。

14·30 孟子之滕，馆于上宫[1]。有业屦[2]于牖上，馆人[3]求之弗得。或问之曰："若是乎从者之廋[4]也？"

曰："子以是为窃屦来与？"

曰："殆非也[5]。夫予之设科也[6]，往者不追，来者不拒。苟以是心至，斯受之而已矣。"

【注释】

[1]馆于上宫：赵岐《注》："馆，舍也。上宫，楼也。孟子舍止宾客所馆之楼上也。"朱熹《集注》："上宫，别宫名。"焦循《正义》："此'上宫'，当如'上舍'，谓上等之客舍也。"

[2]业屦：未织完的草鞋。赵岐《注》："屦，犀屦也。业，织之有次，业而未成也。"

[3]馆人：孙奭《疏》谓"馆主"。金良年谓"管理馆舍的官吏"，恐不当。

[4]廋(sōu)：隐匿。赵岐《注》："匿也。"

[5]殆非也：俞樾《古书疑义举例·一人之辞而加曰字例》谓"曰殆非也"乃孟子自问自答，以下均为孟子之言。

[6]夫予之设科也：赵岐《注》："夫我设教授之科，教人以道德也。"孙奭《疏》"夫我设科以教人"。朱熹《集注》谓"夫予"为"夫子"，"旧读为'夫予'者，非"。杨伯峻从之。此从赵岐说。

【解析】

赵岐《孟子章指》："教诲之道，受之如海，百川移流，不得有拒。虽独窃屦，非己所绝。顺答小人，小任自咎，所谓造次必于是也。"

本章最后一段话，有两种理解，一种理解为孟子说，我设教授之科，离开的不追问，前来的则不拒绝，只要是诚信来学道的，我就接纳他们；另一种理解为馆人所说，我知道您老人家开课授徒，"往者不追，来者不拒"只要他们怀着诚心来，您就接受。但不能保证他们不犯错误吧？第一种解释可以看出孟子教授门徒的态度，第二种解释可视作询问者对孟子仅以是否愿意学道来作为接收门徒标准讽刺之语。

14·31 孟子曰："人皆有所不忍，达之于其所忍，仁也；人皆有所不为，达之于其所为，义也。人能充无欲害人之心，而仁不可胜用也；人能充无穿逾[1]之心，而义不可胜用也；人能充无受尔汝之实[2]，无所往而不为义也。士未可以言而言，是以言餂[3]之也；可以言而不言，是以不言餂之也，是皆穿逾之类也。"

【注释】

[1]穿逾：赵岐《注》"穿墙逾屋"。朱熹《集注》："穿，穿穴。"逾，一作"踰"，朱熹《集注》："踰，踰墙。皆为盗窃之事也。"

[2]尔汝之实：赵岐《注》："德行可轻贱，人所尔汝者也。"朱熹《集注》："盖尔汝，人所轻贱之称。"

[3]餂(tiǎn)：取。赵岐《注》："取也。"朱熹《集注》："音忝，探取之也。今人以舌取物曰餂，即此意也。"

【解析】

赵岐《孟子章指》："善恕行义，充大其美，无受尔汝，何施不可。取人不知，失其臧否，比之穿逾，善亦远矣。"

本章孟子再次阐述何谓仁，何谓义，即推己及人。孟子还特别强调，"未可以言而言"，是谄媚；"可以言而不言"，是傲慢。这两者都属于趋奸好利之类。这一观点来自《论语·卫灵公》（15·8）："子曰：'可与言而不与言，失人；不可与言而与之言，失言。知者不失人，亦不失言。'"

14·32 孟子曰："言近而指远[1]者，善言也；守约而施博[2]者，善道也。君子之言也，不下带[3]而道存焉；君子之守，修其身而天下平。人病舍其田而芸人之田[4]，所求于人者重，而所以自任者轻。"

【注释】

[1]言近而指远：指，同"旨"。意为语言浅近而意义深远。赵岐《注》："言近指远，近言正心，远可以事天也。"孙奭《疏》"言辞之近而指意已远"。

[2]守约而施博：赵岐《注》："守约施搏，约守仁义，大可以施德于天下也。"孙奭《疏》"所守简约，而所施博大"。

[3]不下带：孙奭《疏》："以其君子于其言也，皆在胸臆，以其不远于心而道存焉。盖带者所以服之，近于人身也，故取而喻之，曰不下带而道存，抑又见君子之言非特腾口说而已。"朱熹《集注》："古人视不下于带，则带之上，乃目前常见至近之处也。举目前之近事，而至理存焉。"杨伯峻谓"带，束腰之带"。

[4]芸人之田：赵岐《注》："芸，治也。田以喻身，舍身不治，而欲责人治，是求人太重，自任太轻也。"

【解析】

赵岐《孟子章指》："道之善，以心为原，当求诸己。而责于人，君子尤之，况以妄芸。言失务也。"

本章孟子阐述君子应该言善言，行善道，遵守"修其身而天下平"的根本原则，首先做好自己，严格要求自己，然后才能推己及人。

14·33 孟子曰："尧舜，性者也；汤武，反之也。动容周旋中礼者，盛德之至也。哭死而哀，非为生者也。经德不回[1]，非以干禄也；言语必信，非以正行[2]也。君子行法以俟命[3]而已矣。"

【注释】

[1]经德不回：赵岐《注》："经，行也。体德之人，行其节操自不回邪。"朱熹《集注》："经，常也。回，曲也。"杨伯峻谓"回，同'违'，违背礼节"。

[2]非以正行：不是为了端正行为。赵岐《注》："非必欲以正行为名也。"孙奭《疏》："非欲以正行为名故然也。"

[3]行法以俟命：赵岐《注》"行其法度，夭寿在天，行命以待之"。孙奭《疏》"行其礼法，修身以俟命"。朱熹《集注》："法者，天理之当然者也。君子行之，而吉凶祸福有所不计，盖虽未至于自然，而已非有所为而为矣。"

【解析】

赵岐《孟子章指》："君子之行，动合礼中，不惑祸福，修身俟终。尧舜之盛，汤武之隆，不是过也。"

朱熹《孟子集注》："吕氏（吕大临——笔者注）曰：'法由此立，命由此出，圣人也；行法以俟命，君子也。圣人性之，君子所以复其性也。'"

本章孟子指出尧舜行仁德是出于本性，汤武修身和行仁义是恢复本性。孟子告诫人们在修养自身时要依天性行事，不要带有功利目的去履行礼。

14·34 孟子曰："说大人[1]，则藐之，勿视其巍巍然。堂高[2]数仞，榱题[3]数尺，我得志，弗为也。食前方丈[4]，侍妾数百人，我得志，弗为也。般乐饮酒[5]，驱骋田猎，后车千乘，我得志，弗为也。在彼者，皆我所不为也；在我者，皆古之制也，吾何畏彼哉？"

【注释】

[1]说大人：赵岐《注》："大人，谓当时之尊贵者也。"朱熹《集注》："说，音税。"指劝说或进言。

[2]堂高：堂阶之高。焦循《正义》："经传称堂高者，皆指堂阶而言。"故杨伯峻译文加"基础"二字，谓"殿堂的基础"。

[3]榱（cuī）题：赵岐《注》："屋霤（liù）也。"朱熹《集注》："榱，桷也。题，头也。"焦循《正义》："榱之抵檐处为榱题。其下覆以瓦，雨自此下溜，故为霤。……自瓦言之为霤，自椽言之为榱题。"杨伯峻谓"本义是房椽子，此处可能指屋檐而言"。

[4]食前方丈：赵岐《注》："极五味之馔食，列于前方一丈。"孙奭《疏》："食之前有方丈之广，以极五味之馔而列之。"

[5]般乐饮酒：赵岐《注》："般，大也。大作乐而饮酒。"

【解析】

赵岐《孟子章指》："富贵而骄，自遗咎也，茅茨采椽，圣尧表也。以贱说贵，惧有荡心，心谓彼陋，以宁我神，故以所不为为之宝玩者也。"

朱熹《孟子集注》："杨氏（杨时——笔者注）曰：'孟子此章，以己之长，方人之短，犹有此等气象，在孔子则无此矣。'"

本章孟子再次阐述"富贵不能淫，贫贱不能移"的大丈夫气概。赵岐《章指》解说甚好。与所谓的尊贵者交谈或交流，不能在气场上被对方压制。这也是孟子的"富贵不能淫，贫贱不能移"态度的具体化。

14·35 孟子曰："养[1]心莫善于寡欲。其为人也寡欲，虽有不存[2]焉者，寡矣；其为人也多欲，虽有存[2]焉者，寡矣。"

【注释】

[1]养：赵岐《注》："治也。"

[2]不存，存：赵岐《注》和孙奭《疏》谓"不存"指死亡。存，杨伯峻谓指"善性""仁心"，金良年谓"存其本心之意"。

【解析】

赵岐《孟子章指》："清净寡欲，德之高者，畜聚积实，秽行之下。廉者招福，浊者速祸，虽有不然，盖非常道。是以正路不可不由也。"

朱熹《孟子集注》："程子曰：'所欲不必沉溺，只有所向便是欲。'"

本章孟子指出养心最好的办法就是寡欲。其意在修身，因为减少了物质欲望，就削弱了影响人们脱离本心的外界因素。世界上很多哲学流派都要求人们要节制欲望。

14·36 曾晳嗜羊枣[1]，而曾子不忍食羊枣。公孙丑问曰："脍炙[2]与羊枣孰美？"

孟子曰："脍炙哉！"

公孙丑曰:"然则曾子何为食脍炙而不食羊枣?"

曰:"脍炙所同也,羊枣所独也。讳名[3]不讳姓,姓所同也,名所独也。"

【注释】

[1]羊枣:赵岐《注》:"枣名也。"孙奭《疏》:"盖樲与枣一物也,然而有二名,是樲小而枣大,樲酸而枣甘耳。云羊枣,则羊枣之为大枣甘者也。"朱熹《集注》:"实小黑而圆,又谓之羊矢枣。"段玉裁《说文解字注》:"'樗'即《释木》之'遵',羊枣也。郭云:实小而圆,紫黑色,今俗呼之为羊矢枣,引《孟子》'曾晳嗜羊枣'。何氏焯曰:'羊枣非枣也,乃柿之小者,初生色黄,孰则黑,似羊矢。其树再接其成柿矣。余客临沂始睹之。亦呼牛奶柿,亦呼櫻枣。'此尤可证以柿得枣名。《孟子正义》不得其解。"

[2]脍炙:朱熹《集注》:"肉聂而切之为脍,炙,炙肉也。"杨伯峻谓"肉之细切剁碎的叫脍,即今之肉臊子。炙,烧肉也,因古代烹调之法已不得知,姑以'炒肉末'译之"。金良年谓"其与'羊枣'对文,当亦一物,似指细切烧烤的肉食"。

[3]讳名:据洪迈《容斋三笔》卷十一记载,帝王讳名始自周代,最初只是在本宗庙中避讳,其后逐渐演变为一种风尚,对父母君长之名都不得讲、不得写。

【解析】

赵岐《孟子章指》:"情礼相扶,以礼制情;人所同然,礼则不禁。曾参至孝,思亲异心,羊枣之感,终身不尝。孟子嘉焉,故上章称曰'岂有非义而曾子言之者也'。"

本章孟子对曾子食脍炙而不食羊枣这一行为进行了解释,即曾子吃的是好东西但他是不忍心吃父亲喜欢吃的东西,并以讳名不讳姓来打比方进行说明。本章反映出一种中国古代独特的孝道和避讳文化。

14·37 万章问曰:"孔子在陈曰[1]:'盍归乎来!吾党之小子狂简进取[2],不忘其初[3]。'孔子在陈,何思鲁之狂士?"

孟子曰:"孔子'不得中道而与之[4],必也狂狷[5]乎!狂者进取,狷者有所不为也。'孔子岂不欲中道哉?不可必得,故思其次也。"

"敢问何如斯可谓狂矣?"

曰:"如琴张[6]、曾皙、牧皮[7]者,孔子之所谓狂矣。"

"何以谓之狂也?"

曰:"其志嘐嘐[8]然,曰:'古之人,古之人。'[9]夷[10]考其行,而不掩焉者也。狂者又不可得,欲得不屑不洁之士而与之,是獧也,是又其次也。孔子曰[11]:'过我门而不入我室,我不憾焉者,其惟乡原乎!乡原,德之贼也。'"

曰:"何如斯可谓之乡原矣?"

曰:"何以是嘐嘐也?言不顾行,行不顾言,则曰:'古之人,古之人。行何为踽踽凉凉?生斯世也,为斯世也,善斯可矣。'阉然媚于世也者,是乡原也。"[12]

万子曰:"一乡皆称原人焉,无所往而不为原人,孔子以为德之贼,何哉?"

曰:"非之无举也,刺之无刺也,同乎流俗,合乎污世,居之似忠信,行之似廉洁,众皆悦之,自以为是,而不可与入尧舜之道,故曰'德之贼[13]'也。孔子曰:'恶似而非者:恶莠,恐其乱苗也;恶佞,恐其乱义也;恶利口,恐其乱信也;恶郑声,恐其乱乐也;恶紫,恐其乱朱也;恶乡原,恐其乱德也。'君子反经[14]而已矣。经正,则庶民兴;庶民兴,斯无邪慝矣。"

【注释】

[1]孔子在陈曰:所引之句,亦见于《论语·公冶长》(5·22),文字略有差异。

[2]吾党之小子狂简,进取:小子,朱熹《集注》作"士"。赵岐《注》:"简,大也。狂者,进取大道而不得其正者也。"孙奭《疏》则谓"进取于大道而不得其中道者也"。朱熹《集注》:"狂简,谓志大而略于事。进取,谓求望高远。"按,依赵岐《注》和孙奭《疏》,"进取"当属上读,而依朱熹《集注》,则属下读。此从赵岐注解。

[3]不忘其初:赵岐《注》:"孔子思故旧也。"孙奭《疏》:"亦以不忘其初而

思故旧也。"朱熹《集注》:"谓不能改其旧也。"杨伯峻译为"进取而不忘本"。金良年译作"激进却不改旧貌"。各家对此句的理解各有不同。

[4]不得中道而与之:道,《论语·子路》(13·21)作"行"。赵岐《注》:"中道,中正之大道也。"朱熹《集注》:"不得中道,至有所不为。"

[5]狂狷:赵岐《注》:"狂者能进取,狷者能不为不善。"孙奭《疏》:"狂者以其但进取于大道而不知退宿于中道,狷者有所不敢为,但守节无所为而应进退者也。"朱熹《集注》:"狷,音绢。""狂,有志者也。狷,有守者也。有志者能进于道,有守者不失其身。"

[6]琴张:赵岐《注》:"子张也。子张之为人,踸踔(chěn chuō)谲诡,《论语》曰'师也僻',故不能纯善而称狂也,又善鼓琴,号曰琴张。"孙奭《疏》:"案《家语》有卫人琴牢,字张。则此与《左传》所谓琴张者,琴牢而已,非所谓子张善鼓琴也。赵注引为颛孙师,亦未审何据。而琴张曰师张。"朱熹《集注》:"名牢,字子张。子桑户死,琴张临其丧而歌。事见《庄子》。"杨伯峻谓以"琴张为'子张',恐不可信"。李零谓"清以来,学者多以为琴张是琴张,琴牢是琴牢,两人合为一人,全是王肃捏造,《汉书·古今人表》和《左传》杜预《注》都是上了王肃的当。这些怀疑,只是推测,并无证据"。①

[7]牧皮:赵岐《注》:"行与二人同皆事孔子学者也。"孙奭《疏》:"经传并无所见,大抵皆学孔子,而行有同于曾皙、琴张二人耳。"朱熹《集注》:"未详。"

[8]嘐嘐(xiāo xiāo):赵岐《注》:"志大言大者也。"朱熹《集注》:"嘐,火交反。"

[9]曰:"古之人,古之人":俞樾《古书疑义举例·简策错乱例》谓此七字是断烂之衍文,下文"曰:'何以是嘐嘐也'"至"踽踽凉凉"三十字原当在此处。"曰:'何以是嘐嘐也'"是万章的问话,"言不顾行"以下是孟子的答话。其说亦通。

[10]夷:赵岐和朱熹注解均释为"平",但杨伯峻以为此字不可解,前人有疑其为语首助词而无义者。

[11]孔子曰:此处引文或另有所据,其最后一句"乡原,德之贼也"见于《论语·阳货篇》(17·13)。乡原,朱熹《集注》:"乡人,非有识者。原,与'愿'同。《荀子》'原悫',字皆读作'愿',谓谨愿之人也。故乡里所谓愿人,谓之乡原。"按,即今俗称"老好人"。

[12]"何以是嘐嘐也"等句:赵岐《注》:"孟子言乡原之人言何以嘐嘐,若有大

---

①李零:《丧家狗——我读〈论语〉·附录》,载李零《丧家狗——我读〈论语〉》,山西人民出版社,2007,第94页。

志也,其言行不顾,则亦称曰古之人、古之人。行何为踽踽凉凉,有威仪如无所施之貌也。乡原者,外欲慕古之人,而其心曰:古之人何为空自踽踽凉凉,而生于今之世无所用之乎。以为生斯世,但当取为人所善善人则可矣。其实但为合众之行。媚,爱也。故阉然大见爱于世也,若是者谓之乡原也。"朱熹《集注》:"行,去声。踽,其禹反。阉,音奄。踽踽,独行不进之貌。凉凉,薄也,不见亲厚于人也。乡原讥狂者曰:何用如此嘐嘐然,行不掩其言,而徒每事必称古人邪?又讥狷者曰:何必如此踽踽凉凉,无所亲厚哉?人既生于此世,则但当为此世之人,使当世之人皆以为善则可矣,此乡原之志也。阉,如奄人之奄,闭藏之意也。媚,求悦于人也。孟子言此深自闭藏,以求亲媚于世,是乡原之行也。"

[13]德之贼:赵岐《注》:"无德而人以为有德,故曰德之贼也。"

[14]君子反经:赵岐《注》:"经,常也。反,归也。君子治国家归于常经,谓以仁、义、礼、智道化之。"孙奭《疏》:"云经者,则义、信、德是也。"朱熹《集注》:"反,复也;经,常也。万世不易之常道也。"

【解析】

赵岐《孟子章指》:"士行有科,人有等级,中道为上,狂、狷不合。似是而非,色厉内荏,乡原之恶,圣人所甚。反经身行,民化于己,子率而正,孰敢不正也?"

本章孟子指出要依"中道"而行事,如不能中道而行,退而求其次,作狂狷之士也可,但最不能容忍的是"乡原"(老好人)。孟子告诫人们要"反经身行",如此方能"兴庶民""去邪慝"。

14·38 孟子曰:"由尧舜至于汤,五百有余岁;若禹、皋陶,则见而知之;若汤,则闻而知之。由汤至于文王,五百有余岁,若伊尹、莱朱[1],则见而知之;若文王,则闻而知之。由文王至于孔子,五百有余岁。若太公望、散宜生[2],则见而知之;若孔子,则闻而知之。由孔子而来至于今,百有余岁,去圣人之世若此其未远也,近圣人之居[3]若此其甚也,然而无有乎尔[4],则亦无有乎尔。"

【注释】

[1]莱朱：赵岐《注》："亦汤贤臣也，一曰仲虺是也。"据孙奭《疏》，赵岐此注本自《史记》；又谓《左传》"仲虺居薛，为汤左相"。杜预《注》云："仲虺，奚仲之后也。"

[2]散宜生：赵岐《注》："文王四臣之一也。""散宜生有文德而为相。"孙奭《正义》："案《论语》云：'武王曰：予有乱臣十人。'马融云：'十人而散宜生在焉。散，姓；宜生，名也。'"朱熹《集注》："散，氏；宜生，名。"杨伯峻《译注》："散宜生，《尚书·君奭篇》有其名。伪《孔传》以为姓散名宜生，江声《尚书集注音疏》云：'《大戴礼·帝系》云：尧娶于散宜氏之子，则散宜为氏，自古有之，《伪孔》非是。'"

[3]近圣人之居：孙奭《疏》"自邹国至于鲁国其地相去如此之甚近"，一说"圣人之居"亦即所谓"广居"，以喻仁义道德。

[4]无有乎尔：赵岐《注》："然而世谓之有无，此乃天不欲使我行道也。故重言之，知天意之审也。言'则亦'者，非实无有也，则亦当使为无有也。'乎尔'者，叹而不怨之辞也。"孙奭《疏》："然而世之以谓无有此名世而出于其间者，乃天不欲使我行道也。故曰'然而无有乎尔，则亦无有乎尔'矣，此所以欲归于己而历举世代而言之也。"朱熹《集注》引林氏（林之奇——笔者注）说"然而已无有见而知之者矣"。杨伯峻译为"但是没有承继的人了"，金良年译作"却没有解道的人了"。

【解析】

赵岐《孟子章指》："天地剖判，开元建始，三皇以来，人伦攸叙，宏析道德，班垂文采，莫贵圣人。圣人不出，名世承间，虽有此限，盖有遇不遇焉。是以仲尼至'获麟'而止笔，孟子亦有'乎尔'终其篇章，斯亦一契之趣也。"

孙奭《孟子注疏》："此（孟子）所以欲归道于己，而历举世代而言之也。""然而仲尼作《春秋》，必至'获麟'而止者也，孟子亦必止于'无有乎尔'而终其篇者，盖亦见孟子拟仲尼而作者也。"

朱熹《孟子集注》："愚按：此言，虽若不敢自谓已得其传，而忧后世遂失其传，然乃所以自见其有不得辞者，而又以见夫天理民彝不可泯灭，百世之下，必将有神会而心得之者耳。故于篇终，历序群圣之统，而终之以此，所以明其传之有在，而又以俟后圣于无穷也，其指深哉！"

本章孟子总结了过去具有里程碑式的圣王与圣贤的"五百年"历史周期。唐代的韩愈以此开启了中国儒学的"道统"说。余英时谓宋儒陆九渊"肯定'道'曾行于上古三代，其文献根据主要即在《孟子·尽心下》最后一章，而此章正是'道统'说的原型"①。

---

① 余英时：《朱熹的历史世界——宋代士大夫政治文化的研究》，生活·读书·新知三联书店，2004，第29页。

参考文献

1. 孟子[M]//阮元. 十三经注疏. 中华书局影印本. 北京：中华书局，1980.
2. 孟子[M]//陈戍国. 四书五经. 长沙：岳麓书社，1991.
3. 朱熹. 孟子章句集注[M]//宋元人注. 四书五经. 北京：中国书店，1985.
4. 朱熹. 朱子语类：第四册[M]. 北京：中华书局，1986.
5. 钱穆. 先秦诸子系年[M]. 北京：中华书局，1985.
6. 赵岐，孙奭. 孟子注疏[M]//永瑢. 摛藻堂四库全书荟要：第71册. 世界书局影印本. 台北：世界书局，1985.
7. 朱熹. 孟子集注[M]//永瑢. 摛藻堂四库全书荟要：第72册. 世界书局影印本. 台北：世界书局，1985.
8. 戴震. 孟子字义疏证[M]. 刻本. 曲阜：微波榭，1779（清乾隆四十四年）.
9. 杨伯峻. 孟子译注：第3版[M]. 北京：中华书局，2010.
10. 郭沫若. 十批判书[M]. 重庆：群益出版社，1948.
11. 金良年. 孟子译注[M]. 上海：上海古籍出版社，2004.
12. 赵杏根. 孟子讲读[M]. 上海：华东师范大学出版社，2008.
13. 杨逢彬. 孟子新注新译[M]. 北京：北京大学出版社，2018.
14. 余英时. 朱熹的历史世界：宋代士大夫政治文化的研究[M]. 北京：生活·读书·新知三联书店，2004.
15. 李零. 丧家狗：我读《论语》[M]. 太原：山西人民出版社，2007.
16. 张秉楠. 稷下钩沉[M]. 上海：上海古籍出版社，1991.
17. 王力. 古汉语字典[M]. 北京：中华书局，2004.

18. 弗朗索瓦·于连. 道德奠基：孟子与启蒙哲人的对话[M]. 宋刚, 译. 北京：北京大学出版社, 2002.

19. 臧克和, 刘本才. 实用说文解字[M]. 上海：上海古籍出版社, 2012.

20. 陈来. "仁者人也"新解[J]. 道德与文明, 2017（1）：5-9.

21. 高华平. 《孟子·尽心下》"二女果"试解[J]. 中国文化研究, 2007（3）：140-141.

22. 刘晓梅. 从《孟子》看"夫"的语法化[J]. 安庆师范学院学报（社会科学版）, 2004, 23（2）：92-94.

23. 翟奎凤. "存神过化"与儒道"存神"工夫考论[J]. 中国哲学史, 2015（1）：28-34.

24. 王恩田. "齐东野人"正解[J]. 管子学刊, 1992（2）：63-65.

25. 王青. 古代"语"文体的起源与发展：上博简《曹沫之陈》篇题的启示[J]. 史学集刊, 2010（2）：30-37.

26. 梁涛. 竹简《性自命出》与《孟子》"天下之言性"章[J]. 中国哲学史, 2004（4）：70-76.

27. 丁四新. 《孟子》"天下之言性也"章研究与检讨：从朱陆异解到《性自命出》"实性者故也"[J]. 现代哲学, 2020（3）：130-140.

28. 何爱国. 清季民初杨朱思想的活化[J]. 安徽史学, 2015（1）：81-90+149.

29. 王震中. 甲骨文亳邑新探[J]. 历史研究, 2004（5）：3-23.

30. 郑红. "舍皆取诸其宫中而用之"新释[J]. 四川大学学报（哲学社会科学版）, 1990（1）：79-111.

31. 张先坦. "舍皆取诸其宫中而用之"之"舍"字再论[J]. 山西师大学报（社会科学版）, 2007, 34（1）：130-132.

32. 纪凌云："舍"义辨：《孟子·滕文公上》：舍皆取诸其宫中而用之[J]. 重庆三峡学院学报, 2020, 36（1）：88-95.

33. 李刚. 利用楚简资料校读《孟子》一则[J]. 金陵科技学院学报（社会

科学版），2019，33（1）：70-74.

34. 张乐成. 《孟子》"盻盻然"解[J]. 柳州师专学报，2011，26（2）：59-60.

35. 赵岩. 从简牍文献看"桥""梁"的更替[N]. 文汇报，2017-02-03（9）.

后 记

本人2000年7月硕士研究生毕业后，有幸留在延边大学中文系承担古代文学教学任务，借此感谢多年以来新老领导和同事对大庆的扶持、帮助与鼓励。

经过多年的研究与教学积累，拙作初稿于2019年12月15日完成于韩国外国语大学。原本只是为了给研究生讲课所准备的讲稿，因此注释尽可能详尽，力求追本溯源，解析基本上采纳前人与时贤的精彩概括。

借此出版之际，衷心地感谢延边大学有关校院领导、老师和朋友们的大力支持与帮助。

首先，感谢一直以来对笔者谆谆教诲和鼓励笔者进行学术研究的孙德彪老师和李宝龙老师，正是在他们的大力支持和推动下，本书才能顺利完成并出版。

其次，衷心感谢笔者的博士生导师、韩国古代文学研究专家崔雄权先生欣然为本书作序。

最后，感谢延边大学出版社王晓习和王宝峰两位编辑为本书所付出的辛勤劳动。

由于时间仓促，加之笔者水平有限，疏漏错误之处在所难免，恳请广大读者批评指正。

作者
2022年2月6日于延吉大学城